Für
Emilia,
Johann
und meine Frau Stefanie

Marten war kein Mann der schnellen Entschlüsse. Auch ein halbes Jahr, nachdem ihre beiden Kinder Daniel und Jana im Abstand von nur wenigen Monaten aus der gemeinsamen Wohnung ausgezogen waren, war sein Platz am Esstisch immer noch derselbe: hinten rechts an der Wand. Während Silke ihren Platz von Anfang an verteidigt hatte, das heißt, eigentlich hatte sie ihn nicht mal verteidigen müssen, rückte Marten von Kind zu Kind immer weiter an den Tischrand. Fast zwanzig Jahre nahm er dort seine Mahlzeiten ein, weil es für das seelische Wohl der Kinder offenbar unzumutbar war, wenn sie mehr als fünfzig Zentimeter von ihrer Mutter entfernt saßen. Aber Marten hatte sich nie beschwert. Im Gegenteil. Der Platz war ein Glücksfall. Eingeklemmt zwischen Sohn und Wand, konnte er in Ruhe essen, während seine Frau aufstehen musste, wenn irgendetwas fehlte. Marten hatte sich eingerichtet, und wenn er gefragt worden wäre, wo auf der Welt er am liebsten saß, hätte er ohne Zögern geantwortet: hinten rechts an der Wand.

Vielleicht hätte er einfach den Rest seines Lebens dort sitzen bleiben sollen. Denn an dem Morgen, als er sich wieder auf seinen Ursprungsplatz gegenüber von Silke zurücksetzte, passierte etwas vollkommen Unerwartetes: Seine Frau blickte ihn an, als hätte er laut gerülpst.

»Habe ich irgendetwas falsch gemacht?«, fragte Marten. In Zeitraffer ließ er die letzten Minuten noch einmal Revue passieren, konnte aber nichts finden, was einen solchen Blick gerechtfertigt hätte.

»Warum setzt du dich denn auf Janas Platz?«, fragte seine Frau sichtlich verstört. Nach einem kurzen Zwischenspiel am Kopfende des Tisches hatte ihre Tochter praktisch achtzehn Jahre ununterbrochen auf diesem Platz gesessen.

»Jana wohnt aber nicht mehr hier, wenn ich das richtig sehe«, versuchte Marten seiner Frau vorsichtig die neue Sachlage nahezubringen. »Außerdem war das früher *mein* Platz, falls du dich noch daran erinnerst.«

Obwohl es keinen Grund gab, sich für seinen Platzwechsel zu entschuldigen, manövrierte er sich langsam in eine Ecke, wo eine grundsätzliche Entschuldigung immer wahrscheinlicher wurde. Marten spürte das. Nach vierundzwanzig Ehejahren merkte er schon nach wenigen Sekunden, wenn er mit seinen Argumenten bei Silke keinerlei Chancen hatte. Weil er aber schon so oft chancenlos gewesen war und aus lauter Rücksicht auf den Familienfrieden keinen Streit losbrechen wollte und frühzeitig eingelenkt hatte, beschloss er, die Diskussion dieses Mal knallhart zu Ende zu führen.

»Aber wenn Jana mal spontan nach Hause kommt, soll sie auch auf ihrem Platz sitzen können«, beharrte Silke, ohne die zweifellos objektiven Tatsachen auch nur zur Kenntnis zu nehmen.

Marten atmete tief durch. Gegen seine Frau zu argumentieren war im Grunde reine Zeitverschwendung.

»Erstens *kann* Jana zurzeit überhaupt nicht *spontan* nach Hause kommen, weil sie in den USA ist. Zweitens könnte ich mich in dem Fall auch *spontan* wieder zurücksetzen, und drittens dachte ich, du freust dich, wenn ich dir etwas näher komme.«

Silke lachte kurz auf. »Schön wär's«, sagte sie und begann sich das mittlerweile dritte Toastbrot zu schmieren. Seine Frau arbeitete in einer Boutique mit Mode für

Übergrößen, was seiner Ansicht nach jedoch noch lange kein Grund war, ständig dicker zu werden. Sie war zwar immer schon kräftig gebaut gewesen, hatte in den letzten Jahren aber noch einmal deutlich zugelegt. Und seit die Kinder aus dem Haus waren, nahm ihre Esslust langsam ungesunde Züge an. Eigentlich wäre jetzt wieder der Moment gewesen, sie freundlich zu ermahnen, weniger zu essen, und dabei natürlich nicht zu vergessen, wie attraktiv er sie trotzdem fand, was nicht gelogen war, obwohl ihm sein Kompliment zunehmend schwerer über die Lippen ging. Aber ihre schnippische Antwort beschäftigte ihn so sehr, dass er alles andere darüber vergaß.

»Wie ›schön wär's‹?«, fragte er schließlich vorsichtshalber nach.

Silke kaute auf ihrem Nutellatoast und blätterte in der Angebotsliste mit der neuen Kollektion, die sie als Einkaufsleiterin zu verantworten hatte. Der Job machte ihr Spaß. Und sie war ehrgeizig. Innerhalb weniger Jahre hatte sie sich von einer einfachen Verkäuferin zur Leiterin des Einkaufs hochgearbeitet. Wenn es so lief, wie sie es sich vorgestellt hatte, würde sie in drei Monaten die Geschäftsführung des neuen Ladens in Charlottenburg übernehmen.

»Was ist?« Silke sah hoch. Offensichtlich hatte sie nicht richtig zugehört.

»Du hast eben ›schön wär's‹ gesagt.«

»Na, stimmt doch, oder?«, sagte sie sachlich und vertiefte sich wieder in ihre Liste.

Marten kaute auf seinen Lippen. Das war noch nicht genau das, was er hören wollte. Eigentlich wollte er es aber auch gar nicht so genau wissen. Ihm war jedoch klar, dass er den Rest seines Lebens an diesem locker dahingesagten ›schön wär's‹ zu kauen hätte, wenn er jetzt keine über alle Zweifel erhabene Antwort erhielt. Mit dem ungewissen Anfang des Universums konnte er leben, nicht aber mit einer undeutlichen Aussage seiner Frau.

»Was stimmt? Könntest du vielleicht mal eine Minute von deiner Liste lassen und mit mir reden.«

Für seine Verhältnisse klang Marten unerwartet streng. Auch Silke schien das zu bemerken und hörte auf zu blättern.

»Reden? Was ist denn heute los mit dir?«, sagte Silke, als würde er völlig abartige Forderungen an sie stellen.

Tatsächlich war seine Rolle bei Tisch im Laufe der Jahre immer mehr zu der eines Stichwortgebers geschrumpft. Je mehr Wörter die Kinder aneinanderreihen konnten, desto einsilbiger wurde Marten. Schon deshalb, weil seine Erlebnisse nicht annähernd an die seiner Kinder heranreichten. Als Autor von Ratgebern über Kleintiere beschäftigten ihn hauptsächlich die Ess- und Schlafgewohnheiten von Hamstern, Zwergkaninchen, Rennmäusen, Vögeln und seit neuestem auch diverser Reptilien, was zu seinem Bedauern sowohl seine Frau als auch seine Kinder nicht im Geringsten interessierte. Eine Zeitlang erklärten die Kinder sogar auf Nachfragen, dass ihr Vater unter einem Pseudonym Krimis schreibe, weil es ihnen offenbar peinlich war, dass er sich beruflich mit Rennmäusen befasste. Bei Elefanten hätte die Sache womöglich ganz anders ausgesehen. Aber Elefanten waren nun mal für die meisten Privathaushalte keine geeigneten Mitbewohner.

»Was soll los sein? Ich sitze hier und stelle dir eine Frage. Du brauchst das jetzt nicht überzubewerten.«

»Ich bewerte gar nichts über. Ich sage nur, dass es schön wäre, wenn du mir mal wieder näher kommen würdest.«

Marten schluckte. Er hatte es befürchtet: Es ging um Sex. In den meisten Ehen ging es bei Problemen entweder um Geld oder um Sex. Wenn Kinder da waren, ging es um die richtige Erziehung und um Geld, aber nicht mehr um Sex. Und wenn man lange genug durchhielt, ging es irgendwann um gar nichts mehr. Dabei war es nicht seine Schuld, dass sie nur noch selten miteinander schliefen. Wenn Silke abends nach Hause kam, war sie oft so müde, dass sie gegen neun vor dem Fernseher einschlief. Trotzdem hatte er immer irgendwie das Gefühl, schuld an ihrem kaum noch vorhandenen Liebesleben zu sein. Doch was sollte er tun? Sie wachrütteln und gewaltsam ins Bett zerren?

»Aber vor drei Monaten sind wir doch erst, also haben wir zusammen …«

»Was?«

»Sag jetzt bitte nicht, dass du dich nicht mehr daran erinnerst.«

Marten sah sie groß an. Zwar war er kein Liebhaber, an dessen Liebeskünste frau sich noch Monate später seufzend erinnerte, aber dass Silke sich nicht mal mehr an ihren letzten Beischlaf vor zwölf Wochen erinnerte, war dann doch etwas schockierend. Immerhin hatte er damals sogar das Deckenlicht angelassen, um dieses zugegebenermaßen seltene Ereignis noch mehr ins Rampenlicht zu rücken. Leider schien diese Aktion bei Silke keine Spuren hinterlassen zu haben. Mehr noch, es sah so aus, als würde sie diesen gut ausgeleuchteten Geschlechtsverkehr auch noch leugnen. Und wenn Silke etwas leugnete, hätte selbst ein aussagekräftiges Beweisfoto keinerlei Chancen.

»Wir hatten Sex?« Silke biss in ihr Toastbrot und blickte ihn an, als hätte er ihr gerade Unzucht mit Tieren gebeichtet.

»Und zwar ziemlich guten«, erklärte Marten grinsend. Da sie sich ohnehin nicht mehr daran erinnerte, konnte er die Sache ruhig auch ein bisschen aufregender machen.

»Komisch«, sagte sie, »eigentlich kann ich mich immer an guten Sex erinnern.«

»Na ja«, meinte Marten, er wollte die Wahrheit jetzt auch nicht überstrapazieren, »er war okay, ich meine, es war jetzt keine stürmische Liebesnacht.«

Zu spät erkannte er, dass er besser seine Klappe gehalten hätte.

»Er war okay – so, so«, sagte Silke und nickte langsam. »War *ich* nur okay oder der Gesamteindruck?«

Marten ärgerte sich dermaßen, dass er sich am liebsten gegen die Stirn geschlagen hätte.

»Nach über zwanzig Jahren ist es halt nicht mehr wie am Anfang«, versuchte er sich aus der Affäre zu ziehen.

Aber da rollte die Lawine schon.

»Klar ist es das nicht, aber man kann sich ja auch mal ein bisschen bemühen. Frauen wollen überrascht werden, das müsstest du inzwischen doch wissen.«

»Ich habe das Deckenlicht angelassen«, schob Marten zum Beweis für seine Bemühungen schnell nach.

Silke schüttelte ungläubig lächelnd den Kopf. »Und du meinst, das reicht, oder wie?«

»Soll ich mir vielleicht eine Polizeiuniform anziehen und dir Anweisungen geben?«

»Zum Beispiel«, sagte Silke mit einem erschreckend ernsten Gesicht.

Marten konnte es fast nicht glauben. Die Frau, die er als freundliche, etwas schüchterne Fachverkäuferin in der Herrenabteilung von Karstadt kennengelernt hatte, fand anscheinend nichts mehr dabei, wenn sie ihr als Polizist verkleideter Ehemann zum Geschlechtsverkehr zwang. Hatte er irgendetwas nicht mitbekommen? Und gab es womöglich noch weitere Entwicklungen, die ihm entgangen waren?

»Meinst du das jetzt wirklich?«, fragte Marten zur Sicherheit nach.

Silke musterte ihn und spitzte dabei ihre Lippen.

Sie meinte es wirklich!

Einen Moment sagten sie nichts.

Dann fuhr sich Silke nervös durchs Haar, wie immer ein Zeichen, dass eine Aussage grundsätzlichen Charakters kurz bevorstand.

Marten trank rasch einen großen Schluck Kaffee, falls er danach, wie so oft, beleidigt aufstehen und in seinem Arbeitszimmer verschwinden würde, wo er eine Weile ohne Flüssigkeitszufuhr würde ausharren müssen, ehe er ohne Ansehensverlust wieder in die Gemeinschaftsräume zurückkehren konnte.

»Du machst es dir immer sehr leicht«, erklärte Silke in einem Ton, der nichts anderes bedeutete als: Es werden keine Gefangenen gemacht. »Sitzt da gemütlich in seiner Ecke und lässt sich bedienen, der Herr.«

Dass er dort jahrzehntelang nicht freiwillig gesessen hatte, spielte in ihrer Weltanschauung natürlich keine Rolle. Und was hieß überhaupt »der Herr«?

»Ich habe den Kindern immer Frühstück gemacht und bin mit Daniel fast jeden Sonntag zum Fußballspielen gegangen.«

»Du hast den Kindern Frühstück gemacht, als sie klein waren, und Daniel hätte viel lieber mit seinen Kumpels gespielt als mit seinem Vater.«

»Sie waren aber ziemlich lange klein, und Daniel hat nie gesagt, dass er keine Lust hatte, mit mir zu spielen.« Dabei war sein Sohn sportlich noch unbegabter als Marten. Aber Marten hatte das Bedürfnis gehabt, mit seinem

Sohn irgendetwas Gemeinsames zu unternehmen, und da viele Väter in ihrem Bekanntenkreis mit den Söhnen zum Fußballspielen gingen, spielte er eben Fußball.

»Außerdem rede ich nicht von den Kindern, sondern von uns. Von unserer Ehe.«

Bei Silke ging es nicht nur beruflich um Übergrößen, auch privat war alles immer eine Nummer größer. Nicht der halbwegs vertretbare Sex bei Deckenlicht war das Thema, nein, hier wurde gleich ihre gesamte Ehe aufgerufen.

In groben Zügen kannte Marten ihre Vorwürfe bereits seit Jahren. Zu wenig Engagement in der Urlaubsplanung, keine Ideen, was man am Sonntag gemeinsam unternehmen könnte, Zubereitung von Mahlzeiten gleich null, abendliches Rumhängen vor dem Fernseher anstatt vertiefender Gespräche bei Musik und Kerzenschein. Marten war es gewohnt, wenn die vielen positiven Aspekte seines ehelichen Wirkens – Aufräumen des Wohnzimmers *nach* dem abendlichen Rumhängen vor dem Fernseher, Einkaufen von Toilettenpapier, Tiefkühlkost und Wein und bis vor kurzem unterstützende Hausaufgabenerledigung, Stichwort: Deutsch und Biologie – gar nicht oder nur einmal im Jahr auf begleitenden Weihnachtspostkarten von Silke gewürdigt wurden.

»Ich soll es mir also schwermachen, oder wie darf ich das verstehen?«, sagte Marten leicht genervt von den sich seit Jahren wiederholenden Gesprächen. Offenbar brauchte Silke diese Diskussionen als eine Art Druckablass. Ein Vulkan, der regelmäßig ein bisschen Magma spuckte, war besser als einer, der jahrelang still dalag und dann mit einem Mal explodierte.

»Merkst du eigentlich, dass wir ständig aneinander vorbeireden?«, sagte Silke mit einem fast flehenden Blick.

Dies *ständig* war natürlich auch wieder eine von ihren zahllosen und, wie Marten fand, vollkommen unnötigen Übertreibungen.

»Neulich, bei diesen ekligen gefüllten Teigtaschen waren wir aber derselben Meinung«, sagte er und grinste.

Silke sah schwer ausatmend auf ihren Teller.

»Ich meine es ernst, Marten.« Wenn sie Marten sagte, war die Lage nicht nur ernst, sondern sogar äußerst brenzlig.

Marten faltete seine Hände auf dem Tisch und machte ein angemessen konzentriertes Gesicht. »Ich darf mal kurz zusammenfassen. Es bestehen unterschiedliche Auffassungen über: Sex unter Deckenlicht, meinen alten Platz am Tisch und den zeitlichen Umfang meiner Frühstückszubereitung für die Kinder. In weiten Teilen der Welt herrscht Krieg, aber wir diskutieren darüber, ob wir zuletzt vor drei oder vier Monaten zusammen geschlafen haben. Ehrlich gesagt, sehe ich jetzt nicht das Problem.«

Marten hatte gesagt, was gesagt werden musste. Insbesondere den Kriegsvergleich empfand er als besonders gelungen, da er damit ihre eigenen Probleme klar auf die hintersten Plätze verwies.

Doch wie so oft spielte die zeitgeschichtliche Einordnung privater Auseinandersetzungen mit ehelichem Hintergrund keine Rolle.

»Genau das ist aber das Problem«, sagte Silke, »du siehst nicht, was mit uns los ist.«

Marten war etwas verunsichert. Normalerweise hätte seine Frau jetzt eine aufbrausende Bemerkung gemacht in der Art von »Männer begreifen echt gar nichts« oder »Diskutieren mit dir ist sinnlos«. Stattdessen kam eine ruhig und sachlich vorgetragene Aussage mit erheblicher Sprengkraft.

Er überlegte kurz, ob er hier abbrechen sollte, um eine weitere Eskalation zu vermeiden. Manchmal hätte er sich gewünscht, dass es auch für Ehen Gewerkschaften gab, die zwischen den Partnern vermittelten und neue Tarife aushandelten, die eine zweijährige Laufzeit hatten. Mindestens.

Doch ein Abbruch hätte aus ihrer Sicht wie eine Kapitulation gewirkt. Und es gab nur Weniges, das bei Frauen einen schlechteren Eindruck hinterließ als männliches Zurückweichen.

»Und was ist deiner Meinung nach mit uns los?« Der deutliche Bezug auf *ihre* Meinung war wichtig, damit sie später nicht behaupten konnte, es habe sich um eine allgemeingültige Aussage gehandelt, der er durch seine Fragestellung quasi blanko zugestimmt habe.

Silke atmete erneut schwer aus.

»Findest du nicht, dass jeder nur noch an seine Sachen denkt? Ich will mich da ja gar nicht ausschließen. Im Moment ist alles ziemlich stressig im Laden. Aber irgendwie habe ich das Gefühl, dass wir nur noch nebeneinanderher leben.«

Silke sah blass aus. Schon seit Tagen wirkte sie erschöpft. Vermutlich ist sie überarbeitet, dachte Marten. Seit längerem wartete sie auf die Entscheidung ihres Chefs, ob sie die neue Filiale nun übernehmen durfte oder nicht. Auch der Umstand, dass ihre Kinder nicht mehr zuhause wohnten, zerrte an ihren Nerven. Es fühlte sich an, als wären sie auf einer einsamen Insel gestrandet. Nein, es war noch viel schlimmer: Es fühlte sich an, als hätte man sie zurückgelassen und vergessen.

Dennoch war er ein bisschen beunruhigt. So grundsätzlich hatte er Silke noch nie erlebt. Wollte sie ihm irgendetwas damit sagen?

Frauen hatten die Fähigkeit, Sätze so zu formulieren, dass sie später in praktisch jede Richtung interpretiert werden konnten, was natürlich vor allem den Frauen zugutekam.

»Und was schlägst du vor?«, fragte Marten. Er durfte nicht wieder den Fehler machen und durch eine verfrühte Interpretation alles versauen, nach dem Motto: Das hast du gesagt! Ich meinte etwas ganz anderes.

Silke zuckte die Schultern. »Keine Ahnung.«

So, wie sie die Schultern zuckte und keine Ahnung sagte, verhieß das nichts Gutes. Meist war es Silke, die selbst in einer aussichtslosen Situation noch einen Funken Hoffnung sah.

Vor Marten tauchte plötzlich das Schreckgespenst Trennung auf. Erst kürzlich hatten sich zwei mit ihnen befreundete Paare scheiden lassen, nachdem die Kinder aus dem Haus waren. Und beide Male waren es die Frauen, die sich zu diesem drastischen Schritt entschieden hatten. Zwar kannte er kaum Details, Silke enthielt ihm regelmäßig wichtige Informationen über das Seelenleben ihrer Freundinnen vor, als sollte er Frauen weiterhin für unergründbar halten, was er inzwischen jedoch stark bezweifelte, aber nach allem, was er wusste, gab es keinen entscheidenden Auslöser für die Trennung. Man habe sich wohl nichts mehr zu sagen gehabt, meinte Silke nur vage. Für Marten wäre das allerdings noch lange kein Grund für eine Trennung gewesen. Wieso sollte man sich trennen, wenn man sich nichts mehr zu sagen hatte? Irgendwann war eben alles gesagt. Und was war so toll daran, dem Nachfolgepartner alles noch einmal zu erzählen? Viel wichtiger war doch, dass man jemanden an seiner Seite hatte, mit dem man auch wortlos kommunizieren konnte. Jemanden, dessen Gewohnheiten man kannte. Jemanden, dem man das Wertvollste geschenkt hatte, das es auf der Welt gab: die eigene Zeit.

Die Reaktion seiner Frau war für ihn nicht akzeptabel. Marten brauchte einen Hinweis. Etwas, das ihm das Gefühl gab, dass ihre Ehe noch eine reelle Chance hatte. Im Grunde brauchte er eine gut verständliche Bedienungsanleitung zur Rettung seiner Ehe.

Marten trommelte unruhig mit den Fingern auf dem Tisch.

»An was denkst du gerade?«, fragte er.

»An diese blöde Herbstkollektion«, sagte Silke, wieder auf ihre Liste blickend.

Marten kaute erneut auf seinen Lippen.

»Muss ich mir Sorgen machen, mit uns, meine ich?«

Als Silke aufsah, hielt Marten die Luft an. Er hatte einen schweren Fehler gemacht. Man durfte als Mann nie zeigen, dass man nicht wusste, wie es um die Beziehung bestellt war. Auch wenn das meistens der Fall war, gehörte es zu den ungeschriebenen Gesetzen. Genauso gut hätte er sie um eine Benotung ihrer Ehe bitten können.

»Können wir das später besprechen? Ich hab im Moment echt was anderes im Kopf.«

Sie lächelte kurz. Leider zu kurz, um Marten die Angst zu nehmen, seine restlichen Jahre allein und alkoholkrank in einer Plattenbausiedlung am Stadtrand verdämmern zu müssen.

Ziemlich lange verlief sein Leben ohne nennenswerte Überraschungen. Er hatte eine Frau mit großen, dunklen Augen und fröhlichem Wesen geheiratet, die er sich immer gewünscht hatte, er hatte zwei Kinder bekommen, die nicht kriminell geworden waren, und lebte in einer Altbauwohnung kurz hinter dem S-Bahnring. Im Sommer verreisten sie für zwei Wochen in die Berge, und im Herbst machten sie einen Kurztrip in eine europäische Stadt. Sie mochten Steaks und Simon und Garfunkel. Am Wochenende gingen sie manchmal ins Kino, und im Sommer grillten sie zusammen mit Freunden in ihrem Schrebergarten. Am ersten April klickte er den Gartenschlauch an den Wasserhahn und zog ihn am fünfzehnten November wieder ab. An Heiligabend gab es Würstchen mit Kartoffelsalat, und als die Kinder noch klein waren, klingelte um fünf der Weihnachtsmann an der Tür. Ihre Jobs passten zu ihnen, und sie hatten nie Wünsche, die unrealistisch waren.

Und auch wenn es ein bisschen langweilig war: Marten liebte dieses Leben. Doch es war nicht zu leugnen, dass sich mit dem Auszug von Jana und Daniel wesentliche Koordinaten ihres Familienlebens geändert hatten. Im Prinzip, hier durfte man nicht drum herumreden, waren die Hauptkoordinaten sogar komplett weggefallen. Stichwort: Esstisch. Marten war, obwohl er das so nie offen gesagt hätte, gerne Vater gewesen. Allerdings nicht von Anfang an. Es hatte ein bisschen gedauert, bis er begriff, dass seine Hauptaufgabe darin bestand, seinen Kindern ein schönes Leben zu ermöglichen. Früher hatte er sich darüber lustig gemacht, wenn seine Klassenkameraden erklärten, später eigene Familien gründen zu wollen. Da plante er noch seine Karriere als Naturwissenschaftler. In irgendeinem Labor wollte er sitzen und Petrischalen mit seltenen Viren infizieren, für deren Bekämpfung er später den Nobelpreis für Medizin erhalten würde. Familienleben – nein danke! Doch bald merkte er, dass es für die Naturwissenschaften nicht reichte. Es reichte ja kaum fürs Abitur. Der bitterste Moment war, wenn die eigenen Wünsche mit der Realität kollidierten und untergingen. Zum Glück tauchten kurz dahinter schon die großen, dunklen Augen von Silke auf. Und von da ab lief sein Leben auf Autopilot.

Als die Kinder weg waren, fühlte es sich an, als wäre die Berliner Mauer ein zweites Mal gefallen: Neben sich bemerkte man plötzlich einen Menschen, der irgendwie zu einem gehörte, über dessen Leben man aber kaum noch etwas wusste. Sollte man einfach tun, als wäre nichts passiert, oder fing man besser noch mal ganz von vorne an?

Marten entschied sich für die erste Lösung. Getreu dem Motto des Bundestagswahlkampfs 1957: Keine Experimente – Konrad Adenauer!

Weil sie früher oft mit den Kindern dort gewesen waren, hatte er eines Tages vorgeschlagen, in den Zoo zu gehen. Eis, Spielplatz, Streichelgehege – die zweieinhalb großen S jeden Zoobesuchs. Als Marten wie gewohnt an exakt derselben Stelle wie damals seiner Frau ein Eis ausgeben wollte, lehnte sie jedoch ab. Er müsse es mit seinen Traditionen jetzt auch nicht übertreiben. Obwohl er ihre Reaktion etwas seltsam fand, war das noch kein Grund zur Sorge. Rückblickend war es natürlich leicht, Anzeichen der Entfremdung zu erkennen. Spätestens als Marten sie im Streichelgehege um zwanzig Cent fürs Trockenfutter für die Ziegen bat und Silke fragte, wie lange er noch vorhabe, alten Zeiten nachzutrauern, hätte er jedoch merken müssen, dass irgendwas zwischen ihnen nicht mehr stimmte.

In gewisser Weise hatte Silke sogar recht gehabt. Er konnte nur schwer loslassen. Marten hob alles auf, was seine Kinder ihm jemals geschenkt hatten. Von einem Papierschnipsel, den der kaum zweijährige Daniel unter dem Sofa entdeckt hatte, bis zu Janas selbst gebastelter Strohpuppe. Alles landete in großen Kartons, die er in einer Ecke seines Arbeitszimmers stapelte. Am liebsten hätte er auch die Zeit angehalten. Und zwar an einem Sonntagnachmittag vor fünfzehn Jahren, als seine Kinder noch klein genug waren, um an den Weihnachtsmann zu glauben. Dieser Glaube, so kam es Marten im Nachhinein vor, machte ihre Familie zu einem uneinnehmbaren Bollwerk. Im Grunde hätte er selbst gerne an den Weihnachtsmann geglaubt, um das Bollwerk noch uneinnehmbarer zu machen. Nachdem Daniel den Weihnachtsmann aber als Opa Gerd enttarnt hatte, bekam das Bollwerk erste Risse, die auch nicht mit dem Hinweis, dass der eigentliche Weihnachtsmann krank im Bett liege und durch Opa Gerd nur vertreten werde, mehr gekittet werden konnten.

Doch von Monat zu Monat wurde es schwerer für Marten, einfach weiterzumachen wie bisher. Wesentliche Bestandteile seines Tagesablaufs hatten sich mit dem Auszug der Kinder schlicht in Luft aufgelöst. Häufig saß er nachmittags einfach nur da, starrte ins Leere und überlegte, was Jana und Daniel in diesem Augenblick wohl taten. Ein bisschen beneidete er sie, dass sie das meiste noch vor sich hatten, während sich Marten bereits im Abspann wähnte und ungläubig die vielen Namen las, die an seinem Leben beteiligt gewesen sein sollten.

Oft war Marten kurz davor, seinen Sohn anzurufen. Im letzten Moment ließ er aber davon ab, um nicht den Eindruck zu erwecken, dass die Kinder zu seinem Lebensinhalt geworden waren. Kinder mochten es nicht, wenn die Eltern sie ständig daran erinnerten, dass sie ihre Kinder waren.

Ein halbes Jahr dauerte es, bis er erkannte: Ein Lebensabschnitt war unwiederbringlich zu Ende. Lieber eine späte Einsicht als gar keine, dachte sich Marten. Statt Konrad Adenauer jetzt also Walter Ulbricht: Überholen, ohne einzuholen. Wenn er seine Ehe retten wollte, musste er sich wieder an die Spitze der Bewegung setzen. Marten musste handeln. Den ersten Schritt hatte er bereits getan: Er saß mit Silke wieder auf gleicher Höhe am Tisch.

Zweimal die Woche arbeitete Marten halbtags in der Redaktion der Zeitschrift *Heim und Tier*. Das Büro lag im dritten Stock eines Mietshauses in der Kantstraße. Unten gab es ein chinesisches Restaurant, in dem die Mitarbeiter – mit Marten waren es fünf – manchmal zu Mittag aßen. Marten bestellte immer das Gleiche: Nummer dreiundzwanzig, Ente kross in süß-saurer Soße.

Als er an diesem Montag früh ins Büro kam, saß Renate Bruhns bereits an ihrem Platz vor dem Computer und tunkte einen Keks in ihren Kaffee. Renate war Ende vierzig, wirkte durch ihre geblümten Blusen und die seit Jahren unveränderte Helmfrisur aber mindestens zehn Jahre älter. Sie beantwortete Leserbriefe, stellte Veranstaltungen rund ums Tier für den monatlichen Heftkalender zusammen und organisierte Experten, die zu einem bestimmten Thema etwas sagen konnten. Meist führte Marten die Interviews, die er aufschrieb und in Form brachte. Seine Hauptaufgabe war jedoch das Redigieren von Texten. Der Verlag brachte nicht nur die Zeitschrift, sondern auch zahlreiche Ratgeber zum Thema Heim und Tiere heraus, unter anderem auch die von Marten. Die Auflagen erreichten erstaunliche Höhen, mitunter verkauften sich pro Buch mehrere tausend Stück, was angesichts der Konkurrenz ziemlich beachtlich war. Selbst Martens letzter eigener Titel »Vogelspinnen – Lieblinge mit acht Beinen« war bereits in der dritten Auflage. Obwohl er sich nie als Autor betrachtet hatte, sondern eher als jemand, der Informationen fand und zusammenführte, um sie dann als Buch zu veröffentlichen, galt er in der Redaktion und insbesondere bei Renate Bruhns als Künstler, der diesen Job nur zum Broterwerb machte. Seit Jahren vermutete sie, dass er an einem großangelegten Familienroman schrieb oder wenigstens an einem Lyrikband mit Tiergedichten. Womöglich hoffte sie, in einem Gedicht als Spatz verewigt zu werden. Marten hatte sich nie ernsthaft gegen diesen Eindruck gewehrt. Im Gegenteil, er ließ offen, ob und wann der Familienroman oder die Tiergedichte erschienen, als wollte er sich selbst darüber hinwegtäuschen, dass er es beruflich nur zu einer Art Hilfsarbeiter gebracht hatte.

Renate war einmal verheiratet gewesen. Vor gut zehn Jahren hatte sie sich von ihrem Mann scheiden lassen. Seitdem lebte sie, abgesehen von einer kurzen, zwei Wochen dauernden Affäre mit einem Busfahrer, alleine. Auch wenn Marten nie irgendwelche Andeutungen gemacht hatte, schien Renate davon überzeugt, dass er sich für sie interessierte. Er konnte gut zuhören und hatte immer ein warmes Wort parat, wenn sie sich wieder einmal unglücklich verliebt hatte. Seit Jahren war er bestens mit allen ihren Sorgen und Wünschen vertraut. Wenn man ihn aus dem Schlaf gerissen und gefragt hätte, was Renate im Augenblick am meisten beschäftigte, hätte er ohne Zögern geantwortet: Nie mehr Kinder bekommen zu können. Dass er über Silke nicht vergleichbar viel wusste, wurde ihm erst jetzt langsam klar.

Als geschiedene Frau verfügte Renate natürlich über eine Menge Informationen, die für Marten von größter Wichtigkeit sein konnten. Wie hatte sich die Trennung angedeutet? Gab es einen ausschlaggebenden Vorfall? Wurde für ein Zusammenbleiben gekämpft? Es gab hunderte Filme und Bücher über den Beginn einer Liebe, aber kaum welche über das Ende. Dabei befanden sich vermutlich mehr Paare im Endstadium ihrer Beziehung als am Anfang. Sie wussten es nur noch nicht.

Marten musste jedoch aufpassen, dass Renate keine Morgenluft witterte. Denn was er auf keinen Fall gebrauchen konnte, waren zwei Frauen.

Bevor die anderen Mitarbeiter im Büro eintrudelten, verabredete er sich schnell mit Renate zum Mittagessen beim Chinesen.

»Nur wir beide?«, fragte sie erstaunt nach. Sie hatten zwar schon häufiger alleine unten gegessen, aber nur, weil niemand von den anderen mitkommen wollte.

»Ich muss mal was Persönliches mit dir besprechen«, sagte Marten (Fehler Nummer eins).

Den ganzen Vormittag schickte Renate Kurzmitteilungen über E-Mail wie »Bin sehr gespannt«, »Freu mich auf später« oder »Hab schon richtig Hunger«, die Marten jedes Mal mit einem Grinsemännchen und mehreren Punkten beantwortete (Fehler Nummer zwei).

Als Renate kurz vor dem verabredeten Termin aufstand und das Büro verließ, blieb Marten noch drei Minuten sitzen, um bei den anderen nicht den Verdacht zu erwecken, er wolle allein mit Renate zu Mittag essen (Fehler Nummer drei).

Unten im Lokal fand Marten sie nicht gleich. Entgegen ihren Gewohnheiten hatte sie einen Platz ganz hinten in einer Nische gewählt und nicht wie sonst vorne am Fenster mit Blick auf die belebte Kantstraße, als wollte sie sichergehen, dass sich kein Kollege zu ihnen setzte.

Vielleicht war das auch der Grund, warum der chinesische Kellner erstaunt reagierte, als Marten auf dessen Frage, was er bestellen wolle, antwortete: Wie immer. Der Kellner hatte ihn auf diesem Platz schlicht nicht wiedererkannt.

»Wahrscheinlich ordnet der Chinese unsere Gesichter bestimmten Tischen zu«, meinte Marten, leicht enttäuscht über seinen gescheiterten Versuch, sich als Stammgast zu etablieren. »Wenn Tisch und Gesicht nicht zusammenpassen, sind wir wieder Fremde für ihn.«

»Was wolltest du denn jetzt Persönliches mit mir besprechen?«, fragte Renate ungeachtet dieses bemerkenswerten Vorfalls interkulturellen Missverständnisses.

Marten fiel es schwer, in dieser Nische offen zu reden. Außerdem überlegte er gerade, inwieweit die Ehe auch als interkulturelle Begegnung gesehen werden konnte. Die entscheidende Frage lautete: Wer von beiden war der Chinese, als Marten an jenem Morgen unerwartet seinen Platz am Esstisch gewechselt hatte?

»Hattest du manchmal eigentlich das Gefühl, dein Mann ist eine Art Chinese?«, fragte Marten.

»Ein Chinese?« Renate schien irritiert. »Also geboren ist er im Schwarzwald, glaube ich.«

»Du weißt es also nicht sicher?«

»Ob er Chinese war?«

»Nein, ob er aus dem Schwarzwald kommt.«

Sie schüttelte langsam den Kopf, bejahte dann aber zu Martens Überraschung.

»Herkunft, Familie – das sind doch wichtige Fragen«, sagte Marten. »Habt ihr euch denn nie darüber unterhalten?«

Renate zuckte die Schultern. »Doch, schon, Jörg hat immer viel von früher erzählt, warum er so geworden ist und nicht so, aber ich finde es wichtiger, wenn man weiß, was der andere jetzt denkt und ob man Gemeinsamkeiten hat.«

»Und, hattet ihr Gemeinsamkeiten?«

Renate dachte einen Moment nach. Für Martens Geschmack einen Moment zu lange.

»Ja, schon, wir haben beide die gleiche Musik gehört und gerne Spaghetti arrabbiata gegessen. Ausgerechnet Spaghetti arrabbiata, ist das nicht lustig?«

Marten fragte sich, ob es für eine funktionierende Ehe bereits reichte, wenn man die gleiche Musik hörte und gerne Spaghetti arrabbiata aß. Aber vielleicht bekamen die meisten Kinder, ehe sie merkten, dass die gleichen Musik- und Essvorlieben höchstens für eine kurze Affäre reichten.

»Warum fragst du mich das eigentlich, ich dachte, *du* wolltest mir was sagen?«

Marten räusperte sich.

Er wusste nicht, wie er es sagen sollte, ohne dass gleich alles aufflog. Renate war äußerst hellhörig, wenn es um seine Probleme ging. Seit Jahren hoffte sie auf den kleinsten Hinweis, der ihr endlich grünes Licht für eine Beziehung mit ihm gab. Im Grunde war es Wahnsinn, sie da mit hineinzuziehen. Aber er hatte keine andere Wahl.

»Aber du hast dich dann ja trotzdem von ihm getrennt, oder?«

»Wieso trotzdem?«

»Trotz Spaghetti arrabbiata, meine ich.«

Renate fixierte ihn, als versuchte sie in seinem Gesicht zu lesen.

Er war verunsichert, weil er nicht wusste, ob dort irgendetwas Aussagekräftiges zu lesen stand.

»Sag mal, ist was mit dir und Silke?«

Marten lächelte. »Das will ich doch stark hoffen.«

Sein Lächeln fühlte sich taub an. Er wusste nicht mal genau, ob er überhaupt lächelte.

»Wenn du mit mir reden willst«, sagte Renate und beugte sich beunruhigend weit über den Tisch, »ich bin immer für dich da. Das weißt du, oder?«

Das »immer« klang eher wie »Wann ist es endlich so weit?«.

»Ich weiß«, sagte er, »aber es ist alles in Ordnung.«

Marten fühlte sich elend. Seine Lage machte ihm stark zu schaffen. Er hasste es, wenn in der Wohnung Chaos herrschte, weil Jana, Daniel oder Silke ihre Sachen überall fallen ließen, als wären sie auf der Flucht gewesen. Aber eine Wohnung konnte man aufräumen, eine Beziehung nicht. Jedenfalls nicht so leicht wie eine Wohnung. Und nur dann, wenn man wusste, wo man damit anfangen sollte.

»Warum habt ihr euch eigentlich getrennt?«, fragte Marten, um das Gespräch wieder auf eine sachliche Ebene zu bringen.

Renate seufzte, als wäre eine klare Antwort darauf unmöglich.

»Es waren so viele Sachen. Es hat sich eben summiert. Letztlich stimmte einfach das Gefühl nicht mehr.«

»Welches Gefühl?«

»Na, das Gefühl eben. Wie man für den anderen empfindet, verstehst du das nicht?«

Woher sollte er wissen, welches Gefühl sie genau meinte. Gab es so etwas wie eine Hauptsicherung des Gefühls, die auch für alle anderen zuständig war? Und wenn ja, wie erkannte man, dass gleich die Hauptsicherung defekt war und nicht eine der vielen Untersicherungen? Und gab es eine Möglichkeit, die Sicherung zu reparieren, oder musste man gleich den ganzen Kasten austauschen?

Zusätzlich beunruhigte ihn die Tatsache, dass es offenbar mehr als eine Sache war, die zur Trennung geführt hatte. Wie sollte er nach vierundzwanzig Ehejahren noch wissen, ob es vor zwölf Jahren irgendeine Sache gegeben hatte, die jetzt Teil jener Summe war, die zu einem unstimmigen Ehegefühl führte? Es war ihm einfach alles zu wenig konkret. Hätte sie gesagt, dass der Grund ihrer Trennung der zwanghafte Wunsch ihres Mannes gewesen sei, seine großen Geschäfte bei offener Toilettentür zu erledigen, hätte man als Mann noch die Reißleine ziehen, beziehungsweise rechtzeitig die Klotür schließen können. So aber war man als Mann hilflos einem nicht näher genannten weiblichen Gefühl ausgeliefert, gegen das zu argumentieren praktisch unmöglich war. Sobald es gefühlig wurde, stieg schnell esoterischer Nebel auf, in dem mann eigentlich nur stolpern konnte.

»Also, es gab nichts Konkretes, irgendein auslösendes Moment, oder so?«, versuchte Marten es weiter.

Renate blickte ihn an. Wenn es ein Textlaufband auf ihrer Stirn gegeben hätte, hätte Marten dort jetzt Folgendes lesen können: *Ich weiß überhaupt nicht, was er mit konkret meint!*

»Was ist konkret daran, wenn man keine Interessen hat, nie irgendwelche Vorschläge für Unternehmungen macht und abends am liebsten zuhause vor dem Fernseher sitzt und Bier säuft?«, sagte Renate überraschend heftig.

Marten wurde rot. Einen Moment schien es, als stünden Renate und seine Frau in engem Kontakt. Nur das mit dem Bier stimmte nicht. Marten trank Wein, am liebsten Rioja.

»Aber ich verstehe nicht, warum du dich deshalb getrennt hast. Wenn es danach ginge, läge die Scheidungsquote bei 99 Prozent.«

»Ach so, du glaubst also, dass es in den meisten Ehen so läuft.«

»Ich glaube es.«

»Bei euch auch?«

Marten überlegte, ob er seine Ehe als große Ausnahme

inszenieren sollte. Kaum Fernsehen, dafür stundenlanges Reden und Diskutieren bei *einem* Glas Wein, fünfmal in der Woche Sex, nur nicht am Wochenende, weil man von den vielen Unternehmungen einfach zu erschöpft war.

Er lachte kurz auf.

»Ich verstehe«, sagte Renate.

»Du verstehst gar nichts«, sagte Marten ungewöhnlich scharf, was ihm aber sofort leidtat.

»Ich wollte sagen, du verstehst nicht, wenn die Kinder nach zwanzig Jahren ausziehen und du mit deiner Frau plötzlich alleine am Tisch sitzt. Es ist – wie nach einem Krieg. Jahrelang hast du an das Regime geglaubt, und dann liegt auf einmal alles in Trümmern.«

Renates Mundwinkel zuckten. »Deine Ehe liegt in Trümmern?«

»Nein, nein, nur die Umgebung«, erklärte er schnell, fragte sich allerdings, ob er wirklich jahrelang an das Falsche geglaubt hatte.

»Welche Umgebung?«, fragte Renate.

»Der Kontext.«

»Der Kontext?«

»Wenn dein bisheriges Leben ein langer Satz war und plötzlich mehrere entscheidende Wörter fehlen, dann verstehst du den Satz nicht mehr.«

Renate schob ihre Hand über den Tisch und berührte seine Finger. Leider hatte er ihre Annäherung zu spät bemerkt, um seine Hand noch rechtzeitig in Sicherheit bringen zu können.

»Man könnte ja auch mal andere Wörter nehmen«, sagte Renate und lächelte ihn an. »Vielleicht bekommt dein Leben dadurch einen ganz anderen Sinn.«

Marten zog seine Hand abrupt zurück. Er ahnte, worauf sie hinaus wollte.

»Ich möchte aber gar nicht, dass mein Leben einen anderen Sinn bekommt. So wie ich es verstehe, gefällt es mir eigentlich ganz gut!«

In diesem Augenblick kam das Essen. Zweimal Ente kross in süß-saurer Soße.

Marten schob den Teller zur Seite. Er hatte keinen Appetit mehr.

Dass er ausgerechnet jetzt damit anfing, war wieder einmal typisch. Silke ärgerte sich, dass ihr Mann zuverlässig den falschen Zeitpunkt für wichtige Gespräche wählte. Sie hatte beruflich gerade so viel um die Ohren, dass sie nicht auch noch Lust hatte, über Beziehungsprobleme zu reden. Gut, sie mussten in ihrem Leben ein paar Dinge neu ordnen. Nachdem Jana und Daniel ausgezogen waren, hatte sich einiges geändert. Wahrscheinlich war es für Marten noch schwerer zu verkraften als für sie. Er war meistens zuhause, während Silke kaum Zeit hatte, darüber nachzudenken, was diese Veränderung bei ihnen bewirkte. Vielleicht hatte sie etwas überreagiert, als er sich plötzlich auf Janas Platz gesetzt hatte. Aber neben Daniel war ihre Tochter nun mal das Wichtigste in ihrem Leben. Es hatte sich in diesem Moment ein wenig so angefühlt, als wollte sie Marten durch seinen Platzwechsel aus ihrem Leben verdrängen. Silke war nervlich einfach sehr angespannt, und solange Herr Schäfer, ihr Chef, keine Entscheidung über die neue Geschäftsleitung traf, passierten solche Dinge eben mal. Doch sie bezweifelte, dass Marten ihre gegenwärtige Situation wirklich verstand. Anstatt sie zu beruhigen, fing er an, ihr komische Fragen zu stellen, und bauschte die paar Minuten Sex vor einem halben Jahr auf, als käme er bei einem Ranking unter die ersten zehn der aufregendsten Sexmomente weltweit. Sie verlangte ja keine Klimmzüge mit Ohrenwackeln, aber etwas mehr Einsatz erwartete sie auch nach vierundzwanzig

Ehejahren. Überhaupt war Stress ein Fremdwort für ihn. Wenn er zweimal die Woche für insgesamt acht Stunden ins Redaktionsbüro musste, kam er bereits an seine Grenzen. Das war vielleicht etwas böse von ihr, denn sie wusste ja, dass er zu Hause an seinen Ratgebern arbeitete, aber ganz falsch war es eben auch nicht.

Silke ging gerne zur Arbeit. Sie brauchte den Kontakt mit Menschen. Nur zu Hause rumzusitzen und alleine vor sich hinzuarbeiten, wäre die Höchststrafe für sie gewesen. Schon als Kind hatte sie anderen Kindern gerne etwas »verkauft«. Sie stand in dem Kaufmannsladen, den ihr Vater für sie gebaut hatte, und freute sich über jeden Kunden, den sie bedienen konnte. Am liebsten stand sie mit ihrer gelben Schürze hinter der Theke und beriet. Wenn einmal keine Freundinnen zu Besuch waren, musste ihre Mutter eben den Kunden spielen.

Fast sechs Jahre arbeitete Silke nun in dem Modeladen, der sich auf Übergrößen spezialisiert hatte. Sechs Jahre, in denen sie keinen Tag krank und sich auch nicht zu schade gewesen war, die Kundentoiletten zu putzen, als die Putzfrau für zwei Wochen ausfiel. Sie liebte ihren Beruf und hätte auch keine Probleme damit, wenn sich ihr Chef für eine Kollegin als Geschäftsführerin für den neuen Laden entscheiden würde. Auch Sibylle und Christiane kämen zweifellos für diesen Job in Frage. Sie wollte niemandem etwas wegnehmen. Doch nachdem Gülüzar krankheitsbedingt ausgeschieden war, war Silke die Dienstälteste im Laden, und ihr Gefühl für Gerechtigkeit sagte ihr, dass jetzt eigentlich sie an die Reihe kommen musste.

Der Tag begann damit, dass sie ihr Chef Hans-Werner Schäfer zu einem »Schäfer-Stündchen« zu sich ins Büro bat. Ihr Chef hatte manchmal einen etwas eigenartigen Humor. Seine weiblichen Angestellten bezeichnete er als »Walküren«, gerne auch als »meine Walküren«, sich selbst nannte er »den blonden Siegfried« oder einfach nur »Papa Siegfried«. »Papa Siegfried ruft Brünnhilde Endlich zum Schäfer-Stündchen«, wobei Brünnhilde für alle Verkäuferinnen gleichermaßen stand. Obwohl er weder blond war, noch blendend aussah, er hatte einen Vollbart und eine pockennarbige Kartoffelnase, die seltsam fremd in seinem ansonsten makellosen Gesicht wirkte, hielt er sich für unwiderstehlich. Seit der Scheidung von seiner Frau, laut Hans-Werner Schäfer ein »unerwarteter Glücksfall«, war er regelrecht aufgeblüht. Nicht nur seinen Angestellten, auch seinen Kundinnen machte er regelmäßig Komplimente am Rande des Zumutbaren. »Wenn Sie nicht so dick wären, hätten wir uns doch nie kennengelernt!«, erklärte er einmal einer frisch eingestellten Mitarbeiterin, die daraufhin in Tränen ausbrach. Dabei meinte er es überhaupt nicht böse. Er legte großen Wert darauf, dass alle Verkäuferinnen im Laden gut genährt waren. Denn nur so konnten sie sein Geschäftsmodell »Starke Mode für starke Frauen« überzeugend vertreten. Wichtigste Einstellungsvoraussetzungen waren Körbchengröße und Gewicht. »Unter hundert Kilo braucht sich bei mir niemand zu bewerben«, sagte er und deutete auf die Waage in seinem Büro, die »Besetzungswaage«, wie er augenzwinkernd hinzufügte. Sein Ziel war ein flächendeckendes Netz von Filialen. Bislang stand allerdings erst die Eröffnung der zweiten bevor, woran die Vegetarier-Welle nach Hans-Werner Schäfer die Hauptschuld trug. Als »Bärlauch-Stalinisten« und »Möhrenmümmler« verunglimpfte er die Vegetarier bei jeder sich bietenden Gelegenheit. Und die boten sich leider reichlich. Aus Sorge, dass seine Angestellten heimlich abnahmen, lud er sie einmal im Monat zu einem besonders kalorienhaltigen Essen ein. Fast täglich brachte er Kuchen mit in den Laden und achtete sorgfältig darauf, dass auch jeder ein Stück davon abbekam.

Silke mochte ihn. Nicht nur, weil er ihr Komplimente machte, die sie als Frau mit Übergewicht leichter geneigt war zu glauben, sondern weil er ein Macher war. Er dachte nicht lange nach, wenn er etwas für gut und richtig befand, sondern versuchte es sofort umzusetzen. Diese Dynamik vermisste sie bei Marten ein bisschen. Er konnte stundenlang über das Für und Wider von Urlaubszielen diskutieren und kam am Ende nie zu einem zufriedenstellenden Ergebnis. Wenn Silke nicht eine Entscheidung getroffen hätte, wären sie vermutlich nie irgendwo hingefahren.

Schon seit längerem hatte sie bemerkt, dass ihr Chef ein Auge auf sie geworfen hatte. Es war ihr nicht unangenehm, im Gegenteil, sie fühlte sich geschmeichelt. Schließlich hatte sie eine solche Aufmerksamkeit zuletzt vor vierundzwanzig Jahren erlebt. Manchmal fragte sie sich, wie sie so lange ohne diese Aufmerksamkeit überleben konnte. Sie wusste nicht, wie es anderen Frauen erging, aber für Marten war die Hochzeit mehr wie die Übernahme einer Firma, um sie nicht der Konkurrenz zu überlassen. Dass man danach weiter in die Firma investieren musste, schien ihn jedoch nicht zu interessieren.

Ihr Chef hatte einige Male versucht, sie zum Essen einzuladen. Silke hatte die Einladung jedoch immer mit dem Hinweis auf ihren Mann abgelehnt. Auch wenn sie gerne mal wieder in ein schönes Restaurant gegangen wäre, hätte sie es irgendwie komisch gefunden, mit einem anderen Mann essen zu gehen. In der Ehe gab es einige ungeschriebene Regeln, und eine davon lautete, dass man nicht alleine mit einem anderen Mann zu

Abend essen durfte. Ein Mittagessen wäre noch gegangen. Ein Mittagessen sagte gar nichts. Aber ein Abendessen erzählte eine ganze Geschichte.

Als sie nach oben ins Büro ihres Chefs ging, hatte sie die vage Hoffnung, dass er ihr endlich seine Entscheidung mitteilte. Denn normalerweise »lud« Hans-Werner Schäfer Mitarbeiter nur dann in sein Büro, wenn es irgendetwas zu besprechen gab. Normalerweise bedeutete das jedoch nichts Gutes.

Er stand am Fenster, als Silke ins Zimmer trat, und drehte sich in diesem Moment um.

»Sie sehen wieder hinreißend aus. Hat Ihnen das heute schon irgendjemand gesagt?«, rief Hans-Werner Schäfer und musterte sie begeistert von oben bis unten.

Obwohl es eine maßlose Übertreibung war, Silke trug lediglich ihr blaues Kleid mit den weißen Blumen aus der Vorjahreskollektion und hätte längst mal wieder zum Friseur gemusst, durchströmte sie ein warmes Gefühl. Es tat einfach gut, so etwas zu hören.

»Man kann ja nicht jeden Tag Komplimente bekommen«, sagte sie und wurde im selben Moment rot.

»Wann hat Sie Ihr Mann denn das letzte Mal gelobt?«

Silke sah zu der Gipsfigur auf seinem Schreibtisch. Eine dicke Frau im Badeanzug, die einen Ball auf ihrem ballonartigen Bauch hielt und etwas blöd in die Sonne lachte. Hans-Werner Schäfer hatte gern dicke Frauen um sich, in Gips und aus Fleisch.

»Na sehen Sie!«, sagte ihr Chef, noch ehe Silke anfangen konnte nachzudenken.

»Eigentlich sollte man Ihrem Mann die Ohren lang ziehen, dass er Sie nicht jeden Tag mit Komplimenten überhäuft.«

Silke lächelte. Auf die Idee, Marten die Ohren lang zu ziehen, war sie bisher noch nicht gekommen.

»Wie lange kennen wir uns jetzt eigentlich schon, Frau Endlich?«, fragte er und drückte sie langsam, aber bestimmt in Richtung Sitzecke.

»Ich würde mal sagen …«

»Richtig«, unterbrach er sie, »eine halbe Ewigkeit, ach was, eine ganze! Sie sind meine älteste Mitarbeiterin, also zeitlich gesehen, sonst haben Sie sich ja praktisch nicht verändert.«

Er setzte sich neben sie auf das schwarze Sofa aus Glattleder. Durch den langjährigen Gebrauch war es bereits so durchgesessen, dass die zwei kleinen Sitzmulden zu einer großen Sitzmulde verschmolzen waren. Während Silke versuchte, nicht aus Versehen zu ihrem Chef zu rutschen, was angesichts des glatten Leders und ihres rutschfreudigen Kleides mit dreißig Prozent Polyester-Anteil ziemlich schwierig war, schien Herr Schäfer keinerlei Berührungsängste zu haben.

»Wir sind gemeinsam durch dick und dünn gegangen, zum Glück eher durch dick«, er lachte kurz, »und ich finde, es ist langsam an der Zeit, dass wir uns duzen.«

In diesem Moment sprang er auf, ging zu einem Schrank hinter dem Schreibtisch und kehrte mit zwei Gläsern und einer Flasche Kognak zurück.

Silke suchte krampfhaft nach einem vernünftigen Argument, das gegen seinen Vorschlag sprach. Doch sie war so aufgeregt, dass ihr so schnell nichts einfiel.

Ihr Chef reichte ihr das gut gefüllte Glas und setzte sich derart schwungvoll hin, dass Silke ein Stück nach links hüpfte. Wenn er sich jetzt noch einmal bewegte, wäre ihre Stellung nicht mehr zu halten.

»Ich bin Hans-Werner«, sagte er und blickte ihr tief in die Augen.

Silke saß starr auf ihrem Platz. Es war unmöglich,

zu reden und sich gleichzeitig nicht zu bewegen. Sie schwitzte. Und sobald sie merkte, dass sie schwitzte, schwitzte sie noch mehr, weil sie Angst hatte, jemand könnte ihren Schweißgeruch bemerken.

Hans-Werner hielt sein Glas hoch und wartete auf Silke. Es war ein bisschen lächerlich, denn schließlich wusste er ja, wie sie mit Vornamen hieß.

»Auf die Jahre, die noch kommen«, sagte er und kippte den Inhalt mit einer ruckartigen Kopfbewegung in den Mund.

In diesem Augenblick rutschte Silke gegen Hans-Werners Schenkel.

»Finden Sie, also du, findest du es nicht auch ziemlich warm hier?«, sagte sie prompt.

»Wir sollten uns küssen.«

»Was?«

»Wenn man sich duzt, muss man sich auch küssen! Ich beiße auch nicht.«

Silke nahm schnell einen Schluck. Allein der stechende Geruch machte sie schon benommen.

Er beugte sich vor und küsste sie auf die Wange.

»Und, hab ich gebissen?«

Silke atmete durch den Mund und fächelte sich hektisch Luft zu. Der Kognak schien ihre Schleimhäute wegzuätzen.

»Weißt du, Silke«, sagte Hans-Werner und lehnte sich entspannt zurück, wobei eine Hand wie zufällig auf ihrer Schulter landete, »in letzter Zeit ist mir aufgefallen, dass du nicht mehr ganz bei der Sache bist.«

Silke versuchte ihre Schulter gedanklich von ihrem Körper abzutrennen.

»Wie meinen Sie das?«

»Du, wie meinst du das?«

»Ich?«

»Nein, du, wie du das meinst. Hast du es etwa schon vergessen?«

»Was hab ich?« Sie hatte keine Ahnung, worauf er hinauswollte.

Die Schulter ließ sich leider auch beim besten Willen nicht ignorieren, was möglicherweise auch daran lag, dass sich ihr Wille unter Alkoholeinfluss weitgehend in Luft auflöste. Vielleicht musste sie Hans-Werners Hand aber auch nur als Teil ihres Körpers akzeptieren, um die Bedeutung der Hand, quasi die Hand an sich zu eliminieren.

»Ich finde, du wirkst ziemlich angespannt. Ist dir die Arbeit zu viel, oder ist es irgendwas Privates?«

Silke machte ein erschrockenes Gesicht. Sie durfte jetzt bloß nichts Falsches sagen, um ihre Chancen auf die Geschäftsführung nicht zu versauen.

»Nein, es ist eher – was Privates.«

»Siehst du, das dachte ich mir schon«, sagte Hans-Werner zufrieden grinsend. Seine Hand bewegte sich langsam über ihre Schulter nach vorne.

Wenn er die Geschwindigkeit beibehielt, wäre er nach zwei weiteren Fragen am Ziel.

Silke musste die Sache irgendwie beenden.

Allerdings wollte sie nicht eher gehen, bis er sich endlich zu dem Thema, das sie seit Wochen beschäftigte, geäußert hatte.

»Wolltest du mir nicht noch irgendetwas sagen?«, fragte Silke, während sie ihre Augenlider nur mühsam daran hindern konnte, einfach zuzuklappen.

»Etwas sagen?« Hans-Werner wurde rot und blickte sekundenlang auf ihr Dekolleté.

Silke hielt die Luft an, um ihn durch die Brustbewegung nicht noch zusätzlich zu reizen.

Dann atmete er tief durch und sah ihr in die Augen.

»Okay, eigentlich wollte ich es dir ja nicht heute, also nicht hier …«

»Ja?« Silke lächelte hoffnungsvoll.

»Ich wollte dir sagen, dass …«

»Dass?«

»Dass ich mich ein bisschen in dich verliebt habe.«

»Ein bisschen?«, rief Silke. Sie war so enttäuscht, dass sie ihrem Chef versehentlich Hoffnungen machte, was sie schon kurz darauf heftig bereute.

»Geht es dir etwa auch so?« Hans-Werner schien sein Glück kaum fassen zu können.

»Was geht mir so?«, fragte Silke.

»Na, mit uns?«

Silke war übel. Es war alles zu viel. Wenn sie nicht gleich an die frische Luft kam, musste sie sich auf Hans-Werners Dienstsofa erbrechen.

»Ich glaube, ich muss jetzt runter«, sagte Silke und befreite sich von Hans-Werners Arm. Sie stand schwankend auf und arbeitete sich langsam von der Sofalehne über den Kleiderständer zur Tür.

»Wollen wir am Wochenende mal zusammen essen gehen?«, fragte Hans-Werner, der plötzlich neben ihr stand und seine Hand auf ihrem Hintern hatte.

»Abends?« Sie sah ihn an, als hoffte sie noch, dass er von sich aus verneinte.

»Aber nur, wenn du willst. Dann kannst du mir mal in Ruhe alles erzählen.«

»Ja, ja«, machte sie und verließ schnell das Büro, ehe ihr Chef noch Ort und Uhrzeit bestimmen konnte.

Später saß Silke zu Hause auf dem Sofa und zappte lustlos durch die Kanäle. Marten war nicht da, was ihr etwas komisch vorkam, denn er war immer da, jedenfalls abends. Seit sie Kinder hatten, waren sie abends regelmäßig so erschöpft, dass sie für Aktivitäten nach zwanzig Uhr nicht mehr zu gebrauchen waren. Auch als die Kinder größer wurden und theoretisch alleine zu Hause bleiben konnten, hatten Silke und Marten praktisch nur selten von der neuen Freiheit Gebrauch gemacht. Die Zeiten, in denen sie bis spät in der Nacht um die Häuser zogen, waren vorbei. Zum Glück. Man brauchte nicht mehr in Bars rumzuhängen und darauf zu warten, bis die Clubs, in die alle wollten, gegen Mitternacht öffneten. Man brauchte keine Angst mehr zu haben, zu denen zu gehören, die von den Türstehern abgewiesen wurden. Man brauchte nicht mehr so zu tun, als wäre man jemand anderes, weil es mit Kindern schon anstrengend genug war, man selbst zu bleiben.

Silke überlegte, ob Marten ihr irgendetwas gesagt hatte. Es war gut möglich, dass sie nicht richtig zugehört hatte, da sie mit ihren Gedanken bei der Arbeit gewesen war. Wenn sie ehrlich war, wusste sie schon länger nicht mehr genau, was Marten gerade dachte oder tat. Das lag einerseits an den Kindern, andererseits aber auch daran, dass er seit Jahren dasselbe dachte und tat. Und irgendwann erschien es ihr eben überflüssig zu fragen. Gleichzeitig hatte es natürlich auch etwas Beruhigendes, wenn man einen Mann an seiner Seite hatte, der einen nicht mehr überraschte. Sie brauchte nicht den Marlboro-Mann, der auf seinem Hengst in den Sonnenuntergang galoppierte, sie brauchte jemand, der pünktlich die Pferde fütterte.

Zumindest solange die Kinder im Haus waren.

Vielleicht hatte sie aber auch nichts überhört. Dass sie heute ausnahmsweise früher nach Hause gekommen war, konnte Marten natürlich nicht wissen. Plötzlich kam ihr ein Gedanke: Traf sich Marten heimlich mit einer anderen Frau? Der Gedanke war jedoch so realitätsfern, dass es sich kaum lohnte, ihn ernsthaft weiterzuverfolgen.

Marten war das komplette Gegenteil eines Frauenhelden. Obwohl sie sich manchmal gewünscht hätte, dass er anderen Frauen nachsah, nur um sicher zu sein, dass er sexuell überhaupt noch interessiert war, war sie von seiner Treue fest überzeugt. Und selbst wenn er eine gehabt hätte, wäre es ziemlich schnell herausgekommen. Marten war unfähig, irgendetwas länger als einen Tag für sich zu behalten. Geburtstags- und Weihnachtsgeschenke für sie wusste sie schon Wochen im Voraus, da Marten so lange über die speziellen Kaufumstände erzählte, bis klar war, um was es sich handelte. Wenn man ein Geheimnis verbreiten wollte, vertraute man es am besten Marten an. Dabei war es gar kein böser Wille. Er freute sich einfach wie ein Kind, dass ihm ein Geheimnis anvertraut worden war, und wollte es mit möglichst vielen Leuten teilen.

Sie sah auf die Uhr. Es war bereits kurz nach neun. Vielleicht hatte er sich spontan mit seinem Echsenfreund Wolfgang verabredet. Wolfgang lebte mit mehreren Dutzend Reptilien allein in einer kleinen Zwei-Zimmer-Wohnung. Einmal die Woche trafen sie sich zum Fachsimpeln, wobei Silke vermutete, dass sie mehr über Frauen fachsimpelten als über Tiere. Marten hatte einen etwas seltsamen Geschmack, wenn es um seine Kumpels ging. Wolfgang lebte seit Jahren von Hartz IV und weigerte sich arbeiten zu gehen, weil er sein Leben nach eigener Aussage den Echsen gewidmet hatte. Silke konnte sich Martens Freundschaft mit Wolfgang nur so erklären: Insgeheim bewunderte er ihn, dass er sein Lebensthema konsequent durchzog. Auch wenn Marten nie darüber gesprochen hatte, ahnte sie, dass er sein eigenes Lebensthema bis heute nicht gefunden hatte.

Und vielleicht war das der Grund, wieso er in den letzten Monaten so unzufrieden wirkte: Seit die Kinder nicht mehr da waren, konnte er dieses Problem nicht mehr hinter ihnen verstecken.

Sie beschloss, noch rasch in die Dusche zu springen und sich die Haare zu waschen. Morgen musste sie früh raus, weil um halb neun ein Termin mit den Designern des neuen Ladens angesetzt war, den sie gemeinsam mit ihrem Chef wahrnehmen sollte. Ob das bereits ein Hinweis war, dass er sie mit der Geschäftsführung betraute, war schwer zu sagen, aber ein schlechtes Zeichen war es gewiss auch nicht.

Als sie aus der Dusche kam und sich im Schlafzimmer die Haare gefönt hatte, hörte sie im Flur plötzlich Geräusche.

»Marten?«

Sie zog sich schnell ihr Nachthemd über, ein Teil in Schweinchenrosa mit Schleifchen an den Schultern. Es sah etwas lächerlich aus, aber wenigstens drückte es nirgends. In den letzten Jahren hatte sie zugegebenermaßen keine großen Anstrengungen mehr unternommen, um ihren Mann auf die Idee zu bringen, dass man im Bett noch andere Dinge tun konnte, als zu lesen. Inzwischen herrschte im Schlafzimmer das Prinzip: bequem vor Bustier. Wenn schon nichts mehr passierte, durfte es auch ruhig etwas lockerer zugehen. Früher war es viel leichter, den anderen in Stimmung zu bringen. Doch je länger sie zusammenlebten, desto schwieriger wurde es, beide Stimmungen so zu koordinieren, dass es passte. Die Planung war zuletzt so umfangreich wie bei einem Staatsbesuch. Wo saß die Gattin, wo der Gatte, was gab es zu essen, welche Themen mied man besser, um keine diplomatische Krise heraufzubeschwören? Und wie immer, jedenfalls seit sie denken konnte, übernahm Silke die Rolle der Protokollchefin. Sie hatte schon so viel versucht, dass sie ein Buch darüber schreiben könnte. Rote Glühbirnen, anregende Hintergrundmusik, knisternde Satinlaken, Reizwäsche und Massageöle mit Duftzusätzen. Doch entweder waren Marten die roten Glühbirnen »zu zielführend«, er konnte sich nicht konzentrieren, weil er die Musik mal bei einer Preisverleihung im Fernsehen gehört hatte und jeden Moment erwartete, dass jemand ihm den Preis für sein Lebenswerk überreichte, oder er war vom Öffnen des BHs bereits so erschöpft, dass er keine Lust mehr hatte.

»Wenn du das bist, Marten, dann sag es bitte. Ich finde das jetzt echt nicht mehr lustig.«

Silke saß auf dem Bett und starrte in den dunklen Flur. Marten hatte sie noch nie erschreckt. Er war kein Erschrecker-Typ. Selbst wenn er versuchte, böse zu sein, wirkte es eher komisch. Eigentlich hatte sie noch nie einen Mann kennengelernt, der so wenig böse war wie Marten. Und eigentlich störte sie das ein bisschen. Es war seltsam, aber all die Eigenschaften, die sie früher an ihm besonders liebenswert fand, regten sie im Laufe der Zeit zunehmend auf.

»Okay, es reicht«, sagte Silke scharf. Leider wusste sie nicht, was genau sie tun sollte, wenn es reichte.

Plötzlich zuckte sie zusammen.

Im Türrahmen stand ein Mann in einer Polizeiuniform und starrte sie an.

Nach drei Sekunden erkannte sie, dass es Marten war.

Silke atmete laut aus. »Mach das nicht noch mal, ja? Ich war kurz vor einem Herzkasper.«

»Zieh dich aus!«, sagte er streng und starrte sie weiter reglos an.

»Was?« Sie lächelte unsicher.

»Ausziehen, habe ich gesagt. Jetzt sofort!« Er legte seine Hand aufs Pistolenholster.

»Marten? Ist alles in Ordnung?«

Er zog laut durch die Nase hoch. Immer wenn er andeuten wollte, dass mit ihm nicht zu spaßen sei, zog er laut durch die Nase hoch.

»Ich stelle hier die Fragen, klar! Ich zähle jetzt bis acht, dann bist du nackt. Eins ...«

»Hast du irgendwas getrunken? Und wieso nur bis acht?«

»Zwei ...«

Silke überlegte, ob sie einfach spaßeshalber tun sollte, was er verlangte. Andererseits war etwas in seinem Blick, was ihr unheimlich war. Nahm er Drogen?

»Ich weiß, Marten, im Moment ist alles ein bisschen schwierig für uns, besonders für dich ...«

»Drei ...«

»Ich finde das auch nicht schön, das kannst du mir glauben.«

»Vier ...«

Und ausgerechnet heute hatte sie ihren hässlichsten Slip an.

»Fünf ...«

Vielleicht ginge es, wenn er das Licht ausmachte.

»Könntest du den Lichtschalter da mal ...«

»Sieben ...«

»Sechs!«, korrigierte sie ihn.

Marten zog die Pistole und richtete sie auf Silke.

»Entweder du ziehst dich jetzt freiwillig aus, oder ich muss dich ...«

»Du musst mich was?« Silke blickte ihn hoffnungsvoll an.

Er senkte den Arm.

»Du nimmst mich nicht ernst, stimmt's?«

»Doch, doch«, beeilte sie sich, »aber du hast ja noch gar nicht bis acht gezählt.«

Marten riss sich enttäuscht die Mütze vom Kopf und warf sie auf den Stuhl.

»Ich dachte, du wolltest das.«

»Was wollte ich?«

»Dass ich mal eine Polizeiuniform anziehe.«

Sie hatte keine Ahnung, wovon er sprach. Vielleicht hatte sie irgendwann mal etwas in diese Richtung gesagt. Aber dann war es sicher nur als Anregung gemeint gewesen, dass man sein Sexleben auch fantasievoller gestalten konnte. Es war immer das Gleiche. Sie erklärte, mal wieder etwas unternehmen zu wollen, und nannte als Beispiel Kino, und schon rannte Marten an den Computer und bestellte zwei Karten für irgendeinen Film. In Wahrheit wollte sie aber gar nicht schon wieder ins Kino gehen.

»Ach, Marten«, sagte Silke. »Ist lieb gemeint, aber …«

»Aber?«

»Lieb gemeint« war der kleine Bruder von »scheiße gelaufen«. Silke überlegte, wie sie ihn wieder aufbauen konnte.

»Du bist einfach nicht so der Polizeityp«, versuchte sie es.

Marten sah sie an. Sie wusste genau, was er jetzt dachte.

»Du meinst, ich bin keine Respektsperson, oder wie?«

Sie lächelte matt. Gefühlte hundert Mal hatten sie darüber diskutiert, ob er als jemand, der hauptsächlich zu Hause arbeitete, genauso ernst genommen wurde wie jemand, der jeden Tag ins Büro ging. Manchmal schien es, als würden sich ihre Gespräche seit Jahren wiederholen.

»Ein Metzger ist auch eine Respektsperson.«

»Ein Metzger wäre dir also lieber gewesen?«

Silke verneinte sofort. Es wäre nicht auszuschließen gewesen, dass Marten demnächst als Schlachter vor ihrer Schlafzimmertür stand. Sie musste in Zukunft noch mehr aufpassen, was sie sagte. Offenbar war er in einer Phase, wo er jedes Wort auf die Waagschale legte. Schon die harmloseste Bemerkung konnte ihn belasten.

»Es würde schon reichen, wenn du als du selbst kommst«, sagte sie und ließ sich erschöpft nach hinten fallen.

Sie hatte keine Lust mehr weiterzureden. Sie war müde. Sie wollte schlafen.

»Machst du jetzt bitte das Licht aus«, sagte sie und zog die Bettdecke bis unters Kinn.

Marten löschte das Licht.

Es war stockdunkel. Silke hörte nichts. Anscheinend stand er immer noch im Türrahmen und bewegte sich nicht.

»Marten?«, fragte sie nach einer Weile vorsichtig nach. »Bist du noch da?«

»Ja.«

Sie wartete einen Moment, ob er irgendeine Erklärung für sein merkwürdiges Verhalten nachlieferte.

Doch er blieb stumm.

»Willst du da jetzt die ganze Nacht stehen bleiben?«, fragte Silke schließlich leicht genervt.

»Warum nicht?«, sagte er tonlos. »Ich bin groß genug, um selbst zu entscheiden, wie ich mein Nachtleben gestalte.«

Sie hatte es schon länger geahnt: Marten verkraftete den Auszug der Kinder nicht. Eigentlich hatte sie erwartet, dass es ihr viel schwerer fallen würde, wenn ihre Kinder nicht mehr da waren. Doch zu ihrem Erstaunen war sie auch ein bisschen erleichtert, nicht mehr täglich mit den Sorgen junger Leute konfrontiert zu werden. Es gab ein Leben nach den Kindern, auch wenn sie sich noch scheute, es offen auszusprechen. Bei Marten war die Sache komplizierter. Er schien mit einem Leben ohne Kinder nicht mehr ernsthaft gerechnet zu haben. Leider tauchte sein Problem zu einem Zeitpunkt auf, der ungünstiger nicht hätte sein können.

Ihre Ehekrise war noch schwerer als befürchtet. Silke empfand nicht nur seinen relativ harmlosen Platzwechsel als Affront, jetzt verweigerte sie auch noch den Sex mit ihm. Gut, ihr Sexleben war weitgehend eingeschlafen, was in erster Linie daran lag, dass er dem Geschlechtsverkehr nicht mehr die Bedeutung beimaß, die er in Silkes Auffassung offenbar immer noch hatte. Die Sache mit der Polizeiuniform hatte er als Hinweis verstanden, wie ernst die Lage tatsächlich für sie war. Anders formuliert: Ohne Kostüm kam sie nicht mehr in Fahrt. Warum es ausgerechnet eine Polizeiuniform sein musste, war ihm allerdings schleierhaft. Sie hatte Gewalt immer abgelehnt. Draußen in der Welt und in der Ehe sowieso. Silke war Pazifistin durch und durch. Als er ihr damals erzählt hatte, dass er nur nach Berlin gegangen war, um die Bundeswehr zu umgehen, hatte er sie praktisch schon auf seiner Seite. Was er ihr nicht erzählte: Marten hatte keine Lust gehabt, sich ein Zimmer mit drei Kameraden teilen zu müssen. Deshalb kam ihr Schwenk für ihn umso überraschender. War ihre Ehe so langweilig geworden, dass sie Gewalt inzwischen als letzten Ausweg sah?

Vielleicht hatte Marten auch einfach zu früh aufgegeben. Er hätte es bis zum Ende durchziehen müssen, nach dem Motto: Jede Gegenwehr ist zwecklos. Doch als er die Zweifel in ihren Augen bemerkte, war es vorbei. Silke hatte recht, er war kein Polizeityp. Sobald es brenzlig wurde, ließ er die Waffe fallen und ergab sich.

Als Geisel wäre er die Idealbesetzung gewesen. Wieso sie ihm trotzdem nahegelegt hatte, als Polizist zu erscheinen, konnte er sich partout nicht erklären. Gab sie ihm damit nur zu verstehen, dass er sich eine Menge einfallen lassen musste, wenn er ihre Ehe noch retten wollte? Marten hatte keine Ahnung mehr, wie man eine Frau eroberte. Erst recht, wenn es die eigene war, die er bis vor kurzem noch sicher im Hafen der Ehe vertäut geglaubt hatte. Er war schon zu lange raus aus dem Geschäft, um sich noch ans Kleingedruckte zu erinnern. Marten hatte sich längst vom Markt verabschiedet und zur Ruhe gesetzt. Dass er nach Jahrzehnten ausgerechnet von seiner eigenen Frau wieder auf den Markt geworfen wurde, kam so überraschend, dass er es gar nicht glauben konnte. Aber es gab keinen Zweifel: Marten erhielt von Silke eine letzte Chance. Entweder nutzte er sie, oder er ließ sie verstreichen. Letzteres wäre dann allerdings sein sicheres Ende als Mitglied der menschlichen Gemeinschaft gewesen. Sein Schicksal stand ihm glasklar vor Augen: Alkohol, Verfettung, Herzinfarkt.

Marten brauchte Hilfe. Dringend. Und wer wäre da geeigneter gewesen als sein eigener Sohn? Hatte der nicht kürzlich davon erzählt, eine neue Frau »klargemacht« zu haben? Was auch immer das heutzutage zu bedeuten hatte: Niemand wusste mehr über die Eroberung von Frauen als ausgerechnet sein eigener Sohn.

Daniel wohnte seit drei Monaten und fünf Tagen in einer Ein-Zimmer-Wohnung in Wilmersdorf. Marten hatte die Wohnung, die nur drei U-Bahnstationen von ihnen entfernt lag, persönlich ausgesucht und Daniel sogar neue Möbel spendiert. Eigentlich hatte er die alten aus seinem Kinderzimmer mitnehmen wollen, was Marten praktisch im letzten Augenblick mit dem Argument verhindern konnte, dass sie das Zimmer in diesem Fall in ein Gästezimmer umwandeln würden. Zwar stimmte das nicht, denn sie bekamen keinen Schlafbesuch, aber die Vorstellung, zu Hause kein eigenes Zimmer mehr zu haben, hatte Daniel offenbar so erschreckt, dass er von seinem ursprünglichen Plan wieder abgerückt war.

Im Herbst wollte er mit dem Studium beginnen, Politik und Geschichte, obwohl er zwischenzeitlich auch mit Jura geliebäugelt hatte. Immerhin sah es so aus, als plante er bereits über sein Studium hinaus, während Marten noch beim Abschluss seines Studiums nicht gewusst hatte, was er beruflich machen sollte. Im Grunde wusste er es bis heute nicht. Die Ratgeber und der Job im Verlag waren zwar eine Form der bezahlten Beschäftigung, aber richtig ernst nahm er sie nicht. Manchmal hatte Marten den lieben Gott im Verdacht, dass er bei seiner Erschaffung einen Schwächeanfall erlitten hatte. Quasi ein göttliches Blackout. Bei Marten hielt sich hartnäckig das Gefühl, dass Gott irgendetwas Entscheidendes vergessen hatte. Erst bei Daniel war er wieder zu Kräften gekommen und hatte ihn mit allem ausgestattet, was man als vollwertiger Mensch so brauchte. Zum Beispiel mit dem sicheren Gespür, wie man Frauen herumbekam.

Marten konnte es noch immer nicht richtig fassen: Sein Sohn war ein Frauenheld. Mit seinen zwanzig Jahren hatte er schon mehr Frauen gehabt als Marten in seinem ganzen Leben. Dabei verspürte er keinen Neid, sondern nur Scham, dass er seinem Sohn hoffnungslos unterlegen war. Er mochte es nicht offen zugeben, aber in vielem bewunderte er Daniel. Gut möglich, dass dies die Generation war, wo Kinder mehr zum Vorbild taugten als Eltern.

Allerdings durfte Daniel auf keinen Fall wissen, wie es um ihre Ehe bestellt war. Wenn er merkte, dass die

Trennung seiner Eltern kurz bevorstand, würde es ihn komplett aus der Bahn werfen. Hier war Daniel ausnahmsweise das genaue Ebenbild seines Vaters. Genau wie Marten war auch Daniel praktisch zu nichts mehr zu gebrauchen, wenn der Haussegen auch nur kurze Zeit schiefhing. Das wollte und musste er seinem Sohn ersparen.

Unter dem Vorwand, ihm zwei alte Schallplatten, die er zufällig in einer Kiste entdeckt habe, vorbeibringen zu wollen, verabredete sich Marten für den nächsten Nachmittag bei ihm zu Hause. Daniel sammelte Schallplatten. Er besaß einen Schallplattenspieler und hörte fast ausschließlich Jazz und Swing. Ausgenommen frühe Aufnahmen der Rolling Stones. Diese Vorliebe nutzend, *entdeckte* Marten in regelmäßigen Abständen immer mal wieder Schallplatten in irgendeiner Kiste, um Daniel besuchen zu können. In Wahrheit hatte er vor einigen Monaten prophylaktisch mehrere Dutzend gebrauchte Vinylplatten bei einem Online-Anbieter gekauft.

»Ist dir schon aufgefallen, dass du alle drei Wochen neue Schallplatten findest?«, fragte Daniel, als ihm Marten im Flur die Tüte überreichte.

Marten war erstaunt. Offenbar hatte er seine Taktik durchschaut. Doch anstatt darauf einzugehen, machte er ein erschöpftes Gesicht, das besagen sollte, dass er sich gerne noch auf ein Glas Wasser einladen ließ.

»Eigentlich ist es gerade etwas schlecht«, meinte Daniel, »aber komm halt kurz rein.«

Sie gingen ins Wohnzimmer. Er trug Shorts und ein armfreies Hemd. Sein Körper wirkte durchtrainiert, als treibe er regelmäßig Sport. Selbst mit zwanzig hatte Marten nie so ausgesehen.

»Willst du einen Saft?«

»Wasser ist okay«, sagte Marten.

Er sah sich um. An den Wänden hing kein einziges Bild. Vor seinem natürlich ungemachten Bett lagen Zeitschriften verstreut, auf dem Esstisch standen die Reste des Frühstücks. Neben dem Teller mit dem angebissenen Wurstbrot stand ein voller Aschenbecher. An einigen Kippen klebte Lippenstift. In einer Ecke standen immer noch die Umzugskartons mit den Büchern, als wäre er gestern erst eingezogen.

»Seit wann rauchst du denn?«, fragte Marten, als Daniel mit dem Glas Wasser zurückkehrte.

Im selben Moment ärgerte er sich, dass er gleich mit dieser typischen Elternfrage auf Konfrontationskurs ging.

»Also ich habe früher auch ziemlich viel geraucht«, versuchte Marten die Stimmung zu retten.

»Das sind nur die Zigaretten danach«, sagte Daniel und grinste.

Marten überlegte kurz, ob er darauf eingehen sollte. Grob geschätzt lagen mehr als zwanzig Kippen im Aschenbecher. Umgerechnet auf ihre Ehe, bräuchte er gute fünf Jahre, um selber auf diese Anzahl zu kommen.

»Ach, das gibt's noch?«, sagte Marten, als handelte es sich um ein längst ausgestorben geglaubtes Verhalten, vergleichbar dem Handkuss.

»Schmeckt dann doch am besten, oder?«

Marten wurde rot. Die Freizügigkeit, mit der sein Sohn über sein eigenes Geschlechtsleben redete, war ihm fremd. Im Grunde war es befremdlich, dass er überhaupt schon ein eigenes Geschlechtsleben hatte. Hatte ihn Marten nicht erst vor kurzem noch mit Brei gefüttert und ihm die Windeln gewechselt?

»Isst du denn auch mal was?«, fragte Marten. Er klang schon wie seine Mutter, was ihm eigentlich zu denken geben sollte. Aber sein Vater hatte sich für seine Ernährung eben nie interessiert.

Daniel schüttelte ernst den Kopf. »Wir leben nur von Luft und Liebe.«

Beide lachten erleichtert.

»Sag mal«, sagte Marten, »deine Freundin …«

»Welche jetzt?«

»Wie welche?«

»Na ja, ich hab grad zwei am Start.«

»Du hast zwei …?«

»Ich kann mich irgendwie nicht entscheiden, eigentlich gefallen mir beide. Kennst du das nicht? Du hast zwei Klamotten, die du geil findest, aber nur Geld für eine.«

Marten trank einen großen Schluck Wasser.

»Es ist also nur eine Geldfrage?«

»Auch«, sagte Daniel, während er sich auf den Stuhl setzte und eine Zigarette anzündete. »Eine Frau ist teuer, sie will ständig unterhalten werden, was essen gehen, ins Kino, in Clubs, nicht zu vergessen die Geschenke. Da musst du schon was abdrücken, sonst kannst du's gleich vergessen. Vorm Fernseher rumsitzen is nicht. Wenn ich mir am Wochenende mal in Ruhe die Liga reinziehen will, fängt der Ärger schon an.«

»Die Liga?« Marten fuhr sich über die Stirn. So aufregend hatte er sich das heutige Liebesleben nicht vorgestellt.

»Die Bundesliga eben. Kannste natürlich auf deinem Smartphone streamen, aber das mach mal, wenn du im Kino sitzt.«

»Kann ich auch eine haben?«, fragte Marten mit Blick auf die Zigaretten.

Daniel reichte ihm eine.

Als er sich die Zigarette mit einem Feuerzeug anzündete, zitterte Marten.

»Wie war das eigentlich bei euch damals?«, fragte Daniel.

Marten musste stark husten. Er hatte sehr lange keine Zigarette mehr geraucht und versehentlich einen Lungenzug gemacht.

»Wie war was?« Er wischte sich die Spucke von den Lippen.

»Na, wie hast du Mama rumgekriegt?«

Das Ereignis wirkte auf Marten mittlerweile so exotisch wie die ersten Filmaufnahmen in Schwarz-weiß, wenn die Leute in abgehackten Bewegungen hektisch durchs Bild liefen.

»Viel Geld hatte ich jedenfalls nicht«, sagte Marten. »Wir sind mal essen gegangen, und ich habe ihr eine Rose geschenkt.«

Daniel sah ihn an, als berichtete er über die Gepflogenheiten afrikanischer Ureinwohner.

»Mehr nicht?« Er lachte.

Auch Marten kam sein relativ geringer Aufwand inzwischen merkwürdig vor.

»Warum lachst du? Wir wussten eben schnell, dass wir zusammengehören, da musst du dann nicht mehr dauernd irgendwelche Sachen machen.«

Er zog lange an der Zigarette und sah den Rauch gegen die Decke steigen. Irgendwie erschien es ihm früher viel leichter gewesen zu sein, eine Frau zu erobern. Heutzutage brauchte man als Mann offenbar einen Businessplan, um die Frau von sich zu überzeugen.

»Wegen der Rose«, sagte Daniel, »wie bei diesem *Bachelor* im Fernsehen, der drückt den Frauen auch immer Rosen in die Hand, wenn er sich für sie interessiert. Ganz schön frauenfeindlich. Jenny würde abkotzen.«

Marten kannte diesen Bachelor im Fernsehen nicht.

»Bist du etwa Feminist?« Dass eine Rose bei Frauen

mittlerweile nicht mehr hoch im Kurs stand, war ihm neu, bestätigte aber seine Auffassung, dass man als Mann inzwischen fast täglich ein Update durchführen musste, um auf dem Laufenden zu bleiben. Offenbar war es harte Arbeit, im Liebesleben nicht den Anschluss zu verlieren.

Die Sachlage wurde langsam so unübersichtlich, dass er sich nach einem klärenden Schluck Alkohol sehnte.

»Feminist? Papa, du wirst echt alt. Wenn du nicht gleichzeitig auch wie eine Frau denkst, kannst du gleich alleine bleiben.«

Beim Wort *alleine* zuckte Marten unwillkürlich zusammen.

»Hast du vielleicht ein Bier?«

Womöglich war genau das sein Problem: Marten konnte sich einfach nicht in Silke hineinversetzen. Jedenfalls war er weit davon entfernt, wie eine Frau zu denken. Bisher hatte es dafür allerdings auch keine Notwendigkeit gegeben.

»Ich trinke nicht«, sagte Daniel.

»Du trinkst nicht?« Marten konnte es kaum glauben. »Du rauchst, aber du trinkst nicht. Irgendwie ist das doch unlogisch. Du denkst echt schon wie eine Frau.«

Daniel grinste.

»Sei froh, dass du keine Frau mehr klarmachen musst.«

»Wie darf ich das bitte verstehen?«, fragte Marten leicht empört.

»Du hättest heute keine Chance mehr. Ich sag's dir!«

»Aha«, machte Marten und sah beleidigt aus dem Fenster.

In diesem Augenblick klingelte es an der Tür.

Daniel drückte hastig die Zigarette aus und fuhr sich mit einer Hand durchs Haar.

Kurz darauf stand eine junge Frau mit Bubikopf im Zimmer.

»Das ist Jenny«, stellte Daniel sie vor.

»Endlich«, sagte Marten.

»Und das ist mein Vater.«

»Ach so, *Herr* Endlich«, sagte Jenny und lächelte.

»Sie sind also seine neue Freundin«, sagte Marten. Daniel, der hinter Jenny stand, hob verärgert die Augenbrauen.

»Sie können ruhig Jenny zu mir sagen«, sagte Jenny.

»Du Jenny oder Sie Jenny?«, fragte Marten, der in solchen Dingen immer etwas unsicher war. Obwohl es heute viel lockerer zuging als früher, konnte man wesentlich mehr falsch machen. Und wenn es etwas falsch zu machen gab, war Marten meist ganz vorne mit dabei.

»Ist mir egal, meinetwegen können wir uns duzen.«

»Also, du bist die neue ...«

»Papa!«

»Na ja«, meinte Jenny und drehte sich zu Daniel, der prompt lächelte. »Der Herr braucht wohl noch ein bisschen Zeit zum Nachdenken.«

»Stimmt doch überhaupt nicht«, antwortete Daniel mit gespielter Entrüstung.

»Und warum wolltest du neulich nicht mit auf die Überraschungsparty für Karo? Weil Tessa auch eingeladen war?«

»Tessa?« Daniels Gesicht war ein einziges großes Staunen.

»Du stehst doch auf Tessa, oder?«, fragte Jenny schon deutlich schärfer.

Daniel versuchte in dem Verfahren, das sich gerade gegen ihn zu wenden schien, wieder festen Boden unter die Füße zu bekommen.

»Ich mag einfach keine Überraschungspartys, das weißt du doch.«

»Aber *ich* mag Ü-Partys, das weißt du auch, oder?«

Sie sah ihn lange an.

»Du kannst dich zwischen mir und Tessa nicht entscheiden, stimmt's?«

Jenny zündete sich wütend eine Zigarette an und inhalierte hektisch den Rauch.

Die Stimmung stand auf der Kippe, und Marten konnte nichts anderes tun, als still dazusitzen, um den Gesprächsverlauf nicht zu stören. Es war ein bisschen wie im Zoo, wenn man die Affen beim Essen beobachtete: Im Prinzip wusste man, dass sie aßen, staunte dann aber doch, wenn sie es direkt vor einem taten.

Nachdem ihr Zorn verraucht war, drückte sie die Zigarette im Aschenbecher aus. Ihr Blick verharrte einen Moment auf dem Haufen.

»War ne andere Frau da, oder wie darf ich das hier verstehen?«, fragte Jenny und hielt seinem Sohn einen Stummel entgegen, an dem deutliche Spuren von Lippenstift zu erkennen waren.

Daniel zuckte die Schultern und betrachtete gleichgültig den Stummel. Er war die Ruhe selbst, was in Anbetracht der klar gegen ihn sprechenden Indizien eine beachtliche Leistung war. Diese Kaltblütigkeit hätte Marten ihm gar nicht zugetraut.

»Meine Mutter darf mich aber noch besuchen, oder soll ich dich demnächst um Erlaubnis fragen?«, sagte Daniel schließlich, obwohl Silke ihn hier noch nie besucht und nach Martens Kenntnisstand weder vor noch während ihrer Ehe jemals eine Zigarette in die Hand genommen hatte. Marten atmete auf. Woher hatte sein Sohn bloß dieses Talent zu lügen? Jedenfalls nicht von ihm.

Jenny blickte fragend zu Marten. Der wollte seinem Sohn gerade beipflichten, aber sie war schneller.

»Wie auch immer«, sagte sie wieder zu Daniel gewandt, »es ist mir jetzt einfach zu blöd, weiter zu warten. Entweder du entscheidest dich bald, oder ich geh am Wochenende mit Lucas ins *Trash*. Der fragt mich nämlich ständig, was jetzt Sache ist.«

»Mit Lucas, ach so ist das«, sagte Daniel nachdenklich nickend. »Du drückst mir also die Pistole auf die Brust.«

»Ich drück dir gar nichts auf die Brust. Kapierst du noch was? Ich möchte mit dir ins *Trash* gehen, aber ich hab keine Lust mehr auf deine – wie hast du immer gesagt? – Entscheidungsschwäche. Mach endlich mal ne klare Ansage, sonst ist mein Zeitfenster dicht.«

Sie drehte sich um und verließ Türen knallend die Wohnung.

Der Knall hallte lange nach. Erst als Martens Fuß durch das lange Stillhalten drohte einzuschlafen, rührte er sich.

»Das war diese Tessa, oder?«, sagte Marten mit Blick auf den Aschenbecher.

Sein Sohn nickte betroffen. »Scheiße gelaufen.«

»Und zwar richtig«, ergänzte Marten.

»Was würdest du jetzt an meiner Stelle machen?«, fragte Daniel.

Marten sah ihn überrascht an. Die Frage ging klar nicht nur an ihn als Mann, sondern mindestens zur Hälfte auch an ihn als Vater. Marten hatte sich immer gewünscht, dass ihn seine Kinder mehr um Rat fragten. Leider schienen die sozialen Netzwerke inzwischen die elterliche Ratgeberrolle weitgehend übernommen zu haben.

»Was ich machen würde?«, wiederholte Marten, um

etwas Zeit zu gewinnen. Er hatte nämlich nicht die geringste Ahnung, was er anstelle seines Sohnes machen würde.

Doch sein Sohn brauchte eine Antwort. Vielmehr: Er brauchte seinen väterlichen Ratschlag.

»Also, wenn du mich so fragst, ich würde mir das nicht mehr lange überlegen. Die Lage ist ernst, Junge. Jenny oder Tessa. Ich wünschte, ich könnte mich zwischen zwei Frauen entscheiden.«

»Was?« Daniel sah ihn entsetzt an.

»An deiner Stelle, meine ich natürlich«, fügte Marten schnell hinzu. »Komm her.« Er nahm ihn in den Arm. »Mit Frauen ist es manchmal nicht einfach, ich weiß. Aber man muss eben auch mal versuchen, sich in sie reinzuversetzen. Verstehst du, Junge? Das entscheidende Wort lautet: Empathie. Oder warum glaubst du, dass meine Ratgeber so gut laufen?«

Daniel blickte ihn fragend an. »Weil du dich ins Kaninchen reinversetzen kannst?«

Marten schüttelte den Kopf. »Weil ich in diesem Moment das Kaninchen *bin*!«

Sein Sohn nickte nachdenklich.

Marten atmete tief durch.

»Und das nächste Mal bringe ich alle meine Rolling-Stones-Platten mit.«

»Ich dachte, du bist eher der Beatles-Typ«, sagte Daniel erstaunt.

»Im Alter spielt der Typ keine Rolle mehr. Man ist froh, wenn man überhaupt noch was hören kann.«

Sie lachten und klopften sich herzlich auf die Schultern. Dann verabschiedeten sie sich.

Draußen blieb Marten vor der Haustür stehen. Und was hatte er jetzt gelernt? Dass Frauen Überraschungspartys liebten, Entscheidungen erwarteten und Zeitfenster vergaben, die strikt einzuhalten waren. Andernfalls drohte der unwiderrufliche Liebesentzug.

Doch woher sollte er wissen, ob Silkes Zeitfenster nicht längst schon geschlossen war?

Marten hasste Partys. Er hatte kein Talent für Smalltalk. Wenn Silke Freunde oder Arbeitskollegen zu ihnen nach Hause einlud, konnte er Tage im Voraus nicht schlafen, weil er nicht wusste, was er mit ihnen reden sollte. Und je näher man sich kannte, desto schwieriger wurde es. Die meisten Themen waren bereits so ausführlich besprochen, dass eine weitere Vertiefung praktisch unmöglich war. Am leichtesten war es noch mit sogenannten Einwegbekanntschaften. Menschen, die er zum ersten Mal traf und danach nie mehr wiedersehen würde. Er stellte ihnen ein paar vorbereitete Fragen und hoffte, dass sie sich selber gerne reden hörten, damit Marten nicht in die Verlegenheit kam, über sich selbst zu sprechen. Denn viel zu erzählen hatte er nicht. Jedenfalls glaubte er, dass das, *was* er erzählen konnte, niemanden sonderlich interessierte.

Leider lud seine Frau oft und gerne Gäste nach Hause ein. Und leider waren darunter nur selten potentielle Einwegbekanntschaften, denen er seinen Fragenkatalog präsentieren konnte. Stattdessen musste er wieder und wieder mit Herrn Volkhardt, einem ehemaligen Arbeitskollegen von Silke aus der Herrenabteilung von Karstadt, über wechselnde Moden, die deutsche Servicementalität und die männliche Unsicherheit beim Einkleiden reden. Warum sie denn immer auch Herrn Volkhardt mit einlade, hatte Marten einmal von seiner Frau wissen wollen. Sie habe angenommen, hatte Silke erstaunt geantwortet, dass er sich ganz gut mit ihm verstehe. Woher sie denn annehme, dass er sich ausgerechnet mit Herrn Volkhardt gut verstehe, hatte Marten, nun seinerseits erstaunt, zurückgefragt. Daraufhin hatte Silke einen Moment gezögert und schließlich vollkommen ernst erklärt, dass sie doch beide Männer seien und quasi in der gleichen Branche arbeiteten.

Von diesem Augenblick an war sich Marten nicht mehr so sicher, ob ihn seine Frau wirklich verstand.

Aus lauter Verzweiflung und weil es hoffnungslos schien, Silke davon zu überzeugen, dass er mit Herrn Volkhardt kaum Gemeinsamkeiten hatte, versuchte er sich mit Herrn Volkhardt zwangsweise anzufreunden. Vielleicht, dachte sich Marten, schlummerten unter der Oberfläche des Fachverkäufers ja doch zahlreiche Gemeinsamkeiten, die man durch gezielte Fragen nur aufzuwecken brauchte. Doch so sehr er sich auch bemühte, Herr Volkhardt blieb ein Mann, der ihm vom Grunde seines Herzens fremd blieb.

Auch wenn Marten Partys verabscheute und keinen Smalltalk konnte, es gab eines, was er noch weniger konnte: auf sich alleine gestellt sein.

Wenn Jenny recht hatte – und wieso sollte sie nicht recht haben, schließlich war sie eine Frau? –, konnte er Silke mit einer Überraschungsparty eine echte Freude bereiten. Mehr noch, Marten zeigte damit unmissverständlich, dass er bereit war, seine Abneigung gegen soziale Zusammenkünfte zu überwinden. Anders formuliert: Marten würde sich bereit erklären, in Zukunft Spaß an Partys zu haben, vorausgesetzt, Silke verließ ihn nicht.

Natürlich durfte es keine gewöhnliche Überraschungsparty sein. In Anbetracht der Lage – oder sollte er besser sagen: Krise? – musste er sich schon einiges einfallen lassen, um die Stimmung zu seinen Gunsten zu wenden.

Marten dachte einen halben Tag nach und entschied

sich für eine Grillparty in ihrem Schrebergarten. Motto: Ein Feuerwerk der guten Laune. Und zwar schon am kommenden Samstag. Er würde Daniel bitten, eine Stunde vor ihrem Eintreffen den Grill anzumachen, damit es keine unnötige Verzögerung gab. Als besonderen Clou plante er, einen jener Straßenkünstler einzuladen, die oft an Kreuzungen standen und mit Kegeln jonglierten. Schon jetzt sah er Silkes Gesicht, wie sie ungläubig immer wieder zu ihm blickte, was so viel bedeutete wie: Hätte ich dir gar nicht zugetraut.

Das größte Problem war die Zusammenstellung der Gäste. Wen sollte er einladen, wen besser nicht? Die Zahl der in Frage kommenden Gäste war jedoch schon deshalb relativ überschaubar, weil er von den meisten keinerlei Kontaktdaten besaß. Mit anderen Worten: Sollte sich Silke von ihm trennen, wären achtundneunzig Prozent aller ihm bekannten Menschen für immer verschwunden. Was aber auch bedeutete: Achtundneunzig Prozent ihres Soziallebens fand nur über Silke statt.

Nun wäre ein Herr Volkhardt zwar kein ernsthafter Verlust gewesen, dennoch beunruhigte es Marten, dass er nach einer Trennung sozial praktisch auf die Zeit vor dem Kindergarten zurückgeworfen wurde. Vielleicht sollte er sich bei nächster Gelegenheit vorsorglich die Adressen und Telefonnummern aller Gäste notieren, um nicht komplett von Silke abhängig zu sein. Dann sähe auch die Liste mit den Kontaktdaten in seinem Smartphone nicht mehr so aus, als wäre er hauptsächlich mit Banken, Handwerksbetrieben und Telefongesellschaften befreundet.

Seine Gästeliste sah schließlich wie folgt aus: Daniel, gerne mit Freundin, welche auch immer, Petra, Vera und Babsi, Silkes langjährige Freundinnen, wenigstens die Nummer von Petra hatte er gespeichert gehabt, Herr

Volkhardt, den er nach mühseligen Telefonaten mit diversen Karstadtfilialen endlich doch noch gefunden hatte, seinen alten Freund Wolfgang, quasi als Gruß aus Martens Vergangenheit, in der eine eigene Familie noch undenkbar gewesen war, und schließlich, als Gruß aus der Gegenwart, Renate Bruhns.

Er bat alle, sich an dem Samstag pünktlich, also mindestens eine halbe Stunde vor Martens und Silkes Ankunft, im Schrebergarten einzufinden, um die Überraschung perfekt zu machen.

Zwei Tage vorher setzte sich Marten in ihr Auto, einen gut zehn Jahre alten Renault Twingo, »das kleine Raumwunder«, wie es in der Werbung hieß, und fuhr auf der Suche nach einem Jongleur durch die Stadt. Bis zu diesem Tag hatte es ihn eigentlich nie sonderlich gestört, dass er in einem Frauenauto saß. Studentinnen, Wurstfachverkäuferinnen und frisch geschiedene Frauen, die ihre neue Selbstständigkeit erprobten – Marten kannte im Grunde keinen einzigen männlichen Twingo-Fahrer. Offensichtlich rührte die kleine, leicht rundliche Erscheinung mit den drolligen Augen, Stichwort: Kindchenschema, an die Urinstinkte jeder Frau. Jahrelang war Marten in dem Auto zum Einkaufen und im Winter manchmal auch ins Büro gefahren. Er hatte Silke vom Geschäft abgeholt, wenn es abends mal zu spät geworden war, und die Kinder zum Sport gebracht. Doch auf einmal fühlte es sich irgendwie falsch an. Marten hatte den Verdacht, dass er für Silke auch eine Art Twingo geworden war, das kleine Raumwunder, das zwei Jahrzehnte lang, ohne weiter aufzufallen, hinten rechts am Esstisch gesessen hatte.

Als er endlich einen Kegel-Jongleur auf einer Kreuzung entdeckte, hielt Marten kurz entschlossen auf dem begrünten Mittelstreifen und engagierte ihn für eine übertrieben hohe Summe. Er hatte hüftlanges Filzhaar, mehrere Ringe durch die Nase und sah aus, als wäre er auf dem Weg zu einem Attac-Meeting im indischen Bangalore. Noch vor wenigen Wochen hätte Marten nicht mal im Traum daran gedacht, dass so ein Mann die Hauptattraktion auf seiner Party sein würde.

Marten hatte alles genau geplant. Am Samstag, kurz nach dem Frühstück, als Silke den letzten Bissen ihres Brötchens gerade runtergeschluckt hatte, eröffnete er ihr, dass er für den Nachmittag eine kleine Überraschung vorbereitet habe. Obwohl die Überraschung keineswegs klein war, hatte er sie absichtlich kleiner angekündigt, um die Wirkung später noch zu vervielfachen. Eine knallharte Strategie war eben alles, wenn man seine eigene Ehefrau erobern wollte.

Leider drohte sein Plan zu scheitern, als Silke erklärte, dass sie am Nachmittag zu einer Besprechung in den Laden fahren müsse. Und obwohl sie behauptete, ihm bereits vor Tagen davon erzählt zu haben, konnte er sich nicht mehr daran erinnern. Aber seine Frau behauptete ziemlich oft, dass sie irgendetwas erzählt hatte, nur um sich nicht eingestehen zu müssen, dass sie schlecht organisiert war.

»Was ist es denn für eine Überraschung?«, fragte sie, ohne sonderlich überrascht über die angekündigte Überraschung zu sein.

»Wenn ich es dir sage, ist es ja keine Überraschung mehr«, sagte Marten leicht enttäuscht über ihre zurückhaltende Reaktion. Nach weitgehend überraschungsfreien Ehejahren hatte er sich etwas mehr erhofft.

»Wenigstens eine Andeutung?«, fragte sie und schenkte sich Kaffee nach, um bei dem nun anstehenden Spiel »Wie bekomme ich möglichst schnell das Geheimnis heraus?« keine trockene Kehle zu bekommen. Denn Silke wusste nur zu gut, dass Marten jedes Geheimnis preisgab, wenn sie ihn nur lange genug bedrängte.

Diesmal aber würde Marten sich nicht kleinkriegen lassen.

»Ich sage nichts«, sagte er und machte mit der Hand Schließbewegungen an seinem Mund.

Silke trank einen großen Schluck Kaffee. »In welche Richtung geht es denn ungefähr?«

Marten schüttelte den Kopf und wiederholte die Schließbewegung.

Sie kratzte sich langsam am Kinn, während sie Marten musterte.

»Ist es ein Geschenk für mich?«

Marten zuckte die Schultern.

»Nun sag schon was, sonst ist es gemein.«

Marten grinste. »Na gut, es ist ein Geschenk.«

Silke sah aus dem Fenster. Dann drehte sie sich abrupt zu ihm.

»Ist es etwa der Ohrring, den ich mir schon so lange gewünscht habe?«, fragte sie plötzlich aufgeregt.

Marten wusste nichts von einem Ohrring, den sie sich lange gewünscht hatte. Das hieß: Wenn er genau nachdachte, erinnerte er sich an einen Ohrring, den sie bei einem gemeinsamen Schaufensterbummel entdeckt hatte. Das lag allerdings schon einige Monate zurück. Und weil sie sich den Ohrring nicht ausdrücklich gewünscht hatte, hatte ihn Marten gleich wieder vergessen.

Er war leicht verunsichert, ob seine Überraschung noch die volle Wirkung entfalten konnte, wenn er sie wegen des Ohrrings enttäuschen musste.

»Viel besser«, sagte er.

»Besser?« Sie sah ihn ungläubig an. Offensichtlich konnte sie sich nicht vorstellen, dass seine Fantasie für ein selbst ausgedachtes Geschenk überhaupt reichte.

Leider musste sich Marten eingestehen, dass seine Frau damit möglicherweise recht haben könnte.

»Also, ich glaube, es ist auch sehr schön«, dämmte er ihre Erwartungen.

»Kann man es anziehen?«

Marten verneinte.

»Ist es was zu essen?«

Er spitzte nachdenklich die Lippen. Dann nickte er.

»Was Süßes?«

Marten schüttelte den Kopf.

»Und ich kann es nicht jetzt essen?«

Er bejahte.

»Sind wir dabei alleine?«

Marten überlegte, ob er schon zu viel verraten hatte. Der Ohrring hatte ihn ein wenig aus dem Konzept gebracht.

»Nein«, sagte er. Schließlich war meistens irgendjemand dabei, wenn man aß.

»Sag mal ein Stichwort.«

Marten starrte sie an.

»Okay, die letzten drei Buchstaben«, lenkte sie ein.

»Vom Stichwort?«

»Ja.«

Wenn er das Stichwort wüsste, könnte er ihr auch die letzten drei Buchstaben mitteilen.

Er dachte kurz nach. Es musste ein möglichst allgemein gehaltenes Wort sein. Ein Wort, das gleichzeitig alles bedeuten konnte und nichts.

Zum Beispiel Garten!

»-ten«, sagte er so beiläufig es ging.

Silke spitzte die Lippen und dachte nach. Dass sie beide ihre Lippen spitzten, wenn sie nachdachten, wurde ihm erst jetzt bewusst.

»Noch einen Buchstaben«, bat sie.

Er lächelte »r«.
Sie dachte weiter nach, spitzte dabei aber nicht mehr die Lippen.
Es sah nicht gut für ihn aus.
»Davor ein a?«
Marten hob seine Augenbrauen.
»Garten!«, kam es prompt, und dann – Marten konnte so schnell kaum folgen – sagte sie: »Du machst eine Grillparty im Schrebergarten, stimmt's?«
Er schloss die Augen und atmete schwer aus. Er konnte nicht sagen, warum, aber sein jahrelanger Verdacht erhärtete sich dieses Mal zur Gewissheit: Silke war ihm in wesentlichen Punkten weit überlegen. Die entscheidende Frage lautete: War sie sich dessen bewusst?

Nachmittags fuhren sie zum Garten.
Marten hatte eigentlich schon gar keine Lust mehr, nachdem es fast keine Überraschung mehr für sie war. Die Idee war gewesen, Silke zu zeigen, dass er sich um sie bemühte und ihre Ehe ein bisschen abwechslungsreicher gestaltete, als sie es zuletzt gewohnt war. Ohne den Überraschungseffekt war das Ganze nur noch halb so viel wert. Außerdem ärgerte er sich, dass Silke die Party bereits nach einer guten Stunde wieder verlassen musste. Offenbar war ihr die Karriere wichtiger als ein gemütliches Beisammensein unter Freunden und nicht zuletzt auch mit ihm. Ohne Silke müsste er quasi im Alleingang für gute Stimmung sorgen und konnte sich nicht wie üblich mit dem Raustragen und der Säuberung des Geschirrs aus der sozialen Verantwortung stehlen. Zudem befürchtete er, dass sich die Party bis weit in den Abend hineinzog, weil einige Gäste kein Ende fanden. Gemeint waren hier insbesondere Silkes Freundinnen Petra, Vera und Babsi. Aber auch seine Arbeitskollegin

Renate, die nur langsam in Fahrt kam, dann aber meist nicht mehr zu bremsen war.

Die Schrebergartenanlage »Große Freiheit« befand sich an der Stadtautobahn nur wenige Fahrminuten von ihrer Wohnung entfernt. Sie hatten den Garten vor sechzehn Jahren gepachtet, weil ihre Kinder nicht nur zwischen Autos und Häusern aufwachsen sollten. Anfangs hatte sich Marten mit den zahlreichen Vorschriften etwas schwergetan. Wieso ein Teil des Gartens aus Nutzpflanzen, also etwa Gemüse bestehen sollte, wollte er lange nicht einsehen. Erst als er die Gartenordnung nicht mehr hinterfragte, verstand er, warum die Anlage ausgerechnet »Große Freiheit« hieß. Inzwischen war er erleichtert, wenn er in den Garten kam, weil hier die Rahmenbedingungen des Zusammenlebens so eindeutig waren wie nirgendwo sonst.

Es war immer noch sehr warm. Als sie den staubigen Hauptweg entlanggingen, hörte er das gleichmäßige Klicken der Sprinkleranlagen in den Parzellen. Vereinzelt klapperten Kaffeetassen, die den Nachmittag einläuteten.

Marten war etwas nervös. Er hatte noch nie eine Überraschung organisiert, die eigentlich keine Überraschung mehr war.

»Wieso kommst du eigentlich auf so was?«, fragte Silke auf einmal. Sie blickte ihn an, als hätte er zu einer Swingerparty geladen.

»Ich dachte, du magst Überraschungen«, sagte Marten leicht irritiert.

»Ja, schon …« Silke wischte sich den Schweiß von der Stirn. »Aber ich dachte eher an was für uns beide.«

»Frauen lieben aber doch Überraschungspartys, oder?« Marten war verzweifelt. Offenbar waren sogar zwischen den Frauen die Unterschiede so groß, dass eine halbwegs realistische Einschätzung ihrer Interessenlage praktisch unmöglich war. Auf dieser Basis konnte man nicht vernünftig planen.

»Marten, was ist eigentlich los mit dir?«, fragte Silke in einem Ton, der äußerst beunruhigend war.

Aber noch ehe er weiter darüber nachdenken konnte, erreichten sie ihre Parzelle. Und was Marten dort sah, war noch weitaus beunruhigender. Daniel und der von Marten engagierte Jongleur namens Karim saßen zusammen auf der Hollywoodschaukel vor dem Holzhaus und tranken Bier. Kein Grill, keine Überraschungsgäste.

Ohne sie zu begrüßen, winkte Marten hektisch seinen Sohn zu sich und fragte ihn, wieso er den Grill noch nicht vorbereitet habe.

»Wenn keine Kohle da ist, kann ich auch nicht den Grill anwerfen«, sagte er gelassen. An seinen Augen sah Marten, dass er schon mehr als ein Bier getrunken hatte.

»Und jetzt?«, fragte Marten. Sobald ein Baustein aus seinem Plan herausbrach, drohte die ganze Konstruktion in sich zusammenzufallen.

»Ich kann ja schnell zur Tanke laufen und Chips und so was holen«, meinte sein Sohn ungeachtet der Tatsache, dass die Grillparty damit unter falschem Vorzeichen laufen würde. Immerhin hielt die Party so für Silke doch noch eine Überraschung bereit.

»Haben die da nicht auch immer Kohle?«, fragte Marten.

Daniel zuckte die Schultern. »Kann schon sein, aber was willst du eigentlich grillen?«, fragte er an Marten hinabblickend.

Marten wurde rot. An alles hatte er gedacht, nur nicht an Kohle und Fleisch. Sollte er jemals mit der Organisation von mehr als einer Sache gleichzeitig betraut werden, würde er in Zukunft dankend ablehnen.

»Okay, Planänderung«, sagte Marten. »Du gehst zur Tanke und holst Knabberzeug und Wein, ich seh mal im Haus nach, ob ich noch irgendetwas Verwertbares finde.«

Im Haus, mehr eine Hütte mit zwei Zimmern, verteilt auf vierzig Quadratmetern, standen noch die leeren Weinflaschen von ihrem letzten »geselligen Beisammensein« mit den Lotterbecks. Herr und Frau Lotterbeck hatten vor kurzem den Garten gleich nebenan gepachtet. Wie Marten und Silke stammten sie aus Niedersachsen, für Silke offenbar Grund genug, sie zu einem »zwanglosen« Abendbrot in ihren Garten einzuladen. Sehr bald hatte sich jedoch herausgestellt, dass Niedersachsen schon ihre einzige Gemeinsamkeit war. Herr Lotterbeck arbeitete in der Zweigstelle einer großen Bank, Frau Lotterbeck war Sachbearbeiterin in der Agentur für Arbeit. Weder Herr noch Frau Lotterbeck zeigten das geringste Folge-Interesse an Martens Arbeit. Heißt: Nachdem sie erfahren hatten, was er tat, wandten sie sich umgehend wieder ihren eigenen Berufen zu, als drohte eine sofortige Auflösung ihrer Persönlichkeit, wenn sie nicht ständig über sich selber berichteten. Silke ließ sich davon aber keineswegs abschrecken. Unter dem Motto »Wir Niedersachsen müssen zusammenhalten« lud sie die Lotterbecks regelmäßig auch zu ihnen nach Hause ein. Mittlerweile war Herr Lotterbeck davon überzeugt, in Marten einen engen Vertrauten gefunden zu haben, und behelligte ihn regelmäßig mit Problemen aus der Bankzweigstelle. Leider war Marten viel zu gutmütig, um ihn auch nur durch die Blume wissen zu lassen, dass er keine Lust mehr hatte, weitere Details über die psychischen Probleme des Zweigstellenleiters zu erfahren.

Marten sah in den Kühlschrank und fand: vier Äpfel,

eine angebrochene Packung Emmentaler, Schwarzbrotscheiben und drei Becher Joghurt, von denen einer seit zwei Wochen abgelaufen war. Wenn er das Schwarzbrot mit dem Käse belegte, die Äpfel in Scheiben schnitt und den Joghurt in eine Schüssel umfüllte, ließ sich der Grillabend vielleicht noch in einen Nachmittag mit Wein und Snacks umwidmen.

Als er das Tablett mit den Weinbegleitern nach draußen trug, sah er erstaunt, wie seine Frau, die sich unterdessen zu Karim auf die Hollywoodschaukel gesetzt hatte, aufmerksam dessen Erzählungen zuhörte. Nein, sie hörte nicht zu, sie hing an seinen Lippen. Wenn seine Frau von jemandem fasziniert war, hatten ihre Augen einen sehnsüchtigen Glanz, den sie ihm gegenüber selbst in den ersten Tagen ihres Kennenlernens nicht gezeigt hatte. Warum sie ausgerechnet von einem Mann mit Filzhaaren und Nasenringen fasziniert war, blieb Marten jedoch ein Rätsel.

Um dieses, wie Marten fand, durchaus anstößige Verhalten seiner Frau – der Jongleur war überhaupt erst viel später gebucht gewesen – zu beenden, knallte er das Tablett auf den Tisch und blickte vorwurfsvoll Richtung Schaukel.

Doch weder Silke noch Karim würdigten ihn eines Blickes.

Nun hatte es Marten schon öfter erlebt, dass man ihn bewusst oder unbewusst übersah. Er war jedes Mal fassungslos, wenn Menschen, mit denen er Tage zuvor länger gesprochen hatte, ihn plötzlich überhaupt nicht mehr ansahen. Und jedes Mal fragte er sich, ob er irgendetwas gesagt oder getan hatte, das ein solches Verhalten rechtfertigte.

Dass ihn der Mann, dem er einen lukrativen Job verschafft hatte, nicht mal begrüßt hatte, war schon ein wenig sonderbar, angesichts seiner fragwürdigen Lebensumstände aber wohl noch halbwegs erklärbar. Dass aber seine eigene Frau so tat, als wäre sie mit diesem Menschen vollkommen allein, ging eindeutig zu weit.

»Ich hab dann mal was zu essen gebracht«, sagte Marten mit einem scharfen Unterton, der im Prinzip nichts anderes bedeutete als: Ihr hört jetzt sofort auf, miteinander zu reden, sonst werde ich ungemütlich.

Obwohl Marten bislang nie eifersüchtig gewesen war – er vertraute einfach darauf, dass Silke ihre lange gemeinsame Geschichte nicht durch eine Affäre kaputt machte –, spürte er jetzt erstmals leichten Neid, der umso ärgerlicher war, da er mit diesem Jongleur nicht ansatzweise mithalten konnte. Aber natürlich wäre es Unsinn gewesen, prophylaktisch einige Kunststücke zu erlernen, nur weil die eigene Frau später möglicherweise mit einem Artisten durchbrannte.

Wurde Silke nach dem Auszug der Kinder plötzlich abenteuerlustig? Entdeckte sie wieder die Frau in sich, nachdem sie jahrzehntelang fast ausschließlich Mutter gewesen war?

»Ich kann ja auch nach Hause gehen, falls ihr das wünscht«, erklärte Marten leicht angesäuert.

Silke blickte ihn ernst an.

»Ich unterhalte mich gerade mit Karim. Könntest du vielleicht ein paar Minuten was anderes machen?«

»Ach so, klar, ihr unterhaltet euch, da möchte ich natürlich nicht weiter stören.«

Er drehte sich beleidigt um.

In diesem Moment sah er Daniel mit den anderen Überraschungsgästen im Schlepptau den Hauptweg entlangkommen. Marten hätte sich am liebsten in die Büsche geschlagen.

Aber es war zu spät.

»Wir sind wohl irgendwie falsch gelaufen«, rief Babsi und schwenkte fröhlich zwei Flaschen Sekt.

»Dein Sohn hat uns gerettet«, meinte Vera etwas zu dramatisch.

»Er ist dir ja wirklich wie aus dem Gesicht geschnitten«, erklärte Petra erstaunt, als wäre daran irgendetwas Anstößiges.

Daniel wirkte genervt und überreichte ihm eine prall gefüllte Tüte.

Unterdessen war Silke aufgesprungen und begrüßte sichtlich überrascht die Gäste.

»Schade, dass ich nachher noch einen Termin habe«, sagte sie bedauernd, was sich in Martens Ohren anhörte wie: Schade, dass mein Mann alles nicht besser geplant hat.

Während Herr Volkhardt Silke einen Strauß Blumen überreichte – hatte er irgendetwas falsch verstanden? –, hatte Martens alter Kumpel Wolfgang bereits eine Bierflasche geöffnet und durchsuchte leicht gebückt den Garten nach Reptilien. Anscheinend war ihm längst klar, dass Marten ihn lediglich als Kontingentfreund eingeladen hatte, um die Gästezahl nach oben zu treiben. Ein bisschen bewunderte er ihn für sein fehlendes Schamgefühl. Seine Wirkung auf andere war ihm vollkommen egal. Und wieder fragte sich Marten, ob er sich nicht heimlich wünschte, so zu sein wie Wolfgang.

»Hübsch habt ihr es hier«, sagte Renate Bruhns plötzlich dicht neben Marten, und dann leiser, als sollte es niemand hören: »Das ist ja ein richtiges Liebesnest.« Ihr Blick hatte etwas unangenehm Sehnsuchtsvolles.

»Schnittchen?«, fragte Marten.

»Was?« Renate sah ihn erschrocken an.

»Schwarzbrot mit Käse«, erklärte er. »Es gibt aber auch Chips.«

Er holte mehrere Packungen Chips aus der Tüte und schüttete sie in eine große Schüssel.

Unterdessen schenkte Daniel den Sekt in Gläser und reichte sie reihum an die Gäste.

»Ich trinke nur ein Schlückchen«, sagte Silke. »Sonst schlafe ich nachher ein.«

»Schön, dass endlich mal deine ganze Familie dabei ist«, sagte Vera.

»Fast«, korrigierte sie Marten sofort.

»Stimmt«, sagte Vera, »eure Tochter ist ja in den USA.«

Sie stießen an.

»Wie ist es jetzt eigentlich so ohne die Kinder?«, wollte Petra auf einmal von Silke wissen. Alle sahen gespannt zu seiner Frau, niemand zu Marten.

»Ach«, meinte sie schulterzuckend, »geht so, oder?« Sie sah zu Marten, worauf ihn die anderen ebenfalls anblickten. Da er nichts sagte – womöglich erwarteten sie auch gar keinen eigenständigen Beitrag von ihm, sondern wollten nur die Reaktion auf seinem Gesicht sehen –, wandten sie sich wieder zu Silke.

»Wir müssen uns halt zusammenraufen«, fuhr Silke fort und nahm schnell noch einen Schluck.

»Ich stell mir das ziemlich krass vor«, sagte Babsi und blickte nachdenklich zu Daniel, der inzwischen wieder auf der Hollywoodschaukel saß und mit Karim Bier trank. »Nach so vielen Jahren wieder alleine zu sein. Muss sich doch anfühlen, als wären einem beide Beine amputiert worden.«

Silke lächelte. Marten nicht. Wieso wurde er eigentlich nie nach *seiner* Meinung gefragt? Obwohl Marten mindestens genauso viel mit seinen Kindern zu tun gehabt hatte, bekam Silke bei allen Kinderfragen automatisch den Mutterbonus zugesprochen. Und der bedeutete: Silke hatte das erste und das letzte Wort. Dazwischen durfte Marten gerne auch seine Ansichten äußern, die letztlich aber nicht viel mehr als Füllstoff waren.

»Ein bisschen stimmt es schon«, sagte Silke, »aber im Moment stört es mich noch nicht, weil ich so viel zu tun habe. Du hast die Amputation ja noch vor dir.«

»Erinnere mich bloß nicht daran«, sagte Babsi und machte eine abwehrende Handbewegung. »Mir graut schon jetzt davor.«

»Und nie mehr Kindergeburtstage«, seufzte Petra. »Ich hab immer so gern Kuchen gebacken. Wenn zehn Kids am Tisch Kuchen mampften, war ich glücklich.«

»Die Kindergeburtstage haben wir ja zum Glück hinter uns«, platzte Marten dazwischen, um endlich auch mal etwas zu sagen.

»Wieso zum Glück?«, fragte Silke prompt nach.

Ihr seltsam forschender Blick verhieß nichts Gutes. Marten überlegte, wie er darauf reagieren sollte. Wenn Streit im Verzug war, mussten sofort die drei großen A ausgelöst werden: Abmildern, Abwehren, Abgehen.

»Das war ja meistens ein riesiges Chaos bei so vielen Kindern. Die Wohnung sah hinterher immer aus wie ein Schlachtfeld, stimmt doch, oder?«, sagte Marten.

Silke blickte ihn an, als wäre sie nicht nur nicht mit ihm einverstanden, sondern als wüsste sie überhaupt nicht, wovon er redete. »Schlachtfeld? Klar, es lag schon ein bisschen was rum, es waren ja schließlich Kinder und keine Beamten.«

Dass sie Marten gerne mal einen Beamten nannte, wenn er für die zweifellos notwendige Ordnung sorgte, hatte ihn schon immer geärgert.

»Es lag *ein bisschen* was rum?« Er machte ein ratloses Gesicht. »Die halbe Wohnung lag in Schutt und Asche! Eigentlich hätte man alles renovieren müssen!«

»Jetzt red doch keinen Quatsch«, sagte Silke empört. »Nach zwei Stunden hatten wir doch alles wieder aufgeräumt.«

»Hatte *ich* alles wieder aufgeräumt.«

Silke trank wütend ihr Glas aus.

»Vielleicht sollten wir jetzt erstmal auf das Geburtstagskind anstoßen«, bemerkte Herr Volkhardt nach einer Weile.

»Viele Ehen sollen ja kaputtgehen, wenn die Kinder aus dem Haus sind«, schaltete sich jetzt auch noch Renate ein.

»Welches Geburtstagskind denn, wenn ich fragen darf?«, sagte Babsi in die Runde blickend.

Herr Volkhardt sah zu Silke und zuckte dabei unaufhörlich mit den Augenbrauen.

»Du hast doch erst im November Geburtstag, oder?«, fragte Petra erstaunt.

Silke nickte.

»Ach«, machte Herr Volkhardt, »und ich dachte, das wäre eine Geburtstagsparty.«

»Nein, eine Überraschungsparty!«, erklärte Silke.

Herr Volkhardt dachte nach. Man konnte förmlich sehen, was er dachte. Jedenfalls Marten.

»Und was ist jetzt die Überraschung?«, fragte er erwartungsgemäß.

»Das musst du meinen Mann fragen«, sagte Silke, ohne Marten dabei anzusehen.

Herr Volkhardt wandte sich zu Marten.

»Die kommt dann später«, sagte Marten, ohne seine Frage abzuwarten.

»Wenn ich leider nicht mehr dabei sein kann«, sagte Silke mit gespieltem Bedauern.

Manchmal hätte er sie am liebsten …, aber er wollte es sich lieber gar nicht vorstellen.

»Was macht eigentlich dieser Mann da am Boden?«, fragte Renate plötzlich, irritiert auf Wolfgang deutend.

Alle Blicke richteten sich auf Martens Kumpel.

Wolfgang lag mit seinem Gesicht seitlich im Gras. Aus der Entfernung sah es so aus, als würde er schlafen. Nur Marten wusste, dass Wolfgang seine Feldstudien betrieb.

»Das ist Martens bester Freund«, sagte Silke. Sie schien sich darüber zu amüsieren, dass ausgerechnet Martens Kumpel derart aus der Reihe fiel. Und wirklich war es Marten plötzlich peinlich, dass er einen Freund hatte, der sich offensichtlich nicht benehmen konnte.

»Er beobachtet Reptilien«, sagte Marten. »Wolfgang ist ein Experte in Sachen Reptilien.«

»Ihr habt Schlangen?«, rief Vera erschrocken.

»Nicht jedes Reptil ist eine Schlange«, versuchte Marten sie zu beruhigen. Aber Vera hatte sich festgelegt.

»Ist sie etwa giftig?«

Es war so gut wie aussichtslos, jemanden von etwas zu überzeugen, wenn dieser beschlossen hatte, fest an seine eigene Wahrheit zu glauben.

Marten probierte es trotzdem.

»Für Schlangen ist es hier viel zu unruhig, die ertragen so viele Menschen nicht. Ich hab mal einen Ratgeber darüber geschrieben. Du kannst mir wirklich glauben.«

»Also, ich setze mich auf die Schaukel, wenn es euch nichts ausmacht«, sagte Vera, anscheinend völlig unbeeindruckt von Martens fachlicher Bewertung der Lage. Langsam fragte er sich, wieso er sich überhaupt noch die Mühe machte, Ratgeber zu schreiben.

»Ich finde Schlangen gar nicht so schrecklich«, rief Renate vom Buffettisch herüber. Sie schenkte sich gerade Wein ein und schien auch sonst ganz zufrieden mit dem Verlauf des Nachmittags, der für Marten zunehmend alptraumhafte Züge annahm. »Man darf sie halt nur nicht ärgern, dann tun sie einem auch nichts. Das ist doch wie bei uns Frauen.« Sie lachte.

Silke kam besorgt zu Marten und flüsterte ihm ins Ohr. »Ist die schon betrunken? Warum hast du Wolfgang und diese Renate überhaupt eingeladen? Das sollte doch eine Überraschungsparty für mich sein.«

»Dann ist die Überraschung ja gelungen, wenn du dich über die beiden wunderst«, sagte Marten überraschend pfiffig.

»Das sind aber nicht meine Freunde.«

»Aber *meine*!«, betonte Marten.

»Ach? Ich wusste gar nicht, dass Renate eine Freundin von dir ist.«

Aus irgendeinem Grund war Silke auf Renate nicht gut zu sprechen. Vielleicht, weil sie sich außerhalb ihres unmittelbaren Einflussbereiches befand. Sie hätte keine Probleme damit gehabt, wenn sich Marten zweimal die Woche mit Petra getroffen hätte. Petra gehörte irgendwie mit zu ihrer Familie. Renate nicht, und das beunruhigte sie, auch wenn sie das niemals offen zugeben würde.

»Doch, ist sie«, sagte Marten, obwohl es gar nicht stimmte. Er wollte Silke lediglich spüren lassen, dass er auch noch ein Leben jenseits des ehelichen Geltungsgebietes führte.

»Wenn du das nächste Mal eine Überraschungsparty für mich veranstaltest«, sagte Silke, »dann lade bitte nur unsere gemeinsamen Freunde ein, ja?«

»Ich glaube kaum, dass ich noch mal eine Überraschungsparty veranstalte«, sagte Marten beleidigt. Im Grunde wusste er, dass sie recht hatte. Aber es konnte nicht angehen, dass er ihr ständig recht gab. Irgendwo hatte er schließlich auch seinen Stolz.

Unterdessen entwickelte sich die Hollywoodschaukel zum heimlichen Zentrum der Party. Neben Karim,

Daniel und Vera hatten sich nun auch Petra und Babsi dazugesetzt. Der Rest stand, bis auf Wolfgang, drum herum und sah zu, wie Karim, der mittlerweile betrunken war, die anderen zum Schaukeln anstachelte. Wie ein Guru hockte er in der Mitte und trieb die anderen zu Höchstleistungen, während er selbst kaum seine Arme bewegte.

Nicht nur Marten, auch Herr Volkhardt, der bei Wasser geblieben war, und zu einem gewissen Grad Renate waren zunehmend besorgt, dass die Schaukel unter der Last von fünf Erwachsenen, die sich wie auf einem Kindergeburtstag benahmen, in Kürze zusammenkrachte. Und dass ihr Gelächter und Gejohle vermutlich noch bis zum anderen Ende der Anlage zu hören war, machte die Sache nicht einfacher.

Marten musste irgendetwas unternehmen. Er blickte zu seiner Frau.

Silke hatte zu seinem Schrecken ihre Handtasche geschultert und war offensichtlich drauf und dran, die Party zu verlassen.

»Du willst doch nicht jetzt schon gehen?«, fragte er besorgt.

»Ich habe doch gesagt, dass ich einen Termin habe, Schatz.«

Silke gebrauchte fast nie das Wort »Schatz«. Aber wenn sie es sagte, war das ein sicheres Zeichen, dass sie das genaue Gegenteil davon meinte. Leider hatte er noch nicht herausgefunden, wie das Gegenteil von »Schatz« lautete. Und er mochte Silke auch nicht direkt danach fragen. Manchmal war es besser, wenn man sich einige eheliche Illusionen erhielt.

»Dann verpasst du aber die eigentliche Überraschung«, versuchte es Marten weiter, obwohl er wusste, dass seine Frau jeden Termin gewissenhaft einhielt.

»Ehrlich gesagt, habe ich heute genug von deinen Überraschungen.«

»Ehrlich gesagt, habe ich langsam den Eindruck, dass dir der Job mehr wert ist als unsere Ehe.« Noch in derselben Sekunde wusste er, dass er einen Fehler gemacht hatte. Und in derselben Sekunde bekam er die Quittung dafür.

»Weißt du, was ich nicht ausstehen kann?«, fragte Silke.

Marten schloss die Augen und nickte.

»Wenn Männer wehleidig sind.«

Und damit drehte sie sich um und verließ den Garten.

Marten schenkte sich schnell Wein ein. Die ganze Veranstaltung war nur noch stark alkoholisiert zu ertragen. Er trank das Glas in einem Zug leer.

Als er sich umdrehte, bemerkte er eine Frau, die mit großen Schritten übers Grundstück eilte und dabei zu Martens Entsetzen sein liebevoll gepflegtes Kräuterbeet zerstörte.

Kurz darauf erkannte er, dass es Daniels Freundin Jenny war. Ihrem Gesichtsausdruck nach zu urteilen, war sie nicht unbedingt in Feierlaune.

»Entweder du kommst jetzt mit, oder das war's!«, rief sie so laut, dass sich Marten automatisch umblickte.

Daniel saß derweil wild schaukelnd zwischen Silkes Freundinnen und machte nicht den Eindruck, als würde er demnächst darauf antworten.

Stattdessen lachte er und legte seine Arme um Vera und Petra, als wollte er auf diese Weise klarstellen, dass er keine Lust hatte, sich zu irgendetwas drängen zu lassen. Sein Sohn hatte eine Eigenschaft, die ihm vollkommen fehlte: Gelassenheit. Vielleicht war er aber auch nur betrunken, oder es war ihm egal, da er ja noch eine andere »am Start« hatte. Vermutlich machte Daniel im Bezug auf Frauen sogar genau das Richtige: Er tat, als wäre er nicht auf sie angewiesen.

So weit war Marten allerdings noch lange nicht. Und wenn er ehrlich war, wollte er es sich auch lieber nicht vorstellen.

Nachdem Daniel keinerlei Reaktionen zeigte, warf ihm Jenny noch einige böse Bemerkungen zu, unter anderem fiel das Wort »Arschloch«, ehe sie wütend stampfend wieder abmarschierte und als Ausgleich dieses Mal einen Teil der Stauden zerstörte. Probleme mit Frauen sollte man besser nicht in der Nähe von Zier- oder Nutzpflanzen austragen, dachte Marten noch, als er auf seiner Schulter plötzlich eine Hand spürte.

»Kommt deine Frau eigentlich nachher noch wieder?« Renate sah ihn glasig an. Ihre Hand lag offenbar mehr zum Abstützen auf der Schulter, aber sie war noch nicht *so* betrunken, dass sie ihren angeschlagenen Zustand gleich noch als Gelegenheit zur Annäherung quasi zweitverwerten konnte.

»Bei Frauen rechne ich inzwischen mit allem.«

In diesem Moment gab es einen lauten Knall, als wäre irgendeine Verstrebung gerissen. Und noch ehe er sich versah, kippte die Hollywoodschaukel schon mit den mehr belustigt, denn ängstlich kreischenden Gästen in Zeitlupe Richtung Hütte, drückte die anscheinend aus Pappmaché bestehende Wand ein und blieb halb in die nun offene Küche ragend liegen.

»Das sieht nicht gut aus«, meinte Herr Volkhardt in einer ersten Stellungnahme, der sich Marten vorbehaltlos anschloss.

Während die Frauen von Lachtränen überströmt auf allen vieren von der Schaukel krochen, Daniel sich vor Lachkrämpfen den Bauch hielt und Karim eingeschlafen zu sein schien, fragte sich Marten bereits, wie er seiner

Frau vermitteln sollte, dass die Hollywoodschaukel jetzt in der Küche stand.

Sicher war nur eins: Die Überraschungsparty hatte seine Erwartungen nicht erfüllt. Mehr noch, es war zum gegenwärtigen Zeitpunkt völlig unklar, ob Silke seine Bemühungen zur Rettung ihrer Ehe überhaupt registriert hatte.

»Wusstest du eigentlich, dass ihr eine männliche *Lacerta agilis* im Garten habt?«, sagte Wolfgang, der auf einmal neben ihm stand.

Marten blickte ihn fassungslos an. »Was?«

Als sie den Brief öffnete und die Anzeige sah, konnte sie es zuerst nicht glauben. Doch nachdem Marten ihr schließlich erklärt hatte, dass Teile ihres Gartenhauses zurzeit nur eingeschränkt bewohnbar seien, reichte es. Und zwar gründlich. Anstatt ihr in dieser entscheidenden Phase den Rücken freizuhalten, machte er Sachen, die gelinde gesagt merkwürdig waren. Erst die Polizeiuniform und jetzt die Überraschungsparty samt Anzeige wegen Ruhestörung und der teilweisen Zerstörung ihrer Hütte. Besonders irritierend dabei: Die Anzeige stammte von den Lotterbecks. Am meisten bedauerte sie jedoch, dass die alte Hollywoodschaukel ihrer Großmutter nur noch Sperrmüll war. Marten hätte es nie dazu kommen lassen dürfen. Wenn er so weitermachte, gefährdete er mit solchen Aktionen ernsthaft ihre Ehe. Sie hatte keine Lust, sich auch noch um ihren Mann kümmern zu müssen. Nach dem Auszug der Kinder hatte sie angenommen, dass Marten mehr in seine Verlagsarbeit einsteigen und anstelle von zwei halben zwei oder drei ganze Tage nehmen würde. So viel Geld verdiente sie schließlich auch nicht, dass sie auf zusätzliche Einnahmen verzichten konnten. Außerdem hatte sie schon länger den Verdacht, dass ihr Mann mit dem Schreiben der Ratgeber nicht richtig ausgelastet war. Irgendwann würden ihm die Themen ausgehen, und was dann passierte, mochte sie sich gar nicht vorstellen. Er war jetzt knapp über fünfzig. Wenn es gut lief und sie gesund blieben, hätten sie noch gute fünfundzwanzig gemeinsame Jahre vor sich. Um sich als Rentner weiterhin ein angenehmes Leben leisten zu können, mussten sie jetzt eben noch einmal Gas geben und mehr Geld verdienen. Deshalb war es ihr auch so wichtig, die neue Filiale zu übernehmen. In der ersten Zeit bedeutete es zwar viel Arbeit, aber wenn alles eingespielt war, konnte sie sich auch wieder mehr ihrem Privatleben widmen.

Leider schien Marten das nicht zu begreifen. Marten führte ein Leben auf Sicht. Was in zwei Monaten war, interessierte ihn nicht. Manchmal glaubte sie, dass Marten nicht den Wegzug seiner Kinder betrauerte, sondern den Verlust seiner besten Spielkameraden. Aber ein Kind in Gestalt eines fünfzigjährigen Mannes war das letzte, was Silke jetzt noch gebrauchen konnte.

Zwei Tage nach dem Schrebergarten-Desaster traf sich Silke mit ihrer Freundin Petra in einem Café. Nach dem Auszug ihrer Tochter vor drei Jahren lebte Petra von ihrem Mann getrennt. Silke hatte nie nach dem Grund der Trennung gefragt. Weniger aus Schamgefühl denn aus Aberglauben. Sie befürchtete, dass schlechte Nachrichten eine zerstörerische Wirkung in ihr entfalten könnten. Mittlerweile war ihr jedoch klar, dass die schlechten Nachrichten deshalb nicht einfach verschwunden waren.

»Ich weiß auch nicht, was in Marten gefahren ist«, entschuldigte sich Silke, noch ehe sie neben Petra Platz genommen hatte.

»Also ich fand's ganz lustig«, sagte Petra erstaunt, »ich meine, wenn man mal von der Wand absieht.«

»Ich weiß nicht, irgendwie ist er anders. Ich erkenne ihn gar nicht mehr wieder.« Sie ließ sich erschöpft auf den Stuhl fallen und wischte sich mit einem Taschentuch den Schweiß von der Stirn. »Sonst war er viel gemütlicher. Auf einmal will er dauernd was unternehmen. Überraschungsparty – das wäre ihm früher nie eingefallen!«

»Höre ich da vielleicht eine Ehekrise heraus?«, fragte Petra.

Silke sah sie erschrocken an. »Ehekrise?« In ihren Ohren klang das Wort wie eine Krankheit, von der sie schon mal gehört hatte, aber nicht glaubte, dass es sie jemals persönlich betreffen könnte.

»*Er* hat sich doch verändert, nicht ich!«

Petra lachte. Dabei rasselten ihre Armreifen. Seit sie von ihrem Mann getrennt lebte, war sie auf dem Indien-Trip. Sie kleidete sich in bunte Gewänder, trug merkwürdige Sandalen und aß nur noch vegetarisch. Eigentlich fehlte bloß noch ein roter Punkt auf der Stirn. Ab einem bestimmten Alter sollten sich Frauen besser nicht mehr von ihren Männern trennen. Die Gefahr, zu einer Religion zu konvertieren, in der Kühe als heilig galten, erschien Silke einfach zu groß.

»Kinder verändern eine Beziehung. Man merkt es nur nicht, wenn die Kinder noch im Haus sind. Und hinterher wundert man sich, dass die Seelen nicht mehr zusammen schwingen.«

»Schwingende Seelen?« Silke lachte kurz auf. »Mir wäre es lieber, wenn hin und wieder mal was anderes schwingt.«

Petra schloss angewidert ihre Augen und atmete tief durch. Ihr Verzicht auf Fleisch schien auch ihr Sexleben in Mitleidenschaft gezogen zu haben.

»Das Körperliche wird doch maßlos überbewertet«, sagte sie, endlich wieder die Augen öffnend. »Die Lust ist irgendwann vorbei, was bleibt, ist die Seele. Gemeinsame Gefühle, wortloses Verstehen. Dass man den anderen nicht nur als anders begreift, sondern als Spiegelung seiner selbst im anderen.«

»Marten ist neulich als Polizist verkleidet ins Schlafzimmer gekommen und wollte mich vergewaltigen. Ich möchte mich da eigentlich nicht gespiegelt sehen.«

»Was?«

»Na ja, es sollte mich wohl anturnen, hat es aber nicht. Keine Ahnung, wie er auf so was kommt.«

Petra wirkte ernsthaft besorgt. Und auch Silke fragte sich einen Moment, ob Marten womöglich sein wahres Gesicht gezeigt hatte. Träumte er davon, mal eine Frau zu vergewaltigen?

»Darf ich ganz offen zu dir sein?«

Silke nickte.

»Ich glaube, euer Karma stimmt nicht mehr.«

»Unser Karma?«

»Bei Hans-Jörg und mir war es ähnlich, damals wusste ich nur noch nichts von Samsara. Wir haben uns einfach nicht mehr unterstützt. Nichtstun ist aber Gift für die Seele, es erzeugt schlechtes Karma. Und dann kannst du deine Wiedergeburt vergessen.«

»Was? Wieso?«

»Weil deine Seele geschwächt ist und das Vollbringen guter Taten verhindert, die dich in den ewigen Kreislauf führen.«

»Ich meinte eigentlich, wieso ihr euch nicht mehr unterstützt habt.« Auf einen ewigen Kreislauf konnte sie nämlich gut verzichten. Schon deshalb, weil sie keine Lust hatte, ihrem Mann dauerhaft seine Hemden zu bügeln.

»Ach so, ich weiß es eigentlich auch nicht. Irgendwann hat jeder eben sein Leben geführt. Hans-Jörg hat damals sehr viel gearbeitet, manchmal haben wir uns nur am Wochenende gesehen.«

»Und dann?«

»Und dann nichts. Wir haben zusammen gefrühstückt und dabei hat jeder wortlos seine Zeitung gelesen.«

»Habt ihr euch gegenübergesessen?«

»Wie?« Petra blickte sie irritiert an.

»Na ja, habt ihr feste Plätze gehabt, oder hat er sich irgendwann mal umgesetzt?« Die Frage klang vielleicht etwas seltsam, aber die Probleme hatten just in dem Moment begonnen, als Marten seinen Platz am Frühstückstisch gewechselt hatte.

»Wir hatten eigentlich immer feste Plätze.« Sie beugte sich vor und fasste nach Silkes Hand. »Sag mal, ist irgendwas mit dir nicht in Ordnung?«

Immer wenn jemand besorgt um sie war, hatte Silke automatisch das Gefühl, in Tränen ausbrechen zu müssen, schon um den anderen nicht zu enttäuschen.

Sie wartete einen Moment, bis keine Gefahr mehr bestand zu weinen.

»Ich hab halt gerade sehr viel zu tun. Es ist alles ein bisschen unsicher, mit der neuen Filiale und ob ich da jetzt die Leitung übernehme oder nicht.«

»Und dann setzt sich dein Mann auch noch um …«

»Das ist es doch überhaupt nicht. Ich hab nur einfach den Eindruck, dass Marten nicht weiß, wie wichtig mir die Arbeit ist. Er denkt, ich mach das alles nur aus Spaß, und das ärgert mich tierisch. Er kapiert nicht, dass ich auch einen gewissen Ehrgeiz habe. Verstehst du?« Sie hatte alles leicht dramatisiert, weil Petras Sorge um sie gerade ganz gut in ihre Stimmung passte.

Petra nickte betroffen.

Eine Weile sagten sie nichts.

Silke überlegte, ob sie ihrem Chef die Pistole auf die Brust setzen sollte, um ihn zu einer Entscheidung zu zwingen. Sie hatte keine Lust mehr, noch wochenlang hingehalten zu werden, nur weil er irgendwelche Machtspielchen spielte. *Wer besonders nett zu mir ist, der bekommt auch den Job*. Manchmal hasste sie Männer, die immer noch glaubten, ihre Arbeit nur mit dem Schwanz in der Hand machen zu können. Und manchmal hasste sie sich selber, wenn sie sich ausgerechnet zu solchen Männern hingezogen fühlte.

»Ich weiß nicht, ob du schon mal daran gedacht hast«, sagte Petra und streichelte über Silkes Handrücken. »Aber ich glaube, eine Paartherapie könnte euch wirklich helfen.«

»Eine Paartherapie?«, fragte Silke schockiert. Solche Therapien waren etwas für Paare, für die es keine Hoffnung mehr gab, die sich später aber nicht nachsagen lassen wollten, dass sie nicht alles für ihre Beziehung getan hatten.

»Mein Yoga-Lehrer macht nebenher auch Paartherapien. Seit ich ihn habe, bin ich wieder in meinem Gleichgewicht.«

»Und was macht er noch nebenher? Bier brauen?«

»Du musst dich jetzt gar nicht lustig machen. Shankar könnte euch wieder ins Lot bringen, das weiß ich. Ihr müsst es nur wollen. Wenn man nicht daran glaubt, wird es natürlich nichts.«

»Klar, und vorher muss ich was unterschreiben und verpflichte mich damit, bei meiner Wiedergeburt ewig in Shankars Kreislauf weiterzuleben.«

»Immerhin sieht er ganz gut aus«, sagte Petra und grinste.

»Ehrlich gesagt, glaube ich nicht, dass Marten da mitkommen würde. In die Paartherapie, meine ich. Und ich eigentlich auch nicht.«

»Du kannst dir es ja noch mal überlegen«, sagte sie und lächelte mitfühlend. Aus lauter Dankbarkeit war Silke kurz davor, ihrem Vorschlag bedingungslos zuzustimmen. Doch im letzten Moment riss sie sich zusammen. Sie hatte plötzlich Angst, dass zu viel Lot einer abwechslungsreichen Ehe nicht förderlich sein könnte.

Ihr Chef hatte ihr einen Tag frei gegeben. Sie sehe überarbeitet aus, und erschöpfte Mitarbeiterinnen seien dem Geschäft nicht dienlich. Außerdem brauche er sie in Zukunft noch, und er könne auf sein bestes Pferd im Stall auf gar keinen Fall längere Zeit verzichten. Was auch immer das zu bedeuten hatte.

Es war Mittwoch. Sie war allein zu Hause. Marten war ins Büro gegangen, als sie noch schlief. Sie konnte sich kaum noch daran erinnern, wie es war, alleine zu Hause zu sein. Entweder Marten war da oder eines der Kinder. Seit fünfundzwanzig Jahren war sie praktisch nie mehr alleine gewesen. Als junge Frau hatte sie eine Zeitlang in einer Ein-Zimmer-Wohnung in Schöneberg gelebt. Morgens ging sie in einem Zoofachhandel arbeiten und kehrte abends erschöpft wieder zurück. Damals sehnte sie sich danach, einen Mann zu haben und eine Familie zu gründen. Aber zu der Zeit war sie einfach zu sehr mit der Frage beschäftigt, ob sie zu dick war, dass sie das ernsthafte Interesse eines Mannes gar nicht bemerkt hätte. Nachdem sie geheiratet und Kinder bekommen hatte, sehnte sie sich manchmal nach ihrem ruhigen Leben in der Schöneberger Ein-Zimmer-Wohnung zurück. Seit vielen Jahren sehnte sie sich nach überhaupt nichts mehr, und jetzt fragte sie sich allen Ernstes, ob sie diesen Morgen ohne Marten einfach nur mal genießen durfte.

Der Anruf erreichte sie zum denkbar ungünstigsten Zeitpunkt. Silke saß nackt auf dem Sofa und malte sich die Fingernägel rot an. In all den Ehejahren hatte sie noch nie nackt auf dem Sofa gesessen und sich die Fingernägel rot angemalt. Nicht, dass sie das irgendwie vermisst hätte, aber die Tatsache, mitten am Tag alleine nackt auf dem Sofa sitzen zu können, verschaffte ihr ein ungewohntes Gefühl von Freiheit.

Als sie hörte, wer am Telefon war, legte sie schnell ein Kissen auf den Schoß und bedeckte die Brüste mit ihrem Arm.

»Ich wollte nur mal überprüfen, ob du dich zu Hause auch gut erholst«, sagte Hans-Werner, ihr Chef, und lachte laut. »Hoffentlich vermisst du uns alle!«

Im ersten Moment brachte Silke kein Wort heraus. Sie hatte nicht mit seinem Anruf gerechnet, und offen gestanden hatte sie auch schon eine Weile nicht mehr an ihre Arbeit gedacht. Sie schämte sich ein bisschen dafür, aber es war nicht zu leugnen, dass ihr die Auszeit guttat.

»Es geht so«, sagte Silke. Sie drückte auf den Freisprechknopf, um den Hörer nicht so dicht ans Ohr halten zu müssen.

»Was, du vermisst uns etwa nicht?«, fragte ihr Chef mit gespielter Empörung.

Sie zögerte einen Augenblick zu lange.

»Aber mich vermisst du doch, oder?«, fragte er jetzt schon weniger gespielt.

»Doch«, kam es schwer, »es ist nur so …«

»Ja?«

»Ich bin gerade in einer schwierigen …«

»Phase, ich weiß«, nahm ihr Hans-Werner das Wort aus dem Mund. »Und deshalb rufe ich ja an.«

Er schien es ernst zu meinen, was Silke etwas überraschte. Weniger, weil es ihr Chef war, sondern dass es tatsächlich einen Mann gab, der sich um sie sorgte. Zu lange hatte sie sich damit herausgeredet, dass Männer einfach anders gestrickt waren, wenn sie wieder einmal Martens Fürsorge vermisste. Vor Marten war ihr Vater der einzige Mann gewesen, den sie relativ gut kannte, und deshalb nahm sie automatisch an, dass alle Männer genauso waren wie ihr Vater. Sie war im Grunde so überrascht, weil sich ihr Bild von Männern zum ersten Mal von ihrem Vater emanzipierte.

»Aber das wird schon wieder«, bemühte sich Silke es weniger dramatisch erscheinen zu lassen, »ich brauche nur ein bisschen …«

»Du brauchst vor allem einen Tapetenwechsel«, beharrte Hans-Werner. »Weißt du, was wir machen?«

»Nein«, sagte sie ängstlich, aber eigentlich versteckte sich dahinter ein hoffnungsvolles Ja.

»Ich lade dich zu meinem Stamm-Italiener ein. Pizza, Pasta e basta, haha. Das wird dich auf andere Gedanken bringen. Ich meine, man muss sich doch auch mal was gönnen, oder? Du kannst deinem Mann ja sagen, dass du mit einer Freundin …, egal, das musst du entscheiden, ob du ihm alles erzählen willst.«

»Wie alles?«

»Na, das sehen wir dann noch.« Er lachte wieder. »Hast du jetzt Lust, deine Periode, Phase meinte ich, zusammen mit mir zu …, also wollen wir was essen gehen, oder nicht? Ich hole dich dann morgen um neunzehn Uhr zu Hause ab!«

»Morgen schon?«, fragte Silke überrumpelt. Zwar gefiel ihr die Überrumpelung, aber sie mochte auch nicht gleich zusagen, um nicht den Eindruck zu erwecken, dass sie einen Tapetenwechsel dringend brauchte.

»Was heißt *schon*«, sagte Hans-Werner, »dazwischen liegen gut dreißig Stunden. In der Zeit hat Hitler halb Frankreich besetzt.«

Offenbar ahnte er nicht, dass es leichter war, ein Land zu überfallen, als das richtige Kleid für ein Abendessen auszuwählen. Durfte sie sich überhaupt mit einem Mann zum *Abendessen* treffen? Auch wenn nichts Schlimmes passierte, und sie war fest entschlossen, *dass* nichts passierte, kam sie sich trotzdem ein bisschen schäbig vor. Andererseits, hatte ihr Marten nicht auch mal Dinge verschwiegen?

»Hallo, lebst du noch?«, fragte Hans-Werner.

»Ob ich noch … ach so, ja.«

»Es handelt sich um ein Abendessen, nicht mehr.«

»Nicht mehr?«, fragte sie ein wenig enttäuscht. Insgeheim hoffte sie nämlich, dass er ihr an diesem Abend das Angebot unterbreiten würde, die Leitung des neuen Ladens zu übernehmen. Einen anderen Grund konnte es ihrer Meinung nach gar nicht geben.

»Das hängt von dir ab«, sagte er mit einem Lächeln in der Stimme.

Ihr Gesicht glühte. Auf einmal war ihr so heiß, dass sie das Kissen vom Schoß nahm und sich Luft zufächelte. Und weil das nicht reichte, klemmte sie das Telefon zwischen die Oberschenkel, nahm zwei Zeitschriften und wedelte so heftig, dass die Brüste auf ihrem Bauch hin und her rollten.

»Also gut«, hörte sie Hans-Werners Stimme plötzlich wenige Zentimeter vor ihrem Schoß. Silke fiel vor Schreck die Zeitschrift aus der Hand. »Als dein Chef gebe ich dir jetzt eine dienstliche Anweisung: Morgen um neunzehn Uhr Abfahrt von deiner Wohnung. Und mach dir bloß keinen Kopf, sei einfach, wie du bist, verstanden?«

Silke starrte zwischen ihre Beine. Schon jetzt konnte sie ihrem Chef nicht mehr unvoreingenommen in die Augen sehen.

»Hörst du mich?«

»Alles klar«, rief Silke so locker es eben ging, während sie das Telefon vorsichtig wieder in die Hand nahm.

Die Frage war: Wusste Hans-Werner, wie sie war? Und wenn nicht: Wollte er es wirklich wissen?

Sie brauchte Hilfe. Sie brauchte Babsis Rat.

Eine Stunde später war Silke mit zwei Tüten voller Kleider auf dem Weg zum Erotik-Center, wo ihre Freundin Babsi seit Jahren als Verkäuferin arbeitete. Silke war mit ihrem Aussehen schon länger nicht mehr zufrieden gewesen. Sie fühlte sich wie einer dieser Gummibäume, die zuhauf in Büros herumstanden, um für bessere Luft zu sorgen, ansonsten aber von niemandem beachtet wurden. Es war ein bisschen lächerlich, mit ihrer Garderobe quer durch die Stadt zu fahren, aber bei der letzten Verabredung mit einem Mann hatte sie noch mit D-Mark bezahlt. Seitdem hatte sich nicht nur das Zahlungsmittel geändert, sondern vermutlich auch der Dresscode. Silke hatte schlicht Angst, dass Hans-Werner etwas falsch interpretieren könnte.

Aber was sollte er überhaupt in ihr sehen?

Babsi war gerade in einem Kundengespräch, als Silke den Laden betrat. Ein junges Paar von vielleicht Mitte zwanzig ließ sich ausgiebig über die verschiedenen Stimulationsmöglichkeiten beraten. Eigentlich sahen sie nicht so aus, als hätten sie eine derartige Unterstützung ihres Liebeslebens nötig. In diesem Alter tat man einfach, was zu tun war. Silke erinnerte sich wehmütig an die Zeit, als die Nächte mit Marten noch etwas von einem Abenteuer hatten. Sie war so aufgeregt, wenn Marten sie an der Brust berührte, als wäre es etwas Unanständiges gewesen, das man niemandem erzählen durfte.

Sie sah sich ein bisschen um. Die Auswahl an sogenannten Sextoys war beeindruckend. Offensichtlich war der Bedarf an mehrfarbigen Penissen in deutschen Haushalten groß. Es gab Penisse mit und ohne Standbein. Wenn der schwarze Lieblingspenis mit der roten Spitze einmal nicht im Einsatz war, konnte man ihn auch problemlos als Tischdekoration verwenden. Es gab

Liebeskugeln, die aussahen wie Gebetsketten. Vielleicht waren es auch Gebetsketten, die man sich nach dem Gebet einführen konnte. Es gab flexible Doppel-Dildos mit zwei Penisspitzen und Dildos aus Glas, die man wahlweise im Wasser erhitzen oder in den Kühlschrank legen konnte. Im Grunde hatte ein Mann dagegen kaum eine Chance.

Es gab aber auch Spielzeuge, deren Sinn Silke erst bei genauerem Hinsehen begriff. Beispielsweise ein pinkes Ei mit Fernbedienung. Hierbei handelte es sich um das Vibrator-Ei »Ultra 7 Remote Control«: »Die Frau führt das Ei ein und lässt sich von demjenigen überraschen, der die Fernbedienung hat.« Silke stellte sich vor, wie Marten im Wohnzimmer saß und dabei in unregelmäßigen Abständen die Bedienung drückte, während sie mit dem eingeführten Ei in der Küche stand und kochte. Bei dieser Art von Fernbefriedigung konnte man gleich zwei Fliegen mit einer Klappe schlagen.

»Das ist ja eine schöne Überraschung!«, sagte Babsi, nachdem sie den jungen Leuten zwei Vibratoren verkauft hatte, einen mit, einen ohne Fernbedienung. »Was führt dich denn zu mir?«

Silke stand vor dem Regal mit dem Schlafzimmerzubehör und fragte sich gerade, ob man den Stoffpandabären auch irgendwo einführen musste.

»Was macht man denn damit?«

»Der ist für die Mikrowelle«, sagte Babsi so beiläufig, als wäre es selbstverständlich.

»Und dann?«

»Dann klemmst du ihn dir zwischen die Beine. Aber das ist nichts für dich. Brauchst du denn irgendwas Bestimmtes?«

»Ich bräuchte eigentlich alles«, sagte Silke.

Babsi lachte kurz auf. »Für Anfänger empfehle ich dieses Modell.« Sie reichte ihr einen rosa Gummipenis in XXL-Format.

Silke wusste nicht, wie sie das mit dem Anfänger verstehen sollte. Sie nahm den Penis und begutachtete ihn mit spitzen Fingern.

»Der hat aber keinen Standfuß.«

»Dann musst du einen mit Eiern nehmen«, sagte Babsi und griff beherzt nach einem anderen Modell. »Der hier leuchtet sogar im Dunkeln. Dann hast du nachts immer ein bisschen Licht.«

»Gibt's auch welche, die nicht leuchten?«

»Mit oder ohne Standfuß?«

»Ehrlich gesagt«, sagte Silke, während sie auf den riesigen Leuchtpenis starrte, »bin ich gar nicht deswegen hier.«

»Hab ich mir fast schon gedacht«, sagte Babsi und stellte die Dildos zurück in den Schrank. »Welches Problem ist es denn diesmal?«

Es war Silke peinlich, dass Babsi ständig glaubte, sie habe Probleme, wenn sie zu ihr in den Laden kam. Leider stimmte es meistens.

»Na ja, kein richtiges Problem ...«

»Also ein richtig großes Problem«, stellte Babsi fest. Sie griff sich ungefragt eine von Silkes Tüten und blickte hinein. »Warum bringst du denn deinen Duschvorhang mit?«

»Wie bitte?«, fragte Silke leicht geschockt.

Babsi zog ein weißes Kleid mit grün-gelben Blumenmotiven heraus. Tatsächlich erinnerte es ein wenig an einen Duschvorhang, wie Silke zugeben musste.

»Was planst du denn damit?« Anscheinend war es unvorstellbar für sie, dass man mit so einem Kleid überhaupt noch irgendwo öffentlich auftreten konnte.

»Gar nichts«, sagte Silke beleidigt.

»Nein, natürlich nicht«, meinte Babsi schnippisch. »Deshalb bist du ja auch extra hierhergekommen, stimmt's?«

Silke dachte, dass es vielleicht doch nicht so gut war, Babsi um Rat zu fragen.

»Wenn ich dich richtig verstehe«, sagte Babsi, »willst du von mir wissen, welches Kleid du bei deinem Date anziehen sollst.«

Dass sich Frauen untereinander viel besser verstanden als mit Männern, hatte bislang erstaunlicherweise überschaubare Konsequenzen, was die Paarbildung betraf.

»*Du* hast doch gesagt, dass ich mal was wagen soll«, verteidigte sich Silke, ohne dass es etwas zu verteidigen gab.

»Es gilt das Prinzip Überraschungsei«, fuhr Babsi unbeeindruckt fort, »außen bunt und innen was zum Spielen.«

Sie ging zum Regal mit der Reizwäsche und nahm zielstrebig zwei Modelle heraus.

»So weit wollte ich eigentlich gar nicht ...«

»Ein Straps-Top aus Lederimitat oder ein Bustier plus String.«

Silke holte tief Luft.

»Nein, für Leder bist du nicht der richtige Typ«, meinte Babsi mehr zu sich selbst und legte das Teil zur Seite.

»Und wieso nicht?«

»Vertrau mir einfach, ja? Ich würde das Bustier nehmen, damit liegt man immer richtig.« Sie lachte kurz auf und hielt es Silke vor die Brust. »Könnte passen. Du kannst hinten eine der Umkleidekabinen nehmen, ist gerade nichts los.«

Silke nickte stumm.

»Ich hätte aber auch noch ein *Checky Bum*«, rief Babsi, als Silke schon auf dem Weg zu den Umkleidekabinen war.

»Checky was?«, fragte Silke.

»Einen String mit offenem Schritt, aber so eilig habt ihr es wohl nicht, oder?«

Sie zog sich aus. Vor einiger Zeit hatte sie schon einmal Reizwäsche gekauft, aber die war harmlos, verglichen mit dieser hier. Womöglich war das der Grund, weshalb Marten nicht darauf reagiert hatte. Nach so vielen Ehejahren brauchte es einfach härtere Sachen als einen nur die Brustwarzen bedeckenden roten BH, der von vorne aussah, als würde man zwei Weihnachtsmänner von oben betrachten.

Es dauerte eine Weile, bis sie das Bustier zugeschnürt hatte. Schon jetzt bemitleidete sie den Mann, der es wieder aufschnüren musste. Aber Männer brauchten ja ständig Aufgaben, die ihnen Erfolgserlebnisse bescherten.

Nachdem sie den String in diverse Ritzen geklemmt hatte, fühlte sie sich wie eine Roulade.

Wollte sie sich ernsthaft so ihrem Chef präsentieren? Was hieß präsentieren, sie dachte ja nicht mal ansatzweise daran, dass Hans-Werner jemals auch nur die Farbe ihres BHs mit eigenen Augen sah! Und überhaupt: Warum unterstützte Babsi sie bei einer Sache, die eindeutig auf einen Ehebruch zulief?

Plötzlich wurde ihr heiß im Gesicht. Sie hatte mit keinem Wort erwähnt, dass es sich bei dem Date nicht um ihren Mann handelte.

Sie schloss die Augen und atmete tief durch.

Wieso musste bei Frauen immer alles so kompliziert sein, während Männer im Notfall einfach ihren Schwanz aus der Hose holten?

Sie zog sich schnell wieder um und ging zurück in den Verkaufsraum.

»Hab ich mir fast gedacht«, sagte Babsi. »Du bist nicht so für Überraschungseier, stimmt's?«

»Eigentlich wollte ich auch nur wissen, welches Kleid ich anziehen soll«, sagte Silke.

Babsi dachte kurz nach.

»Egal, Hauptsache es ist rot. Dann weiß er gleich, wohin der Hase läuft. Du darfst nie vergessen: Männer brauchen was Eindeutiges, für Zwischentöne sind sie einfach zu blöd.«

Am nächsten Abend saß Marten wie üblich vor dem Fernseher und sah Nachrichten. Zwischen sechs und acht Uhr sah Marten praktisch jede Nachrichtensendung, die er kriegen konnte. ZDF, ARD, RTL, Sat.1, n-tv, RTL 2 und als Höhepunkt schließlich die Tagesschau um acht. Anfangs hatte sie noch geglaubt, dass er sich wirklich für die Meldungen interessierte und nichts verpassen wollte. Inzwischen vermutete sie aber, dass ihn die immergleichen Bilder nur in seiner Auffassung bestätigten, dass sich im Leben alles wiederholte.

Unterdessen stand Silke nackt vor dem Spiegel und betrachtete sich. Es waren noch gut zwei Stunden Zeit, bis ihr Chef sie abholte. Angesichts der Aufgabe, die sie zu bewältigen hatte, reichten zwei Stunden aber bei weitem nicht aus. Seit sie verheiratet war, war sie sich selbst gegenüber immer toleranter geworden. Jetzt erkannte sie, wohin zu viel Toleranz führte: Materialermüdung auf ganzer Linie. Schlaffe Brüste, speckige Oberschenkel und ein Gesicht, das nur noch mithilfe von viel Make-up in Schuss gehalten wurde. Vor ihr stand eine Frau, die sich äußerlich fast aufgegeben hatte.

Wenn sie ihr Chef so sah, würde er es sich vielleicht

noch einmal anders überlegen. Oder interessierte er sich nur deshalb für sie, weil er glaubte, mit einer Frau wie ihr leichtes Spiel zu haben? Mit einer Frau, die auf dem freien Markt kaum noch eine Chance hatte, sofern es sich nicht um irgendwelche Spinner handelte, die sexuell erregt wurden, wenn sie ihre Frauen mästeten.

Bildete sich ihr Chef etwa ein, dass sie es nötig hatte?

Sie entschied sich für das blaue Kleid. Es war das einzige, das Marten jemals von sich aus an ihr gelobt hatte.

Eine Stunde vorher war Silke so aufgeregt, dass sie es fast nicht mehr aushielt. Sie lief im Flur auf und ab, kontrollierte alle zehn Sekunden im Spiegel den Sitz ihres Kleides, setzte sich ins Wohnzimmer auf den Stuhl und blätterte in der Fernsehzeitschrift.

Eine ganze Weile hatte Marten schon nichts mehr gesagt und nur stur geradeaus auf den Bildschirm geschaut, als ginge ihn das alles nichts an. Silke wusste aus Erfahrung: Je länger Marten nichts sagte und stur irgendwo hinsah, desto beleidigter war er. Und natürlich wusste sie auch warum. Sie hatte jetzt aber einfach nicht den Kopf dafür, um ihrem Mann zu erklären, wieso sich Frauen auch dann hübsch machten, wenn sie von dem anderen Mann überhaupt nichts wollten. Es ging auch gar nicht in erster Linie um den Mann, sondern darum, mögliche Konkurrentinnen optisch auf die Plätze zu verweisen. Das musste Marten aber nicht unbedingt erfahren. Er durfte ruhig weiter glauben, dass sie sich nur seinetwegen schön machte.

Gegen sieben war sie vom Warten so fertig, dass sie sich am liebsten wieder ausgezogen hätte und hiergeblieben wäre.

»Es scheint dir ja sehr wichtig mit ihm zu sein«, sagte Marten schließlich doch noch etwas, ohne sie dabei direkt anzusehen.

Obwohl sie mit einem solchen Vorwurf längst gerechnet hatte, reagierte sie erstaunlich empört.

»Merkst du eigentlich, dass du nur noch um dich kreist? Ich bekomme heute Abend vielleicht ein tolles Jobangebot, und du machst hier einen auf beleidigte Leberwurst. Finde ich echt nicht in Ordnung. Wenn du mehr Geld verdienen würdest, müsste ich auch nicht so dahinter her sein.« Das stimmte so zwar nicht, erzielte bei Marten jedoch die gewollte Wirkung.

»Aha, jetzt bin ich also noch schuld daran, dass du dich überarbeitest, oder wie?«

»Hast du dich eigentlich schon mal gefragt, wovon wir im Alter leben sollen?«

Die Diskussion hatten sie schon öfter geführt. Das Ergebnis lautete jedes Mal: Marten würde demnächst um die Aufstockung seiner Wochenstunden bitten.

Diesmal sagte er jedoch etwas Unerwartetes: »Vielleicht sind wir ja im Alter gar nicht mehr zusammen.«

Sie war so erstaunt, dass sie kurzzeitig nicht wusste, was sie sagen sollte. Das passierte ihr sonst höchstens alle paar Jahre.

In diesem Augenblick klingelte es an der Tür.

Sie ging zur Sprechanlage und bat ihren Chef um etwas Geduld.

Zurück im Wohnzimmer stellte sie sich vor den Fernseher und blickte Marten lange an.

»Willst du mir damit irgendetwas sagen?«

Marten sah verärgert hoch.

»Könntest du jetzt bitte aus dem Bild gehen, der Bundespräsident empfängt gerade den mongolischen Staatschef.«

»Das hat er vorhin doch auch schon gemacht.«

»Ich finde, das kann man nicht oft genug sehen.«

Silke schüttelte den Kopf und verließ das Zimmer,

nicht ohne die Tür mit angemessener Lautstärke zuzuknallen.

»Warum sind Frauen eigentlich grundsätzlich zu spät?«, fragte ihr Chef, als sie in seinen olivgrünen BMW einstieg.

»Weil Frauen grundsätzlich keine Männer sind«, sagte Silke eine Spur genervt.

Hans-Werner sah sie erstaunt an. Offenbar wusste er nicht, ob das als Scherz gemeint war.

»Hübsches Kleid – kenne ich das nicht von irgendwoher?«

»Aus dem Laden?«

»Ja, natürlich, wie konnte ich das nur vergessen!« Er lachte etwas zu laut. »Hoffentlich hast du ordentlich Hunger mitgebracht«, sagte er, während er schwungvoll ausparkte.

»Und nicht nur das«, sagte Silke.

»Nein?« Er lächelte kurz zu ihr rüber.

»Auch Durst!«

»Ach so«, machte er etwas enttäuscht.

Er trug eine dunkelgraue Kombination und ein Halstuch in der gleichen Farbe wie der BMW. Es war nicht klar, ob die farbliche Übereinstimmung Zufall war oder ob er damit etwas ausdrücken wollte. Sobald sich Männer darüber Gedanken machten, wie sie eine Frau äußerlich beeindrucken konnten, wurde es schnell lächerlich.

Nach kurzer Fahrzeit hielten sie in einer kleinen Seitenstraße in zweiter Reihe.

»Da wären wir«, sagte ihr Chef und deutete nach rechts auf ein Lokal namens *Mario*.

Er stieg aus und öffnete Silkes Tür.

»Willst du denn hier stehen bleiben?«, fragte sie ein wenig überrascht.

»Valet parking«, sagte er und klimperte mit dem Zündschlüssel vor ihrer Nase.

Silke nickte mechanisch, obwohl sie keine Ahnung hatte, was gemeint war.

Im Lokal gab es ein großes Hallo. Ihr Chef wurde begrüßt, als hätten sie sich jahrelang nicht mehr gesehen. Mehrmals fiel das Wort »belissima«, dabei musterten die Herren Silke, als wäre sie eine Trophäe, die ihr Chef irgendwo gewonnen hatte. Allerdings konnte sie sich nicht richtig darüber freuen, da sie den Verdacht nicht loswurde, dass die Kellner nur ihr Trinkgeld im Kopf hatten.

»Die Italiener – Wahnsinn, oder?«, meinte Hans-Werner leise zu Silke, als sie zu ihrem Tisch geführt wurden.

»Ich habe den besten Platz für Sie reserviert«, sagte der Kellner breit lächelnd und wies auf einen winzigen Zweiertisch mit Blick auf die Küchentür.

Für das Ausmaß der Wiedersehensfreude erschien ihr der Tisch doch etwas mickrig. In solchen Dingen hatte sie allerdings keine Erfahrung. Vielleicht war der Platz hart umkämpft und wurde nur an Stammgäste vergeben. Manchmal fühlte sie sich ein bisschen wie der Besuch vom Lande, und das ärgerte sie.

»Super«, rief ihr Chef begeistert.

Silke zwängte sich auf die Bank. Dabei hätte ihr Hintern fast die Decke vom Nachbartisch gerissen.

»Weißt du, was das Tolle an dem Laden ist?«, fragte ihr Chef, während er die Stoffserviette mit einer artistischen Bewegung aufschlug und gekonnt über seinen Schoß warf, als hätte er Monate an dieser Darbietung geübt.

Silke schüttelte den Kopf. Sie war froh, dass sie endlich saß, ohne irgendetwas zu zerstören.

»Es gibt keine Speisekarte. Der Koch macht jeden Tag etwas anderes, wozu er eben Lust hat.«

»Und wenn er mal keine Lust hat?«, fragte Silke, die von dem Konzept noch nicht hundertprozentig überzeugt war.

Ihr Chef wirkte verblüfft. An diese Möglichkeit hatte er offenbar gar nicht gedacht.

»Also, meines Wissens ist das noch nie passiert«, sagte er ernst und rieb sich im nächsten Augenblick freudig die Hände. »Wir lassen uns einfach mal überraschen, würde ich sagen. Heute ist der Abend der Überraschung, oder?« Dabei grinste er wie jemand, der nur Überraschungen akzeptierte, die er selber von langer Hand geplant hatte.

»Könnte ich auch Pizza haben?«, sagte Silke, die wenig Lust hatte, sich den Stimmungsschwankungen des Kochs zu unterwerfen.

»Pizza?« Wieder schien er verunsichert, ob sie das ernst gemeint hatte. »Wir bestellen jetzt erstmal eine Flasche Wein.« Er winkte dem Kellner, der ihn aber zu seinem Ärger nicht gleich bemerkte. »Italiener und Service«, fluchte er leise vor sich hin, während er wild mit den Armen gestikulierte.

Als ihn der Kellner schließlich sah, dauerte es weitere Sekunden, bis er endlich an ihrem Tisch auftauchte.

»Eine Flasche von diesem Dings, na, Lambusco«, sagte ihr Chef leicht ungehalten, »aber bitte schön kalt.«

»Lambrusco«, verbesserte ihn der Kellner. »Wir haben Rotwein aber nur in Zimmertemperatur.«

»Dann bringen Sie eben noch einen Eiskühler«, erwiderte er scharf.

»Wie Sie wünschen«, meinte der Kellner schulterzuckend und verschwand.

»Keine Ahnung von Weinen, diese Leute.« Er schüttelte den Kopf. »Man muss ständig aufpassen, dass einen die Italiener nicht übers Ohr hauen mit ihrer Südländerei.«

»Ich dachte, Rotwein trinkt man immer in Zimmertemperatur«, sagte Silke.

»Nicht Lambrusco! Lambrusco ist *die* große Ausnahme«, entgegnete ihr Chef. »Aber das kann natürlich jeder machen, wie er will.«

Der Kellner kehrte mit Wein und Eiskühler zurück. Nachdem er die Flasche geöffnet hatte, schenkte er ihrem Chef einen Schluck zum Probieren ein.

»Lecker, aber zu warm«, entschied Hans-Werner laut schmatzend.

Der Kellner nickte wortlos, schenkte beide Gläser voll und steckte die Flasche mit einem Gesicht voller Verachtung ins Eis.

»Schade, dass wir uns schon duzen«, meinte ihr Chef, sein Glas erhebend, »das wäre jetzt ein toller Moment dafür gewesen.« Er blickte ihr tief in die Augen. »Auf einen gelungenen Abend!«

Silke fragte sich, ob er den Abend innerlich bereits vollzogen hatte. Sie nahm einen großen Schluck.

»Du hast ja einen tollen Zug«, sagte er hocherfreut und griff nach der Flasche, um ihr nachzuschenken.

»Eigentlich vertrage ich gar keinen Rotwein.« Es war ein Fehler zu trinken, aber sie wollte auch keine Spielverderberin sein.

»Wir müssen schnell was essen«, meinte Hans-Werner, »am besten irgendwas mit Öl, das absorbiert den Alkohol, lass dir das von einem erfahrenen Trinker sagen.«

Er winkte wieder dem Kellner. Kurze Zeit später erschien ein anderer an ihrem Tisch.

»Stabwechsel, was?« Er lachte. »Na, dann schießen Sie mal los. Was gibt es denn heute so?«

Der Kellner ratterte lustlos ein halbes Dutzend Gerichte aus der aktuellen Schaffensphase des Chefkochs herunter. Pizza war jedenfalls nicht dabei, und auch auf Nachtisch hatte der Koch anscheinend gerade keine Lust.

»Wie sieht's denn mit dem Fisch aus?«, fragte Hans-Werner. »Ist der heute frisch?«

Der Kellner holte tief Luft, als wollte er ihren Chef am liebsten gleich mit einatmen. Dann lächelte er starr. »Unser Fisch ist immer frisch, kommt direkt aus dem Meer.«

»Ja, ja, aber dazwischen liegen dann sieben Tage Gefrierfach.« Er lachte, ahnte jetzt aber wohl, dass er zu weit gegangen war.

»Spaß beiseite, wir nehmen die Dorade. Können wir Kartoffeln dazu haben?«

Obwohl Silke noch keinerlei Wünsche geäußert hatte, erhob sie keinen Einspruch, damit die Stimmung nicht weiter kippte.

»Sie können dazu haben, was Sie wollen«, sagte der Kellner, der, wie Silke erstaunt bemerkte, genau wie der andere ohne italienischen Akzent sprach.

»Auch Knödel?«, fragte Hans-Werner und zwinkerte Silke zu.

»Also Dorade und Kartoffeln«, wiederholte der Kellner kühl und drehte sich weg.

Hans-Werner blickte ihm kopfschüttelnd nach. »Die Brüder verstehen einfach keinen Spaß, nicht zu glauben.« Er nahm einen großen Schluck. »Aber wir haben Spaß, oder?« Er beugte sich über den Tisch, worauf Silke sofort nach ihrem Glas griff und hastig trank. Für das Öl war es vermutlich längst zu spät. Mittlerweile war sie an einem Punkt angekommen, wo nichts mehr absorbiert werden konnte.

»Und wir können bald noch mehr Spaß haben, wenn du willst.« Er grinste vielsagend. »Aber davon erzähle ich dir später.«

Auch wenn seine Späße nicht wirklich lustig waren, fühlte sich Silke von ihm wenigstens unterhalten, was man von Marten zuletzt nicht unbedingt behaupten konnte. Wenn er mal den Mund aufmachte, beschwerte er sich, dass seine Ratgeber von der Fachwelt nicht ernst genommen wurden, oder er kritisierte sie, weil sie immer zu viel Milch in ihren Kaffee gab. Marten hatte sich verändert, leider nicht zum Besseren.

Das Lokal füllte sich langsam. Am Nachbartisch hatte ein älteres Ehepaar Platz genommen. Sie sprachen über ihren letzten Toskana-Urlaub, ihre Kinder, von denen eines gerade einen Job im Wirtschaftsministerium begonnen hatte, und die Pläne für eine Kulturreise nach New York. Sie wirkten zufrieden mit ihrem Leben, und die paar gegenteiligen Ansichten schienen ihrer grundsätzlichen Übereinstimmung nichts anhaben zu können. Silke fühlte sich zunehmend unwohl. So viel Gleichgesinntheit machte sie aggressiv. Meist waren solche Leute doch nur zu erschöpft vom Eheleben, um noch eine eigene Meinung zu haben. Silke wollte aber nicht aus reiner Erschöpfung mit jemandem zusammenbleiben. Vielleicht war es ein bisschen komisch, aber sie hatte geheiratet, weil sie sich nach etwas sehnte, das sie noch nicht kannte.

Im Gegensatz zu Marten gehörte Hans-Werner zu jener Sorte Mann, die Frauen nur unter dem Gesichtspunkt der Territoriumserweiterung betrachteten. Solange sie das Territorium nicht erobert hatten, zählten lediglich strategische Überlegungen.

Zwar wollte Silke von ihrem Chef nicht erobert werden, aber heimlich genoss sie, überhaupt noch als Angriffsziel wahrgenommen zu werden.

»Ich weiß nicht, wie du das machst«, sagte Hans-Werner und schenkte ihr nach, »aber ich muss jetzt mal für kleine Jungs.«

Während er auf der Toilette war, kam der Fisch. Silke war schon so angetrunken, dass sie alle Hemmungen über Bord warf und den Kellner fragte, woher er ursprünglich komme, sie habe überhaupt nichts Italienisches heraushören können.

»Serbien«, erklärte der Kellner, und als er Silkes überraschtes Gesicht sah, setzte er noch einen drauf: Hier sei keiner Italiener, nicht mal der Koch, der stamme aus Magdeburg.

Als sie Hans-Werner wenig später davon erzählte, meinte er nur: »Auf die Italiener ist eben auch kein Verlass mehr.«

Nach dem Essen wollte es Silke genauer wissen.

»Was wolltest du mir denn jetzt erzählen?« Sie hatte Schwierigkeiten, den Kopf gerade zu halten.

Ihr Chef grinste. Obwohl er mehr getrunken hatte als Silke, schien ihn der Alkohol kein bisschen zu beeinträchtigen. Vielleicht war die Leber der letzte Trumpf, der den Männern in Zeiten der Gleichberechtigung noch blieb.

»Ende des Monats muss ich geschäftlich nach Mallorca. Ich möchte, dass du mich begleitest und mir bei der neuen Frühjahrskollektion hilfst. Farben, Stoffe und so weiter. Du bist doch kreativ, oder?« Er blickte sie strahlend an. »Na, ist das eine super Idee vom Chef?« Er schlug lachend die Hand auf den Tisch, als freute er sich über die gelungene Überraschung.

Silke war enttäuscht, und sie konnte ihre Enttäuschung nur schwer verbergen. Bis dahin war sie fest davon ausgegangen, dass er ihr das Angebot machte, die neue Filiale zu leiten. Und was sollte das jetzt überhaupt mit Mallorca? Eigentlich hatte sie anderes zu tun, als ihrem Chef auf Mallorca zu assistieren. Oder hatte er in Wahrheit ganz andere Ziele?

»Freust du dich denn gar nicht?«, fragte ihr Chef beleidigt.

»Doch«, sagte sie, »ich bin nur ziemlich …«

»Platt?«, ergänzte Hans-Werner hoffnungsvoll lächelnd.

»Ja, ich bin nämlich noch nie …«

»Du warst noch nie auf Mallorca?«

Eigentlich wollte sie sagen, dass sie noch nie mit einem Chef alleine irgendwo hingefahren war.

Sie lächelte verlegen. »Ich weiß nicht, ob mein Mann …«

»Dein Mann wird auch mal ein paar Tage ohne dich auskommen, oder?«

»Aber nicht zu Hause«, antwortete sie prompt.

Im Grunde hatte er recht. Wieso sollte Marten nicht auch mal ohne sie auskommen? Er war alt genug, um sich selbstständig eine Dose zu öffnen. Er würde nicht verhungern und nicht verdursten. Und abends konnte er sich ungestört alle Nachrichten ansehen.

Aber was passierte, wenn er plötzlich ohnmächtig wurde oder mitten in der Nacht einen Herzinfarkt bekam? Dann wäre niemand da, der ihn retten konnte.

»Du kannst es dir ja noch mal überlegen«, sagte Hans-Werner. »Aber ich würde mich wirklich sehr freuen.« So, wie er es sagte, klang es fast wie: Wenn du nicht mitkommst, wird es auch nichts mit der Filialleitung, was Silke fast bewogen hätte, sein Angebot sofort abzulehnen. Doch sie war betrunken, und sie hatte sich einmal fest vorgenommen, betrunken keine wichtigen Entscheidungen zu treffen.

»Vielleicht können wir ja vorher noch mal telefonieren«, sagte sie und musste sich an der Tischkante festhalten, weil ihr plötzlich ganz schwummrig war.

Doch ihr Chef verlangte bereits laut durch den Raum rufend Grappa.

»Ich geh davon aus, dass wir uns vorher auch noch mal *sehen!*«, sagte er lachend, nachdem der Kellner wortlos zwei Gläser Grappa vor sie hingeknallt hatte.

Hans-Werner hob sein Glas und kippte den Inhalt mit einem kurzen Ruck in den Rachen.

Als Silke das Glas an den Mund führte und der scharfe Geruch in die Nase stieg, wurde ihr schwarz vor Augen.

Manchmal fragte er sich, ob eine sich selbst befruchtende Tellerschnecke zufriedener war, weil sie alle Partnerprobleme in sich selber austragen konnte. Oder anders formuliert: Würden sich bei einem ins Männchen integrierte Weibchen sämtliche Beziehungsprobleme automatisch in Luft auflösen?

Die Frage war so unwissenschaftlich wie sinnlos. Und doch war die Vorstellung, dass sich Silke nie von ihm trennen konnte, so attraktiv, dass er immer mal wieder daran dachte.

Zwei Wochen waren seit dem Platzwechsel, der alles ins Rollen gebracht hatte, vergangen. Zwei Wochen, die eines gezeigt hatten: Marten konnte das Auseinanderbrechen ihrer Ehe offenbar nicht mehr aufhalten. Was er auch tat, es ging zuverlässig in die Hose. Unterdessen schuf Silke bei einem romantischen Abendessen mit ihrem Chef Fakten. Im Grunde hatte er es immer geahnt: Frauen wollten Männer, die Entscheidungen trafen, die etwas bewegten, die nie aufgaben und immer nah dran am Geschehen waren. Männer, wie Marten definitiv keiner war. Aber wieso hatte ihn Silke dann überhaupt geheiratet? Vielleicht aus purer Berechnung, nach dem Motto: Es kann schlechter kommen, aber sicher nicht mehr besser.

Marten hatte sie nie nach den Gründen gefragt. Er hatte Angst, dass sie ihm die Wahrheit sagte. Dabei hätte er gerne erfahren, was genau sie an ihm so begehrenswert fand, beziehungsweise gefunden hatte. Denn angesichts der kritischen Gesamtlage schien es fraglich, ob sie Marten heutzutage überhaupt noch bemerkt hätte. Ja, es war sogar denkbar, dass sie ihn gar nicht mehr als Mann wahrnahm, sondern nur noch als ehrenamtlichen Mitarbeiter im Familienunternehmen Endlich. Und da sich die Familie inzwischen quasi aufgelöst hatte, war auch das Ehrenamt überflüssig geworden. Mit anderen Worten: Im Prinzip konnte Marten die Koffer packen und gehen.

Er war also in ziemlich gedrückter Stimmung, als er an diesem Abend mal wieder seinen alten Freund Wolfgang besuchte. In unregelmäßigen Abständen trafen sie sich zum lockeren Gedankenaustausch. Wolfgang lebte mit mehreren Dutzend Reptilien in einer kleinen Wohnung, zehn Gehminuten von Marten entfernt. Besser gesagt, die Reptilien lebten mit Wolfgang, denn bis auf das Badezimmer gab es keinen Raum, in dem sich die Terrarien nicht bis unter die Decke türmten. Schlangen, Leguane und Geckos – jedes Tier lebte in einer liebevoll arrangierten Landschaft, die aus Wolfgangs Sicht keinen Wunsch offenließ. Er selbst hatte dagegen keine erkennbaren Ansprüche. Die Einrichtung wirkte lustlos zusammengestellt, die meisten Möbel hatte er billig auf Flohmärkten erworben. Das Ganze sah eher aus wie die Dienstwohnung eines Hausmeisters. Gemütlichkeitsfaktor: null. Und trotzdem fühlte sich Marten in dieser spartanischen Umgebung erstaunlicherweise wohl. Vielleicht sogar genau deshalb, denn ohne Silke hätte er sich womöglich ähnlich ungemütlich eingerichtet. Man konnte es nicht anders sagen: Die Wohnung hatte einen durch und durch männlichen Charakter. Es gab nichts Überflüssiges, keinerlei Deko-Gegenstände, nicht mal Bilder an den Wänden. Hier lebte jemand, der keine Kompromisse ans weibliche Wohlgefühl eingehen musste und ganz seinem Hobby verpflichtet war. Insgeheim beneidete Marten ihn. Nicht nur, weil er ein kompromissloses Leben führte, sondern weil er nicht befürchten musste, dass ihn die Reptilien eines Tages verließen.

Vor sechs Jahren hatten sie sich auf einer Reptilienbörse kennengelernt. Während Marten auf der Suche nach neuen Themen für seine Ratgeber war, suchte Wolfgang nach einer bestimmten Agamen-Art, die ihm zur Vervollständigung seiner Sammlung noch fehlte. Seitdem versorgte ihn Wolfgang mit wertvollen Tipps.

»Weißt du, was Mist an Geckos ist?«, fragte Wolfgang, kaum dass Marten die Wohnungstür hinter sich geschlossen hatte. »Dass die Männchen dauernd mehrere Weibchen zum Vögeln brauchen.«

Wolfgang hatte Martens getrübte Laune nicht bemerkt. Eigentlich merkte er nie, wenn es Marten einmal nicht so gutging. Anfangs hatte er sich darüber geärgert, denn von Zuhause war er es gewohnt, dass ihm die kleinste Stimmungseintrübung sofort besorgte Nachfragen von Silke bescherte. Inzwischen gefiel es ihm aber, wenn er seine schlechte Laune ungehindert ausleben konnte.

»Und wenn du ihnen einfach keine Weibchen gibst?«, schlug Marten vor.

Wolfgang schüttelte den Kopf. »Ausgeschlossen, dann sterben die mir sofort weg.«

Sie setzten sich ins Wohnzimmer. Wolfgang schenkte ihnen Whisky ein. Neben Reptilien sammelte er seltene Whiskysorten. Wie er das alles finanzierte, war Marten bis heute ein Rätsel. Vielleicht hatte er geerbt, anders war es nicht zu erklären, wie er sich so kostspielige Hobbys leisten konnte.

»Hast du es denn schon mal probiert?«, fragte Marten unerwartet interessiert.

»Bist du wahnsinnig? Nein. Ich riskiere doch nicht das Leben meiner Geckomännchen.«

Marten musste unwillkürlich lächeln. »Eigentlich haben die es ja ziemlich gut. Immer einen Haufen Weiber zur Auswahl. Wer möchte das nicht?«

»Also, ich nicht«, sagte Wolfgang ernst. »Stell dir das doch mal vor: Du musst ständig zwei, drei Weiber vögeln, sonst drehst du durch und wirst aggressiv. Da hast du ja keine ruhige Minute mehr.« Er nahm betroffen einen großen Schluck Whisky.

Marten versuchte sich vorzustellen, wie es wäre, wenn er neben Silke noch weitere Frauen hätte. Allerdings hatte er schon Schwierigkeiten, nur eine Frau zu bedienen. In seinem Fall war Monogamie weniger eine moralische Verpflichtung, sondern vor allem eine Entlastung.

»Du hast recht«, sagte er und trank ebenfalls. Einen Moment starrten sie reglos auf den Ort hemmungsloser Sexorgien an der Wand gegenüber.

»Ich wollte dich das schon immer mal fragen«, sagte Marten plötzlich in die vom leisen Summen der Terrarienbeleuchtung getragene Stille. »Hattest du eigentlich nie das Bedürfnis, mit einer Frau zusammenzuleben?«

Wolfgang machte ein Gesicht, als wäre er gerade in Hundescheiße getreten.

»Bedürfnisse habe ich schon, aber deshalb muss ich ja nicht gleich mit einer Frau zusammenleben.«

»Aber es ist doch eigentlich schön, wenn man einen Vertrauten um sich hat, mit dem man über alles sprechen kann, oder?« Es klang ein bisschen, als hätte er die Frage in Wahrheit an sich selbst gerichtet.

In diesem Moment stand Wolfgang auf, holte Helmut, den grünen Leguan, aus seinem Terrarium und setzte sich wieder auf seinen Platz.

»Ich hab doch einen Vertrauten, mit dem ich über alles

sprechen kann«, sagte Wolfgang und streichelte Helmut über seinen schuppigen Kopf. Der Leguan saß starr auf Wolfgangs Bauch und schien Marten aus den Augenwinkeln zu beobachten. Hätte sich sein Halssack nicht bewegt, könnte man ihn genauso gut für ausgestopft halten.

»Aber er spricht ja nicht mit dir«, bemühte sich Marten überzeugt zu wirken.

»Eben«, sagte Wolfgang.

Beide lachten.

Nach weiteren Schlucken Whisky bat Marten, Helmut übernehmen zu dürfen. Obwohl er in seinem Ratgeber über grüne Leguane behauptete, dass die Tiere zahm würden wie Hunde, fürchtete er sich weiterhin vor Helmuts starr musterndem Blick und den scharfen Krallen. Dass Marten von seinen eigenen Ratschlägen nicht überzeugt war, schien den Erfolg der Reptilienreihe aber seltsamerweise nicht zu beeinträchtigen. Nur der Band über Vogelspinnen war bislang noch besser gelaufen. Und die interessierten ihn nicht mal ansatzweise. Was passierte, wenn er sich einmal wirklich für ein Tier begeisterte, wollte er lieber gar nicht herausfinden.

Auch von Marten ließ sich Helmut widerstandslos am Kopf kraulen. Offenbar war es ihm relativ egal, wer ihn streichelte.

»Glaubst du«, fragte Marten, »er weiß, wer du bist?«

»Du meinst persönlich?«

Marten nickte.

»Keine Ahnung«, sagte Wolfgang, »vermutlich nein.«

»Ach«, sagte Marten erstaunt, »er hat also gar keine persönliche Beziehung zu dir?«

Wolfgang zuckte mit den Schultern. »Je weniger Mimik Tiere haben, desto geringer ist ihre Fähigkeit, eine persönliche Beziehung aufzubauen.«

»Und das stört dich nicht? Ich meine, es ist doch frustrierend, wenn es eigentlich egal ist, wer ihn streichelt.«

»Na ja, umgekehrt ist es doch genauso.«

»Du hast auch keine persönliche Beziehung zu ihm?« Marten war überrascht, solch harte Worte von Wolfgang zu hören. Bisher glaubte er, Wolfgang pflege eine enge Freundschaft zu Helmut.

»Was heißt persönliche Beziehung? Man kennt sich, und man weiß, dass der andere nichts Böses will. Das ist doch mit Frauen im Grunde nicht anders.«

»Meine Frau *hat* aber eine Mimik«, erklärte Marten.

»Und woher weißt du, dass sie dich als Person schätzt und nicht in erster Linie als Mann?«

Marten war sprachlos. Er konnte nicht glauben, dass Wolfgang das ernst meinte.

»Irgendwann wollen die meisten Frauen Kinder, und dafür brauchen sie eben einen Mann«, fuhr Wolfgang ohne jeden Zweifel in der Stimme fort.

»Ich finde das ziemlich ...« Marten suchte verzweifelt nach dem passenden Wort.

»Biologistisch?«

»Ja, biologistisch! Du hast von Frauen doch keine Ahnung.«

»Du hast von Leguanen auch keine Ahnung, und trotzdem schreibst du Bücher über sie.«

»Das ist doch was völlig anderes«, empörte sich Marten. Seine Empörung klang irgendwie unecht. Er war es einfach nicht mehr gewohnt, sich über irgendetwas aufzuregen. Schon gar nicht, wenn er nicht hundertprozentig davon überzeugt war.

»Mir hat mal eine Freundin erzählt, die Kinder haben wollte, dass es ihr ab einem bestimmten Alter egal sei, wer ihr das Kind mache. Er solle nur nett sein und einigermaßen gut aussehen. Mehr brauche ich von Frauen nicht zu wissen.«

»So, so«, sagte Marten. Er erinnerte sich an Silkes Gesicht, wenn sie ihn anlächelte oder böse zu ihm war. Es war schwer vorstellbar, dass sie in diesen Momenten nur den Mann anlächelte und nicht mindestens genauso ihn persönlich, Marten Endlich.

Allerdings musste er zugeben, dass er sich in letzter Zeit manches Mal gefragt hatte, ob sie überhaupt noch etwas für ihn empfand. Sollte Wolfgang mit seiner Theorie tatsächlich recht haben, musste er sich in Zukunft umorientieren, wenn er seine Ehe noch retten wollte. Marten musste eine Karte ziehen, von der er bislang angenommen hatte, dass sie ihm nicht zur Verfügung stand.

»Glaubst du eigentlich, dass eines der Geckoweibchen eifersüchtig ist, wenn das Männchen andere vögelt?«

»Eifersüchtig?« Wolfgang warf lachend den Kopf zurück. »Ich hab noch nie einen beleidigten Gecko gesehen. Aber ich sag dir Bescheid, wenn ich da was beobachte.«

Am nächsten Tag war Marten als Erster im Büro. Zwar hatte er noch keinen genauen Schlachtplan, aber die grobe Stoßrichtung war klar: Silke eifersüchtig machen, damit sie erkannte, dass auch ihr Ehemann noch marktfähig war. Und wer wäre für so ein Exempel besser geeignet gewesen als seine Kollegin Renate Bruhns?

Allerdings musste er aufpassen, dass er Renate nicht zu große Hoffnungen machte. Das Stichwort lautete: Anfüttern. Ein Gruß aus der Küche, auf gar keinen Fall aber das Hauptgericht. Sobald sie glaubte, dass ein Schnitzel mit Bratkartoffeln in Reichweite war, musste er die Aktion sofort abbrechen. Gleichzeitig durfte er aber auch nichts von vorneherein ausschließen. Das hieß: Ein Schnitzel war prinzipiell denkbar, aber nicht um jeden Preis. Leider gab es ein ernstzunehmendes Problem: Wie sollte er die Theorie in die Praxis umsetzen? Anders formuliert: Wie konnte er Renate im laufenden Bürobetrieb ein Schnitzel in Aussicht stellen, ohne dass sie davon gleich Hunger bekam?

Obwohl er seit zwanzig Jahren nicht mehr um eine Frau geworben hatte, wusste er doch noch um den Wert kleiner Aufmerksamkeiten. Frauen reagierten darauf häufig mit einer Emotionalität, die in keinem Verhältnis zur Bedeutung des Geschenkes stand. Vor langer Zeit – die Kinder waren noch nicht auf der Welt gewesen – hatte Marten einmal für seine Frau das Abendbrot zubereitet. Aus Spaß hatte er eine Gurkenscheibe in Herzform geschnitten und das Gurkenherz auf die Quarkschnitte drapiert. Als Silke das Gurkenherz bemerkte, brach sie in Tränen aus und umarmte Marten, als handelte es sich um einen hochkarätigen Brillanten. Es war ihm unbegreiflich, wie man wegen eines Stücks Gemüse derart die Fassung verlieren konnte. Sein Großvater hatte vermutlich recht mit seiner Behauptung, dass man besser gar nicht erst versuchte, Frauen zu verstehen. Stattdessen solle man sie lieber genießen wie die Sonne und ertragen wie den Regen.

Weil Renate gerne Süßes naschte, hatte er auf dem Weg zur Arbeit in einer Tankstelle noch schnell ein Duplo gekauft, die dem Werbespruch nach längste Praline der Welt, und sie ihr neben die Computertastatur gelegt.

Als Renate eine halbe Stunde später im Büro erschien, bemerkte sie das Geschenk erst aber gar nicht. Sie setzte sich, noch mit der großen Umhängetasche um den Hals, zunächst an den Tisch und fuhr den Computer hoch. Dann stand sie wieder auf, zog den Riemen so umständlich, als machte sie dies heute zum ersten Mal, über den Kopf, stellte die Tasche neben den Stuhl und setzte sich erneut. Nachdem sie sich von dieser Aktion halbwegs erholt hatte, hievte sie die Tasche auf den Schoß, zog den Reißverschluss auf, nahm ein paar bequeme Schuhe heraus und platzierte sie so auf den Boden, dass sie ihre Füße nur mit einem kleinen Schwenk aus dem modisch anspruchsvollen Schuhwerk in die ausgeleierten Treter zu setzen brauchte.

Marten, der den Vorgang bis dahin relativ gefasst verfolgt hatte, erkannte auf einmal glasklar, warum Frauen bei Armee und Feuerwehr auch in Zukunft keine nennenswerte Rolle spielen würden. Wenn er aber geglaubt hatte, dass nun die Umsetzung der Füße erfolgte, wurde er eines Besseren belehrt. Einen Moment saß sie nur da und schien intensiv über irgendetwas nachzudenken. Legte sie womöglich die nächsten Schritte bis zum endgültigen Arbeitsbeginn fest?

»Sag mal, ist heute eigentlich Mittwoch?«, wandte sie sich plötzlich zu Marten, der erschrocken zusammenzuckte.

»Nein, wieso?«

»Weil du doch immer nur montags und mittwochs kommst.«

Renate hatte recht, auch wenn er mit einer Sachfrage zum jetzigen Zeitpunkt überhaupt nicht gerechnet hatte.

»Ich stocke auf«, sagte Marten, obwohl er noch gar nicht mit seinem Chef darüber gesprochen hatte. Aber seinem Chef war es ohnehin egal, er würde Marten sowieso nicht mehr bezahlen.

»Das sind ja schöne Aussichten«, sagte Renate in sich hinein lächelnd und blickte hoffnungsvoll aus dem Fenster.

Marten war kurz davor, sie an das bereitstehende zweite Paar Schuhe zu erinnern. Reichte schon eine minimale Unterbrechung, um den vorbereiteten Schuhwechsel wieder zu vergessen? Oder überdachte sie ihr Vorhaben angesichts von Martens überraschender Ankündigung noch einmal?

Schon jetzt war Marten so genervt, dass er die Aktion am liebsten abbrechen würde. Wieso lief eigentlich nie etwas nach Plan, sobald eine Frau involviert war? Statt von A nach B und von B nach C ging es bei Frauen erst von A nach H und von dort unter Umständen nach B, sofern nicht gerade das J lockte. Leider war sein Plan ohne Frau derzeit nur schwer realisierbar.

Derweil schien Renate den Anschluss wiedergefunden zu haben, sie hatte ihre Schuhe bereits ausgezogen und wollte die Füße gerade zum anderen Paar schwenken, als sie plötzlich das Duplo neben der Tastatur bemerkte.

»Was ist denn das?« Sie betrachtete den Riegel, als hätte sie so etwas noch nie gesehen.

Dann sah sie mit einem leichten Schmunzeln zu Marten.

»Weißt du, wer mir den hierher gelegt hat?«

Marten zuckte die Schultern. Er war erschöpft von all den unvollständigen Bewegungsabläufen. Ja, einen Moment dachte er sogar daran, seine Ehe lieber vorzeitig für gescheitert zu erklären, bevor er wegen Renate seinen Verstand verlor.

»Aber gestern hat das noch nicht hier gelegen«, ließ Renate nicht locker.

»Vielleicht war's ein Mäuschen«, sagte Marten, schämte sich aber sogleich für diese unsinnige Äußerung.

»Oder ein heimlicher Verehrer?«, fragte Renate und machte große Augen, als wüsste sie nicht mal vage, um wen es sich dabei handeln könnte.

Marten lächelte verlegen. Er war das Spiel schon jetzt leid. Und wenn er einfach seinen Plan offenlegte, nach der Devise: Ehrlichkeit währt am längsten? Doch er ahnte, dass Ehrlichkeit in diesem Fall das sofortige Ende seines Planes bedeutete.

Während er noch überlegte, ob beziehungsweise wie er darauf antworten sollte, begann Renate mit ihren gefährlich langen und rosa lackierten Fingernägeln das Papier vom Duplo zu schälen. Marten war so paralysiert von den langen Fingernägeln, dass er nirgendwo anders hinsehen konnte. Erst als sie die Schokolade übertrieben langsam in den Mund schob, sah er betroffen zur Seite. Aber es war zu spät. Renate hatte sein Interesse längst bemerkt. Mehr noch, womöglich dachte sie, dass er ihr nicht ohne Hintergedanken ein Duplo und nicht etwa Toffifee geschenkt hatte. Ihm wurde klar, dass er einen schweren Fehler gemacht hatte. Marten hatte ihr kein Schnitzel in Aussicht gestellt, er hatte es ihr bereits fest zugesagt.

»Sehe ich das richtig, dass du das warst?«, sagte Renate und lutschte laut ihre Finger ab, nachdem sie alles aufgegessen hatte.

»Was?« Marten machte ein erschrockenes Gesicht.

»Nun gib's schon zu, ich weiß es doch.«

»Das mit dem Duplo?«

Renate lachte. »Du bist echt süß.«

Sie zog völlig überraschend die Schuhe aus und schlüpfte in die bequemen Treter.

»Und was machen wir jetzt daraus?«, fragte sie und blickte ihn hoffnungsvoll an.

Die Sache lief zwar, aber er hatte das Gefühl, keinen Einfluss mehr auf die Richtung zu haben, und das beunruhigte ihn.

Allein der Gedanke, dass es bis zum Äußersten kam,

trieb ihm den Schweiß ins Gesicht. Er wusste, dass Renate schon länger keinen Mann mehr im Bett gehabt hatte. Sie hatte also einiges nachzuholen. Und obwohl man es ihr nicht ansah: Renate kannte keine Tabus. »Wenn es der Typ nicht bringt, nehm ich's mir einfach«, hatte sie ihm einmal im Zuge ihrer kurzen Busfahreraffäre gebeichtet. Den Satz hatte er bis heute nicht vergessen. Und er fragte sich besorgt, was sie sich wohl genau nehmen wollte, wenn es ihr nicht gebracht wurde. Im Grunde waren es diese nie klar ausformulierten Bedürfnisse, die Sex so unberechenbar machten. Andererseits: Wollte er Silkes Bedürfnisse wirklich kennen?

Renate wartete immer noch auf eine Antwort.

»Wir können ja nachher mal bummeln gehen«, sagte Marten.

»Bummeln gehen?« Renate sah ihn an, als hätte er sie gebeten, einige Kilos abzuspecken.

Am Beginn ihrer Beziehung war Marten mit Silke häufig bummeln gegangen. Obwohl er nicht wusste, warum man sich zwei Stunden lang Kleider in Schaufenstern ansehen sollte, die man hinterher sowieso nicht kaufte, hatte er keinen Widerstand geleistet. Zwei Stunden in einem Café zu sitzen und Kuchen zu essen war schließlich auch keine Lösung.

»Na ja, vielleicht brauchst du ja ein neues Kleid oder so. Da könnte man doch mal gucken«, sagte Marten.

»Ich brauche aber kein neues Kleid«, sagte sie leicht angesäuert.

Marten hatte plötzlich eine großartige Idee. Sie würden wie zufällig an dem Geschäft vorbeigehen, in dem Silke arbeitete, und ihr einen kurzen Besuch abstatten.

»Aber ihr guckt doch normalerweise gerne in Schaufenster«, sagte Marten, als handelte es sich um ein angeborenes weibliches Verhalten, das Frauen ab ihrer Geschlechtsreife zeigten.

»Also, ich wüsste was Besseres, als bummeln zu gehen.«

Marten verstand sie nicht, beziehungsweise wollte sie auch gar nicht mehr verstehen.

»Na gut.« Er war bereit, Zugeständnisse zu machen, um ihr die Entscheidung zu erleichtern. »Wir gehen erst bummeln, und dann lade ich dich zu einem Eis oder einer Pizza ein.«

Renate seufzte. »Wenn du unbedingt willst, an mir soll es nicht scheitern.«

Ob sie jetzt mehr zum Eis oder doch eher zur Pizza tendierte, konnte er sie nachher ja immer noch fragen.

Fünf Stunden später stiegen sie am Walther-Schreiber-Platz aus der U-Bahn und gingen die Schlossstraße hinunter.

Es war seltsam. Marten war noch nie mit einer anderen Frau als Silke bummeln gegangen. Zusammen Mittag zu essen war das eine, zusammen bummeln zu gehen etwas ganz anderes. Außerdem fühlte er sich schäbig, Renate derart auszunutzen. Sie hatte ihm immer vertraut. Er hatte zugehört, wenn sie von ihren Männerproblemen berichtete, und ihr seine ehrliche Meinung gesagt. Auch wenn er immer wieder erstaunt war, dass solche Probleme überhaupt existierten. Ein bisschen erinnerte sie ihn dann an Wolfgang, wenn er über die schwierige Haltung irgendeiner seltenen Echsenart erzählte.

Silkes Laden befand sich kurz hinter der Autobahnüberführung. Je näher sie kamen, desto nervöser wurde er. Wie würde seine Frau auf Renate reagieren? Was würde sie denken, dass er mit seiner Arbeitskollegin ausgerechnet auf »ihrer« Straße bummelte? Vor allem: Würde sie das Richtige denken? Den ganzen Aufwand konnte er sich sparen, wenn sie nicht wenigstens ein bisschen eifersüchtig wurde.

Marten war so in Gedanken versunken, dass er Renates Zurückbleiben eine Weile gar nicht bemerkt hatte. Sie stand vor dem Juwelierladen Falkemeyer, in dem Marten regelmäßig Schmuck für seine Frau kaufte. Ohrringe, Halsketten und Broschen. Zum Geburtstag, zu Weihnachten und zum Hochzeitstag. Seit sie einmal nebenbei erwähnt hatte, dass sie sich über Schmuck immer freue, konzentrierte er sich eben seit etwa zwölf Jahren auf Schmuck. Inzwischen wurde er vom Inhaber regelmäßig per E-Mail über neu eingetroffene Kollektionen informiert. Dreimal im Jahr lud Herr Falkemeyer alle Stammkunden zu einem Sektempfang, ein Termin, den Marten schon deshalb gerne wahrnahm, weil er zu den wenigen gehörte, der einmal nicht über seine Frau zustande gekommen war.

»Sieh dir mal diese Ohrringe an«, sagte Renate und deutete aufgeregt auf ein Paar mit grünlich schimmernden Steinen. »Sind die nicht wunderschön?«

Marten konnte ihre Aufregung nicht recht nachvollziehen. Die Ohrringe waren ganz hübsch, aber eigentlich nichts Besonderes. Außerdem kamen sie ihm bekannt vor.

»Nun sag doch auch mal was«, sagte sie und blickte ihn vorwurfsvoll an.

»Jaa«, machte er, hilflos die Schultern zuckend.

»Ich liiiebe dieses Grün. Das würde toll zu meinem roten Kleid passen.«

Marten war nicht ganz klar, was sie von ihm wollte. Erwartete sie eine ähnlich begeisterte Reaktion, um sich bestätigt zu fühlen?

»Weißt du, wie lange ich schon nach solchen Ohrringen suche?«

Er dachte kurz nach. »Drei, vier Monate?«

»Eine Ewigkeit!«

Wieso Frauen immer unrealistische Zeitangaben machten, wenn sie emotional wurden, konnte er bis heute nicht begreifen.

Renate blickte ihn lange an, aus ihrer Sicht vermutlich eine halbe Ewigkeit.

Auf einmal verstand er. Renate erwartete, dass er ihr diese Ohrringe schenkte.

Seine Hände waren schweißnass. Unter allen Umständen musste er verhindern, dass sie in diesen Laden gingen.

»Dann weiß ich ja, was ich dir zum Geburtstag schenken kann«, sagte er, obwohl er Renate noch nie etwas geschenkt hatte, geschweige denn zum Geburtstag.

»So lange kann ich aber nicht warten«, sagte sie flehend, ohne sich darüber zu wundern, dass er überhaupt vorhatte, ihr etwas zum Geburtstag zu schenken.

Marten merkte, wie er weich wurde. Sein größtes Problem war, dass er niemandem etwas abschlagen konnte, wenn man ihn nur lange genug darum bat. Seiner Tochter hatte er praktisch jeden Wunsch erfüllt.

»Na gut«, sagte Marten schließlich, »wir können uns die Ohrringe ja mal ansehen.«

Als sie in den Laden gingen, hatte er noch einen Moment gehofft, dass Herr Falkemeyer heute nicht da war. Doch kaum hatte er eine Angestellte begrüßt, preschte der Chef schon aus dem Hinterzimmer in den Verkaufsraum.

»Oh, welch hoher Besuch, heute mit Gattin?«, rief Herr Falkemeyer übertrieben erfreut und reichte Renate mit einem knappen Diener die Hand.

Marten wurde rot. »Nein, nein, das ist nur, also das ist meine Kollegin, Frau Bruhns. Sie sucht etwas für die, äh, Oper.«

Renate sah ihn freudig überrascht an.

Er war mindestens genauso überrascht, allerdings mehr über die Tatsache, dass er ausgerechnet die Oper erwähnt hatte. Marten war einmal als Kind in einer Kinderoper gewesen. Seitdem hasste er Oper.

»Und dafür brauchen Sie natürlich das entsprechende Schmuckstück«, wandte sich Herr Falkemeyer jetzt vertrauensvoll an Renate.

Sie deutete auf die Ohrringe in der Auslage. »Die mit den grünen Steinen.«

»Eine hervorragende Wahl«, rief Herr Falkemeyer entzückt. »Feueropale aus Brasilien, ausgesprochen beliebt bei einigen unserer Kunden.« Er sah augenzwinkernd zu Marten, der aber keine Ahnung hatte, wovon er sprach.

Herr Falkemeyer holte das Paar aus der Auslage und reichte es Renate.

Während sie sich die Ringe in die Ohren steckte und im Spiegel betrachtete, nahm Herr Falkemeyer Marten beiseite.

»Ich kann Ihnen auch Mengenrabatt geben«, flüsterte Herr Falkemeyer und grinste so dicht vor Martens Gesicht, dass sich fast ihre Nasen berührten.

Zwar hatte Marten nicht vor, gleich alle Exemplare zu kaufen, empfand aber Genugtuung, dass man bereit war, ihm als Stammkunden Vorzugskonditionen einzuräumen. Es zahlte sich eben irgendwann aus, wenn man lange genug am Ball blieb.

»Wie gefallen sie Ihnen denn nun?«, fragte Herr Falkemeyer wieder zu Renate gewandt.

Renate blickte zu Marten. »Und, was sagst du?«

Er hatte sich noch kein abschließendes Urteil gebildet.

Er wollte nicht vorschnell etwas behaupten. Auch Silke bat ihn regelmäßig, sich zu irgendeinem Kleid zu äußern. Doch egal, was er sagte, es war grundsätzlich nicht das, was sie hören wollte. Selbst wenn er zu einem Kleid bereits mehrmals zum Teil begeisterte Zustimmung gezeigt hatte, konnte er mit seiner positiven Einschätzung an einem anderen Tag völlig danebenliegen. Alles hing davon ab, wie sich Silke in diesem Moment fühlte. Doch es war einfach zu viel verlangt, stündlich ihre Gefühlslage neu zu bewerten, um bloß nichts Falsches zu sagen.

»Steht dir«, antwortete Marten.

»Die Ohrringe sehen aus, als wären sie extra für Sie gemacht!«, erklärte Herr Falkemeyer großspurig, was Renate mit einem dankbaren Lächeln quittierte.

Im Grunde verstand Marten die Frauen nicht. Dass er dennoch seit zwanzig Jahren mit einer zusammenlebte, gehörte zu den ungelösten Rätseln seiner Existenz.

»Ich nehme die Ringe«, sagte sie.

»Eine hervorragende Wahl«, rief Herr Falkemeyer erneut und drehte sich im selben Moment zu Marten. »Die Details kläre ich dann mit Ihnen?«

Marten nickte schwach. Es war sinnlos, sich jetzt noch dagegen zu wehren.

»Kann ich die Ohrringe gleich anbehalten?«, fragte Renate.

»Falls es Ihre Begleitung nicht stört, wenn sich alle Männer nach Ihnen umdrehen«, sagte Herr Falkemeyer und zwinkerte Marten zu.

Renate warf lachend den Kopf zurück.

Er bezahlte.

Nachdem Herr Falkemeyer Marten kumpelhaft auf die Schulter geschlagen und viel Spaß gewünscht hatte, verließen sie den Laden und liefen eine Weile schweigend nebeneinander her.

»Sag mal«, sagte Renate, sie waren kurz vor der Autobahnüberführung, »was meintest du vorhin mit der Oper?«

»Mit welcher Oper?«, tat Marten überrascht.

»Na, du hast doch gesagt, dass du mit mir in die Oper gehen willst.«

Er überlegte, wie er aus der Nummer wieder rauskam.

»Ich habe nicht gesagt, dass *ich* mit dir in die Oper gehen will, ich habe nur gesagt, dass die Ohrringe auch für einen Opernbesuch geeignet seien.«

»Und warum hast du mir dann die Ohrringe geschenkt?«

Marten ärgerte sich, dass sie zwei völlig verschiedene Themen in einen scheinbar logischen Zusammenhang brachte.

»Man kann Ohrringe verschenken, muss danach aber nicht zwingend in die Oper gehen«, bemühte sich Marten um eine Klärung der Sachlage.

Renate nahm plötzlich seinen Arm und stoppte.

»Hör mal, ich weiß, dass du was für mich empfindest, und ich weiß, dass es sicher nicht leicht für dich ist. Eigentlich habe ich mir ja geschworen, nie etwas mit einem verheirateten Mann anzufangen. Aber es läuft eben nicht immer alles nach Plan.« Sie blickte ihn mitfühlend an. »Also, ich hätte große Lust, mit *dir* in die Oper zu gehen. Du brauchst es deiner Frau ja nicht unbedingt zu sagen.«

Einen Moment war er sprachlos.

»Apropos«, sagte er dann, schnell das Thema wechselnd. Beim Stichwort Plan fiel ihm wieder ein, was er eigentlich vorhatte. »Da drüben arbeitet meine Frau. Wir können ihr doch mal kurz hallo sagen.«

Renate schien überrascht. »Meinetwegen«, sagte sie

nach kurzem Zögern. »Wenn du das für eine gute Idee hältst.«

Obwohl er nicht mehr sicher war, dass es eine gute Idee war, war er fast dankbar, als sie den Laden betraten. Die ganze Geschichte entwickelte sich in eine Richtung, die ihm zunehmend Sorgen bereitete. Er musste das Ruder herumreißen, ehe es zu spät war.

Silke war nirgends zu sehen. Da er seit Jahren nicht mehr hier gewesen war, kannte ihn keine der Verkäuferinnen. Erstaunt bemerkte er, dass alle relativ dick waren. Andererseits wären schlanke Verkäuferinnen in einem Geschäft für Übergrößen auch nicht besonders verkaufsfördernd gewesen.

»Vielleicht findest du ja was Schönes zum Anziehen«, sagte Marten ein wenig unbedacht zu Renate, als sie durch die Regalreihen gingen.

»Ich glaube kaum, dass ich *hier* was finde«, meinte sie und warf ihm einen bösen Blick zu.

Erst jetzt bemerkte er seinen Fauxpas. »Ach ja, klar. Das war natürlich …«

»Kann ich Ihnen irgendwie weiterhelfen?«, fragte eine Verkäuferin, die plötzlich wie aus dem Nichts vor ihnen stand. Sie blickte skeptisch zu Renate, als bezweifelte sie, dass ihr in diesem Rahmen überhaupt noch zu helfen war.

»Endlich«, sagte Marten.

»Na also, so lange sind Sie ja noch gar nicht hier«, entgegnete die Verkäuferin leicht empört.

Marten lächelte müde. »*Herr* Endlich, ich suche meine Frau.«

»Endlich, ach so.« Sie lachte. »Ich bin die Christiane. Silke ist hinten, sie hat gerade ein Meeting. Ist es denn was Wichtiges?«

Er überlegte kurz, ob er *der* Christiane direkt mitteilen sollte, dass es hier im Prinzip um die Rettung ihrer Ehe ging, auch wenn es auf den ersten Blick nicht so aussah.

»Wie man es nimmt«, sagte Marten. »Es gibt da sicher geschlechtsspezifisch unterschiedliche Auffassungen.«

Christiane blickte ihn einen Moment mit hochgezogenen Augenbrauen an.

»Es *ist* also was Wichtiges«, sagte sie und wandte sich rasch ab.

Marten drehte sich zufrieden grinsend zu Renate, bemerkte jedoch zu seinem Entsetzen, dass sie gerade dabei war, den Laden zu verlassen.

»Wohin willst du denn gehen?«, rief er nervös hinter ihr her.

»Wenn es was Wichtiges ist, muss ich ja nicht unbedingt dabei sein.«

»Nein, ich meine doch, ja, du musst, es ist nur, wenn du nicht, dann …«.

»Dann was?« Renate sah jetzt aus wie seine Frau, wenn sie kurz davor war zu explodieren, weil er sich wieder einmal nicht klar äußern konnte. Dabei war es nur seine Art nicht zu lügen.

»Was gibt es denn so Wichtiges?«, hörte er hinter sich auf einmal die Stimme seiner Frau.

Silke machte einen leicht gehetzten Eindruck, als käme ihr Martens Besuch gerade ein wenig ungelegen.

Er räusperte sich.

»Ich bin mit Renate bummeln und wollte dir nur kurz hallo sagen.«

Silke blickte ihn an, als hätte sie etwas falsch verstanden.

»Du bist mit Renate bummeln und wolltest nur kurz hallo sagen.«

Marten nickte. Dass sie seinen Satz wörtlich wiederholt hatte, verhieß erfahrungsgemäß nichts Gutes.

Hatte er für sein Vorhaben wie so oft den falschen Zeitpunkt gewählt?

Plötzlich schoss ihm das Blut ins Gesicht. Er sah auf Silkes Ohrringe. Sie hatte die gleichen Ohrringe wie Renate. Jetzt wusste er auch, was Herr Falkemeyer mit Mengenrabatt gemeint hatte.

In diesem Moment erkannten auch die beiden Frauen die übereinstimmenden Ohrringe.

»Das ist ja lustig«, sagte Renate. »Wir haben die gleichen Ohrringe.«

Silke schien das jedoch weniger lustig zu finden.

»Juwelier Falkemeyer?«

Renate nickte.

»Ein Gemeinschaftsgeschenk unseres Büros zu ihrem Geburtstag«, ging Marten schnell dazwischen, ehe Renate alles ruinierte. Er hatte das vage Gefühl, dass es bei Silke nicht sonderlich gut ankam, wenn sie erfuhr, dass er seiner Arbeitskollegin Ohrringe geschenkt hatte. Er durfte hier auf keinen Fall übers Ziel hinausschießen.

»Ach, Sie hatten Geburtstag?«, fragte Silke.

Renate sah kurz zu Marten, bevor sie antwortete. »Vor einem halben Jahr.«

»Ich verstehe, mein Mann ist ja immer sehr beschäftigt, da kann es schon mal etwas länger dauern.«

Marten nickte.

»Wir werden dann wohl mal gehen«, sagte er. Er wollte die Sache jetzt auch nicht überstrapazieren.

»Ihr Mann hat mich noch zum Eis eingeladen«, erklärte Renate fröhlich.

»Zum Eis, wie schön! Dann möchte ich euch nicht weiter aufhalten.«

Man konnte regelrecht sehen, wie es in ihr brodelte.

Offensichtlich hatte er alles richtig gemacht. Wenn es ihm jetzt noch gelang, seine Harmoniesucht eine Weile auszuschalten, und er nicht vorschnell versuchte, alles wieder ins Lot zu bringen, war es nur eine Frage der Zeit, bis sie klein beigab und wieder zu Marten zurückruderte. Denn im Grunde ihres Herzens war Silke doch eine Frau, die die Vertrautheit mehr schätzte, als sich mit knapp fünfzig noch in ein Abenteuer zu stürzen.

»Weißt du, was ich glaube?«, sagte Renate, nachdem sie den Laden verlassen hatten und einige Schritte gelaufen waren. »Dass deine Frau mehr arbeitet, als ihr guttut. Auf mich wirkt sie jedenfalls ziemlich fertig.«

»Weißt du, worauf ich Lust habe?«, fragte Marten, in Gedanken bereits ganz woanders.

»Nein.«

»Auf Spaghettieis mit Himbeersoße.«

Renate sah ihn erstaunt an.

»War das früher nicht immer mit Erdbeersoße?«

Abends sprachen Marten und Silke kein Wort miteinander. Während Marten einen Krimi sah, saß Silke in der Küche und blätterte in einer Illustrierten. Schon an der Lautstärke des Umblätterns erkannte Marten, dass sie nicht hundertprozentig bei der Sache war. Sie war nicht mal fünfzigprozentig bei der Sache. Anscheinend beschäftigte sie immer noch sein Besuch im Laden. Vielleicht überlegte sie, was das alles zu bedeuten hatte. Ob Renate ein Zeichen war, und wenn ja, welches, und ob sie überhaupt noch eine gemeinsame Zukunft hatten. Vielleicht wurde ihr auch endlich klar, dass für sie eine Zukunft ohne Marten nicht ernsthaft in Betracht kam. Und dass sie es nicht so einfach hinnehmen würde, wenn er sich mit einer jüngeren, wenn auch nicht viel jüngeren Frau auf und davon machte. Silke erkannte, dass es zu

Marten keine Alternative gab. Schon weil sie mit Ende vierzig kaum noch Chancen hatte, wieder eine vertrauensvolle Partnerschaft aufzubauen. Im Übrigen war sie einfach nicht der Typ, der gerne alleine blieb.

Als Marten nach den Spätnachrichten ins Bett gehen wollte, stand er zu seiner Überraschung vor der verschlossenen Schlafzimmertür. Auf dem Stuhl hinter der Kommode entdeckte er sein Bettzeug. Darauf ein Zettel mit der Mitteilung: *Gute Nacht!!!* Dahinter ein wütendes Strichgesicht.

Er lächelte. Die Sache lief. Sein Plan schien zu funktionieren.

Marten wurde ihr langsam unheimlich. War das die befürchtete Midlifecrisis, wenn Männer nicht mehr merkten, dass sie sich lächerlich machten? Denn natürlich glaubte sie keine Sekunde, dass da irgendetwas zwischen ihm und seiner Arbeitskollegin lief. Und selbst wenn, hätte Marten es nicht gemerkt. Gefühle brauchte er schriftlich, sonst verstand er nicht, was gemeint war. Deshalb konnte er gar nicht fremdgehen. So viel Aufregung wäre er auch nicht gewachsen gewesen. Schon die Logistik hätte ihn völlig überfordert. Und er hasste Abenteuer. Alles, was nicht von A bis Z durchgeplant war, empfand er als Zumutung. Im Grunde wunderte sie sich bis heute, dass er so etwas Unberechenbarem wie einer Familie psychisch gewachsen war. Außerdem mochte er füllige Frauen mit Brüsten, die mindestens bis zum Bauchnabel gingen, und nicht Hungerharken wie Renate. Hielt er sie wirklich für so blöd? Obwohl Silke bei der letzten Überprüfung des Browserverlaufs seines Computers gleich mehrere Pornoseiten mit jungen, sehr dünnen Frauen gefunden hatte. Allerdings auch eine Seite mit Beachsex, was sie stutzig machte, da er sich seit Jahren weigerte, mit ihr an die Ostsee zu fahren.

Einen Moment hatte sie sogar ernsthaft vorgehabt, ihn darauf anzusprechen. Dann wäre jedoch aufgeflogen, dass sie in seinem Computer herumschnüffelte, auch wenn es anfangs eher zufällig passiert war, als sie auf seinen Computer ausweichen musste, weil ihrer abgestürzt war. Erst war sie ein bisschen entsetzt gewesen, doch dann beruhigte es sie zu wissen, dass er sich überhaupt noch für Sex interessierte.

Was Silke an der Geschichte aber hauptsächlich ärgerte, war, dass er Renate die gleichen Ohrringe gekauft hatte wie ihr. Wollte er ihr damit irgendetwas sagen? Andererseits war es abwegig, dass Marten sich noch daran erinnerte, was er ihr zu Weihnachten geschenkt hatte. Und wenn doch, wäre er nie auf die Idee gekommen, so viel Geld auszugeben, um ihr etwas durch die Blume mitzuteilen. Abgesehen davon, dass ihm für solche Feinheiten einfach der Sinn fehlte.

Es gab aber noch etwas anderes, was sie fast noch mehr ärgerte: dass er einfach hereingeschneit kam und sie aus einem wichtigen Gespräch mit zukünftigen Geschäftspartnern holte, nur um ihr zu sagen, dass er gerade mit seiner Kollegin herumbummelte.

Musste sie sich Sorgen um seine geistige Gesundheit machen? War das der Beginn einer schleichenden Veränderung, die irgendwann dazu führte, dass er mit dünnen, jungen Frauen Sex am Strand hatte?

Silke hatte sich durchaus gefragt, was passierte, wenn Marten sie wegen einer anderen Frau verließ. Auch wenn es nur schwer vorstellbar war, dass er in seinem Leben aktiv irgendetwas änderte, konnte sie es auch nicht völlig ausschließen. Seltsamerweise empfand sie es mittlerweile nicht mehr als Bedrohung. Seit die Kinder aus dem Haus waren, war sie in dieser Frage relativ entspannt. Sie hätte keine Probleme damit, alleine zu wohnen. Sie wusste, dass sie nicht verkümmerte. Ganz im Gegensatz zu Marten, der alleine nicht überlebensfähig wäre. Manchmal musste sie bei dem Gedanken sogar lächeln. Sonntage ohne Pläne, lange im Bett liegen bleiben, nackt auf dem Sofa sitzen und sich die Nägel lackieren, fernsehen, was sie wollte, keine Rechtfertigungen, wenn sie sich mit ihren Freundinnen spontan irgendwo traf, beim Einkaufen nicht mehr überlegen, was er wohl heute gerne essen wollte, Klamotten herumliegen lassen und sie dort einfach vergessen, den Abwasch nicht mehr sofort erledigen, drei Wochen lang ans Meer fahren. Und keinen Sex konnte sie alleine auch leichter haben.

Silke erschrak ein wenig bei dem Gedanken, dass sie so schnell keine Argumente fürs Zusammenleben fand. Aber eine Trennung kam für sie nicht in Frage. Wie schon ihre Mutter sagte: Nur Feiglinge trennen sich.

Daran musste sie jetzt denken. Auch daran, dass ihr Vater, der ein erfolgreicher Direktor war, jeden Tag Fleisch mit Kartoffeln aß, obwohl ihrer Mutter schon beim Geruch gebratenen Fleisches übel wurde. Lieber hätte sie sich vegetarisch ernährt, vielleicht auch mal Nudeln gegessen. Aber ihre Mutter hatte sich nie beschwert. Vater bekam sein Fleisch. Dafür lebten sie in einem großen Haus mit Garten, das ausschließlich unter ihrer Regie stand. Sie konnte den ganzen Tag machen, was sie wollte, und hatte genügend Geld zur Verfügung, um sich alle Wünsche zu erfüllen. Beide lebten im Grunde ihr eigenes Leben, und spätestens, seit Silke aus dem Haus war, gab es keinen Grund mehr, auch weiter unter einem Dach zu wohnen.

Eine Paartherapie war vielleicht doch keine so schlechte Idee. Sie hatte zwar immer gemeint, dass nur die Paare eine Therapie machten, für die es sowieso schon zu spät war, aber wenn es half, Marten wieder ins Lot zu bringen, sollte es an ihr nicht scheitern.

Im Laden musste sie zunächst einige Dinge klären. Die Sache mit Mallorca ging ihr nicht mehr aus dem Kopf. Ein bisschen seltsam war es schon, dass ihr Chef nicht Christiane gefragt hatte, ob sie ihn begleiten wollte.

Sie hatte eine Menge Ideen, die bei ihrem Chef gut ankamen. Eigentlich war sie die Kreative, nicht Silke, die mehr fürs Geschäftliche taugte. Hatte Christiane ihn nicht vor einigen Jahren sogar auf einer ähnlichen Reise nach Mailand begleitet?

Silke stutzte. Sie konnte sich noch gut erinnern, wie stolz Christiane überall herumerzählte, dass ihr Chef sie für eine wichtige Aufgabe im Unternehmen vorgesehen hatte. Und war danach irgendwas passiert?

Plötzlich hatte sie einen ungeheuren Verdacht. Und wenn der stimmte, konnte sie mit ihrem Chef unmöglich nach Mallorca fahren.

Aber ehe sie irgendetwas überstürzte, beschloss sie zunächst, Christiane auszuhorchen.

Christiane saß im Storeroom und druckte Preisschilder für neueingegangene Ware aus. Eigentlich war das Silkes Aufgabe, und sie ärgerte sich sofort, vorher nicht gefragt worden zu sein. Offenbar genügte schon ein Tag Abwesenheit, um sie überflüssig zu machen.

»Sag mal«, sagte Silke, ihren Ärger runterschluckend, »damals in Mailand mit dem Chef, ist da irgendwas passiert, Nicht-Geschäftliches meine ich?«

Christiane blickte erstaunt über die Schulter. »Was soll denn passiert sein?«

Silke atmete tief durch. »Na ja«, sie räusperte sich, »hat der Chef dich irgendwie, also seid ihr euch nähergekommen?«

Christiane hörte auf zu drucken und drehte sich um. »Ob er mit mir geschlafen hat, oder wie?«

Silke lächelte verschämt.

»Natürlich hat er das«, sagte sie, als wäre es selbstverständlich, »was ist denn das jetzt für eine komische Frage?«

Silke fühlte sich plötzlich wie ein Schulmädchen, das

bis vor kurzem noch an das Gute im Mann geglaubt hatte.

»Er hat hier doch jede gebumst, na ja, fast jede.« Sie grinste Silke vielsagend an. Es war nicht ganz klar, ob sie auch schon über die neueste Entwicklung Bescheid wusste. Woher hatte sie überhaupt ihre Informationen?

»Ach so«, sagte Christiane, unvermittelt das Thema wechselnd, »kannst du mir mal erklären, wie ich auf diesem Dings hier Großbuchstaben einstellen kann?«

Da war Silke aber gedanklich schon ganz woanders.

Enttäuscht verließ sie den Raum und schlich zurück in ihr Büro. Auf einmal erschien ihr alles fremd. Das Regal mit den Akten, die Retouren in den Kartons, die Fotos von fröhlichen, dicken Frauen an der Wand. Selbst die kleine Zimmerlinde wirkte so trostlos einsam in ihrem viel zu großen Übertopf, dass sich Silke am liebsten bei ihr entschuldigt hätte.

Wie in Trance nahm sie die Gießkanne und befüllte die Kaffeemaschine mit Wasser. Beim vertrauten Blubbern und Schnorcheln kam sie langsam wieder zu sich. Sie musste die Reise absagen. Und sie musste ihrem Chef deutlich machen, dass sie für Aktivitäten jenseits der Geschäftszeiten in Zukunft nicht mehr zur Verfügung stand. Sie wollte lediglich in Ruhe ihrer Arbeit nachgehen, mehr nicht. Sollte er sich doch jemand anderes suchen. Dicke, willige Frauen gab es hier schließlich genug.

Nachdem sie einen Becher Kaffee getrunken hatte, ganz unüblich ohne Milch, ging sie hoch ins Büro ihres Chefs.

Er saß mit ernstem Gesicht über einen Stapel Papiere gebeugt und blickte nur kurz auf, als er Silke in der Tür bemerkte.

»Ist was?«, fragte er abwesend und blätterte nervös in

den Unterlagen. Es war zweifellos der falsche Zeitpunkt für ein klärendes Gespräch. Aber Silke hatte sich nun mal vorgenommen, ihm die Meinung zu sagen. Und wenn sie sich etwas fest vorgenommen hatte, musste sie es auch durchziehen, ganz egal, ob es passte oder nicht.

»Ich wollte dir nur sagen«, begann sie zögernd.

»Diese Scheiß-Spanokel«, fluchte er. »Nie kann man sich drauf verlassen! Was ist los?« Er sah sie einen langen Moment an.

Silke versuchte ein möglichst entspanntes Gesicht zu machen.

»Ich wollte nur sagen, ich komme doch nicht mit nach Mallorca. Mein Mann …«

»Mein Mann in Spanien hat doch glatt die Fliege gemacht«, sagte er fassungslos. Er drehte seinen Daumen in der Luft und machte dabei ein furzendes Geräusch. Was das mit einer Fliege zu tun hatte, war ihr jedoch schleierhaft.

Silke schüttelte den Kopf, als wäre sie genauso empört.

»Jetzt muss ich einen neuen finden, sonst können wir Malle vergessen.«

Er wirkte sichtlich mitgenommen, was Silke schon wieder leidtat. Aber sie durfte jetzt nicht einknicken, nur weil ihr Chef ein paar Sorgen hatte. Es war schwer, ihn so verzweifelt zu sehen, sie musste sich stark zusammenreißen, damit nicht plötzlich ihr Mutterreflex durchbrach und alles zunichtemachte.

»Außerdem«, fuhr sie tonlos fort, »möchte ich ab sofort nur noch geschäftlich, also im Geschäft …«.

»Aber das Geschäft versaut er mir nicht. Der nicht!«, rief Hans-Werner und griff nach seinem Handy. »Könntest du mich jetzt alleine lassen, ich muss ein bisschen rumtelefonieren.«

Silke nickte.

Als sie die Tür hinter sich schloss, atmete sie erleichtert auf. Endlich war es raus. Auch wenn ihre Absage sie vielleicht den Job in der neuen Filiale kostete, es war ihr lieber, Geschäftliches und Privates nicht miteinander zu vermischen. Doch tief im Innern gab es noch einen anderen Grund, und der war ihr so peinlich, dass sie allein beim Gedanken daran rot wurde: Sie hatte Angst, mit einem anderen Mann im Bett zu versagen.

Am frühen Abend hatte sie sich mit ihren Freundinnen in ihrer Stammbar Sombrero verabredet. Sie hatten sich schon eine Weile nicht mehr gesehen, und sie freute sich auf die ungezwungene Plauderei unter Frauen. Es fühlte sich immer wie Urlaub an. Sie brauchte nichts zu erklären, und die kleinsten Andeutungen wurden sofort verstanden. Gespräche mit Männern hatten dagegen etwas von internationalen Konferenzen. Selbst für spaßige Bemerkungen brauchte man einen Dolmetscher, damit nicht versehentlich ein Krieg ausgelöst wurde.

Vera saß bereits mit einem Cocktail am Tisch. Sie sah blass und abgemagert aus. In ihrer viel zu großen und viel zu gelben Bluse wirkte sie ein wenig verloren. Als sie Silke bemerkte, kämpfte sich ein Lächeln in ihr Gesicht.

»Was ist denn mit dir passiert?«, fragte Silke besorgt. Sie setzte sich und nahm ihre Hand. In diesem Moment kullerten Tränen an Veras Wange herab. Silke holte ein Taschentuch aus der Handtasche und tupfte ihr das Gesicht. Nachdem Vera zweimal laut ins Taschentuch geschnäuzt hatte, sank sie stöhnend zusammen.

»Ach, es ist alles zum Kotzen«, sagte sie mit zittriger Stimme.

»Dann kotz dich mal aus. Oberschwester Silke macht dich auch wieder sauber.«

Ihre Freundin lachte, wurde aber schnell von einem heftigen Schluchzen überwältigt.

»Es ist wegen Gerd«, sagte sie tief durchatmend. »Ich glaube, er geht fremd.«

»Geht er wirklich fremd, oder tut er nur so?«

Vera sah sie verunsichert an. »Wie meinst du das, tut er nur so?«

»Na ja, vielleicht ist er in der Midlifecrisis, da machen Männer doch allen möglichen Unsinn.«

»Fremdgehen nennst du Unsinn?«, fragte Vera empört.

»Nicht richtig fremdgehen, sondern eben nur so tun, als ob, weil er dir irgendetwas sagen will.«

»Ich weiß aber, dass er fremdgeht. Und es ist doch klar, was er mir damit sagen will: dass ich nicht mehr attraktiv genug für ihn bin.«

»Eben hast du aber noch gesagt, dass du es nur glaubst.«

»Das ist doch jetzt egal«, sagte Vera erschöpft.

»Und ich dachte immer, ihr habt so tollen Sex.«

Vera seufzte.

»Hatten wir ja auch. Zuletzt war ich das dumme Mäuschen vom Land und hatte von Tuten und Blasen keine Ahnung.«

»Du warst das dumme Mäuschen vom Land?«

»Nur im Spiel natürlich, zum Anturnen für Gerd.«

Silke war fassungslos, wie weit sich Frauen erniedrigten, damit die eigene Ehe nicht scheiterte.

»Und, hat es ihn angeturnt?«

»Zuerst ja, aber dann hat er gesagt, dass ich zu viel Spaß an der Rolle hätte.«

»Du hattest zu viel Spaß?«

»Nein, also doch, ich fand's eigentlich ganz lustig, mal das dumme Mäuschen zu spielen.«

»Du bist fast fünfzig!«

»Eben«, sagte sie schroff.

Silke atmete tief durch.

Dann räusperte sie sich.

»Also, er mochte nicht, dass es dir Spaß macht?«

»Er meinte, das sei ihm zu unrealistisch.«

»Dass du Spaß hast?« Silke schüttelte den Kopf. »Entschuldigung, aber das ist doch scheiße! Seit wann darf man als Frau keinen Spaß mehr beim Sex haben?«

»Das habe ich ihn auch gefragt.«

»Und?«

»Er wolle es wenigstens einmal am Tag so haben wie früher, ohne Gleichberechtigung und diesen Quatsch. Es reiche ihm einfach, neun Stunden täglich eine Chefin zu haben.«

»Wie bitte?«

»Irgendwie versteh ich ihn ja«, meinte Vera nachdenklich. »Wenn man so eine Rolle spielt, muss man es auch überzeugend tun, sonst kann man es ja gleich sein lassen.«

Silke glaubte, ihre Freundin nicht mehr wiederzuerkennen. »Aber es geht doch nicht nur um ihn!«

Vera machte eine Pause. Dann nickte sie langsam.

»Du hast ja recht.«

»Man muss doch gemeinsam Spaß haben«, sagte Silke. Sie erinnerte sich an ihre erfolglosen Versuche, Marten mit diversen Lockmitteln in Stimmung zu bringen.

»Und wie macht ihr das eigentlich?«, fragte Vera.

Silke dachte kurz nach.

»Wir haben gemeinsam *keinen* Spaß.«

Sie lachten beide, obwohl Silke eigentlich nicht zum Lachen zumute war.

In diesem Augenblick kamen Babsi und Petra zur Tür herein. Babsi trug ein unvorteilhaft geschnittenes Kleid, das ihren Körper noch umfangreicher erscheinen ließ.

Sie trug es aber so selbstbewusst, als hätte sie es nur deswegen ausgesucht.

»Ist jemand gestorben?«, fragte Babsi in ihrer gewohnt direkten Art und sackte schwer auf den Stuhl.

»Gerd geht fremd«, sagte Silke.

»Aber das ist doch kein Grund, hier so traurig rumzusitzen. Ich nenne das Glück im Alter. Jetzt kannst du dich endlich auch mal austoben. Also ran an die Bouletten.«

Vera lächelte müde.

»Manchmal bist du echt ganz schön unsensibel«, sagte Petra und blickte mitfühlend zu Vera.

»Ich bin nur realistisch«, entgegnete Babsi.

»Kommt mir irgendwie bekannt vor«, sagte Vera.

»Was?«

»Realistisch zu sein.«

»Und was ist so schlecht daran, wenn ich fragen darf?«, sagte Babsi.

»Jetzt lass sie doch einfach mal in Ruhe«, sagte Silke.

Petra nickte.

Sie bestellten Cocktails. Silke entschied sich wegen der Mallorca-Sache dieses Mal gegen den üblichen Blue Lagoon. Es war eine Art innerer Protest. Stattdessen wählte sie einen Sex on the beach, was bei den Frauen sofort höhnische Kommentare zur Folge hatte. »Ist es jetzt schon so weit bei euch?«, oder »Im Alter fängt man wieder an zu träumen.« Babsi erklärte, dass sie ihren ersten und letzten Sex on the beach vor fünfunddreißig Jahren gehabt hätte. Noch Stunden danach hätte es unten bei ihr ausgesehen wie in der Lüneburger Heide.

Alle lachten gelöst.

»Was würdet ihr sagen«, sagte Silke, als der Alkohol zu wirken begann und sie mutiger machte, »wenn euch euer Chef zu einer Dienstreise nach Mallorca mitnimmt?«

Die Runde schwieg einen Moment. Petra blickte zu Vera, Vera blickte zu Petra, und beide blickten schließlich zu Babsi.

»Ich würde sagen«, sagte Babsi und nippte an ihrem Gin Tonic, »pack nicht nur die Badehose ein, sondern auch die Kondome.«

»Also echt«, empörte sich Petra, »kannst du nicht mal an was anderes denken?«

Babsi zuckte unschuldig die Schultern.

»Soll das heißen, dass dich dein Chef gefragt hat?«, sagte Vera.

Alle sahen gespannt zu Silke, die vorsichtshalber noch einen Schluck trank.

Dann bejahte sie.

»Und was sagt dein Mann dazu?«, wollte Petra sofort wissen.

»Ja, was sagt eigentlich dein Mann dazu?«, fragte Babsi augenzwinkernd. Silke blickte sie böse an. »Er weiß noch nichts davon«, antwortete sie scharf.

»*Ich* würde das nicht machen«, erklärte Petra. »Mallorca, hallo? Sonne, Strand und Meer. Abends geht ihr was trinken und dann?«

»Also, ich würde das machen«, sagte Vera. »Er kann dich doch zu nichts zwingen.«

Petra lachte bitter. »Auf welchem Planeten lebst du eigentlich? Fließen da auch Milch und Honig?«

Silke nickte.

»Ich lebe auf demselben Planeten wie du«, sagte Vera schnippisch.

»Dann hast du doch sicher schon mal was von Frauen gehört, die plötzlich berufliche Probleme bekommen, weil sie sich geweigert haben, mit ihrem Chef zu schlafen.«

»Paragraf eins des feministischen Manifests lautet:

Reise nie mit deinem Chef nach Mallorca, es könnte sich ja was entwickeln«, sagte Babsi trocken.

»Du machst es dir immer schön einfach«, rief Petra.

»Ich mach es mir gerne einfach mal«, entgegnete Babsi und schmunzelte.

»E-kel-haft!«, sagte Petra, angewidert den Kopf schüttelnd.

Silke war es unangenehm, dass die Stimmung wegen ihr zu kippen drohte.

»Prinzipiell hat Petra ja recht«, bemühte sie sich um Ausgleich. »Ich habe meinem Chef deshalb auch schon abgesagt.«

Petra lächelte zufrieden in die Runde.

»Aber eben nur prinzipiell«, begann Vera aufs Neue.

»Wer auf Prinzipien reitet«, sagte Petra, »landet schnell im Graben.«

»Du hast doch bloß Angst, dich zu amüsieren«, sagte Vera zu Petra gewandt.

»Nur weil Gerd fremdgegangen ist, musst du jetzt nicht auf einmal die Lebedame rauskehren«, erwiderte Petra. »Silke ist schließlich glücklich verheiratet.«

Silke blickte zu Babsi.

»Weiß man's«, sagte Babsi mit erhobenen Augenbrauen. »Vielleicht geht Marten ja auch fremd.«

»Was?«

»Er ist ein Mann, oder?«, sagte Babsi.

»Weißt du irgendwas, was ich nicht weiß?«, fragte Silke ernst.

»Sollte ich das?«

Silke ärgerte sich, dass Babsi ihren Mann auf die Stufe mit einem x-beliebigen Fremdgeher stellte. Und auch wenn sie sich das nie direkt eingestehen würde, es fuchste sie doch, dass sich andere Frauen für Marten nicht zu interessieren schienen. Es war pervers, einerseits erwartete sie bedingungslose Treue, andererseits war ein treuer Mann auch ein bisschen enttäuschend.

Manchmal bedauerte sie Männer. Sie konnten es Frauen eigentlich nie recht machen. Und trotzdem versuchten sie es immer wieder. War das nun Dummheit oder eher Verzweiflung?

Silke trank schnell den Rest ihres Cocktails.

»Ich muss jetzt los«, sagte Silke in die überrascht wirkende Runde. »Marten wartet auf mich.«

»Das hat dich früher doch auch nicht gestört«, meinte Vera.

Silke grinste künstlich.

»Außerdem verstößt du damit gegen unsere Satzung«, sagte Petra. »Der Abend ist erst zu Ende, wenn jeder mindestens drei Cocktails getrunken hat.«

»Ich bin einfach müde«, sagte Silke. »Es war ein anstrengender Tag.« Das stimmte aber nur halb. Die andere Hälfte überlegte, wie sie ihrem Mann die Sache mit den Ohrringen heimzahlen konnte. So einfach wollte sie ihn nicht davonkommen lassen.

Trotz erster Erfolge durfte Marten jetzt nicht lockerlassen. Zwar hatte Silke registriert, dass es neben ihr auch noch andere Frauen gab, aber solange er mit Renate nur bummelte, machte sie sich vermutlich keine ernsthaften Sorgen. Marten musste die Daumenschrauben langsam anziehen, damit sie erkannte, wie bedrohlich die Lage für ihre Ehe inzwischen war.

Noch wusste er allerdings nicht, wie weit er gehen konnte. Auf keinen Fall durfte Silke den Eindruck bekommen, dass die Situation völlig aussichtslos war. Eine falsche Entscheidung, eine Umdrehung zu viel, und Marten musste seinen Lebensabend womöglich mit Renate verbringen.

Die letzten Tage hatten einige erfreulich positive Zeichen gebracht. Am bemerkenswertesten: Silkes auffälliges Schweigen zu Renate. Weiter: Statt wie sonst gegen Mitternacht kam sie an ihrem »Mädelsabend« bereits um halb zehn nach Hause. Und sie war noch nüchtern genug, um sich im Fernsehen mit ihm den Rest einer Quizshow über Tiere anzusehen. Beim Frühstück verzichtete sie seit kurzem darauf, ihre E-Mails auf dem Smartphone zu checken, und fragte nach seiner Arbeit, insbesondere die im Büro. Überhaupt redeten sie wieder miteinander. Und sie waren sich sogar schon einmal einig gewesen. Bei der kommenden Sonnenfinsternis, die seit Tagen halb Deutschland beschäftigte, stimmten sie überein, dass sie vollkommen uninteressant sei. Marten war so überrascht, dass er es im ersten Moment gar nicht glauben konnte. Als die Kinder noch zu Hause wohnten, ähnelten ihre Unterhaltungen mehr der aktuellen Stunde im Deutschen Bundestag: lange Debatten über gesundes Essen, den richtigen Umgang mit Medien, Schulaufgaben vor oder nach dem Spielen und die Frage, wer zuletzt einkaufen war. Ihre Positionen waren meist so unterschiedlich wie die zwischen der Linken und der CDU bei der Frage nach Auslandseinsätzen der Bundeswehr. Dass ihre Kinder dennoch freundliche Mitmenschen geworden waren, war unter diesen Umständen fast ein Wunder.

Seit zwei Tagen wirkte Silke nachdenklicher als sonst. Es war schwer zu sagen, ob sie sich Sorgen um ihre Beziehung machte. Marten hatte jedoch das vage Gefühl, dass sich ihre Gedanken erstmals wieder mehr um ihn drehten, nachdem er jahrelang auf Position drei hinter Jana und Daniel gestanden hatte. Inzwischen schien er nicht nur am Esstisch, sondern auch in ihrem Kopf langsam wieder ganz nach vorne zu rücken.

»Wir könnten doch auch mal wieder was zusammen unternehmen«, schlug Silke eines Abends beim Fernsehen vor, ausgerechnet in dem Moment, wo der finale Schusswechsel zwischen der Polizei und dem mutmaßlichen Täter stattfand. Er hätte sich beinahe an den Chips verschluckt. So viel persönliche Zuneigung war er einfach nicht mehr gewöhnt.

Marten antwortete zunächst nicht. Erstens musste er sehen, wer erschossen wurde, obwohl im Zweiten Deutschen Fernsehen von vorneherein klar war, dass das unmöglich die Polizei sein konnte, zweitens wollte er sie noch ein bisschen schmoren lassen, und drittens überlegte er, wie er am besten darauf reagieren sollte. Freudig überrascht oder doch lieber zurückhaltend, wenn nicht sogar ablehnend? Immerhin hatte er viel zu tun, und da war ja auch noch Renate. Ein paar dezente Hinweise auf seine neue Busen- und Bummelfreundin würden genügen, um Silke klarzumachen, dass sie bei Ausflügen mittlerweile starke Konkurrenz bekommen hatte.

»Und was?«, fragte Marten schließlich, während er dem Todesröcheln des Täters zusah, der in den Armen einer Polizistin, die sich wider Erwarten als dessen Schwester herausstellte, langsam verschied.

»Vielleicht eine Bootstour.«

»Eine Bootstour?« Marten sah sie erstaunt an. Silke wurde schon beim Anblick eines Bootes seekrank. Es musste ihr also wirklich ernst mit ihm sein.

»So eine Sightseeingtour durch die Stadt, meine ich.«

»Aha«, machte er unbeeindruckt und blickte wieder zum Fernseher. Der Täter war gestorben. Man sah die Schwester, wie sie von einem Kollegen in den Arm genommen und aus der Halle geführt wurde.

»Hast du denn gar keine Lust?«

»Och, na ja.«

»Du wolltest doch immer mal mit dem Boot durch die Stadt fahren, oder?«

Marten versuchte sich zu erinnern, ob und wann er solch einen Wunsch geäußert haben könnte. Eigentlich war er nicht der Typ, der sich von einem Boot aus die Stadt ansah. Eigentlich wollte er überhaupt nichts mehr sehen. Möglicherweise hatte er vor vielen Jahren einmal die Idee gehabt. Von Wollen konnte aber sicherlich nicht die Rede sein.

»Ich weiß nicht so recht«, sagte er müde.

»Wir könnten doch auch Renate mitnehmen«, schlug Silke auf einmal vor.

Marten wurde heiß im Gesicht. Hatte er richtig gehört? Wieso kam ausgerechnet seine Frau auf eine Idee, die eigentlich ihm zugestanden hätte?

»Renate Bruhns?« Er sah flüchtig zu Silke, die ihm aufmunternd zunickte. Ein bisschen ärgerte er sich über ihr Vorpreschen. Und gleichzeitig fragte er sich, ob sie seine Beziehung zu Renate wirklich so ernst nahm, wie erhofft. Traute sie ihm neue Frauenbekanntschaften am Ende nicht zu?

»Meinetwegen«, sagte Marten, ohne sich etwas anmerken zu lassen. »Ich werde sie gleich morgen fragen, ob sie Lust hat mitzukommen.«

Plötzlich hatte er Angst, sich übernommen zu haben. Als Taktiker war er in etwa so begabt wie als Handwerker, nämlich gar nicht. Wie war er nur auf die abenteuerliche Idee gekommen, *zwei* Frauen händeln zu können, wo ihn schon *eine* völlig überforderte?

Am nächsten Morgen wachte er schweißgebadet auf. Er hatte geträumt, dass Renate bei ihnen eingezogen war und jeden Abend nackt das Abendbrot servierte. Während Silke nichts daran auszusetzen fand und sogar überschwänglich Renates Brüste lobte, versuchte Marten, sie aus hygienischen Gründen zu überzeugen, wenigstens ein Nachthemd zu tragen.

Marten war nicht nur ein schlechter Lügner, er konnte die Wahrheit auch nicht lange verheimlichen. Seinem kleinen Sohn hatte er schon beim ersten Besuch des Weihnachtsmannes zu Silkes Entsetzen offenbart, dass sich unter der Verkleidung niemand anderes als der Opa verberge, was Daniel zum Glück aber jahrelang nicht glauben mochte.

Es gab keinen anderen Weg, als Renate über sein Vorhaben aufzuklären, ehe die ganze Sache schiefging.

Mittags gingen sie gemeinsam runter zu ihrem Stamm-Chinesen. Robert Grundmüller, ein Kollege, hatte sich ihnen anschließen wollen, was Marten jedoch im letzten Moment verhindern konnte, wobei er Roberts Bemerkung, er wolle sein süßes Hühnchen wohl nicht mit ihm teilen, etwas beleidigend fand. Im Übrigen handelte es sich um Ente kross in süß-saurer Soße, und die war an diesem Tag nach Aussage des Kellners schon aus, was Marten fast nicht glauben konnte, da es erst kurz nach zwölf war und das Lokal gerade mal eine halbe Stunde geöffnet hatte.

Der Vorfall erschütterte ihn so, dass er zunächst gar nichts bestellte und sich erst auf Drängen Renates die Karte geben ließ.

»Was ist denn los mit dir?«, fragte Renate irritiert.

»Seit sechs Jahren bestelle ich jedes Mal Ente kross in süß-saurer Soße, und jetzt will man mir weismachen, dass die Ente schon kurz nach zwölf aus ist.« Marten blickte sich demonstrativ im Lokal um. »Es ist kein Mensch da, wer soll denn die Enten bitte schön gegessen haben?«

»Vielleicht war eben eine Reisegruppe da«, meinte Renate vollkommen ernst.

»Und die haben innerhalb von einer halben Stunde den gesamten Entenvorrat aufgegessen?« Marten schüttelte den Kopf. »Ich sag dir jetzt was: Die Chinesen haben einfach schlecht gewirtschaftet, das ist die Wahrheit! Man muss doch mal ins Gefrierfach sehen, ob noch genügend Enten da sind. So kann man doch kein Restaurant führen.«

Renate sah ihn besorgt an. »Hast du Ärger mit deiner Frau? Du kannst es mir ruhig sagen.«

»Nein«, sagte Marten. Wieso glaubte sie eigentlich, dass er Ärger mit Silke hatte, wenn er die chinesische Wirtschaft kritisierte?

Widerwillig bestellte er Huhn süß-sauer, nicht ohne den Kellner darauf hinzuweisen, dass er dieses Gericht nur unter Protest verspeise. Der Kellner verzog keine Miene, als wären ihm Kundenbeschwerden grundsätzlich egal.

Marten überlegte, wie er am besten anfangen konnte.

»Apropos Ente«, sagte er schließlich, »am Wochenende wollen wir eine Bootstour machen, also meine Frau und ich, ich meine, meine Frau meinte, und ich auch, dass es doch ganz nett wäre …« Er räusperte sich. »Nein, anders, ich weiß nicht, ob du es schon gemerkt hast.« Marten blickte fragend zu Renate, die ihm verständnisvoll zunickte.

»Natürlich habe ich es gemerkt.«

»Ach?« Er war erstaunt, dass sie nicht beleidigt war. Immerhin hatte er sie glauben lassen, dass er mehr als nur kollegiale Gefühle für sie empfand.

»Glaubst du denn, ich bin so unsensibel?«

»Nein, nein, aber ich dachte, du wärst mir deswegen ein bisschen böse.«

»Böse?« Sie nahm seine Hand und streichelte sie zärtlich. »Ach, Marten, wie kann man dir denn böse sein?«

Marten blickte verlegen zu Boden. In der Tat war das etwas, das seinen männlichen Stolz kränkte. Niemand nahm ihn ernst, wenn er einmal richtig böse war. Nicht mal er selbst.

»Das freut mich, dass du das so siehst. Ich hab schon befürchtet, du hasst mich dafür.«

»Aber das ist doch nicht schlimm, Gefühle kann man nicht anordnen. Es ist nur wichtig, dass man sich alles sagt und ehrlich zueinander ist.«

»Eben, das dachte ich dann auch.« Er war erleichtert, dass sie so vernünftig reagierte.

»Und jetzt möchtest du, dass ich mit euch auf diese Bootstour komme und es ihr sage. Von Frau zu Frau sozusagen.«

Marten sah sie forschend an. »Dass du ihr was sagst?«
»Das mit uns, dachte ich.«
Er war sich nicht ganz sicher, wie sie das meinte.
»Also, das ist ja eigentlich nicht der Sinn der Sache. Silke soll es ja gerade nicht wissen, sonst funktioniert es ja nicht.« War er wirklich so schwer zu verstehen?
»Was funktioniert sonst nicht?«, fragte Renate, ihre Hand wieder zurückziehend.
»Na, der Plan eben«, sagte Marten ein wenig verunsichert über ihre Verunsicherung.
Renate musterte ihn einen Moment, während sie auf ihren Lippen kaute.
Dann leuchtete ihr Gesicht mit einem Mal auf.
»Wow, das ist ja echt süß von dir, dass du eine Art Abschiedsfahrt organisierst. Die zukünftige Ex und die Nachfolgerin mit ihrem ehemaligen und neuen Mann. Wir sitzen trotzdem alle in einem Boot oder so ähnlich, meinst du das?«
»Abschiedsfahrt?« Marten war stark beunruhigt.
Renate seufzte.
»Wenn alle Männer so wären wie du, gäbe es nicht diese hässlichen Scheidungskriege. Deine Frau kann von Glück sagen, dass sie mit so einem Mann verheiratet war.«

Marten hatte alles versucht, um die Bootsfahrt im letzten Moment zu verhindern. Er hatte eine Erkältung mit schweren Hustenanfällen vorgetäuscht – was sich im Nachhinein allerdings wegen der hochsommerlichen Temperaturen als Fehler herausstellte –, eine Verstauchung am Bein, die jeden Schritt zur Tortur machte, schmerzverzerrtes Gesicht inklusive, und schließlich, zwei Tage vor der Verabredung, sogar eine plötzlich auftretende Depression, die mit äußerst verlangsamten

Bewegungen und starren Blicken einherging. Es hatte nichts genutzt. Silke ignorierte seine Leiden. Dabei empfand er gerade seine Depression als darstellerische Glanzleistung, die man nicht so einfach übersehen konnte. Wie er stundenlang reglos auf dem Sofa saß und zum Fernseher starrte, erschien ihm derart überzeugend, dass er irgendwann anfing, sich über Silkes Verhalten zu ärgern.

»Siehst du denn gar nicht, dass es mir nicht gutgeht?«, sagte er kurz vor zehn, als Silke seelenruhig aufstand, um ins Bett zu gehen.

Als sie zu ihm blickte, gähnte sie. »Was hast du denn?«, fragte sie in einem so gelangweilten Ton, dass Marten es kaum glauben mochte.

»Ich weiß auch nicht, ich kann mich nur noch in Zeitlupe bewegen, alles geht so unendlich langsam.«

»Aber du bewegst dich vorm Fernseher ja sonst auch nicht«, sagte Silke mit einer erschreckenden Sachlichkeit.

»Diesmal ist es aber was Ernstes«, sagte er scharf, »vermutlich eine Depression.«

Er blickte beispielhaft starr zu Boden. Leider konnte er dadurch nicht mehr Silkes Gesicht sehen, denn er meinte jetzt, ein leises Prusten zu hören.

»Dann solltest du wohl besser zuhause bleiben, die Bootstour können wir ja immer noch machen.«

Marten sah langsam hoch. Er lächelte schwach. In diesem Moment machte Silke einen Schritt zurück und stieß mit ihrem Hintern gegen das Tischchen, auf dem die von seinen Großeltern geerbte KPM-Vase stand. Marten sprang prompt auf und rannte zu Silke, die jedoch zielsicher nach der Vase griff, als wäre sie darauf vorbereitet gewesen.

»So schwer ist die Depression dann ja wohl doch nicht«, meinte sie und drehte sich schmunzelnd weg.

In diesem Moment wusste er nicht, ob er Silke bewundern oder sich darüber ärgern sollte, dass er ihr wieder mal auf den Leim gegangen war.

Samstagmittag rief Daniel auf seinem Handy an. Marten saß gerade auf dem Klo und überlegte, wie er Renate noch bremsen konnte. Er saß öfter auf dem Klo, auch wenn er gar nicht musste. Das Klo war der einzige Ort in der Wohnung, wo er eine Weile ungestört nichts machen konnte, ohne befürchten zu müssen, dass Silke oder die Kinder plötzlich hereinkamen, um ihn »mal kurz« etwas zu fragen.

»Was gibt's?«, fragte Marten.

»Warum nimmst du dein Handy eigentlich immer mit auf die Toilette?«, fragte sein Sohn.

»Damit ich im Notfall telefonieren kann«, sagte Marten überrascht, dass Daniel seinen Aufenthaltsort sofort herausgefunden hatte. »Deine Eltern sind jetzt in einem Alter, wo sie nicht mehr gefahrlos aufs Klo gehen können.« Seit Marten von Silkes Onkel erfahren hatte, den beim großen Geschäft der Schlag getroffen hatte, hatte er immer sein Handy dabei.

»Alt werden hört sich echt scheiße an.«

»Wie man's nimmt, eigentlich wird es langsam wieder spannend.«

»Wieder spannend?«

»Ja, man wartet gespannt darauf, welche Todesart sich der liebe Gott wohl für einen ausgedacht hat.«

Im folgenden Schweigen seines Sohnes konnte man den Graben zwischen den Generationen beinahe hören.

»Also was ist?«, fragte Marten, um ihn zu erlösen. Wenn Daniel einmal von sich aus anrief, hatte er entweder ein schlechtes Gewissen, weil er so lange nichts von sich hatte hören lassen, oder er brauchte Geld. Immer öfter allerdings auch beides.

»Ich wollte mich mal wieder melden«, sagte Daniel.

»Und fragen, wie's mir geht?«, sagte Marten in einem erstaunlich scharfen Ton. Dass er auf Nettigkeiten zunehmend aggressiv reagierte, machte ihm langsam Sorgen. Waren das erste Anzeichen einer schleichenden Demenz?

»Ich kann auch wieder auflegen«, sagte Daniel verunsichert.

Marten atmete schwer aus. »Ist schon okay. Ich hab gerade einfach viel um die Ohren.«

»Ist es wegen Mama?«

»Wie kommst du denn auf so was?« Marten drückte den Rücken durch und presste das Handy an sein Ohr, als erhoffte er sich wichtige Informationen über seinen gegenwärtigen Beziehungsstatus. Wusste sein Sohn irgendetwas?

»Ihr habt Probleme, stimmt's?«

Marten schwieg. Dieses Mal hörte er jedoch keinen Graben, sondern seine innere Stimme: Lass dich mit deinen Kindern nie auf eine Diskussion über deine Ehe ein!

»In jeder Beziehung gibt es mal Probleme, das ist gar nicht so schlimm, solange man sich ausspricht.«

Sehr richtig, meldete sich seine innere Stimme erneut, sie klang wesentlich älter als er, und warum tust du es nicht, mein Lieber?

Die vertrauensvolle Art, mit der seine deutlich ältere innere Stimme zu ihm sprach, störte Marten ein wenig.

»Habt ihr euch denn ausgesprochen?«, fragte Daniel.

»Was?«

»Über eure Probleme, meine ich.«

Ja, hast du mit ihr ein einziges Mal darüber geredet?, sagte seine deutlich ältere innere Stimme.

Marten reichte es langsam.

»Warum soll ich mit Mama über Probleme reden, wenn wir gar keine Probleme haben?«

Du lügst!, sagte seine innere Stimme.

»Ich lüge nicht!«, sagte Marten scharf.

»Wie, du lügst nicht?«, fragte sein Sohn erstaunt.

»Nein, ich meine …« Er stockte.

Ich höre, sagte seine innere Stimme.

Wie kam es überhaupt, dass sich seine eigene innere Stimme auf einmal gegen ihn wandte? Gab es irgendeinen Grund?

Natürlich gibt es einen Grund, sagte seine innere Stimme.

Marten wurde rot.

»Ich meine«, sagte er sich langsam vortastend, »man darf das alles auch nicht überbewerten.«

Aha, machte seine innere Stimme. Ich dachte, du hast Angst, dass sie dich verlässt.

»Was jetzt?«, fragte sein Sohn.

»So eine Beziehung ist eben ein fragiles Gebilde, da kann es nach so vielen Jahren auch mal ein paar Risse geben.«

Ein paar Risse, aha, sagte seine innere Stimme und räusperte sich.

»Du musst Mama auch mal verstehen«, sagte Daniel, er hörte sich ziemlich besorgt an, »sie arbeitet gerade ganz schön viel, weil sie diese neue Filiale übernehmen will, und du grätschst ihr ständig dazwischen. Finde ich echt nicht in Ordnung.«

Seine innere Stimme lachte.

Marten machte eine abwehrende Handbewegung.

»Ich versuche deine Mutter seit zwanzig Jahren zu verstehen. Irgendwie scheint es mir aber nicht zu gelingen.«

»Meine Mutter oder deine Frau?«, fragte Daniel.

Super Frage, sagte seine innere Stimme.

»Die weibliche Person, die in unserer Wohnung lebt.«

Seine innere Stimme prustete los. Auch nicht schlecht, meinte sie anerkennend.

»Und wieso grätsche ich dazwischen?«

»Na ja, diese Spielchen eben, die du da treibst.«

Marten fragte sich, wie eng der Kontakt zu seiner Mutter wirklich war. Und was wusste er von Renate?

»Welche Spielchen?«

»Okay, es ist deine Sache, wenn du fremdgehst, aber du musst dich irgendwann für eine entscheiden. Das bist du Mama einfach schuldig.«

Seine innere Stimme schwieg.

»Ich geh doch überhaupt nicht fremd. Was soll der Unsinn?«, sagte Marten.

Wo er recht hat, hat er recht, stimmte ihm seine innere Stimme zu.

»Egal«, sagte Daniel, »als Mann hast du eine Verantwortung. Auch uns gegenüber.«

Marten war sprachlos. Wie redete sein eigener Sohn überhaupt mit ihm?

Also wirklich!, sagte seine innere Stimme mit gespielter Empörung.

»Das heißt?«, fragte Marten.

»Überleg einfach mal, was dir wichtiger ist.«

»Ich weiß, was mir wichtiger ist! Aber ich habe das dumpfe Gefühl, deine Mutter weiß es nicht. Sie ist mir nämlich auch etwas schuldig.«

Und was, bitteschön?, fragte seine innere Stimme.

Marten zuckte die Schultern.

»Vielleicht wäre es gut, wenn ihr euch mal professionelle Unterstützung sucht«, sagte Daniel.

Marten überlegte, ob er das Gespräch abbrechen sollte.

Er hatte keine Lust, sich von seinem Sohn belehren zu lassen. Andererseits war er für jede Hilfe dankbar, auch wenn er als Vater keinen hilfebedürftigen Eindruck erwecken durfte. Jedenfalls nicht in seinem Alter.

»Eine Paartherapie oder wie?«

»Ja, warum nicht? Machen doch viele.«

Marten starrte auf eine Gruppe Enten neben dem Waschbecken. Von jedem Urlaub hatte seine Frau Enten mitgebracht und sie in der ganzen Wohnung verteilt. Es gab praktisch keine Ecke ohne Enten. Enten aus Holz, aus Gips und aus Plastik. Vielleicht war es überhaupt sein größter Fehler, dass er die ungezügelte Entenvermehrung in seiner Ehe klaglos hingenommen hatte.

»Da sitzen doch nur Leute, die sich auch sonst nichts zu sagen haben«, sagte Marten nach einer gefühlten Ewigkeit.

»Ihr seid zwanzig Jahre verheiratet. Willst du das jetzt alles aufs Spiel setzen?«

»Zwanzig Jahre, drei Monate und fünf Tage. Brauchst du eigentlich noch Geld?«

»Kannst du auch mal an was anderes denken als immer an Geld?«

Dabei lag Daniel mit seiner Einschätzung nicht ganz falsch. Ihre Ehe raste gerade mit voller Fahrt gegen die Wand. Der Grund dafür war allerdings ein anderer: Marten hatte die Lage nicht mehr unter Kontrolle. Umso größer waren seine Befürchtungen, als sie am Sonntag Richtung Stadtmitte aufbrachen.

Sie hatten sich um halb zwölf mit Renate verabredet. Treffpunkt war die Anlegestelle an der Kongresshalle unweit vom Kanzleramt.

Marten saß laut schweigend am Steuer des Twingo und überlegte krampfhaft, ob es irgendeine Möglichkeit gab, die gemeinsame Dampferfahrt im letzten Moment zu verhindern. Herzinfarkt, Schwächeanfall, Unfall – Marten war inzwischen alles recht. Ein Herzinfarkt wäre in seinem Alter durchaus nichts Ungewöhnliches, kam hier aber nicht in die engere Auswahl, um Silke für spätere Ernstfälle nicht abzustumpfen. Einzig realistisch erschien ihm ein Schwächeanfall, ausgelöst durch eine Panikattacke, die zu einem kleinen Unfall führte. Damit wäre der Halbzwölftermin nicht mehr zu halten gewesen. Und weil er wusste, dass Renate schnell ungeduldig wurde und ging, wenn ihr etwas zu lange dauerte, hätte sich der Ausflug quasi erledigt.

Abgesehen davon, dass ihm so schnell kein Grund zur Panik einfiel, brachte es Marten jedoch nicht übers Herz, den von Silke heiß geliebten Twingo in irgendeiner Weise zu beschädigen.

Etwa zwanzig Minuten brauchten sie von ihrer Wohnung in Friedenau bis zur Kongresshalle. Da Silke keinen ernstzunehmenden Orientierungssinn besaß – von der Wohnung zu ihrem um die Ecke gelegenen Bäcker und zurück hatte sie mal eine knappe Stunde gebraucht, weil sie auf dem Rückweg statt nach links rechts herum gelaufen war –, kam ihm die Idee, einfach einen so großen Umweg zu fahren, bis die Chance, Renate noch am Anleger anzutreffen, praktisch gen null tendierte. Er selbst durfte sich natürlich nicht anmerken lassen, dass er nicht jederzeit Herr der Straßen war.

Während Marten völlig entspannt die Auffahrt zur Stadtautobahn nahm und Richtung Norden fuhr, summte er leise irgendeine Melodie vor sich hin. Die Stadtautobahn lag auf der Liste aller möglichen Wege zur Kongresshalle etwa an letzter Stelle. Wer auch nur vage die Stadtkarte vor Augen hatte, der musste spätestens jetzt erkennen, dass hier etwas nicht stimmen konnte.

Zu seiner Verblüffung war Silke jedoch genauso entspannt wie er. Sie schien nicht einmal zu ahnen, dass sie ihr Ziel gerade im weiten Bogen umrundeten. Natürlich hätte sie alles abgestritten. Sie hätte geleugnet, dass sie einen Umweg fuhren, weil Silke nämlich die unheimliche Fähigkeit besaß, sich die Wirklichkeit so zurechtzulegen, dass selbst Fakten nicht mehr glaubhaft wirkten.

Eine gute Viertelstunde waren sie nun unterwegs. Als sie im Wedding wieder von der Autobahn fuhren und Silke weiterhin sorglos aus dem Fenster sah, wurde Marten langsam wütend. Waren sie nicht schon oft zur Kongresshalle gefahren und an der Spree spazieren gegangen? Und hatte dies hier irgendeine Ähnlichkeit mit dem Regierungsviertel? Die Antwort war ein klares Nein.

Inzwischen glaubte er, dass Silke ihn lediglich ärgern wollte. Einen so miserablen Orientierungssinn konnte kein Mensch haben, nicht mal eine Frau. Sie hatte gemerkt, dass er sich über sie lustig machte, und zahlte es ihm mit einem völlig übertriebenen Vertrauen in seine topografischen Kenntnisse heim. Im Laufe ihrer Ehe wurden die Stiche immer gezielter und feiner, bis man fast nicht mehr merkte, dass man blutete.

Marten sah auf die Uhr. Es war kurz nach elf. Wenn es gut lief, würden sie mindestens zehn Minuten zu spät kommen. Wenn es sehr gut lief, würden sie vor Ort keinen Parkplatz finden und noch eine Weile herumsuchen müssen.

Es lief nicht gut, es lief nicht sehr gut, es lief glänzend! Auf der Chausseestraße gerieten sie in einen Stau, dann mussten sie wegen einer Baustelle eine Umleitung nehmen und kamen nur im Schritttempo voran. Als sie über eine halbe Stunde später an der Kongresshalle ankamen, waren sämtliche Parkplätze besetzt. Nach weiteren zehn

Minuten fanden sie einen Platz auf der anderen Spreeseite.

»Kann es sein, dass wir diesmal einen anderen Weg gefahren sind?«, fragte Silke, nachdem er den Motor abgestellt hatte. Marten blickte sie an. Sie schien es tatsächlich ernst zu meinen. Auf einmal war er sich nicht mehr sicher, ob er seine Frau jemals auch nur annähernd verstanden hatte.

Sie waren fast eine Dreiviertelstunde zu spät, als sie schließlich die Anlegestelle hinter der Kongresshalle erreichten. Marten hatte sein Handy die Fahrt über ausgeschaltet, damit ihn Renate nicht anrufen konnte. Als er es jetzt wieder einschaltete, sah er auf dem Display mehrere entgangene Anrufe, alle von Renate, alle in einem Abstand von höchstens drei Minuten.

Er grinste zufrieden.

»Da ist ja Frau Bruhns«, sagte Silke und deutete auf eine hektisch winkende Frau in einem blumigen Sommerkleid.

Marten wurde rot. Er strauchelte, fast wäre er hingefallen. Wie hatte er sich so in Renate täuschen können? Die Sache war ihr offenbar noch wichtiger, als befürchtet.

»Schnell, das Schiff fährt gleich los!«, rief sie, und mit einem vorwurfsvollen Seitenblick zu Marten: »Warum hast du dein Handy eigentlich nicht angehabt?«

Sie bestiegen das Boot und gingen hoch aufs Deck, das zur Hälfte gefüllt war. Kurz darauf wurde die Landebrücke eingezogen.

»Das war knapp«, sagte Renate. Ein süßlicher Rosenduft umwölkte sie. Anscheinend wollte sie sicherstellen, dass man in einem Umkreis von zehn Quadratmetern ausschließlich sie roch. »Und ich dachte schon, ihr kommt gar nicht mehr.«

»Mein Mann hat sich ein bisschen verfahren«, sagte Silke ohne einen Hauch Ironie in der Stimme, »dabei sind wir schon öfter hier gewesen.«

Marten zuckte kurz mit den Mundwinkeln. Ihm war nicht mehr zum Lachen zumute.

»Und dann behaupten sie immer, wir hätten keinen Orientierungssinn«, sagte Renate.

Es war ein Alptraum.

Sie setzten sich in die hinterste Reihe. Silke und Renate in Fahrtrichtung nebeneinander, Marten ihnen gegenüber. Erst jetzt bemerkte er, dass sie beide rot lackierte Fingernägel hatten. Was das bedeutete, konnte er nur erahnen. Und er ahnte, dass dies nichts Gutes hieß.

Während die ersten Sehenswürdigkeiten vorbeiglitten, live kommentiert von einem jungen Mann, der angestrengt versuchte, gute Laune zu verbreiten, die aber so einstudiert wirkte, dass man es schon nach zwei Minuten nicht mehr ertragen konnte, saß Marten stocksteif da und beobachtete nervös die Frauen. Im Grunde erwartete er jeden Moment, dass Renate ihre Ankündigung wahrmachte und Silke ihre Beziehung offenbarte. Auch wenn nichts davon stimmte, Marten war mittlerweile an dem Punkt angelangt, wo er selbst Renate genommen hätte, aus Sorge, am Ende völlig alleine dazustehen. Immerhin kannte er sie seit Jahren. Er wusste, dass sie Kekse gerne in Kaffee tunkte, die Straßenschuhe im Büro gegen Hausschuhe austauschte, Männer mit fusselnden Socken nicht mochte, beim Chinesen immer die Nummer 84 bestellte und sich zuhause mit Pfirsichsaft, in den sie reichlich Wein goss, gerne selber betrog.

Musste man in seinem letzten Lebensabschnitt mehr über eine Partnerin wissen?

Natürlich stimmte das nicht. Eine Partnerschaft war so

viel mehr, als zu wissen, ob jemand gerne Kekse in Kaffee tunkte. Wenn man, ohne zu fragen, wusste, wann die Frau morgens ein Wurstbrötchen anstatt eines mit Nutella wollte, und dabei ein liebevolles Lächeln geschenkt bekam. Wenn man in gewissen Situationen die Gedanken des Partners lesen konnte und dieser antwortete sofort mit einem freundlichen Nicken. Wenn ein Stichwort genügte, um etwas zu erklären, wofür man sonst Minuten gebraucht hätte. Wenn die eigene Tochter die Augen seiner Frau und die Ohren von einem selbst hatte. Wenn man streiten konnte, dass die Fetzen flogen, ohne auch nur eine Sekunde Angst um die Beziehung zu haben. Wenn man in der Liebe zum anderen zuhause war.

»Schreiben Sie eigentlich auch so komische Ratgeber wie mein Mann?«, fragte Silke, die Arme unter ihren Brüsten verschränkt.

Marten sah irritiert zu seiner Frau. Eigentlich wusste sie doch, dass Renate Sekretärin war.

»Was meinen Sie mit komisch?«, sagte Renate und warf einen kurzen, mindestens ebenso irritierten Blick zu Marten.

»Na ja, ich meine, wer hält denn Vogelspinnen bei sich zu Hause?«

»Eine ganze Menge. Wir haben fast viertausend Bücher verkauft!«, erklärte Marten, ohne Silke damit jedoch zu beeindrucken.

»Ich hab ja nicht so viel damit zu tun«, sagte Renate. »Ich mach hauptsächlich die Veranstaltungstipps für unsere Heimtierzeitschrift. Aber ich finde es schon toll, wenn man so was schreiben kann.« Sie lächelte Marten zu, der sich über Silkes Verhalten ein bisschen wunderte. Bislang hatte sie nie ein schlechtes Wort über seine Ratgeber verloren.

»Veranstaltungstipps? Gibt's da denn überhaupt so viele Veranstaltungen?«, fragte Silke.

Renate griff nach ihrer Handtasche und rückte sie auf dem Bauch zurecht.

»Man muss halt viel herumtelefonieren«, sagte sie. Und nach einer kurzen Pause: »Es ist jedenfalls kein Halbtagsjob, wenn Sie das meinen.«

»Mein Mann sagt immer: Die Verlagsarbeit könnten er und sein Chef eigentlich alleine von zuhause aus machen.«

Marten sah fassungslos zu Silke. »Was habe ich gesagt?«

»Dass man die Arbeit an zwei Tagen in der Woche erledigen könne.«

Renate musterte ihn streng.

»So was habe ich nie gesagt, schon gar nicht das mit zwei Tagen in der Woche.«

»Du hast es mir aber beim Frühstück erzählt, jetzt sag nicht, du weißt es nicht mehr.«

Links tauchte der Hauptbahnhof auf, der zunehmend von den vielen Neubauten ringsherum erdrückt zu werden schien.

»Ich kann mich nicht erinnern, dass ich beim Frühstück irgendetwas gesagt habe.«

»Da wurde wohl wieder aneinander vorbeigeredet«, meinte Renate mit einem leichten Schmunzeln.

Marten blickte beunruhigt zu seiner Frau. Es dauerte erstaunlich lange, bis Silke darauf reagierte.

»Wieso wieder?«

In diesem Moment erschien die Bedienung, eine junge Frau mit üppigem Busen und knappem weißem T-Shirt. Auf den Brüsten stand jeweils ein schwarzes DU und ein DA. Marten bestellte rasch ein großes Weizenbier.

»Ich meine ja bloß, dass in vielen Ehen aneinander vorbeigeredet wird.«

»Mein Mann hat aber überhaupt nichts gesagt, das haben Sie doch eben gehört.«

Die Lage drohte zu eskalieren. Es schien nur noch eine Frage der Zeit, wann es zum lautstarken Streit kam. Und sie hatten noch nicht mal den Reichstag erreicht.

»Wenn man sich in einer Beziehung nichts mehr zu sagen hat, ist das eigentlich auch kein gutes Zeichen. Nur Sex wäre mir ein bisschen zu wenig.«

Silke lachte laut auf.

Marten starrte auf einen Spatz am Nachbartisch. Er saß einfach nur da und blinzelte genießerisch in die Sonne.

»Einmal das Weizen«, sagte die Bedienung und stellte das Glas auf den Tisch.

Marten trank hastig das Bier.

Silke und Renate sahen ihm verwundert dabei zu.

»Ich hätte ja auch gerne was getrunken«, sagte Silke, nachdem Marten das Glas vollständig geleert hatte.

»Ich auch«, sagte Renate.

Und Silke nach einer kurzen Pause: »Ist er im Büro genauso?«

Renate warf einen prüfenden Blick zu Marten. »Sonst ist er eigentlich ganz sozial.«

»Ach?«

»Er bemüht sich zumindest.«

»Immerhin bemüht er sich noch«, sagte Silke, »zuhause merke ich leider nichts mehr davon. Aber nach zwanzig Ehejahren kann man wohl nicht mehr viel erwarten.«

Marten reichte es jetzt. Er stand auf und machte sich auf die Suche nach der Bedienung.

Während er die Treppe hinunterging, schwankte er leicht. Das mit dem Bier war ein Fehler gewesen. Wie es überhaupt ein Fehler gewesen war, Renate mit ins Boot zu nehmen. Er hatte die Sache falsch eingeschätzt. Anstatt ihm Zeichen ihrer Zuneigung zu senden, wandte sich Silke offen gegen ihn. Womöglich machte es ihr sogar noch Spaß.

»Kann ich was für Sie tun?«

Die Bedienung lehnte an der offenen Tür und rauchte eine Zigarette. Vielleicht lag es an dem DU-DA auf ihrem T-Shirt, jedenfalls hatte Marten auf einmal den Eindruck, dass sie etwas von ihm wollte.

»Machen Sie das eigentlich professionell?«, sagte er. Er war sich nicht sicher, ob die Frage verständlich genug formuliert war. Immerhin war er seit über zwanzig Jahren aus der Übung.

»Was jetzt?«

»Na, das hier auf dem Schiff.«

»Sie meinen den Service?«

Marten nickte.

»Haben Sie irgendwas daran auszusetzen?«, fragte sie schnippisch.

»Nein, nein, überhaupt nicht, also ganz ehrlich, ich wollte einfach nur wissen, ob Sie hier regelmäßig, also quasi täglich sind.«

Sie nahm einen langen Zug von der Zigarette und blickte ihm dabei tief in die Augen.

Marten überlegte, ob es mit einer Frau, die im Service auf einem Ausflugsdampfer arbeitete, eine gemeinsame Zukunft geben konnte. Oder ganz grundsätzlich gefragt: Hatte er überhaupt Lust, noch mal ganz von vorne anzufangen?

»Eigentlich schon, ja. Aber ich wechsle auch manchmal das Schiff. Also ich bin nicht immer auf dem Seehasen.«

Es war unklar, ob sie ihm damit sagen wollte, dass er sich zukünftig rechtzeitig informieren sollte, wenn er sie auf dem Schiff wiedertreffen wollte.

»Der Seehase ist aber Ihr Hauptschiff, wenn ich das jetzt richtig verstehe?«

Sie wirkte leicht verunsichert, was Marten für ein gutes Zeichen hielt. Im Grunde wollte er ja nur wissen, ob er auf dem Markt noch irgendwelche Chancen hatte. Und wenn er die Lage richtig deutete, sah es für ihn gerade nicht schlecht aus.

»Na ja, Hauptschiff. Ich bin auch öfter auf Heinrich Zille. Kommt eben drauf an, wohin mich der Chef schickt.«

Marten lächelte verlegen. »Und Heinrich Zille, also auf Heinrich Zille bedienen Sie auch?«

»Sieht so aus, oder?«

Das Gespräch war an einem Punkt angelangt, wo der Mann, in diesem Fall Marten, die Frau durch einen gezielten Stoß erlegen musste, ehe sie ihm davonlief.

»Ich heiße übrigens Marten Endlich, aber Sie können mich ruhig Marten nennen. Darf ich Sie zu einem Kaffee einladen?«

»Büsra« sagte die Frau.

Er hatte es irgendwie geahnt, dass sie Türkin war.

»Sie sprechen ja völlig akzentfrei Deutsch«, sagte Marten.

Büsra nahm einen langen Zug von der Zigarette und schnippte sie ins Wasser.

»Ich muss los«, sagte sie plötzlich und ließ Marten alleine stehen.

Vermutlich war ihr das Lob peinlich, oder sie mochte sich in diesem frühen Stadium noch nicht auf eine Kaffeeeinladung einlassen. Womöglich dachte sie auch an ihre fünf Brüder und hatte Angst, dass Marten etwas passierte. Wenigstens wusste er jetzt, dass er immer noch den richtigen Ton traf, um Frauen für sich zu begeistern.

Als er wieder zurück aufs Deck kam, hörte er erstaunt, dass sich Silke und Renate mittlerweile duzten.

»Und was ist mit unseren Getränken?«, rief Silke enttäuscht.

»Man kann nur am Tisch bestellen«, sagte Marten. »Aber das läuft, ich habe Büsra gebeten, das zu übernehmen.«

»Büsra?«, fragte Renate.

»Sie bedient auf dem Seehasen – allerdings nicht immer.«

»Auf dem Seehasen?«, fragte Silke. Die Frauen sahen sich an. »Ich hoffe, sie bedient uns bald, sonst bin ich nämlich bald bedient«, meinte Silke. Daraufhin lachten beide so laut, dass Marten sich verschämt umsah.

Er hatte Silke noch nie so erlebt. Jedenfalls nicht, wenn sie nicht betrunken war. Und dann war sie eigentlich auch anders. Ohne diese latent aggressive Stimmung, die die Situation für Marten immer unerträglicher machte. Lag es an der Sonne, oder war sie tatsächlich ein bisschen eifersüchtig auf Renate?

Marten winkte Büsra, die aber so tat, als würde sie ihn nicht bemerken. Erst als Silke nach ihr rief, kam sie an ihren Tisch.

»Mein Mann meinte, dass da was läuft«, sagte Silke. Marten zuckte zusammen.

»Wie bitte?«, fragte Büsra.

Marten spürte ihre Blicke auf sich. Wenn er sie jetzt ansah, würde sicher etwas Furchtbares passieren.

»Na, egal, wir wollten eigentlich nur zwei Alster bestellen, wenn das geht.«

»Klar geht das«, sagte Büsra scharf. »Kann ich sonst noch was für Sie tun?«

Silke verneinte. Marten zählte leise bis zehn. Bei acht verschwand Büsra schließlich.

»Schon unglaublich, was man sich hier bieten lassen muss«, meinte Renate. »Ich kann mich nicht erinnern, wann ich das letzte Mal so schlecht bedient worden bin.«

Silke stieß einen tierartigen Laut aus. »Ich kann mich nicht mal erinnern, wann ich das letzte Mal bedient worden bin.«

Sie lachten wieder. Was so komisch daran war, wollte Marten allerdings nicht recht einleuchten. Es war wie früher auf dem Schulhof, wenn die Mädchen über ihn lachten, obwohl er lediglich sein Pausenbrot aß. Offenbar existierte eine Art von Humor, zu dem nur Frauen Zugang hatten.

Die beiden Alster kamen. Silke und Renate stießen an.

»Schön, dass wir uns endlich mal besser kennenlernen«, sagte Silke. »Mein Mann hat ja schon so viel von dir erzählt.«

Dass sie in Renates Gegenwart immer nur von »meinem Mann« sprach, als wäre er gar nicht persönlich anwesend, kam ihm etwas merkwürdig vor. Auch hatte er zunehmend den Eindruck, hier nicht mehr gebraucht zu werden. Er fühlte sich wie ein unerwünschter Gast, der zwei Frauen bei ihren Intimgesprächen störte.

»Aber er hat sicher noch nicht alles erzählt«, sagte Renate plötzlich.

Marten erschrak. War dies der befürchtete Moment? Sie passierten gerade den Reichstag. Der junge Mann am Mikrofon erzählte mit einer unpassenden Aufgekratztheit vom Reichstagsbrand 1933. Es hätte jetzt etwas Vergleichbares passieren müssen, um Renate noch kurzfristig von ihrem Vorhaben abzubringen.

»Ich höre«, sagte Silke.

Renate spitzte die Lippen. Sie schien nur noch darauf zu warten, bis der junge Mann ausgeredet hatte, um ihren Worten den angemessenen Auftritt zu verschaffen.

Gab es eigentlich einen Plan B für den Fall, dass Silke noch auf dem Schiff ihre Scheidung verkündete?

Die Antwort war ein ernüchterndes Nein. Es gab nicht mal einen Plan C. Es gab überhaupt keinen Plan, was er nach einer Trennung von Silke machen sollte. Marten würde in seine persönliche Steinzeit zurückfallen. Fertiggerichte, Alkohol und Zigaretten. Vor allem Alkohol, viel Alkohol. Wein, Bier, Brände. Und darauf warten, bis alles vorbei war. Es sei denn, er entschied sich per Notverordnung doch noch für Renate.

Für ihr Alter hatte sie sich erstaunlich gut gehalten. Kein winkendes Fleisch an den Oberarmen, keine Krampfadern und, besonders erwähnenswert: naturbelassene Brüste. Denn nichts war schlimmer als Frauen, die es im Alter noch einmal wissen wollten und sich überall künstlich aufblasen ließen. Gegen Renate sprach allerdings, dass sie noch nicht in dem Alter war, wo es Frauen üblicherweise noch einmal wissen wollten.

Nachdem sie auch das ARD-Hauptstadtstudio passiert hatten, verstummte der junge Mann, weil es im folgenden Abschnitt offenbar nichts Nennenswertes zu berichten gab.

Dies war Renates Moment.

Kalter Schweiß rann Marten den Rücken runter. Eine Sekunde überlegte er, etwas Dramatisches zu unternehmen, etwa in die Spree zu springen oder lautlos vom Stuhl zu kippen. Aber für dramatische Aktionen war es zu heiß, und es war fraglich, ob er es überhaupt über die Reling schaffte.

Renate seufzte, als fiele es ihr schwer, die Wahrheit auszusprechen.

»Ich hasse Stadtrundfahrten, es ist sooo langweilig!« Dabei blickte sie entschuldigend zu Marten.

Der glaubte sich zunächst verhört zu haben, beziehungsweise nahm er an, dass noch irgendetwas nachkam. Doch es kam nichts nach, jedenfalls nicht das, was er erwartet hatte.

»Eigentlich würde ich viel lieber in einem Biergarten sitzen und was essen.«

Silke schlug begeistert die Hände zusammen. »Ich finde Stadtrundfahrten auch todlangweilig! Er möchte sich ja immer alles ansehen, so mit geführter Tour und Erläuterungen.« Sie betonte Erläuterungen, als handelte es sich um eine seltene, weltweit nur noch von einer Handvoll Intellektueller praktizierte Methode zum Erkenntnisgewinn.

Mit Er war natürlich Marten gemeint. Und Er hatte in diesem Fall ein Problem mit dem Wort Stadt*rund*fahrt.

»Es ist ja gar keine *Rund*fahrt«, versuchte er sich zu verteidigen, obwohl es ja eigentlich und wieder mal nicht direkt gegen ihn ging. Frauen hatten die Fähigkeit, Vorwürfe so neutral zu formulieren, dass man sich trotzdem ständig persönlich angegriffen fühlte. »Es ist mehr eine Hin- und Herfahrt. Wir fahren die Spree ein Stück hoch und nehmen dann denselben Weg wieder zurück. Eine *Rund*fahrt bewegt sich immer im Kreis.«

Einen Moment herrschte erstauntes Schweigen. Mit so einer Spitzfindigkeit hatten sie offensichtlich nicht gerechnet. Und selbst Marten hätte bis vor wenigen Sekunden nicht zu hoffen gewagt, dass sich seine Befürchtung in einem harmlosen linguistischen Exkurs auflöste.

»Darum geht es jetzt aber doch gar nicht«, sagte Silke mit anschwellender Empörung.

»Nein, darum geht es jetzt wirklich nicht«, sekundierte Renate.

»Weißt du, was der größte Unterschied zwischen Frauen und Männern ist?«, fragte Silke.

Marten zuckte die Schultern.

»Wenn wir Rundfahrt sagen, kann das *auch* hin- und herfahren bedeuten. Aber wenn ihr Liebe sagt, heißt das bei euch *nur* rein und raus.«

Renate lachte dreckig.

»Will vielleicht jemand ein Würstchen?«, fragte Marten, als er Büsra am Nebentisch ein paar Wiener mit Senf und Brot servieren sah.

Die beiden Frauen blickten sich an.

»Aber wir haben doch schon ein Würstchen!«, sagte Silke, worauf sich beide vor Lachen bogen und gegenseitig Taschentücher zum Abtupfen der Tränen reichten.

Marten war nicht mehr in der Lage, sich zu wehren. Er saß nur da und blickte stumpf auf die wehende Deutschlandfahne am Heck. Es war alles ganz anders verlaufen als geplant. Und es kam noch schlimmer: Silke und Renate verstanden sich blendend. Vielleicht würden sie beste Freundinnen werden. Vielleicht würden sie am Ende sogar zusammenziehen und zu dritt in einer Wohnung leben. Allein die Vorstellung, es gleich zwei Frauen recht machen zu müssen, wo es schon bei einer unrealistisch war, trieb ihm den Angstschweiß auf die Stirn.

Eine Entscheidung musste her. Und sie musste bald her!

Gut, das mit dem Würstchen hätte sie nicht sagen dürfen. Es war ihr einfach so rausgerutscht. Eine Minute danach hatte es ihr schon leid getan. Andererseits: War Marten nicht auch bisschen selber schuld? Wenn er Renate nicht die gleichen Ohrringe gekauft hätte, wäre es vielleicht nie so weit gekommen.

Sie war erstaunt, wie abscheulich strategisch sie denken konnte, sobald Eifersucht im Spiel war. Männer dachten da viel direkter, ohne diese komplizierten Umwege. Ein klares Wort und die Sache war erledigt. Bei Frauen arbeitete immer gleich ein ganzes Sondereinsatzkommando an geheimen Fallstricken und unmerklichen Demütigungen. Manchmal wünschte sie sich, ein Mann zu sein. Aber da war noch etwas anderes, das sie sich kaum getraute einzugestehen: Die kleinen Sticheleien hatten ihr Spaß gemacht. Mehr noch, sie empfand eine merkwürdige Lust dabei, ihren Mann bluten zu sehen. Aus Rücksicht auf die Kinder hatten sie offene Streitereien immer vermieden. Allerdings war es auch fast unmöglich, mit Marten zu streiten. Sobald sich ein kleiner Meinungsunterschied andeutete, war Marten schon auf dem Rückzug. Er glaubte, dass man als Paar immer der gleichen Meinung sein musste, um die Ehe nicht zu gefährden. Dabei war es genau umgekehrt: Die Ehe war gefährdet, wenn man zu oft der gleichen Meinung war. Dann stellte sich nämlich irgendwann die Frage, wofür man den anderen noch brauchte. Dass Marten zu oft gar keine Meinung hatte oder sie jedenfalls gut verstecken konnte, machte es nicht leichter. Vielleicht ging es auch gar nicht um die Ohrringe. Vielleicht ging es nur darum, einmal keine Rücksicht mehr nehmen zu müssen. Und das bekümmerte sie etwas.

Auch sorgte sie sich zunehmend über ihren Mann. Was Marten plötzlich so toll an dieser Frau fand, war Silke unbegreiflich. Renate war schlank, hatte ein Spitzmausgesicht und die erotische Ausstrahlung einer Yucca-Palme. Ihr Kleidergeschmack war offensichtlich in den achtziger Jahren stehen geblieben, und ihr geistiges Niveau war erschreckend. Konnte man auf so eine Frau eifersüchtig sein? Nun war Silke auch niemand, der mit Zitaten irgendwelcher Geistesgrößen um sich warf. Aber wer sich damit zufrieden gab, Veranstaltungstipps für eine Heimtierzeitschrift zusammenzustellen, konnte nicht allzu viel im Kopf haben. Silke verstand nicht, wieso Marten eine Frau interessierte, die völlig anders war als sie selbst. Im Prinzip verstand sie nicht, dass er sich überhaupt für eine andere Frau interessierte. War das nur eine kurze Phase der Verwirrung, oder musste sie mit noch mehr Überraschungen rechnen?

Ihr Chef hatte die wöchentliche Arbeitssitzung mit dem Hinweis auf eine wichtige Entscheidung angekündigt, und allen war klar, was das bedeutete: An diesem Dienstag teilte Hans-Werner Schäfer endlich mit, wer die neue Filiale übernehmen würde.

Sie hatte sich für diesen Tag extra hübsch gemacht. Das heißt, sie bildete sich ein, es nur für sich zu machen, um sich nicht eingestehen zu müssen, dass sie es in Wirklichkeit nur machte, um von Hans-Werner bewundert zu werden.

Als sie in den Twingo stieg, fühlte sie sich plötzlich zu dick. Wie eine fette Kröte saß sie hinter dem Steuer und fragte sich, ob es irgendeinen vernünftigen Grund gab, sie attraktiv zu finden. Sie drehte den Rückspiegel runter, und dort sah sie eine Frau mit Doppelkinn, Hamsterbacken und zu ihrem Entsetzen ersten Ansätzen von Tränensäcken. Der Anblick deprimierte sie so, dass sie die Augen schloss und tief durchatmete. Und während sie mit geschlossenen Augen dasaß und versuchte, sich an ihr Entsetzen zu gewöhnen, hörte sie auf einmal merkwürdige Stimmen.

»Du bist eben dick gedacht, also reg dich nicht künstlich auf.«

»Ich reg mich nicht auf, ich frage mich nur, ob Marten vielleicht doch eher auf schlanke Frauen steht.«

»Red keinen Unsinn, vor zwanzig Jahren warst du auch schon dick.«

»Aber nicht so dick.«

»Aber dick genug.«

»Wie bitte?«

»Na, ich meine, was hast du erwartet? Dass Robert Redford um deine Hand anhält? Man muss Kompromisse schließen.«

»Marten ist aber kein Kompromiss, oder?«

»Das musst du doch wissen! Hast du etwa Zweifel?«

»Nein, nein.«

»Du hast Zweifel!«

»Nein.«

»Doch!«

»Halt endlich die Klappe!«

»Du bist frei, die Kinder sind aus dem Haus. Lass dich doch scheiden.«

»Ich denke gar nicht dran!«

»Und wenn er mit Renate durchbrennt?«

»Mein Mann brennt nicht durch, er weiß gar nicht, wie man das macht.«

»Vielleicht unterschätzt du ihn ja.«
»Tue ich nicht.«
»Tust du doch, ich weiß es.«
»Ach so, und woher?«
»Ich habe meine Quellen.«
Silke meinte, jetzt ein leises Klopfen zu hören.
»Deine Quellen? Blödsinn, ich bin die einzige Quelle.«
»Hallo, du hast was vergessen.«
»Meinst du Renate?«
»Renate?«
»Der blöden Kuh würde er doch nie etwas über sich erzählen.«
»Du hast deinen Kuchen vergessen.«
»Meinen Kuchen?« Silke dachte kurz nach. Dann öffnete sie abrupt die Augen. Neben ihr stand Marten und hielt den Teller mit dem Blechkuchen vor die Scheibe.
Sie kurbelte das Fenster runter und nahm den Kuchen entgegen.
»Und was soll jetzt mit Renate sein?«, fragte Marten.
Silke lächelte verlegen. »Gar nichts, wieso?«
Wenig später trug sie ihren selbst gebackenen Kirschstreuselkuchen in den Laden und stellte ihn oben im Besprechungszimmer auf den Tisch.
Kurz darauf trafen auch Sibylle und Christiane ein. Sibylle hatte ein auffällig rotes Kleid an. Christiane trug hochhackige Schuhe, die sie an ihr noch nie gesehen hatte. Jedenfalls nicht im Geschäft. Das Bemühen, ihrem Chef heute besonders zu gefallen, war so offensichtlich, dass man darüber eigentlich hätte lachen müssen. Aber niemand lachte. Niemand wollte sich eine Blöße geben und damit zeigen, dass man nichts lieber wollte, als die Filiale zu übernehmen. In den letzten Wochen war die Stimmung zwischen ihnen zunehmend frostiger geworden. Jeder registrierte genau, wie oft und wie lan-

ge Hans-Werner mit seinen Mitarbeiterinnen sprach. Wie freundlich oder kurz angebunden er war, ob er ihnen zulächelte oder sie einfach kühl abblitzen ließ. Jeden Tag hieß es, möglichst viele Punkte zu sammeln. Ein Lob bedeutete die höchste Punktzahl, ein längeres Gespräch war sehr gut, aber nur, wenn es um sachbezogene Themen ging. Denn das hieß: Der Chef legte großen Wert auf ihre fachliche Meinung. Private Plaudereien ergaben ein Sternchen, waren für die Tagesgesamtwertung aber nicht ausschlaggebend. Minuspunkte waren: kein Augenkontakt, kein Gespräch, keine Kekse. Über längere Zeit keine Kekse zu bekommen war das Schlimmste, was einem passieren konnte. Hans-Werner Schäfer verteilte nämlich immer mal wieder Kekse an Mitarbeiterinnen, die seiner Meinung nach auf der Schwelle zum Mager-Modell standen. »Wir verkaufen hier Klamotten für Dicke, da kann ich keine Flachbildschirme gebrauchen«, sagte er freundlich tadelnd und drückte der Mitarbeiterin eine Schachtel Kekse in die Hand. Flachbildschirme waren für Hans-Werner Schäfer das Synonym für praktisch alles, was er verachtete: dünne Frauen, dünne Köche, dünne Argumente, magere Umsätze. Und die Schachtel Kekse war das unmissverständliche Zeichen, dass man zwar aufpassen musste, aber weiterhin im Spiel war. Die Dickste zu sein hieß dagegen nicht automatisch, dass man das Spiel schon gewonnen hatte. Auch wenn Silke hier zweifellos der Ehrenpreis gebührte, seit Jahren hatte sie unter den wohlwollenden Blicken ihres Chefs kontinuierlich zugelegt, war sie an diesem Tag alles andere als sicher, dass die Wahl auf sie fiel. Denn sie hatte nicht nur die üppigste Figur, sie war auch mit Abstand die Älteste. Zwischen ihr und den beiden anderen lagen elf, beziehungsweise siebzehn Jahre. Sibylle, die Jüngste, hatte außerdem den Vorteil, nicht verheiratet zu sein. Sie brauchte keine Rücksicht auf eine Familie zu nehmen und konnte daher problemlos Überstunden machen. Alles Argumente, die für sie sprachen, denn als Leiterin einer Filiale brauchte man vor allem Energie und Zeit. Und da sah es bei Silke eher düster aus. Sie spürte, dass sie immer mehr auf Verschleiß fuhr. Was ihr früher leicht von der Hand ging, bereitete ihr heute erhebliche Mühen. Nicht, dass sie sich schon alt fühlte, es war viel schlimmer: Sie wurde tatsächlich alt.

Ihr Chef schien von alldem jedoch nichts zu ahnen. Er rauschte schwungvoll in den Besprechungsraum und knallte einen Stoß Papiere auf den Tisch.

»Kirschstreuselkuchen!«, rief er begeistert, als er den Teller sah. »Da wird mich doch niemand bestechen wollen?« Er lachte, während Silke vor Scham am liebsten im Boden versunken wäre. Sibylle und Christiane blickten sich schmunzelnd an.

»Egal, heute gehen wir mal wieder in die Schule. Ich habe eine Aufgabe für euch. Ihr schreibt bitte, was ihr euch so für den neuen Laden vorstellt. Aber nur Stichworte, klar? Ich will keine Romane lesen.« Er verteilte mehrere Bögen Papier auf jedem Platz. »In einer halben Stunde sammle ich eure Ergüsse wieder ein. Und versucht ja nicht abzuschreiben, ich sehe alles!« Er lachte erneut, dann setzte er sich an die Stirnseite und vertiefte sich in seine Unterlagen.

Die drei Frauen sahen sich enttäuscht an. Sie hatten anderes erwartet, vor allem ein lobendes Wort zu ihrem Äußeren. Dass er nicht mal einen flüchtigen Blick auf Silkes Dekolleté geworfen hatte, wäre fast schon ein Grund gewesen, beleidigt zu sein. War sie etwa schon aus dem Rennen?

Silke hatte aber noch ein ganz anderes Problem: ihre Angst vor dem leeren Blatt Papier. In der Schule hatte sie regelmäßig Fünfen und Sechsen kassiert, weil sie nicht in der Lage gewesen war, ihre Gedanken aufs Papier zu bringen. Sie konnte reden, bis ihrem Gegenüber schwarz vor Augen wurde, aber eine Seite zu schreiben war beinahe unmöglich.

Die Situation verschlimmerte sich noch, als sie sah, dass Sibylle und Christiane bereits einige Zeilen zu Papier gebracht hatten. Leider saß sie zu weit von ihnen entfernt, um etwas zu erkennen. Und je länger sie dasaß und nachdachte, während die anderen schrieben, desto verzweifelter wurde sie.

Ein bisschen ärgerte sie sich, dass Hans-Werner ihr nichts gesagt hatte. Mit ein, zwei Tagen Vorbereitungszeit hätte es jetzt nicht so ausgesehen, als wolle ihr zum neuen Laden partout nichts einfallen. Und wenn sie ehrlich war, stimmte es sogar. Silke hatte keine Ahnung, was er von ihr erwartete. Sollte sie etwas zur Einrichtung schreiben, zum Angebot oder zu den Serviceleistungen? Wieso bekam sie keine genauen Anweisungen, was zu tun war? Und wieso hatten Sibylle und Christiane diese Anweisungen nicht nötig?

Es dauerte einen Moment, bis sie die Antwort wusste: Silke Endlich war für die Geschäftsleitung ungeeignet. Die Antwort erschütterte sie jedoch viel weniger als gedacht. Die Anspannung der letzten Wochen und Monate ließ bereits nach einigen Sekunden spürbar nach. In Wahrheit war ihr nämlich längst klar, dass es für eine leitende Aufgabe nicht reichte. Sie hatte es sich nur nicht getraut einzugestehen.

Derart erleichtert, kam ihr plötzlich ein Gedanke, den sie schon länger in sich getragen, aber nie geäußert hatte, aus Sorge, sich damit lächerlich zu machen. Für übergewichtige Frauen sollte der Weg in den Laden keine Strafe sein, weil sie woanders nichts Passendes fanden, sondern ein Genuss. Und was könnte den Genuss besser symbolisieren als Pralinen? Silke schrieb, sie schrieb sehr groß, einerseits, um die Bedeutung ihrer Idee hervorzuheben, andererseits, um die leere Seite halbwegs zu füllen: *Wer in den Laden kommt und etwas kauft, bekommt eine Schachtel mit drei Pralinen dazu. Denn Dicksein ist keine Last, sondern ein Geschenk. P.S. Die Pralinen könnte ich notfalls auch selber herstellen. Silke.*

Silke lächelte. Sie überreichte ihrem Chef das Papier und verließ das Zimmer. Eine Viertelstunde später kamen auch Sibylle und Christiane.

»Du bist ja ganz schön schnell gewesen«, meinte Christiane verwundert, als hätte sie ihr so etwas gar nicht zugetraut.

»Eigentlich muss man ja gar nicht so viel anders machen als hier«, sagte Silke.

»Das dachte ich erst auch«, sagte Sibylle, »aber der Chef hat uns das ja nicht zum Spaß machen lassen.«

»Du kennst unseren Chef nicht«, sagte Silke.

»Also ich finde schon, dass man einige Sachen anders machen kann«, meinte Christiane. Offenbar machte sie sich ernsthafte Hoffnungen, nur weil sie etwas verändern wollte, was gut funktionierte.

Kurz darauf erschien Hans-Werner vor der Tür und bat die Frauen zurück ins Besprechungszimmer.

Sie setzten sich lautlos auf ihre Plätze. Ihr Chef raschelte konzentriert in den Papieren.

»Ihr wisst ja sicher, dass wir in knapp vier Wochen unseren neuen Laden am Leipziger Platz aufmachen. Dafür brauche ich natürlich jemand, auf den ich mich hundertprozentig verlassen kann.«

Er blickte ernst in die Runde.

Christiane nickte und blickte dabei ebenso ernst, während Sibylle nervös am Daumen pulte und kleine Hautfetzen im Halbkreis auf dem Tisch verteilte. Silke hatte sich innerlich bereits verabschiedet und saß schwach wippend auf ihrem Stuhl.

»Es wird am Anfang nicht leicht sein«, fuhr er fort. »Auf die Geschäftsleiterin wird eine Menge Arbeit zukommen, ich meine richtig viel Arbeit. Deshalb sollte diejenige auch flexibel sein und kein Problem damit haben, abends auch mal ein, zwei Stunden länger im Laden zu bleiben. Wer das mit seinem Privatleben nicht vereinbaren kann, weil der Mann zuhause aufs Essen wartet, kann's gleich vergessen.«

Silke lächelte dankbar.

Hans-Werner Schäfer legte die drei Papierbögen nebeneinander. Sibylle wischte die Hautfetzen schwungvoll vom Tisch, was Christiane mit einem tadelnden Kopfschütteln quittierte.

»Ich möchte gleich vorweg sagen«, sagte Hans-Werner Schäfer, »im Prinzip seid ihr alle dafür qualifiziert. Aber es gibt natürlich gewisse Rahmenbedingungen, die bei der einen besser sind als bei der anderen.«

Er sah einer nach der anderen prüfend in die Augen.

»Dazu gehört das Privatleben genauso wie gewisse Erfahrungswerte und die Ausstrahlung. Und ganz wichtig: gute Ideen, was man noch besser oder anders machen könnte.«

Christiane blickte ihre Kolleginnen triumphierend an, während Sibylle abwesend auf den Lippen kaute.

Ihr Chef wandte sich erst zu Silke.

»Silke, deine Idee mit den Pralinen finde ich super, aber wer soll das alles bezahlen? Und ich möchte ehrlich gesagt auch nicht, dass du deine Freizeit damit verbringst, Pralinen zu backen, oder wie man das nennt.« Er zwinkerte ihr zu. Silke tat erst ein bisschen enttäuscht, nickte dann aber.

»Bei dir, Sibylle, frage ich mich, wie du darauf kommst, den ganzen Laden grün anzustreichen.«

Sibylle sah ihn groß an. »Na ja, ich dachte halt, grün steht für Nachhaltigkeit, also für was Positives.«

Hans-Werner Schäfer beugte sich weit vor. »Grün steht für Ökos, und Ökos fressen Pflanzen und sind dünn. In so einen vegetarischen Laden traut sich doch keine dicke Frau rein!«

Sibylle zuckte die Schultern und lächelte gequält.

»Tja, Christiane«, wandte er sich schließlich zur Dritten, »eigentlich sehr interessant das mit den Bonuspunkten aufs Gewicht. Aber glaubst du wirklich, die Frauen sagen dir, was sie wiegen, nur um dann weniger zahlen zu müssen?«

Ihr Gesicht schien zu sagen, dass sie seine Bedenken zwar teilte, aber dennoch hoffte, damit irgendwie durchzukommen.

»Also«, wandte er sich wieder an alle, »ich sehe überall gute Ideen, doch es ist noch nichts dabei, was mich völlig überzeugt.« Er atmete tief durch. »Ich habe mich aber trotzdem für eine entschieden. Und zwar für eine Mitarbeiterin, die es einfach verdient hat, weil sie schon so lange bei mir arbeitet.«

Silke hörte prompt auf zu wippen.

Hans-Werner Schäfer sah in die Runde. Zu ihrer Bestürzung blieb sein Blick schließlich auf Silke hängen.

»Silke, du hast dich für das Geschäft immer eingesetzt, in letzter Zeit auch bis zur Erschöpfung.«

Sie konnte es kaum glauben.

»Auch dank deiner Mitarbeit sind wir jetzt in der Lage, ein zweites Geschäft zu eröffnen. Um es kurz zu machen: Ich habe dich für die Geschäftsführung vorgesehen. In zehn Tagen fahren wir nach Mallorca und besichtigen eine neue Fabrik für unsere Kleider. Was sagst du?«

Silke brauchte einen Moment, um zu begreifen, was da gerade passiert war. Nach über zehn Jahren wurde ihr Engagement endlich angemessen gewürdigt, und sie spürte keinerlei Zufriedenheit. Im Gegenteil, ein bisschen ärgerte sie sich, dass ihr Chef erst so spät damit rübergekommen war. Sie wollte nicht undankbar erscheinen, aber sie konnte ihre Enttäuschung leider auch nicht verbergen.

»Ich bin natürlich, ich meine, ich bin ziemlich platt. Also, ich muss das erst noch …«

»… sacken lassen«, ergänzte ihr Chef und lächelte mitfühlend. »Ich verstehe, aber lass es nicht zu lange sacken, irgendwann musst du auch schlucken, klar!«

Silke starrte auf den Kirschstreuselkuchen. Sie hatte plötzlich das Gefühl, sich übergeben zu müssen.

»Ist dir schlecht?«, fragte Hans-Werner Schäfer besorgt.

In diesem Moment wurde ihr schwarz vor Augen.

Als sie wieder aufwachte, lag sie zuhause auf dem Sofa. In einem alten Nachthemd! Sie hatte keine Ahnung, wie sie hierhergekommen war. Sie erinnerte sich nur, dass ihr plötzlich alles zu viel geworden war.

Marten saß neben ihr im Sessel und guckte fern, »Hallo Deutschland«, wie immer um diese Uhrzeit. Gerade kam der zweitausendste Bericht über Autobahnraser. Es war ihr schleierhaft, weshalb Marten auch nach Jahren immer noch wie gebannt in den Apparat starrte, wenn die Polizei Raser verfolgte. Musste er irgendetwas kompensieren? Saß er in diesem Moment mit im Polizeiauto und machte Jagd auf Verkehrssünder? Waren eigentlich alle Männer so wie Marten, oder gab es auch welche, die diese frühe Stufe der Menschwerdung bereits überwunden hatten? Mittlerweile bedauerte sie, dass sie nie einen anderen Mann gehabt hatte als Marten. Zumindest nicht für längere Zeit.

»Sag mal«, sagte Silke, nachdem die Polizisten ein halbes Dutzend Raser zur Strecke gebracht hatten, darunter auch einen renitenten Rentner, der zu seiner Entschuldigung angab, wegen seiner schlechten Augen die Geschwindigkeitsbegrenzung nicht gesehen zu haben, »wie bin ich eigentlich hierher gekommen?«

»Wir haben dich hochgeschleppt«, sagte er.

»Wer wir?«

Es dauerte eine gefühlte Ewigkeit, bis Marten endlich darauf antwortete.

»Herr Ebers und ich.«

»Ebert«, korrigierte sie ihn. Frank Ebert war ein nicht unattraktiver Mann aus dem zweiten Stock, der Silke öfter mal half, die Einkaufstüten hochzutragen. Und weil ihn Marten aus diesem Grund nicht leiden konnte, nannte er ihn Ebers.

»Und weiter?«

»Wie weiter?«

Seine Begriffsstutzigkeit regte sie zunehmend auf. Sie deutete nervös auf ihr Nachthemd.

»Ach so, das hab ich dir natürlich angezogen.«

Eigentlich hätte sie ihm dankbar dafür sein müssen, zumal es fast an ein Wunder grenzte, dass er überhaupt zu so etwas in der Lage war. Als die Kinder klein waren, hatte er es nicht ein einziges Mal fertig gebracht, sie so anzuziehen, dass man, ohne groß aufzufallen, mit ihnen auf die Straße gehen konnte. Silke hatte ihn von dieser Aufgabe schließlich vollständig entbunden.

Aber eine Bemerkung konnte sie sich trotzdem nicht verkneifen.

»Und warum hast du ausgerechnet das alte Nachthemd aus dem Wäschekorb genommen?«

Auf seinem Gesicht spielten sich dramatische Szenen ab. Ihm schien klarzuwerden, dass er den größten Fehler gemacht hatte, den man machen konnte. Denn Frauen hassten es, ungepflegt zu sein, egal in welcher Lage.

»Ich habe im Schrank keins gefunden«, versuchte er es halbherzig. Auf seinem Gesicht konnte man regelrecht sehen, dass er an den Schrank nicht einmal gedacht hatte.

»Im Schrank liegen sechs Nachthemden gut sichtbar für jedermann übereinandergestapelt, so was muss man doch sehen!«

Marten zuckte die Schultern. »Immerhin hast du ein Nachthemd an, oder?«

»Aber eins, das riecht!«

Sie hoffte, dass er endlich mal aus sich herauskam und wütend wurde. Aber Marten war die Ruhe selbst, und das machte sie rasend.

»Wir sind hier doch unter uns, das macht doch nichts, wenn es ein bisschen riecht.«

»Ach so, dir ist es also egal, wenn ich stinke?!«

»Nein, natürlich nicht, aber du gehst damit ja nicht auf die Straße.«

»Ich möchte auch zuhause nicht rumlaufen wie … wie eine Obdachlose.«

Marten schüttelte verzweifelt den Kopf, sagte aber nichts.

»Interessiert dich eigentlich überhaupt noch, was ich mache?« Sie setzte sich abrupt auf und schlug ein Bein energisch übers andere.

Er sah sie verunsichert an. Offenbar überlegte er gerade, ob es zwischen Nachthemd und Arbeit eine logische Verbindung gab, die er bislang übersehen hatte. Silke war selbst ein wenig überrascht von der Frage, durfte jetzt aber auch nicht den Eindruck erwecken, dass solch eine Verbindung tatsächlich nicht existierte.

»Ich weiß doch, was du machst«, sagte Marten.

»Und was mache ich so?«, fragte Silke. Wenn er jetzt was Falsches sagt, dachte sie, kann er heute woanders schlafen.

Marten blickte sie lange an, als fragte er sich, welche Antwort ihm am ehesten einen ruhigen Abend bescherte.

»Na ja, du verkaufst Bekleidung für Dicke.«

»Für Frauen mit Übergrößen! Höre ich da vielleicht eine leise Kritik raus?« Sie war kurz davor, ihn in den Flur auszuquartieren.

»Ich habe lediglich gesagt, dass du Sachen an Übergewichtige verkaufst.«

»An Dicke, du hast gesagt, Dicke!«

»Aber das stimmt doch auch. Sie sind nun mal dick.«

»Und das findest du schlecht, oder wie?«

»Nein, finde ich nicht!«

»Und warum sagst du es dann?«

Marten atmete tief durch.

»Ich habe nicht ein einziges Mal gesagt, dass ich es schlecht finde.«

»Du hast es aber *gedacht*. Ich kenne dich, Marten. Du hast gedacht, dass jemand, der Klamotten an Dicke verkauft, nicht gleichwertig ist mit dem, der an Normalgewichtige verkauft.«

Silke ließ sich erschöpft zurückfallen. Irgendwie hatte sie es geahnt, dass er ihre Arbeit nicht richtig wertschätzte. Deshalb hatte er sie auch all die Jahre nur selten im Laden besucht. Bis heute kannte er wahrscheinlich nicht mal den Namen ihres Chefs. Marten interessierte sich einfach nicht für andere Menschen, wenn man mal von seinen eigenen Kindern absah. Vielleicht interessierte er sich nicht mal für Silke.

»Wieso sollen Dicke nicht gleichwertig mit Normalgewichtigen sein?«, fragte Marten nach einer kurzen Denkpause.

Er versteht es nicht, dachte Silke. »Du verstehst mich nicht, oder?«

»Natürlich versteh ich dich nicht«, sagte Marten mit einem leichten Schmunzeln, »du bist eine Frau.«

Silke schlug die Hand vors Gesicht. »Ja, ja, ist gut, ich meinte, du verstehst nicht, dass ich das Gefühl habe, dass du meine Arbeit nicht ernst nimmst.«

Marten blickte stumm zum Fernsehapparat. Er schien keine Lust mehr auf weitere Diskussionen zu haben. Und ehrlich gesagt, hatte sie auch keine mehr. Gleichzeitig spürte sie aber eine gewisse Unzufriedenheit. Wenn sie ihn jetzt damit davonkommen ließ, dass er sie als Mann selbstverständlich gar nicht verstehen konnte, hätte sie sich vollkommen umsonst aufgeregt.

»Du hast mich zum Bespiel nie mehr nach dem neuen Laden gefragt«, sagte Silke. Es klang schon etwas angestrengt vorwurfsvoll, und das ärgerte sie.

Marten schnaufte, sah aber weiter fern. »Und was *ist* mit dem neuen Laden?«

»Siehst du, es interessiert dich überhaupt nicht«, sagte Silke wieder authentisch empört.

»Doch«, sagte Marten, »es interessiert mich.«

»Und warum siehst mich dann nicht an?«

»Weil ich gleichzeitig fernsehen *und* deine Antwort hören kann. *Du* redest hier doch dauernd von Multitasking!«

»Ja, Frauen können das, aber Männer nicht.« Es war immer wieder beruhigend, im Notfall die Geschlechterkarte ziehen zu können.

»Merkst du eigentlich, dass du mit solchem Unfug die Gleichberechtigung zwischen Mann und Frau dauernd in Frage stellst?«, sagte Marten auf einmal ungewohnt scharf.

»Ich stelle die Gleichberechtigung in Frage?«

»Ja, Frauen können nur dies, Männer nur jenes. Was soll das?«

In diesem Moment hatte Silke das unangenehme Gefühl, in eine Falle getappt zu sein. Und zwar in eine Falle, die sie sich auch noch selbst gestellt hatte. Die einzige Chance, da wieder herauszukommen, war die sogenannte kalte Vorwurfsverschiebung, KVV. Man wechselte übergangslos das Thema und warf dem Partner überraschend Altlasten vor.

»Warum hast du Renate eigentlich die gleichen Ohrringe geschenkt wie mir?«

Die KVV funktionierte erwartungsgemäß blendend. Marten wirkte einen Augenblick irritiert und sagte zunächst gar nichts.

»*Ich* habe sie ihr ja nicht geschenkt«, sagte er schließlich sichtbar verunsichert, »sondern *wir*, also das Büro, vom Büro aus, zum Geburtstag. Das war, also reiner Zufall war das, würde ich mal sagen.«

Silke nickte, ließ aber gleichzeitig erkennen, dass sie ihm nicht glaubte, was Marten erfreulicherweise auch sofort erkannte.

»Was ist jetzt eigentlich mit dem neuen Laden?«, fragte er auf einmal wieder zahm wie ein Lämmchen.

Silke versuchte sich ihre Befriedigung nicht anmerken zu lassen. Sie räusperte sich.

»Hans-Werner will mich als Geschäftsführerin«, sagte sie sachlich.

»Wow«, sagte Marten, »das ist doch, also, das wolltest du doch immer machen. Super, Glückwunsch.«

Silke blickte kurz zu ihrem Mann. Er sah aus, als meinte er es wirklich ernst.

Mit so einer Reaktion hatte sie gar nicht gerechnet.

»Ich weiß nicht«, sagte sie.

»Wie, du weißt nicht? Das ist doch toll. Du hast ja wohl zugesagt, oder?«

Silke wurde immer unsicherer. Merkte ihr Mann denn gar nicht, wie unwohl sie sich mit diesem Angebot fühlte?

»Nein, noch nicht.«

»Aber du sagst doch zu?«

Silke atmete schwer. »Du möchtest wohl, dass ich kaum noch zu Hause bin.«

»Was möchte ich?« Marten wirkte erschüttert.

»Ich störe dich doch nur, stimmt's?«

»Jetzt freue ich mich mal über deinen Erfolg, und dann ist es auch wieder nicht richtig.«

Irgendwie wurde Silke den Eindruck nicht los, dass Marten sich nur strategisch freute. In einer Stunde kam die »Abendschau«, bis dahin mussten alle Probleme gelöst sein, damit er in Ruhe fernsehen konnte.

»Weißt du, was ich glaube?«, fragte Silke.

Marten blickte sie ostentativ an. »Ich sehe und höre!«

»Eigentlich kennst du mich gar nicht richtig.«

Sie war selbst so erschüttert über ihre Aussage, dass ihr fast die Tränen kamen.

Marten lächelte erschöpft. »Nee, klar. Ich lebe ja erst zwanzig Jahre mit dir zusammen. In so kurzer Zeit kann man sich natürlich nicht kennenlernen.«

Silke stand beleidigt auf und ging wortlos in die Küche. Sie hasste seinen Sarkasmus, weil sie ihm nichts entgegenzusetzen hatte. Marten wusste das, und das hasste sie noch mehr.

Sie schenkte sich ein Glas Weißwein ein und setzte sich an den Küchentisch. Neben dem Einkaufszettel entdeckte sie überraschend zwei Opernkarten für das kommende Wochenende. »La Traviata« in der Staatsoper. Parkett, siebte Reihe Mitte, Preiskategorie eins. Silke lächelte. Schon lange hatte sie sich gewünscht, einmal in die Oper zu gehen, war bei Marten aber regelmäßig auf taube Ohren gestoßen. Er ging nicht gerne in die Oper. Er mochte das künstliche Getue nicht. Was war nur plötzlich los mit ihm? Hatte er ein schlechtes Gewissen?

Sie nahm die Karten und ging zurück ins Wohnzimmer.

»La Traviata?«, fragte sie und wedelte mit den Karten in der Luft.

Marten sprang vom Sessel auf und entriss ihr etwas zu energisch die Karten.

»Oh, ich habe es dir noch gar nicht gesagt«, sagte Marten.

»Was?«, fragte Silke.

»Renate möchte gerne mit mir in die Oper gehen. Ich habe noch kurzfristig zwei Karten fürs Wochenende bekommen. Ich hoffe, es macht dir nichts aus. Du wolltest dich doch sowieso mal in Ruhe mit deinen Mädels bei uns treffen.« Er grinste und steckte die Karten in seine Brusttasche.

Silke blickte ihn fassungslos an. Er schien keinerlei Unrechtsbewusstsein zu haben. Mit einer Selbstverständlichkeit, die sie sprachlos machte, plante er einen Opernbesuch mit einer anderen Frau und ging auch noch davon aus, dass sie es einfach so hinnehmen würde.

Es musste irgendetwas Schlimmes mit ihm passiert sein, ein schwerer Sturz oder irgendeine Kopfkrankheit, Alzheimer oder Parkinson. Anders konnte sie sich sein Verhalten nicht mehr erklären. Sie brauchte jemand, der mit Männern um die fünfzig bereits Erfahrungen gesammelt hatte. Sie brauchte den Rat ihrer Mutter.

Ihre Eltern lebten in der Eichkamp-Siedlung nahe dem Messegelände. In einem Reihenendhaus aus den zwanziger Jahren mit Garten. Seit die Kinder aus dem Haus waren, hatten sie sich nur noch unregelmäßig gesehen. Lange Zeit war der dritte Sonntag im Monat der Elterntag gewesen. Alle Kinder und Enkelkinder trafen sich bei ihnen im Haus und erzählten bei Kaffee und selbstgemachtem Kuchen von ihren Erlebnissen. Obwohl der Elterntag zuletzt nur noch schwach besetzt war – Jana und Daniel erschienen nur noch abwechselnd, Marten bekam meist einen Tag vorher eine undefinierbare Darmgrippe –, blieb er doch ein fester Termin im Monatskalender.

Ein bisschen vermisste sie diese »Kindertermine«, die ihr Leben zwei Jahrzehnte lang strukturiert hatten. Im Grunde hatte sie drei Leben auf einmal gelebt, und als die Kinder ausgezogen waren, fühlte es sich an, als wären ihr zwei Drittel ihres Leben plötzlich weggenommen worden. Jetzt verstand sie auch ihre Mutter, die sich lange nicht damit abfinden konnte, dass ihr auf einmal nur noch ihr Mann zum Bemuttern blieb. Der hatte sich allerdings rechtzeitig einen Hobbykeller zugelegt, wo er der plötzlichen Fürsorge seiner Frau wenigstens stundenweise entfliehen konnte.

Silke hatte ein schlechtes Gewissen, dass sie ihre Eltern vernachlässigte. Ihr Vater war mittlerweile zweiundachtzig, verhielt sich aber wie ein Sechzigjähriger, weil er seiner Frau keinen Anlass geben wollte, sich Gedanken um seine Gesundheit zu machen. Denn das hätte bedeutet: komplette Aufgabe seiner Selbstständigkeit durch Vollversorgung seitens seiner Frau. Davor fürchtete er sich so sehr, dass er lieber von einem Lastwagen überfahren werden wollte, als jahrelang abhängig von seiner Frau zu sein. Doch die Anstrengung, die ihn sein

Spielchen kostete, sah man ihm inzwischen deutlich an. Und es tat Silke leid, dass sie nichts tun konnte, um sein Leben zu erleichtern. Denn ihre Mutter durfte natürlich nichts davon erfahren.

Als Silke ins Haus kam, hatte sie gleich den Geruch ihrer Kindheit in der Nase. Doch dieser vertraute Geruch wurde langsam von einem anderen verdrängt: dem alter Menschen. Anfangs hatte sie es nicht wahr haben wollen, dass dieser Geruch tatsächlich von ihren Eltern stammte. Sie konnte sich noch gut an den Geruch in der Wohnung ihrer Großeltern erinnern: vergorene Äpfel plus Sauerkraut. Dass es in ihrem Elternhaus inzwischen ähnlich roch, verunsicherte sie. Eltern wurden nicht alt. Niemals. Vielleicht war das der Grund, warum sie immer seltener zu Besuch kam. Sie wollte nicht, dass ihre Eltern wie alte Menschen rochen.

»Hast du keine Blusen zum Bügeln mitgebracht?«, fragte ihre Mutter sie noch im Flur. Die Enttäuschung, dass sie nicht mal mehr die Blusen ihrer Tochter bügeln durfte, überlagerte ihre Wiedersehensfreude so sehr, dass Silke ein wenig beleidigt war. Dabei hatte sie schon lange nichts mehr zum Bügeln vorbeigebracht. Es schien, als lebte Mutter wegen ihrer knapper werdenden Lebenszeit zunehmend in der Vergangenheit.

»Lass dich nicht so gehen, Silke«, tadelte ihre Mutter. »In eurem Alter suchen sich verheiratete Männer gerne mal was Jüngeres.«

»Ich lass mich ja gar nicht gehen«, entgegnete Silke gereizt. Ihre Mutter hatte die bemerkenswerte Begabung, ihre Tochter zielsicher am wundesten Punkt zu treffen. Auch wenn es äußerlich nicht den geringsten Anlass zur Kritik gab – Silke hatte sich für den Besuch extra das gelbe Rüschenkleid angezogen, das ihre Mutter so mochte –, musste sie zugeben, dass sie es zuhause gerne gemütlich hatte und auch mal eine weite Hose mit Gummiband trug.

»Hast du schon wieder zugenommen?«, fuhr ihre Mutter fort und bescherte ihnen damit bereits nach zwei Minuten das erste Stimmungstief. Der bisherige Weltrekord lag bei fünf Sekunden: Als Mutter vor zweiundzwanzig Jahren die Haustür öffnete und beim Anblick ihres zukünftigen Schwiegersohns ausrief: »Ach du je!«

»Geht es eigentlich auch mal ohne Vorwürfe?«, sagte Silke und blickte giftig zu ihrer Mutter, die sich daraufhin kopfschüttelnd abwandte. Silke schloss die Augen und wartete auf den entscheidenden Satz, der Mutters merkwürdiges Begrüßungsritual regelmäßig abschloss.

»Als deine Mutter wird man das ja wohl noch mal sagen dürfen. Ich will doch nur dein Bestes.«

Silke ging ins Wohnzimmer, wo ihr Vater um diese Uhrzeit für gewöhnlich auf seinem Sessel saß. Als er sie sah, griff er hektisch nach der Fernsehzeitschrift, als wollte er beschäftigt wirken. Silke lächelte, sagte aber nicht, dass er die Zeitschrift falsch herum hielt. Früher war er Direktor eines Unternehmens für Süßgebäck gewesen. Seine Pensionierung vor achtzehn Jahren – er nannte sich spöttisch einen »volljährigen Rentner« – hatte ihn jedoch mehr getroffen, als er zugeben mochte. Nachdem er sich zeitweilig eher halbherzig mit Modelleisenbahnen und dem Nachbau berühmter Schlachten im Maßstab eins zu einer Million beschäftigt hatte, war ihm zuletzt jegliche Motivation abhandengekommen. Sobald er sich unbeobachtet fühlte, saß er nur da und schien auf irgendetwas zu warten.

»Mit dir habe ich ja heute überhaupt nicht gerechnet«, sagte er, von seiner Zeitschrift aufblickend. »Ist dein Mann gestorben, oder wie kommen wir zu dieser seltenen Ehre?«

»Papa!«

Ihr Vater hielt nicht viel von Marten. Er bevorzugte Tatmenschen. Menschen, die ständig auf den Beinen waren und wichtige Entscheidungen trafen. Wer den ganzen Tag am Schreibtisch saß und Bücher schrieb, hatte seiner Meinung nach das Leben verfehlt. Dass ausgerechnet seine Tochter so einen Mann geheiratet hatte, gehörte zu den großen Enttäuschungen seines Lebens.

»Es könnte doch sein, dass dein Mann am Schreibtisch vor Erschöpfung …«

»Ich finde das überhaupt nicht witzig, Papa. Marten geht es sehr gut.« Ihr Vater pflegte seine Verachtung unter anderem darin auszudrücken, dass er ihn nie beim Namen nannte, sondern lediglich von ihrem »Mann« sprach.

»Und was machen die Kinder?«, wechselte er zu einem Thema, das zwar weniger minenreich, dafür aber voller Fettnäpfchen war. Denn obwohl Daniel und Jana die Schule vor einem knappen Jahr beendet hatten, fragte er weiter unbeirrt nach ihren Schulnoten.

»Sie haben viel zu tun«, sagte Silke ausweichend. Eigentlich wusste sie es selbst nicht so genau, wollte aber nicht den Anschein erwecken, dass sich ihr Kenntnisstand von dem ihres Vaters nicht wesentlich unterschied.

»Sehr gut«, sagte er, »das hört man gern.« Offenbar reichte ihm die Information, dass bei den Enkeln Vollbeschäftigung herrschte, schon aus, und er wandte sich der letzten Pflichtfrage zu, die ihn von allen jedoch am meisten interessierte.

»Und wie läuft's im Geschäft? Machst du guten Umsatz?«

Silke überlegte kurz, ob sie ihm von ihrer Beförderung

zur Zweigstellenleiterin erzählen sollte. Sicher wäre er stolz auf sie, weil sie endlich die »Früchte« ihrer Arbeit geerntet hätte, wie er nicht müde wurde zu erklären. Wer hart arbeite, werde irgendwann auch dafür belohnt. Aber irgendetwas hielt sie zurück. Sei es, weil sie sich über diese Beförderung nicht richtig freuen konnte, oder weil sie keine Lust hatte, sich in ein langes Gespräch über Führungsqualitäten im Geschäftsleben verwickeln zu lassen. Noch Jahrzehnte später hatte ihr Vater im Grunde nur ein Thema. Er konnte spielend einen ganzen Abend damit zubringen, seinem Gesprächspartner das Einmaleins des geschäftlichen Erfolgs zu erläutern. Dass sein Schwiegersohn dafür als Gesprächspartner nicht in Frage kam, verübelte er ihm vielleicht am meisten.

»Stetig aufwärts«, sagte sie knapp, um keinen zusätzlichen Anreiz zu schaffen.

Doch ihr Vater ahnte wohl, dass sich ihre Gesprächsthemen damit erledigt hatten, und begann ohne Übergang von seiner großen Zeit als Direktor zu erzählen. Wie er den Laden überhaupt erst marktfähig gemacht habe und so weiter. Silke kannte jede Geschichte bis ins Detail, und es machte sie ein bisschen traurig, dass sie sich sonst eigentlich nichts zu sagen hatten. Am Ende seines Lebens versuchte er immer verzweifelter, sich durch die alten Geschichten seiner selbst zu vergewissern.

Zum Glück kam in diesem Augenblick ihre Mutter herein, die den Beginn seiner Grundsatzrede wie immer genau abgepasst hatte, um Silke vor weiteren Versionen seines beruflichen Werdegangs zu bewahren.

»Dürfte ich deiner Tochter mal kurz etwas Wichtiges in der Küche zeigen?«, fragte ihre Mutter leicht unterwürfig, worauf ihr Vater sofort in einen geschäftlichen Tonfall verfiel.

»Wenn es wichtig ist, können wir unser Gespräch

selbstverständlich kurz unterbrechen«, sagte er und nickte ernst, als wäre er für einen Moment wieder der alte Direktor Schilling.

Natürlich wollte sie ihr auch dieses Mal nichts Wichtiges zeigen. Als sie in der Küche waren, kam ihre Mutter gleich zur Sache.

»Du bist doch nicht nur so hierhergekommen, oder? Also, was ist los mit deiner Ehe?«

Silke versuchte eine Sekunde empört auszusehen, war dann aber froh, dass sie sich nicht mehr zu verstellen brauchte.

»Es ist gerade etwas schwierig«, sagte sie erschöpft.

»Was ist schwierig?«, fragte ihre Mutter.

»Alles.«

Ihre Mutter schwieg nachdenklich.

»Alles, alles?«

»Alles, alles!«

»Aber du bist doch gesund, oder?«, fragte ihre Mutter besorgt.

Silke nickte.

»Na, dann kann es ja so schlimm nicht sein. Willst du einen Wein?«

Noch ehe Silke darauf antworten konnte, hatte ihre Mutter bereits zwei Gläser aus dem Schrank geholt und schenkte den Rest aus einer Rotweinflasche ein, die sie hinter dem Brotkasten versteckt hatte.

»Trinkst du etwa öfter?«, fragte Silke leicht entsetzt über die angebrochene Flasche, die offenbar nicht nur zufällig hinter dem Brotkasten gestanden hatte.

»Manchmal brauche ich eben ein Schlückchen«, sagte ihre Mutter. »Sag das aber bloß nicht Papa, der dreht sonst völlig durch.«

»Wieso völlig? Was macht er denn sonst noch?«

»Ach«, sagte sie und nahm einen großen, schnellen

Schluck, der auf regelmäßigen Weinkonsum hindeutete, »er steht morgens auf, setzt sich an seinen Schreibtisch und bittet mich zum Diktat.«

Silke schmunzelte. »Was diktiert er denn so?« Sie nahm ebenfalls einen großen Schluck, verschluckte sich aber daran und musste husten.

»Neue Marketing-Kampagnen für Schokokekse und Teegebäck. Außerdem soll ich ständig mehrere Tonnen Eier und Rohrzucker bestellen.«

»Und das meint er ernst?«

Ihre Mutter zuckte die Schultern. »Schön wär's, dann hätte er endlich wieder was Sinnvolles zu tun.«

»Marten ist neulich als Einbrecher verkleidet ins Schlafzimmer gekommen.«

»Hat er wenigstens was geklaut?«, fragte ihre Mutter kein bisschen erstaunt.

Beide lachten entspannt.

Silke nippte an ihrem Glas. »Ist Papa eigentlich ab einem bestimmten Alter auch irgendwie komisch geworden?«

Ihre Mutter stieß einen verzweifelten Laut aus. »Ab einem bestimmten Alter? Inzwischen glaube ich, dass Männer ständig komisch sind. Leider merken es die wenigsten, das macht die Sache so anstrengend. Was macht Marten denn sonst noch, ich meine, außer Einbrecher zu sein?«

»Er will mit seiner Mitarbeiterin aus dem Büro plötzlich in die Oper gehen. Dabei hasst er Opern.«

»Ach, ist es schon so weit?«

»Wie so weit?«

»Na ja, hat er auch ne andere?«

»Auch?« Silke leerte schnell ihr Glas.

»Ungefähr in Martens Alter hat Papa mal was mit seiner Sekretärin gehabt. Ziemlich unoriginell.«

»Was?« Silke traute ihren Ohren nicht. Dass ihr eigener Vater ein gewöhnlicher Ehebrecher war, kratzte an dem Bild, das sie seit Kindertagen ununterbrochen in sich trug. »Und du wusstest davon?«

»Natürlich!« Sie holte eine weitere Flasche Rotwein hinter dem Brotkasten hervor und öffnete sie. »Aber er dachte, dass ich es nicht bemerke.« Sie schüttelte den Kopf, als könne sie seine Naivität noch heute nicht richtig begreifen.

»Hast du denn irgendwas dagegen gemacht?«

Ihre Mutter schenkte die Gläser bis zum Rand voll.

»Mäuschen, es gibt zwei Möglichkeiten, deine Ehe zu ruinieren: Erstens, du versuchst deinen Partner zu verändern, zweitens, du versuchst es nicht. Im ersten Fall wird er dir Herrschsucht vorwerfen, im zweiten Gleichgültigkeit.«

Silke blickte sie erschrocken an. »Heißt das, man soll am besten gar nicht heiraten?«

Ihre Mutter trank.

Dann machte sie einen langen Seufzer. »Männer sind wie Bäume: Im Frühjahr schlagen sie aus, im Sommer wackeln sie aufgeregt mit der Laubkrone im Wind, und im Herbst fallen ihre Blätter ab. Was willst du dagegen machen?«

»Zum Beispiel eine Ehetherapie?«

Ihre Mutter setzte sich langsam auf den Stuhl und tupfte sich den Schweiß von der Stirn.

»So was war früher noch nicht üblich. Hätte Gerd auch nie mitgemacht. Und ehrlich gesagt«, sie wischte mit dem Zeigefinger den Lippenstift vom Glasrand, »ich finde, man muss den Dingen ihren Lauf lassen. Immerhin sind dein Vater und ich jetzt auch schon neunundvierzig Jahre verheiratet.«

»Ihr seid eine andere Generation«, versuchte sich Silke

ihr Entsetzen über die Aussagen ihrer Mutter schönzureden.

»Ja, eine, wo alles nicht so ernst genommen wurde wie heute.«

»Du meinst fremdgehen?«

»Lass Marten doch seinen Spaß haben, du kannst es sowieso nicht ändern.«

Silke schüttelte fassungslos den Kopf. »Aber er hat ja überhaupt keinen Spaß!«

»Er hat keinen Spaß mit dieser Mitarbeiterin?«, fragte ihre Mutter irritiert.

»Nein, eigentlich geht er gar nicht richtig fremd, glaube ich zumindest. Ich vermute, dass er mir damit irgendetwas sagen will. Ich weiß nur nicht genau, was.«

Ihre Mutter sah jetzt aus wie eine sehr alte Frau, für die solche Probleme längst der Vergangenheit angehörten.

»Glaubst du das wirklich? Männer sind nicht so kompliziert, wenn sie fremdgehen, gehen sie fremd, das ist die einzige Aussage.«

Silke hatte plötzlich das Gefühl, bei ihrer Mutter nicht weiterzukommen. Sie hatte kein einziges Mal von Liebe gesprochen. Spielte Liebe in der Ehe ihrer Eltern denn überhaupt noch eine Rolle? Liebte sie ihren Vater, oder ertrug sie ihn nur wie einen herbstlichen Baum, von dem die Blätter abfielen? Und was war mit Silke? Und mit Marten? Liebte Marten sie noch? Es war an der Zeit, ein paar Antworten zu bekommen.

Sie nahm einen langen Schluck und stellte das Glas zur Seite.

»Hast du nie daran gedacht, dich von Papa zu trennen?«

Ihre Mutter sah nachdenklich zum Kühlschrank. Dann wandte sie sich ernst zu Silke. »Mit einem neuen Mann wird es nicht besser, sondern nur anders schlecht.«

Drei Tage später stand Silke in der Küche und kochte Martens Lieblingsgericht: Leber mit Kartoffelstampf und Apfelmus. Sie war extra zwei Stunden früher von der Arbeit gekommen, um ihm vor seinem merkwürdigen Opernbesuch indirekt noch einmal klarzumachen, was er alles verlieren würde, wenn er es mit Renate wider Erwarten ernst meinte. Dass ihr dabei allerdings nur Leber mit Kartoffelstampf eingefallen war, beunruhigte sie ein bisschen.

Sie trug ihr schwarzes Kleid, das einzige, das Marten jemals zu einem Kompliment hingerissen hatte, ohne dass sie ihn vorher lange darum bitten musste. Es war lächerlich, in diesem Kleid Leber mit Kartoffelstampf zu kochen, aber sie wollte auch nichts unversucht lassen, obwohl sie wusste, dass Marten auf solche gezielten Aktionen allergisch reagierte.

Doch an diesem Abend war Marten mit seinen Gedanken offenbar ganz woanders. Weder sein Lieblingsgericht noch das Kleid entlockten ihm irgendeine Reaktion.

Er saß auf Janas Platz. Auch wenn sie es mittlerweile selbst etwas seltsam fand: Silke konnte sich immer noch nicht daran gewöhnen. Vielleicht machte sie insgeheim Marten dafür verantwortlich, dass Jana für ein Jahr in die USA gegangen war. Ausgerechnet ihre Tochter, mit der sie sich so blendend verstand! War Marten neidisch auf sie? Fühlte er sich zurückgesetzt und hatte unbewusst einfach nur das getan, was er nach all den Jahren für das Richtige hielt: wieder den Platz seiner Kinder einzunehmen?

Während sie aßen, fragte sich Silke, wann sie sich das letzte Mal berührt hatten. Nicht zufällig, beim Vorbeigehen oder wenn sie ihre Jacken an die Garderobe hängten, sondern bewusst, als liebevolle Geste der Zuneigung.

Manchmal kam es ihr vor, als hätte sie ihre ganze Liebe an ihre Kinder verbraucht. Für Marten blieb höchstens ein anerkennendes Schulterklopfen, wenn sie meinte, dass er mal wieder eine Aufmunterung brauchte. Umgekehrt sah es nicht besser aus. Zwar schlug Marten ihr hin und wieder völlig unvermittelt auf den Po, aber es fühlte sich eher an, als wüsste er selber nicht mehr genau, was das eigentlich sollte.

Dass Marten bei Tisch nur selten redete, hatte sie nie gestört, solange die Kinder noch da waren. Jetzt bekam die Stille auf einmal etwas Bedrückendes. Als sie sich kennenlernten, war alles so leicht gewesen. Ein Blick, eine Berührung – und das Wesentliche war gesagt. Inzwischen war nicht nur alles Wesentliche gesagt, sondern auch hundertmal wiederholt worden. Und obwohl Silke wusste, dass es unmöglich war, noch einmal von vorne anzufangen, wünschte sie sich plötzlich nichts lieber als das.

Sie streifte einen Schuh ab und hob ihren Fuß. Als sie sein Knie unterm Tisch berührte, zuckte er kurz zusammen, aß aber ungerührt weiter. Sie bewegte den Fuß langsam zwischen seine Schenkel. Spätestens jetzt musste er erkennen, dass sie sich nicht zufällig dorthin verirrt hatte. Doch Marten machte ein völlig unbeteiligtes Gesicht, als wäre er von der Brust abwärts gelähmt.

Silke begann sich zu ärgern. Es war nicht ganz klar, ob über seine Ignoranz oder ihren erfolglosen Versuch, Marten erotisch zu reizen. Sie rutschte an der Stuhllehne herab, um ihren Fuß noch weiter nach vorne schieben zu können. In diesem Moment blickte Marten abrupt auf.

»Sag mal, das Apfelmus hast du aber nicht selber gemacht, oder?«

Silke brauchte etwas, um sich wieder in die normale Sitzposition zu drücken. Dann ordnete sie kurz das Haar und zuppelte ihr Kleid zurecht.

»Was?«

»Das Apfelmus?«, wiederholte er. »Hast du das selber gemacht?«

Sie musterte ihn. Wenn Blicke töten könnten, wäre er genau in dieser Sekunde tot vom Stuhl gekippt.

»Du gehst gleich mit Renate in die Oper, und du fragst mich, ob ich das Apfelmus selbst gemacht habe?«

Marten wirkte irritiert. Tatsächlich gab es auf den ersten Blick keinen unmittelbaren Zusammenhang zwischen Oper und Apfelmus. Auf den zweiten Blick gehörten Oper und Apfelmus jedoch zwingend zusammen, obwohl sie zugeben musste, dass die Logik nicht für jedermann erkennbar war. Aber die Beziehung zwischen Mann und Frau wäre überhaupt viel entspannter, wenn unlogisches Denken bei Männern nicht einen derart schlechten Ruf genießen würde.

»Warum bist du denn auf einmal so schlecht gelaunt?«, fragte Marten.

»Ich bin überhaupt nicht schlecht gelaunt«, rief Silke, die es hasste, wenn er ihr schlechte Laune unterstellte, sobald sie ihn mal mit einer Frage aus seiner Gemütlichkeit riss. *Dass* sie tatsächlich schlechte Laune hatte, stand auf einem ganz anderen Blatt.

»Okay, du bist nicht schlecht gelaunt«, versuchte Marten sie zu besänftigen, »aber du findest es nicht gut, dass ich mit Renate mal in die Oper gehe, stimmt's?«

Seine Art, drohende Auseinandersetzungen sofort im Keim zu ersticken und auf verständnisvoll zu machen, machte sie rasend. Wieso konnte er nie richtig wütend werden?

»Ich bin schlecht gelaunt, nicht, weil du mit Renate

mal in die Oper gehst, sondern weil du mit mir noch nie in die Oper gegangen bist. Verstehst du, was ich dir damit sagen will?«

Marten sah jetzt aus wie ein Mann, dem gerade klargeworden war, dass er aus dieser Nummer ohne Blessuren nicht wieder herauskam, ganz egal, was er noch sagte. Er tat ihr schon wieder leid, aber schließlich ging es um die entscheidende Frage, warum er es vorzog, mit einer trutschigen Sekretärin, die den geistigen Horizont einer Zauneidechse hatte, in »La Traviata« zu gehen.

»Aber ich kann Renate jetzt ja schlecht sagen, dass ich doch lieber mit meiner Frau gehen würde.«

»Natürlich könntest du das«, sagte Silke, obwohl er recht hatte. Aber wer recht hatte, bekam am Ende nicht automatisch recht. Und hier war Renate inzwischen auf einem guten Weg.

Einen Moment schien Marten tatsächlich zu überlegen, ob er Renate doch lieber anrufen sollte. Ein schlechtes Arbeitsklima war nämlich nichts gegen eine schlecht gelaunte Ehefrau.

Im Grunde waren Männer nicht zu beneiden.

»Okay, ich mache dir einen Vorschlag. Ich gehe heute mit Renate, und du darfst dir aussuchen, in welche Oper wir als Nächstes zusammen gehen.«

Er lächelte hilflos.

»Aber du hasst doch Opern!«

Marten atmete tief durch. »Man kann sich ändern.«

»So plötzlich, oder wie?«

»Vielleicht mochte ich Opern ja schon länger, aber ich habe es jetzt erst herausgefunden.«

»Durch Renate?«

Er zuckte die Schultern.

»Was findest du bloß an dieser Frau, dass du mit ihr in die Oper gehen willst?«

»Sie ist nett.«

»Nett? Du findest sie nur nett?« Silke fragte sich, ob Nettsein schon reichte, um mit jemandem fremdzugehen. Hatte er seine Ansprüche nach zwanzig Ehejahren so weit heruntergeschraubt, dass er schon biedere Frauen mit Helmfrisuren attraktiv fand? Bei einer heißen Blondine hätte sie nichts gesagt. Fast nichts. Aber was bedeutete das eigentlich für Silke? Stand er etwa auf biedere Frauen ohne Sexappeal?

»Was erwartest du? Dass ich sie scharf finde?«

»Und, findest du sie scharf?«, fragte Silke nervös.

Marten dachte kurz nach.

»Als Frau jetzt?«

Es war sinnlos. Marten schien nicht mal ansatzweise zu begreifen, was sie von ihm wollte.

»Ich glaube, wir müssen mal reden«, sagte Silke erschöpft.

»Aber wir reden doch schon die ganze Zeit«, sagte Marten leicht irritiert. Offenbar kannte er auch nicht den Unterschied zwischen reden und *mal* reden. Von reden zu *mal* reden war es etwa so weit wie von hier zum Mond.

»Über uns reden«, erklärte sie, und dann mehr zu sich, »vielleicht ist es wirklich besser, wenn wir eine Therapie machen.«

Marten schluckte. »Wie, Therapie?«

Silke versuchte nicht allzu dramatisch zu klingen.

»Eine Ehetherapie. Machen doch viele. Petra kennt da so einen Inder.«

»Einen Inder?« Marten wirkte schockiert. »Ich gehe zu keinem Inder. Da sitzt man dann im Schneidersitz und atmet irgendwelche Dämpfe ein.«

»Wenn es hilft«, sagte Silkes, selbst nicht hundertprozentig überzeugt.

»Ich muss jetzt los«, sagte Marten abrupt aufstehend. »Du brauchst nicht auf mich zu warten.«

Er verabschiedete sich, und einige Minuten später schlug die Haustür zu, etwas kräftiger als sonst, wie Silke bemerkte.

Natürlich wartete sie. Auch wenn sie sich den gesamten Abend lang bemühte, so zu tun, als wäre es ihr egal, wann Marten zurückkehrte. Sie sah fern, selbst Filme, die sie sonst nicht gesehen hätte, interessierten sie plötzlich. Eine Dokumentation über die Verbrechen der Wehrmacht im Zweiten Weltkrieg, einen Fantasy-Thriller mit mutierten Heuschrecken, die schließlich die Weltherrschaft übernahmen, fünfmal die Nachrichten und gegen Mitternacht eine S-Bahnfahrt mit der Berliner Ringbahn, gefilmt durch den Führerstand. Nach drei Runden völliger Ereignislosigkeit war sie reif fürs Bett.

Ehe sie einschlief, mittlerweile war es kurz nach eins, nahm sie sich fest vor, ernst zu machen mit der Therapie und Marten zu diesem Inder zu schleifen. Ob er wollte oder nicht.

Als er die Augen aufschlug, wusste er, dass etwas Furchtbares passiert war. Es war nicht nur ein Gefühl, es war eine unleugbare Tatsache. Und die lag etwa zehn Zentimeter von ihm entfernt im Bett.

Renate schlief noch. Ihr Gesicht war entspannt. Lag nicht sogar ein zufriedenes Lächeln in ihren Mundwinkeln? Die Frage war: Wieso? Die nächste: Hatte *er* irgendetwas damit zu tun? Und die dritte: Waren sie nackt? In seinem Fall musste er die Frage leider mit Ja beantworten. Und als er ihre nackten Beine über der Bettdecke sah, konnte er sich weitere Nachforschungen im Grunde ersparen.

Sie lagen in Renates Schlafzimmer. An den Wänden hingen selbstgemalte Aquarelle, Sonnenauf- oder -untergänge, darunter das Meer, mal mit Schiffen, mal ohne, dafür aber mit Möwen. Alle Bilder trugen Renates schwungvolle Initialen RB. Hoffte sie, dereinst bei einer Ausstellung in der Praxis ihres Hausarztes als Künstlerin entdeckt zu werden? Schon jetzt befürchtete er, nach seiner Meinung gefragt zu werden. Schließlich war Marten aus ihrer Sicht ebenfalls künstlerisch tätig. Sollte er ihr die Wahrheit sagen? Sollte er ihr klarmachen, dass ihre Begabung nicht mal für eine Arztpraxis reichte?

Er überlegte, ob er gehen sollte, solange sie schlief. Vielleicht konnte er noch das Schlimmste verhindern und später so tun, als wäre er gar nicht bei ihr gewesen. Er hatte einen dicken Kopf. Offenbar waren sie betrunken gewesen. Er müsste nur schlüssig argumentieren, dass sie nach dem letzten Drink beide ihrer Wege gegangen waren.

Doch wie hatte es überhaupt so weit kommen können?

Der Abend war ganz gut angelaufen. Jedenfalls aus Martens Sicht. Silke hatte darauf bestanden, ihm ausgerechnet an diesem Tag sein Lieblingsgericht zu kochen, und war deshalb extra früher von der Arbeit zurückgekehrt. Seine Idee, Silke die Opernkarten wie zufällig auf dem Küchentisch finden zu lassen, hatte eingeschlagen wie eine Bombe. Zum ersten Mal schien ihr bewusst zu werden, dass ihre Ehe keine Dauerveranstaltung war, bei der man nichts weiter zu tun brauchte, als hin und wieder körperlich anwesend zu sein. Dass sie nun auch noch die Leitung der neuen Filiale übernehmen sollte, machte die Sache nicht leichter. Einerseits gönnte er ihr den Erfolg, andererseits befürchtete er, dass sie dann noch weniger zu Hause sein würde, als es schon jetzt der Fall war. Marten wollte nicht nur eine Abendehe führen, sondern am liebsten in Vollzeit mit ihr zusammen sein, was in Anbetracht seines prekären Einkommens allerdings vollkommen illusionär war. Im Grunde freute er sich schon auf den Moment, wo sie beide als rüstige Rentner Kaffeefahrten in den Harz unternahmen und sich dabei über die alten Leute lustig machten, die Kaffeefahrten in den Harz unternahmen.

Auch war ihm natürlich nicht entgangen, dass sie sich für ihn schön gemacht hatte und ihr bestes Kleid trug, um ihn im letzten Moment umzustimmen. Er war erstaunt, dass sie solche plumpen Überrumpelungsstrategien überhaupt in petto hatte. Sie wusste es, er wusste es, und damit hatte es sich erledigt. Dass er sie dann am begehrenswertesten fand, wenn sie nicht wusste, dass sie begehrenswert war, zum Beispiel am Abend, wenn sie erschöpft auf dem Sofa saß und mit einem Finger gelangweilt ihr Haar aufdrehte, hätte sie ihm niemals geglaubt. Sie spielte mit seinen Erwartungen, wo Marten eigentlich gar nichts erwartete. Und wenn er dann nicht wie erwartet reagierte, war sie tödlich beleidigt. Das machte es mit Frauen manchmal so kompliziert.

Sicher war Renate keine attraktive Frau. Aber was wusste Silke schon von männlichen Bedürfnissen? Offensichtlich nicht viel. Und das war auch gut so, denn diese Wissenslücke konnte er jetzt geschickt zu seinem Vorteil nutzen. Vorsprung durch gezielte Verwirrung. Spiel, Satz und Sieg Marten. Eine Ehetherapie, wie von ihr vorgeschlagen, könnte allerdings zu einer Stolperfalle werden. Denn nichts war störender, als in jeder Sekunde genau zu wissen, warum man es so machte und nicht anders.

Der Abend begann jedoch zu entgleisen, als sich Renate plötzlich mit der Hauptfigur Violetta in »La Traviata« identifizierte. Aus unerfindlichen Gründen spürte sie eine tiefe Wesensverwandtschaft mit dieser todkranken Kurtisane, die noch auf dem Sterbebett an eine gemeinsame Zukunft mit ihrem Geliebten Alfredo glaubte. Die ganze Inszenierung war so hoffnungslos altbacken, die Geschichte so unrealistisch und an den Haaren herbeigezogen, dass es für Marten vollkommen rätselhaft war, wie man sich ernsthaft mit irgendeiner dieser Pappfiguren identifizieren konnte. Das schien Renate jedoch nicht davon abzuhalten, sich ausgerechnet mit einer Person zu identifizieren, die auch äußerlich nicht die geringste Ähnlichkeit mit ihr hatte. Im Gegenteil. Je abstruser es wurde, desto mehr versank sie in der Geschichte. So viel Unvernunft hatte er Renate gar nicht zugetraut. Er begann zu ahnen, warum hauptsächlich Männer seine Ratgeber über Schlangen und Eidechsen kauften.

Am Ende war sie so aufgelöst, dass Marten sie beim Rausgehen stützen musste. Und weil er sie in diesem Zustand nicht alleine lassen mochte, stimmte er widerwillig ihrem Vorschlag zu, bei ihr zuhause noch einen Absacker zu trinken. Im Nachhinein betrachtet, war es allerdings durchaus denkbar, dass Renate die Erschütterung gespielt hatte, nur um ihn herumzukriegen.

Was dann passiert war, konnte er nicht mehr mit Sicherheit sagen. Das letzte Bild, an das er sich noch erinnern konnte, war, als sie eng aneinander gekuschelt auf dem Sofa saßen und Renate ihm offenbarte, dass sie gerne mal einen Swingerclub besuchen würde. Was er darauf geantwortet hatte und ob er als ihre Begleitung vorgesehen war, war ihm zum Glück entfallen.

Er stand leise auf, sammelte seine Sachen zusammen, die kreuz und quer über das Zimmer verteilt lagen, was ihn jedoch etwas beunruhigte, da es sonst nicht seine Art war, Kleidungsstücke von sich zu werfen, und ging vorsichtig ins Wohnzimmer. Auf dem Couchtisch standen drei leere Flaschen Rotwein. Das erklärte zwar seinen dicken Kopf, aber noch nicht das Herumwerfen von Unterwäsche.

Wenn er seinen Kopf in letzter Minute aus der Schlinge ziehen wollte, musste er jetzt strategisch denken: anziehen, aufräumen, abwaschen. Trotz schwerer Glieder zog er sich mit einer Geschwindigkeit an, dass er sich fragte, ob ihm ein bisschen mehr Druck im Nacken nicht prinzipiell guttun würde. Dann räumte er die Flaschen weg und stellte sie zu einer Sammelstelle neben die Schuhe im Flur, wo bereits andere leere Weinflaschen standen. Er wusch die Gläser ab und stellte sie ordentlich in den Schrank. Beim Kontrollgang durch das Wohnzimmer machte er jedoch eine Entdeckung, die ihn wertvolle Minuten kostete: Auf der Kommode neben dem

Fernseher bemerkte er ein Foto von sich in einem verschnörkelten Bilderrahmen.

Marten war fassungslos. Das Foto stammte offensichtlich von einer Betriebsfeier. Jetzt wurde ihm auch klar, warum Renate immer darauf bestanden hatte, diese Feiern mit dem Fotoapparat zu dokumentieren. Noch schockierender war allerdings, dass er im Gesicht wesentlich dünner aussah. Die Aufnahme musste demnach schon etwas älter sein. Genauer gesagt, war sie deutlich älter. Womöglich stand er bereits seit mehreren Jahren auf Renates Kommode, ohne zu ahnen, dass er einen festen Platz in ihrem Leben hatte.

Die ganze Geschichte wurde ihm langsam unheimlich.

Er überlegte, ob er lieber gleich reinen Tisch machen sollte, um weitere Eskalationen zu verhindern. Dann hätte sie allerdings ein nicht unwesentliches Druckmittel in der Hand: seine Anwesenheit am Sonntagmorgen um kurz nach sieben in ihrer Wohnung.

Es gab keinen Ausweg mehr, und Marten wusste es.

Silke hatte ganz recht gehabt, als sie sagte, dass er für organisatorische Arbeiten völlig ungeeignet war. Egal wie wenig organisiert werden musste, bei Marten endete es grundsätzlich im Chaos. Er hatte die Dynamik der weiblichen Psyche unterschätzt. Er hatte nicht erkannt, dass er gegen zwei Frauen von vorneherein chancenlos war.

Er setzte sich aufs Sofa und tupfte sich mit einem Kissen den Schweiß von der Stirn. Seine Ehe war praktisch beendet. Silke würde ihn aus der Wohnung schmeißen und die Scheidung einreichen. In den ersten Wochen würde er bei seinem Sohn unterkommen und dann zu Wolfgang umsiedeln, wo er es sich unter einem Terrarium bequem machte, bis auch Wolfgang genug von ihm hatte. Da er kaum eigenes Geld besaß, würde er in eine

Sozialwohnung ziehen müssen, wo er noch einige Jahre vor sich hin vegetierte, bis er schließlich an einer Leberzirrhose starb.

In diesem Augenblick kam Renate ins Wohnzimmer. Sie trug einen äußerst knappen roten Tanga, sonst nichts.

Marten versuchte sachlich zu bleiben.

»Ich habe mich gerade gefragt, wie lange wir jetzt schon zusammenarbeiten?«, sagte er und ließ das Kissen auf seinen Schoß sinken.

Renate schien seine Frage jedoch überhört zu haben und ließ sich seufzend neben ihn aufs Sofa fallen.

»Du warst ein Stier«, sagte sie und legte ihren Kopf an seine Schulter. »Aber ich habe es irgendwie schon immer gewusst.«

Marten bewegte sich nicht. Hatte er richtig gehört? Hatte sie ihn eben als Stier bezeichnet?

»Was hast du schon immer gewusst?«, fragte er vorsichtig nach.

»Dass du gar nicht so kühl bist, wie du immer tust! Man muss dich halt nur an der richtigen Stelle zu fassen kriegen.«

Marten mochte sich gar nicht vorstellen, was sie genau damit meinte.

»Wieso *tue* ich so?«, fragte er schnell.

»Weil du Angst vor deinen Gefühlen hast.« Sie setzte sich auf und legte eine Hand auf seinen Schenkel. »Du hast ja schon alles sauber gemacht!«, sagte sie überrascht.

Es war ihm äußerst unangenehm. Sie musste glauben, dass er einen Putzfimmel hatte, was eigentlich ja auch stimmte.

»Ja, eigentlich wollte ich, also, ich meine, ich mag es gerne aufgeräumt.«

Sie lachte. »Ich auch! Wir passen ganz gut zusammen, oder?«

Marten spürte, wie sich ihre Hand immer weiter nach oben streichelte. Er musste irgendetwas unternehmen, zumal es nicht sicher schien, dass er auch bei vollem Bewusstsein noch ein Stier war.

»Sag mal, dieses Foto, steht das schon lange hier?«

Ihre Hand stoppte. Renate blickte ihn an. Offenbar war es ihr peinlich.

»Vielleicht zwei Jahre, ich hoffe, du findest mich jetzt nicht seltsam.«

Marten lächelte gezwungen.

»Du hast ja lange überhaupt nicht gemerkt, dass ich in dich verliebt bin, oder?«, sagte sie und setzte das Schenkelstreicheln abrupt fort.

Marten lächelte weiter. Vielleicht konnte er nie mehr aufhören zu lächeln und wurde zwangsweise ein glücklicher Mensch. Silke würde ihn gar nicht mehr wiedererkennen. Das musste verhindert werden.

»Und seit wann bist du so in etwa in mich verliebt?« Er hörte sich an wie ein Polizeibeamter, der versuchte, den genauen Tathergang herauszufinden.

Wieder stoppte ihre Hand. Er musste ihr einfach nur immer weiter Fragen stellen, dann könnte er den Vorstoß ihrer Hand vielleicht endgültig stoppen.

»Drei Jahre, würde ich sagen.«

»Drei Jahre?«, fragte er verblüfft. »Kam das denn plötzlich, ich meine, gab's irgendeinen bestimmten Auslöser?« Obwohl er ihre Gefühle nicht teilte, fühlte er sich doch ein bisschen geschmeichelt, dass sie bereits so lange in ihn verliebt war. Marten konnte sich nicht erinnern, dass er mal so lange verliebt gewesen war. Im Grunde war er froh, wenn sich der Sturm rasch legte und Platz für ein stabiles Hochdruckgebiet machte.

»Nein, eigentlich nicht, ich hab's selbst erst gar nicht richtig gemerkt. Aber als du mal eine Woche nicht da warst, hab ich dich so vermisst, dass es fast nicht zum Aushalten war. Da wusste ich, dass es passiert war.«

»Und trotzdem hast du es vor mir geheim gehalten.«

»Geheim gehalten?« Sie blickte ihn irritiert an. »Ich habe kleine Schokoherzen auf deinen Platz gelegt, ich habe dich sooft es ging angefasst, ich habe dich angeschmachtet – hast du das denn überhaupt nicht gemerkt?«

Wenigstens war jetzt das Rätsel um die Schokoherzen gelöst. Schon länger hatte er sich nämlich gefragt, wer diese Herzen ständig auf seinen Platz legte.

Marten überlegte, was jetzt besser war: Zugeben, dass er von ihren Aktionen nichts mitbekommen hatte, oder nicht?

Er entschied sich fürs Letztere.

»Natürlich hab ich das, war ja nur schwer zu übersehen?«

Seine Antwort schien sie jedoch nicht zufriedenzustellen.

»Und warum hast du so lange gewartet?«

»Auf was hab ich gewartet?«

»Na, bist du endlich reagiert hast!«

Er war sich nicht hundertprozentig sicher, was sie meinte, ahnte aber, dass es langsam eng für ihn wurde.

»Ich bin verheiratet, und zwar …«, er wollte »glücklich« sagen, sagte stattdessen aber »schon lange«, was ihn selbst etwas verwirrte.

»Aber ihr seid doch nur noch wegen der Kinder zusammengeblieben. Das spürt man als Frau doch, dass da nichts mehr lief zwischen euch. Ich hab schon vor drei Jahren überlegt, ob ich es dir sagen soll, hab's dann aber gelassen, weil mir eure Kinder leid getan haben.«

Marten fragte sich besorgt, ob Renate möglicherweise recht hatte. Waren sie wirklich nur wegen der Kinder zusammengeblieben? Und wieso konnte man so etwas spüren?

»Das stimmt doch überhaupt nicht«, wehrte sich Marten ein wenig zu laut, »vielleicht haben wir uns wegen der Kinder ein bisschen weniger um uns gekümmert, aber deshalb trennt man sich ja nicht gleich.« Seine Stimme klang merkwürdig fremd. »Außerdem kannst du das doch gar nicht beurteilen.«

Plötzlich fasste sie ihm zwischen die Beine. »Aber *das* kann ich beurteilen«, meinte sie schmunzelnd. »Und das sagt mir ganz klar: Hier musste dringend mal jemand raus, der schon sehr lange eingesperrt war.«

»Du malst auch, oder?«, fragte Marten, schnell das Thema wechselnd.

Renate ließ von ihm ab.

»Magst du meine Bilder?«

Er war so erleichtert, dass ihre Hand nicht mehr auf seinem Geschlecht lag, dass er sie jetzt nicht enttäuschen mochte. »Ich finde sie ziemlich – gelungen, ja.«

Sie lächelte dankbar. »Glaubst du denn, dass ich begabt bin?«

Marten atmete tief durch. »Ja, also ich meine, sieht ganz danach aus. Man müsste vielleicht noch weitere Werke abwarten, aber …«

In diesem Moment umarmte sie ihn so fest, dass er kaum noch Luft bekam.

Nachdem sie ihn beinahe erwürgt hatte, rutschte sie wieder zur Seite.

»Weißt du, was ich mir nämlich gedacht habe?«, sagte sie ernst.

Marten hob fragend die Augenbrauen. Eigentlich wollte er es nicht wissen.

»Wir könnten als freie Künstler irgendwo im Süden leben, ich verkaufe meine Bilder, und du kannst endlich in Ruhe an deinem Roman schreiben.«

Er sah sie lange an. Er wusste nicht, was er sagen sollte.

»Ein ganz einfaches Leben am Meer, verstehst du? Ich brauche das alles hier nicht mehr, diese ganzen überflüssigen Sachen. Man kann auch ohne was glücklich werden. Ich hab mir das schon vor zwei Jahren gedacht, dass es schön wäre, mir dir irgendwo anders zu leben. Auf meinen Bildern hab ich versucht, das auszudrücken, und es scheint mir ja ganz gut gelungen zu sein.« Sie seufzte. »Ich bin so froh, dass wir uns endlich gefunden haben.«

Er nickte schwach. Anscheinend stand er kurz vor der Auswanderung mit Renate Bruhns in ein Land unter südlicher Sonne. Es war ein Alptraum. Dabei wollte er doch nur, dass alles so blieb wie bisher. Aber vielleicht musste sich vorher irgendetwas ändern. Annäherung durch Wandel. Er brauchte Hilfe. Er brauchte diesen Inder. Marten Endlich war reif für die Paartherapie.

»Eigentlich habe ich gar keine Lust mehr«, sagte Silke beleidigt.

Sie saßen im Twingo, dem kleinen Raumwunder. Seit zehn Minuten versuchte Marten verzweifelt aus dieser Parklücke vor ihrer Wohnung herauszukommen. Bislang ohne nennenswerte Fortschritte. Er war so zugeparkt worden, dass es unmöglich schien, den Parkplatz ohne Zerstörung der Anrainerautos zu verlassen. Es war ihm auch sofort klar, warum. Man betrachtete den Twingo nicht als ernstzunehmenden Verkehrsteilnehmer. Es war einfach ein rundes, etwas tölpelhaft wirkendes Gefährt, das lustig anzusehen war. Mehr nicht. Kein Mercedes, kein BMW, nicht mal ein Volkswagen, lediglich ein Twingo. Ein Twingo fuhr höchstens in einer Sackgasse auf und ab oder dreihundert Meter zum nächsten Supermarkt. Undenkbar, dass so ein Twingo mal auf einer sechsspurigen Straße fuhr. Diese Straßen waren schließlich nicht zum Spaß gebaut worden. Es waren ernste Verkehrswege, auf denen ernst geradeaus gefahren wurde. Ein Twingo war wie ein fahrender Smiley, und der gehörte aufs rosa Handy kleiner Zopfmädchen.

»Die nehmen uns nicht ernst«, sagte Marten. Ihm stand der Schweiß auf der Stirn. In einer knappen halben Stunde hatten sie einen Termin bei diesem Paartherapeuten namens Shankar. Und wenn nicht ein Wunder geschah, würde Shankar seine therapeutischen Duftkerzen alleine abbrennen müssen.

»Wer nimmt uns nicht ernst?«, fragte Silke. Sie wirkte genervt. Sie war schnell genervt, wenn ihr etwas nicht schnell genug ging. Leider gab Marten Anlass genug, genervt zu sein, denn was er machte, machte er nicht immer gut, aber meistens sehr langsam.

»Diese Großwagenbesitzer«, sagte Marten. »Die parken uns immer so zu, als rechnen sie nicht damit, dass wir auch mal wegfahren wollen.«

Silke verdrehte ihre Augen. »Du Armer, keiner nimmt dich ernst. Nicht mal die Mercedesfahrer.«

Marten nickte. Er war fest entschlossen, an seiner Theorie festzuhalten. Das Scharfkantige und Windschnittige wurde ernst genommen, das Runde nicht.

»Stimmt doch! Nur weil wir einen Twingo haben, sind wir doch nicht minderwertig. Das darf man doch mal sagen!«

»Darf man, und jetzt mach mal hinne«, sagte sie und lächelte angestrengt. Natürlich wusste er, dass sie nicht seiner Meinung war. Ja, sie interessierte sich nicht mal ansatzweise für dieses Thema, das aus Martens Sicht durchaus Potential für längere Diskussionen hatte. Zum Beispiel nach dem Abendbrot. Doch anstatt sich darauf einzulassen, blockte sie immer ab, und das ärgerte ihn schon seit Jahren.

»Glaubst du, dass irgendjemand eine Mercedes S-Klasse so zuparken würde?«

»Ich glaube vor allem, dass du einen Minderwertigkeitskomplex hast. Niemand nimmt dich ernst, alle parken immer nur dich zu. Merkst du noch was?«

Marten schwieg. Dass Silke häufig meinte, die besseren Argumente zu haben, ärgerte ihn ebenfalls. Vor allem dann, wenn sie wirklich die besseren Argumente hatte.

»Eigentlich würdest du doch auch lieber einen Mercedes haben, stimmt's?«, sagte Silke, ließ jedoch keinen Zweifel daran, dass sie das nicht als Frage verstanden wissen wollte.

Marten schwieg weiter. Doch je länger er schwieg, desto aussichtsloser wurde seine Position.

»Du kannst es nicht ertragen, wenn jemand erfolgreicher ist. Deshalb hackst du auf allem herum. Ich finde, dass der Twingo gut zu dir passt. Sei doch einfach mal ein bisschen zufriedener.«

»Ich darf dich daran erinnern«, sagte Marten, »dass der Twingo *dein* Auto ist.« Er lächelte nun ebenfalls angestrengt, was ihm ein flüchtiges Triumphgefühl bescherte.

»Ja, aber im Gegensatz zu dir stört es mich nicht!«

»Ich dachte immer, du wärst ehrgeiziger«, sagte er spöttisch. Einen Moment schienen sie wieder gleichauf zu liegen.

»Ich bin auch ehrgeizig, aber nicht, um mir einen Haufen Blech kaufen zu können. Das ist der Unterschied zu euch Männern. Ihr braucht zum Beweis Statussymbole, uns genügt es, wenn wir uns etwas selbst bewiesen haben.«

Plötzlich hupte Marten, dass Silke zusammenzuckte.

»Lass uns einfach hierbleiben«, sagte sie. »Es hat ja sowieso keinen Sinn.«

»Ich dachte, *du* wolltest zu diesem Inder.«

»Wollte ich auch, aber offensichtlich hast du dich inzwischen ja für Renate entschieden.«

Marten sah sie schockiert an. »Ich habe mich überhaupt nicht für Renate entschieden. Wie kommst du denn darauf?«

»Du hast bei ihr übernachtet?«

»Wir haben über die Oper gesprochen.«

»Die ganze Nacht, nehme ich an.«

»Nein.«

»Eben.«

»Eben was?«

»Du hast mit ihr geschlafen.«

Marten zuckte die Schultern. »Weiß ich nicht mehr, ich war betrunken.«

»Und die Kinder bringt der Klapperstorch.«

»Was?«

»Jetzt lass mich mal ran«, befahl Silke und schlug mit einer abrupten Bewegung die Tür auf. Noch ehe er überhaupt ein Wort sagen konnte, war sie schon ausgestiegen und um das Auto herumgelaufen.

Mit zunehmendem Alter war es für Marten nur noch schwer zu ertragen, dass ihm seine Frau immer weniger Spielraum für seine Inkompetenzen ließ. Und ihre Ungeduld machte den Abstand zwischen ihnen von Jahr zu Jahr offensichtlicher. Fast schien es, als nehme sie ihn nur noch als Belastung wahr.

Doch Marten wollte von seiner eigenen Frau nicht länger wie ein Schuljunge behandelt werden.

Er verriegelte die Türen und blieb sitzen. Blieb einfach sitzen und starrte reglos und ein bisschen erstaunt, was er hier gerade abzog, auf die Heckscheibe des BMW. Silke konnte so lange an seine Scheibe trommeln, wie sie wollte. Marten hatte nicht vor, das Steuer widerstandslos seiner Frau zu überlassen.

»Jetzt hör schon auf mit dem Quatsch«, schallte es dumpf durch die Scheibe. Ihr Gesicht wirkte wie ein aufgeblasener roter Ballon, jedenfalls wenn man nicht direkt hinsah.

»Das ist kein Quatsch«, rief Marten zurück. »Ich komm schon ganz gut selbst aus der Parklücke.«

»In zwei Stunden vielleicht. Wir haben aber gleich einen Termin. Hast du mich verstanden?« Sie tippte wild auf eine imaginäre Uhr an ihrem Handgelenk, was Marten wieder mal daran erinnerte, dass er ihr zum vierzigsten Geburtstag eine teure Armbanduhr geschenkt hatte, die sie aber nur ein einziges Mal getragen hatte. Und zwar an ihrem vierzigsten Geburtstag!

»Dann hätten wir früher losgehen müssen, es kann halt immer was dazwischenkommen«, sagte Marten betont sachlich.

»Jetzt bin ich schuld, dass du nicht fahren kannst, oder was? Klar, an dir liegt es natürlich nicht. Wie immer!«

Die Vermengung falscher Tatsachen, die meist in einer unlogischen Schlussfolgerung mündete, machte ihn rasend.

»Erstens kann ich fahren«, sagte Marten dennoch erstaunlich gefasst, »und zweitens habe ich nicht behauptet, dass du an irgendwas schuld bist.«

Seine ruhige Reaktion nahm ihr kurz den Wind aus den Segeln. Sie wirkte verblüfft. Eine Sekunde sagte sie nichts. Dann zupfte sie ihr Kleid zurecht, wie immer ein deutliches Zeichen für einen Strategiewechsel.

»Dann mach doch, was du willst, Marten«, sagte sie schließlich, und weil sie ebenfalls sehr gefasst wirkte, hatte er die Bedeutung dieser Aussage erst gar nicht begriffen. Sie lächelte knapp und verschwand aus seinem Blickfeld.

Offenbar hatte sie keine Lust mehr, was für Marten doch etwas plötzlich kam.

Hektisch entriegelte er die Türen und stieg aus. Silke war bereits auf halbem Weg zurück zum Haus.

»Okay, meinetwegen, dann fahr du halt«, rief er ihr hinterher.

Sie stoppte, drehte sich um und musterte ihn ernst.

Kurz darauf saß Silke am Steuer, rumste ohne sichtbare Schuldgefühle mehrmals gegen das vordere und das hintere Auto – »Stoßstangen heißen ja nicht umsonst Stoßstangen!« – und fuhr schließlich laut hupend aus der Parklücke.

Zwanzig Minuten später standen sie im ersten Hinterhof eines alten Gewerbekomplexes und lasen ein neben der Tür zum Aufgang II angebrachtes Schild: *Yoga – Ayurvedische Massage und Ernährung – Paartherapie, Shankar Prakash, 3. OG.*

»Schade, dass er nicht auch noch Friseur ist, dann könnte ich mir gleich die Haare schneiden lassen«, sagte Marten, dem nicht ganz wohl bei der Sache war. In dieser Branche gab es schließlich genügend Quacksalber.

»Yogis sehen den Menschen eben ganzheitlich«, sagte Silke, die kein bisschen beunruhigt schien. Offenbar reichte der indische Name, um die Sache seriös wirken zu lassen. Manchmal war sie von einer rätselhaften Leichtgläubigkeit, die im völligen Gegensatz zu ihrer sonst eher nüchternen Art stand.

»Du kannst dich ja auch einfach mal auf was einlassen, ohne ständig zu meckern«, fügte sie noch hinzu, obwohl er gar nicht gemeckert hatte. Er hatte lediglich sein Bedauern darüber geäußert, dass Herr Prakash nicht zusätzlich Friseur war.

Sie stiegen die Stufen hoch.

Treppensteigen war mittlerweile die einzige Tätigkeit, bei der Marten regelmäßig einen auch von Silke unangefochtenen Sieg davontrug. Während sie noch im ersten Stockwerk keuchte, nahm Marten bereits das dritte in Angriff. Allerdings merkte er, wie sein zunehmendes Alter Silkes gewichtsbedingten Rückstand langsam verringerte. Leider waren diese Leistungen bei ehelichen Streits relativ unbrauchbar. Jedenfalls hatte Marten noch nicht versucht, seine Erfolge beim Treppensteigen ins Spiel zu bringen, wenn er im Haushalt mal wieder etwas verbockt hatte.

Schon bei der Begrüßung durch Herrn Prakash bemerkte Marten eine sichtbare Veränderung bei seiner Frau. Immer wenn sie jemanden besonders sympathisch fand, bekam sie eine rosige Gesichtsfarbe, und ihre Herzlichkeit wurde von leichter Scheu gedämpft, was sich besonders dadurch ausdrückte, dass sie ihr Gegenüber mehr zu Wort kommen ließ, als es normalerweise der Fall war. Das hieß konkret: Silke hörte plötzlich aufmerksam zu. Das allein hätte gereicht, um Marten eifersüchtig zu machen. Aber es kam noch dicker: Ihr Blick hatte auf einmal etwas ungewohnt Starres, als wäre sie in Gedanken bereits ganz woanders. Wo genau, wollte Marten sich aber lieber nicht vorstellen.

Abgesehen davon, dass ihr Therapeut eine Art Schwangerschaftskleid trug, das ihm bis über die Knie reichte, und dazu braune Sandalen, wirkte er überhaupt nicht esoterisch. Er sah mehr wie ein Geschäftsmann aus oder wie der Chef eines gehobenen indischen Restaurants, der seine Gäste mit Handschlag begrüßte und sie später fragte, ob es denn auch geschmeckt habe. Es war ein bisschen enttäuschend. Auch die Räume – sollte man eher von Büros sprechen? – hatten nichts Exotisches. Keine Buddhas, keine Duftkerzen, keine Elefanten. Nicht mal die Bilder an den Wänden waren speziell indisch motiviert. Ein Plakat im Flur kündigte lediglich den dritten ayurvedischen Weltkongress in Darmstadt an, ein anderes zeigte »Frauen, Stiere, alte Meister«, eine Ausstellung zum grafischen Werk von Pablo Picasso im Berliner Kupferstichkabinett.

»Ich muss mich entschuldigen«, sagte Herr Prakash zudem auch noch völlig akzentfrei, »wir sind erst vor zwei Wochen hier eingezogen.«

Er bat beide in ein schmuckloses Zimmer. Nur ein Tisch und drei Stühle. Vorm Fenster eine Schiebegardine wie beim Zahnarzt. Trotzdem tat Silke, als würden sie einen palastartigen Raum mit verschwenderischem Dekor betreten. Offenbar war ihre Wahrnehmung durch Shankar bereits stark beeinträchtigt.

»Das sieht doch schon schön aus«, sagte sie und blickte sich staunend um. Marten erkannte seine Frau kaum wieder. Sonst bevorzugte sie Räume, die bis auf den letzten Platz zudekoriert waren.

»Das freut mich«, sagte Herr Prakash mit einem warmen Lächeln. »Wir wollen es noch etwas – wie sagt man? – heimeliger machen.«

Sie setzten sich.

Herr Prakash holte ein Formular aus der Schreibtischschublade und wollte zunächst einige Fakten über ihre Ehe wissen. Wie lange sie verheiratet waren, ob sie Kinder hatten und wenn ja, wie viele, ob die Eltern noch lebten, in welchen Berufen sie arbeiteten, wer mehr verdiente und ob sie in einer Eigentumswohnung lebten oder zur Miete. Nachdem er die Antworten notiert hatte, las er sich alles noch einmal in Ruhe durch, wackelte kurz mit dem Kopf und sah beide, die Hände vor sich gefaltet, eine Zeitlang wortlos an.

Marten überlegte, ob die genannten Fakten bereits zu einer groben Analyse ihrer ehelichen Großwetterlage reichten. Blies ihnen deshalb kalt der Wind in die Gesichter, weil sie zwei Kinder hatten, beide Eltern noch lebten, Silke aber mehr verdiente als er? Sähe es insgesamt günstiger aus, wenn sie ein statt zwei Kinder hätten, in der geerbten Eigentumswohnung von Silkes früh verstorbenen Eltern lebten und Marten Kontaktbereichsbeamter der Polizei wäre mit einem mindestens doppelt so hohen Einkommen wie seine Frau?

Vermutlich stellte Herr Prakash im Kopf gerade irgendwelche Gleichungen auf, x durch y ergibt q zum Quadrat. Mehr brauchte er gar nicht zu wissen, um ihnen sagen zu können, dass ihre Ehe bei dem fallenden Wahrscheinlichkeitsquotienten T (x) nur noch geringe Aussichten hatte, die nächsten dreieinhalb Monate zu überleben.

Vor einiger Zeit hatte Marten im Internet mal aus Spaß bei einer Kontakt-Agentur persönliche Daten eingegeben. Zu seinem Entsetzen schlug ihm die Suchmaschine verwitwete Sechzigjährige mit den Vorlieben Bergwandern, Gesellschaftsspiele und »öfter auch nur Kuscheln« vor. Seitdem wusste er, was von solchen Gleichungen zu halten war.

»Wann hatten Sie zum letzten Mal Sex?«

Herr Prakash blickte sie so sachlich an, als hätte er nur eben nach der Uhrzeit gefragt.

»Wer jetzt?«, fragte Marten etwas verwirrt.

Silke lachte bitter auf.

»Eigentlich meinte ich, wann sie *zusammen* das letzte Mal Sex hatten?«, sagte Herr Prakash.

Und eigentlich hatte Marten gemeint, wer jetzt zuerst die Frage beantworten sollte.

»Vor zwei, drei Monaten, höchstens«, sagte Marten schnell, vermied es dabei jedoch, Silke direkt anzusehen.

»Ich würde sagen, ein Jahr«, sagte Silke, »zumindest, was uns betrifft.«

»Na gut, zehn Monate, aber mehr nicht«, lenkte Marten ein.

Herr Prakash räusperte sich. »Wenn ich das richtig interpretiere, haben Sie zwischenzeitlich außerehelichen Verkehr gehabt?«

Es gab keinen Zweifel, er meinte Marten.

Marten wurde rot. »Nein, nein, so war das nicht! Meine Frau glaubt, dass ich was mit Renate hätte, aber das stimmt so nicht. Wir waren nur in der Oper, das kann man ja wohl mal machen, als Erwachsene.«

Herr Prakash lächelte, ließ aber nicht erkennen, ob er Marten glaubte oder nicht.

Er wandte sich zu Silke. »Aber Sie würden natürlich gerne mehr Sex haben. Ist das korrekt?«

Silke spitzte die Lippen und atmete tief durch. Dabei hoben sich ihre Brüste, blieben beim Ausatmen jedoch an der Tischkante hängen. Dies war auch Shankar Prakash nicht verborgen geblieben. Einen Moment blickte er erstaunt auf Silkes Brüste, rettete sich dann aber schnell in ein unverfängliches Lächeln.

»Natürlich würde ich«, sagte Silke, die seinen Blick offenbar bemerkt hatte. Sie lächelte ihn an. Dabei rieb sie sich wie ein schüchternes Mädchen die Arme.

»Aber Ihr Mann gibt Ihnen nicht, was Sie brauchen?«

»Nach zwanzig Jahren ...«, hob Marten an, wurde von Silke jedoch abrupt unterbrochen.

»... kann man sich ja trotzdem noch anstrengen!«

»Wer hat sich denn darüber beschwert, dass ich mich wieder auf meinen alten Platz am Frühstückstisch setze?«, fragte Marten erbost.

»Es kam halt etwas plötzlich«, sagte Silke.

»Ach«, machte Marten erstaunt, »hätte ich den Platzwechsel vorher schriftlich ankündigen sollen?«

»Du hättest ein bisschen sensibler sein können. Immerhin hat Jana dort jahrelang gesessen.«

»Das heißt ja nicht, dass ich immer in der Ecke sitzen bleiben muss.«

»Ich dachte, du sitzt gerne in der Ecke«, tat nun auch Silke erstaunt.

Dass sie wusste, dass er jahrelang gerne dort gesessen hatte, erstaunte Marten noch mehr.

»Man kann sich verändern«, sagte er.

»Aber du doch nicht!«, erklärte sie vorwurfsvoll.

»Sie sind also nicht damit einverstanden, dass sich Ihr Mann auf den Platz Ihrer Tochter setzt«, ging Herr Prakash endlich dazwischen.

»Ursprünglich war es ja mein Platz«, erklärte Marten.

»Aber jetzt ist es Janas Platz!«, blieb Silke hart.

»Könnte es sein«, fragte Herr Prakash vorsichtig, »dass sich Ihr Mann gegenüber den Kindern etwas zurückgesetzt fühlt und aus Frust darüber zu dieser Frau Renate gegangen ist?«

»Frau Bruhns«, korrigierte ihn Marten, »wir sind Arbeitskollegen.«

»Ach was, mein Mann fühlt sich gerne zurückgesetzt, dann hat er seine Ruhe, ich kenne ihn doch.«

Marten sah verärgert zu Silke, konnte aber nichts Grundsätzliches dagegen sagen.

Shankar Prakash notierte kurz etwas auf seinem Formular. Es sah aus, als ergänzte er nur bereits vorformulierte Aussagen.

»Sie möchten also im Wesentlichen, dass sich nichts verändert, aber wieder mehr Sex haben«, sagte er zu Silke gewandt. »Könnte man das in etwa so sagen?«

Silke sah eine Sekunde zu Marten und zuckte die Schultern.

»Und Sie«, fuhr Herr Prakash zu Marten gewandt fort, »möchten gerne, *dass* sich etwas verändert. Haben Sie beide eigentlich schon mal an eine offene Beziehung auf Zeit gedacht?« Dabei musterte er jedoch nur Silke, die seine Blicke zunächst nur mit einem verschämten Lächeln beantwortete.

»Na ja«, sagte sie schließlich, »also im Prinzip«, sie ruckte kurz hoch, um ihre Brüste noch besser in Position zu bringen, »warum eigentlich nicht?«

Marten konnte kaum glauben, was hier gerade vor seinen Augen geschah. Dieser glutäugige Inder war drauf und dran, seiner Frau eine offene Beziehung aufzudrängen, und zwar mit niemandem anderen als ihm selbst. Neu war ihm allerdings, dass Silke auf dünne, dunkelhäutige Männer mit geölten schwarzen Haaren in weißen Nachthemden stand.

»Ja, ich möchte, dass sich etwas ändert«, rief Marten im Ton leiser Verzweiflung. »Ich möchte endlich, dass diese Enten verschwinden!«

Silke und Herr Prakash sahen gleichzeitig zu Marten.

»Enten?«, fragte Herr Prakash und sah verwundert zu Silke, als müsse er sich erst bei ihr vergewissern, ob er richtig gehört hatte. Anscheinend wurde Marten schon gar nicht mehr ernst genommen.

»Gut, ich habe ein paar Enten gesammelt …«

»Ein paar?« Marten lachte auf. »Es gibt in der Wohnung praktisch keinen Quadratzentimeter ohne Enten!«

»Keinen Quadratzentimeter – jetzt langt's mir aber langsam!«, sagte sie übertrieben verärgert, blickte jedoch rasch zu Herrn Prakash, als hätte sie Sorge, überreagiert zu haben.

»Aus welchem Material sind denn diese, äh, Enten?«, fragte Herr Prakash.

»Das ist doch völlig egal!«, rief Marten, dem es völlig egal war, ob er überreagierte oder nicht. »Es sind einfach zu viele, und mir verbietet sie, dass ich *einen* Leguan ins Wohnzimmer stelle.«

»Weil er hässlich ist«, sagte Silke, »es ist einfach eine hässliche grüne Eidechse. Die möchte ich nicht im Wohnzimmer haben.«

»Ein Leguan ist keine Eidechse«, erklärte Marten. »Beide sind erst in der vierten Stufe miteinander verwandt.«

»Es ist mir egal, in welcher Stufe sie miteinander verwandt sind. Beide haben Schuppen.«

»Da siehst du es! Du hast dich nie für meine Arbeit interessiert!«

»Und wie oft bist du mal zu mir in den Laden gekommen? Dreimal vielleicht, dir ist es nämlich genauso egal!«

Marten grinste. »Da haben wir den Beweis.«

»Welchen Beweis?«

»Dass dir mein Job *genauso* egal ist.«

Silke blickte verzweifelt zum Therapeuten, der sich wieder in sein unverfängliches Lächeln zurückgezogen hatte. Was Europäer oft als weise missverstanden, war vermutlich nur die asiatische Art, die eigene Ratlosigkeit auszudrücken. Ratlos plus bekifft gleich Guru. In Wirklichkeit wussten diese Leute nämlich genauso wenig Bescheid wie die im Westen. Sie machten dabei nur eine bessere Figur.

»Die Ehe ist wie ein Abendessen, das mit dem Dessert beginnt«, sagte Shankar Prakash auf einmal und blickte eine Sekunde zu lange auf Silkes Dekolleté, was ihr jedoch keineswegs unangenehm zu sein schien. Im Gegenteil. Beim Wort »Dessert« drückte sie prompt den Rücken gerade und sah ihn hoffnungsvoll an. Offensichtlich hätte sie nichts dagegen gehabt, von Herrn Prakash als Dessert verspeist zu werden.

Eines musste man ihm lassen, seine Sprüche trafen ziemlich genau Silkes Geschmack.

»Demnach wären wir jetzt also beim Gruß aus der Küche«, sagte Marten flapsig und erntete erwartungsgemäß den bösen Blick seiner Frau.

»Kannst du nicht *einmal* ernst sein? Er versucht uns doch nur zu helfen!«

»Ich habe den Eindruck, er versucht gerade was ganz anderes«, sagte Marten beleidigt.

»Ihr Mann hat ganz recht«, sagte Herr Prakash freundlich lächelnd. »Sie haben das Menü praktisch hinter sich und fragen sich, was jetzt noch kommen kann.«

Sein freundliches Getue ging Marten zunehmend auf den Wecker. Außerdem stimmte der Vergleich vorne und hinten nicht.

»Wenn man fertig ist, steht man auf und geht«, erklärte er sachlich.

»Ach so«, sagte Silke, »du bist also fertig mit mir oder wie?«

Marten bemühte sich ruhig zu bleiben. Er atmete tief durch. »Wenn man fertig gegessen hat, steht man auf und verlässt das Lokal, das habe ich gesagt.«

»Sag ich doch«, sagte Silke, unbeirrt geradeaus blickend. »Das Lokal ist die Ehe und die willst du verlassen.« Sie pflückte irgendwelche unsichtbaren Fusseln von ihrer Bluse.

Wenn Silke sich vorgenommen hatte, ihn falsch zu verstehen, brachte sie nichts mehr davon ab. Schon gar keine logische Gegenbeweisführung bis ins letzte Glied.

»Vielleicht möchte ich das Lokal ja auch verlassen«, meinte sie nach einer kurzen Pause und lächelte Herrn Prakash unverhohlen an.

Herr Prakash lächelte immer noch. Inzwischen war sich Marten nicht mehr sicher, ob er nicht doch bekifft war.

»Ihr Mann hat vollkommen recht«, sagte Herr Prakash. »Wenn man fertig ist mit dem Essen, geht man.«

In der letzten halben Stunde hatte Marten mehr recht bekommen als in zwanzig Jahren seiner Ehe. Es war ihm fast ein wenig unangenehm.

»Ach?«, machte Silke.

»Und dann geht man ein bisschen spazieren«, fuhr Herr Prakash fort.

»Und dann?«, fragte Silke, beunruhigt über die Entwicklung. »Geht man dann nach Hause?«

Shankar Prakash zuckte die Schultern. Ein Therapeut, der die Schultern zuckte, wirkte irgendwie unseriös.

»Vielleicht. Oder man wartet, bis man wieder Appetit bekommt.«

»Und dann geht man wieder essen?«, fragte Marten erstaunt.

Herr Prakash wackelte mit dem Kopf. Auch wenn sie woanders geboren waren, das Kopfwackeln verfolgte die Inder quer über die Kontinente.

»Aber nicht im gleichen Lokal«, sagte er schmunzelnd. Seine Lippen lagen wie Schwimmreifen auf seinem Gesicht.

»Man fängt aber wieder mit dem Dessert an, oder?«, fragte Silke besorgt.

Herr Prakash faltete seine Hände. »Man trifft sich, als hätte man sich vorher noch nie gesehen.«

»Aber zuerst das Dessert«, beharrte sie.

»Natürlich«, sagte Herr Prakash.

Silke sank erleichtert lächelnd in sich zusammen.

»Nur noch mal zur Sicherheit«, hakte Marten vorsichtshalber nach, »man trifft sich aber mit demselben Partner?«

Einen Moment sahen beide wie gebannt zum Therapeuten. Und noch nie hatte Marten so sehr das Gefühl, dass beide auf unterschiedliche Antworten hofften.

Doch Herr Prakash lächelte, wackelte mit dem Kopf – und sagte nichts.

Irgendwo von draußen drang das Geläut der Kirchenglocken.

»Oh, schon so spät?« Er blickte auf seine Armbanduhr. »Wenn Sie Lust haben, kommen Sie doch mal zu meinem Yoga-Kurs«, sagte er zu Silke gewandt.

Marten wartete, ob er ihm dasselbe Angebot machte. Doch er wurde hier anscheinend nicht mehr gebraucht.

»Ja, warum eigentlich nicht?«, sagte Silke offensichtlich hocherfreut. Ihre Wangen glühten. »Vielleicht hilft es ja.«

Sie standen auf. Beim Händeschütteln blickte Herr Prakash Silke so lange in die Augen, dass er vergaß, sich auch von Marten zu verabschieden.

Unten im Hof blieb Marten abrupt stehen. »Vielleicht hilft es ja?«, sagte er verärgert zu Silke. »Und was genau soll dir da helfen, wenn ich mal fragen darf?«

Silke machte ein Gesicht, als wollte sie sich ihre gute Laune durch Marten auf keinen Fall versauen lassen.

»Im Gegensatz zu dir probiere ich eben gerne auch mal was Neues aus.«

Damit drehte sie sich um und ging. Marten blickte seiner Frau nach und fragte sich, ob ihre Ehe in diesem Moment tatsächlich beendet war.

»Mit einem Inder?«

Wolfgang krümmte sich so vor Lachen, dass sein Gelächter zunehmend in starken Husten überging.

Sie standen im Flur von Wolfgangs Wohnung. Noch in der Tür hatte Marten ihm mitgeteilt, dass seine Frau in Zukunft wohl mit Herrn Prakash das Bett teilen würde. Mit so einer Reaktion hatte er allerdings nicht gerechnet. Und angesichts der ernsten Lage – die Scheidung lag gewissermaßen schon in der Luft – empfand er das Verhalten seines besten Freundes als ziemlich unangemessen.

»Silke steht doch gar nicht auf solche Typen!«, sagte Wolfgang, das Kopfwackeln des Inders imitierend. »Was hast du bloß mit ihr gemacht?«

Dass selbst Wolfgang über die Männervorlieben seiner Frau Bescheid wusste, machte die Sache nicht leichter.

»Ich hab überhaupt nichts mit ihr gemacht«, sagte Marten verärgert.

»Eben«, sagte Wolfgang schnippisch, »das wird wohl der Grund sein.«

Marten überlegte kurz, was Wolfgang damit gemeint haben könnte, kam aber zu keinem überzeugenden Ergebnis.

»Warum denken immer alle, dass man irgendwas gemacht hat, wenn einen der Partner verlässt? Vielleicht tritt der andere ja gerade in eine neue Lebensphase ein, in die der alte Partner einfach nicht mehr passt.«

Schon während er es formulierte, merkte er, wie er versuchte, sich die Umstände schönzureden. In Wahrheit stand er jedoch vor dem Rätsel, wie ein Mensch, mit dem er über zwanzig Jahre zusammen war und den er geglaubt hatte gut zu kennen, plötzlich Dinge machte, die er nicht mehr verstand. Dass es sich dabei um eine

Frau handelte, verkomplizierte den Fall noch zusätzlich. Es war ihm unbegreiflich, wie sich ihr Geschmack auf einmal derart ändern konnte. Er trank ja auch nicht plötzlich lieber Bier als Wein.

»Und was willst du jetzt machen?«, fragte Wolfgang etwas nachdenklicher.

Sie gingen ins Wohnzimmer. Marten ließ sich erschöpft aufs Sofa fallen und starrte einen Moment auf die Terrarien. Am liebsten würde er in einem dieser Glaskästen unter einem großen Blatt sitzen und keinerlei Erwartungen mehr erfüllen müssen. Einundfünfzig Jahre hatte er die unterschiedlichsten Erwartungen erfüllt, die seiner Eltern, seiner Lehrer, seiner Frau, seiner Kinder und nicht zuletzt auch seine eigenen, obwohl ihm das nicht immer geglückt war, zu oft sogar überhaupt nicht. Er wollte kein Erfüllungsgehilfe fremder Ansprüche mehr sein, sondern selber bestimmen, was er machte und was nicht. Wenn er darüber nachdachte, wie oft er auf Spielplätzen sitzen und seinen Kindern beim Klettern und Schaukeln zusehen musste, wurde ihm ganz schwindelig. Noch schwindeliger wurde ihm allerdings bei dem Gedanken, dass er ganz gerne auf Spielplätzen gesessen und seinen Kindern beim Klettern und Schaukeln zugesehen hatte.

»Hier, trink mal von diesem Whisky, der bringt dich auf andere Gedanken«, sagte Wolfgang und schenkte ihm das Glas halb voll.

Marten roch am Glas. Im Grunde mochte er keinen Whisky. Seit Jahren trank er ihn nur, um Wolfgang nicht zu enttäuschen.

»Hast du eigentlich auch Wein da?«, fragte Marten nach dem ersten Schluck angewidert. Der Whisky schmeckte wie ein ganzer Arzneischrank.

»Wein? Ich dachte, du magst Whisky?«, sagte Wolfgang überrascht.

Marten dachte nach.

»Vielleicht ist es das«, sagte er, »sie steht eigentlich mehr auf dunkle Typen und hat mich nur aus Verzweiflung genommen.«

»Wie bitte«, fragte Wolfgang. »Du meinst, weil sie damals keinen Inder abbekommen hat?«

Marten nickte. Wenn das stimmte, hatte er praktisch schon verloren.

»So verzweifelt kann doch niemand sein, dass er zwanzig Jahre mit so einem wie dir aushält«, meinte Wolfgang grinsend.

»Sehr witzig«, sagte Marten.

Er sah beleidigt in ein Terrarium, wo gerade mehrere Geckos Gruppensex hatten. Dabei fragte er sich, ob es ohne Eifersucht nicht viel einfacher wäre. Man könnte fremdgehen, sooft man wollte, und bliebe trotzdem ein Paar. Leider war schon die Vorstellung, dass Silke mit diesem Inder im Bett lag, so unerträglich, dass er die Idee nicht weiter verfolgte.

»Hast du jetzt Wein, oder nicht?«, fragte Marten.

Wolfgang schüttelte den Kopf. »Du hast nur noch eine Chance.«

»Welche Chance?«, fragte Marten.

»Dass dich Silke nicht verlässt.«

»Ich höre.«

Wolfgang trank einen großen Schluck und musterte ihn aus schmalen Augenschlitzen.

»Du musst ihr einen riesigen Schrecken einjagen. Sie muss schlottern vor Angst, verstehst du?«

Obwohl Marten keine Ahnung hatte, was er meinte, stand er dem Vorschlag prinzipiell offen gegenüber. Wenn er es recht überlegte, hatte sich seine Frau noch kein einziges Mal vor ihm gefürchtet. Selbst dann nicht, als er als Einbrecher ins Schlafzimmer gekommen war, was ihm zu denken gab. Ob es für funktionierende Ehen von Vorteil war, wenn wenigstens einer der Partner mindestens einmal vor dem anderen Angst gehabt hatte, konnte er allerdings nicht mit Sicherheit sagen.

»Ich könnte einen Gecko in ihr Bett legen. Wenn sie dann die Bettdecke umschlägt …«

»Du musst plötzlich verschwinden, Junge! Einfach von jetzt auf gleich abhauen, ohne irgendwelche Nachrichten, kapiert? Damit kommen Frauen nicht klar. Dass du nicht erst groß alles begründest, laber, laber, sondern knallhart Fakten schaffst!«

»Jetzt sofort?«, fragte Marten leicht beunruhigt. Das Wort *plötzlich* in seinem Zusammenhang zu nennen hörte sich irgendwie falsch an. Silke würde automatisch denken, dass ihm etwas zugestoßen war.

»Man müsste ihr vielleicht eine Notiz …«

»Plötzlich heißt plötzlich«, unterbrach ihn Wolfgang.

»Aber es muss doch irgendeinen nachvollziehbaren Grund geben.«

»Du redest schon wie eine Frau. Es wird Zeit, dass du mal eine Weile wegkommst von den Weibern.«

»Also, eigentlich war ich immer ganz …«

»Wie wär's mit einer Entführung?«, schlug Wolfgang vor. »Wir machen ein hübsches Foto von dir, so à la Hanns-Martin Schleyer mit Zeitung und so, und fordern ein knackiges Lösegeld. Dann hast du deinen Grund.«

»Aber den Teil mit dem Kofferraum lassen wir weg.«

Wolfgang lachte. »Wir wollen dich ja nicht umbringen!«

»Nee, oder?«

Marten leerte das Whiskyglas in einem Zug.

Die Idee, sich entführen zu lassen, war so frappierend, dass er auf einmal wieder ein wenig Hoffnung schöpfte.

Denn wenn Silke erst merkte, wie es ohne ihn war, würde ihr vielleicht endlich klarwerden, was sie an Marten hatte. Wobei ihm selbst nicht ganz klar war, was das genau sein könnte. Das Schwierigste an langen Beziehungen war, dass man irgendwann nicht mehr wusste, ob man nur noch aus Gewohnheit zusammenblieb.

Der Alkohol rauschte in seine Adern und fuhr mit ihm Karussell.

»Und was ist, wenn sie keine Angst bekommt?«, fragte Marten.

Wolfgang goss Whisky nach.

»Dann bleiben *wir* eben zusammen.«

Er lachte so laut, dass die Geckos vor Schreck von sich abließen und schnell im Gebüsch verschwanden.

Über den Inder verlor Silke in den nächsten Tagen kein Wort. Drei mögliche Gründe: Sie schämte sich für ihr Benehmen; sie hatte so viel um die Ohren, dass sie ihn bereits vergessen hatte; sie wollte nicht auffallen, weil sie praktisch nur noch an ihn dachte.

Von vergleichbaren Erlebnissen wusste er, dass Silke genau dann intensiv über etwas nachdachte, wenn sie es vehement bestritt. Aus vergleichbaren Erlebnissen hatte er aber auch gelernt, dass es sinnlos war, sie danach zu fragen.

Unterdessen hatte Marten eine viel bessere Idee. Sie war so genial, dass er sich wunderte, wie ausgerechnet er darauf gekommen war. Offenbar steckte doch mehr in ihm, als er vermutet hatte.

Damit seine Entführung nicht umsonst war, musste er sicher sein, dass sie sich nicht schon in den Armen des Inders wähnte und bereits gemeinsame Reisen ins Land seiner Vorfahren plante. In diesem Fall wäre eine homosexuelle Zwangsgemeinschaft mit Wolfgang wohl kaum noch aufzuhalten gewesen. Sein Plan sah Folgendes vor: Er würde Silke beiläufig mit indischen Themen konfrontieren und dann beobachten, wie sie reagierte. Reagierte sie desinteressiert bis ablehnend, war es ihr ernst, reagierte sie neutral, war sie sich über ihre Gefühle für Herrn Prakash noch nicht im Klaren, reagierte sie grundsätzlich interessiert, konnte er ihr Verhalten getrost als flüchtige Schwärmerei abtun. Allerdings war alles genauso gut umgekehrt denkbar, denn es kam immer auf ihre aktuelle Laune an. Und ihre Launen wechselten je nach Tageszeit. Manchmal sogar innerhalb einer Stunde. Was morgens noch locker durchgewinkt wurde, konnte abends bereits heftige Diskussionen auslösen. Das machte Vorhersagen letztlich so unberechenbar.

Es fing zunächst harmlos an. Am ersten Abend ließ er wie zufällig sein altes »Siddharta«-Büchlein von Hermann Hesse auf dem Couchtisch liegen. Es war schon ziemlich zerfleddert, als Buch mehr zum Anstaunen unter dem Glassturz geeignet (»Das Buch zeugt von Vaters intensiver Beschäftigung mit dem Werk des schwäbischen Dichters«) denn zur Lektüre. Silke war nie eine große Leserin gewesen. Als sie sich kennenlernten, hatte Marten seine Leseerfahrungen im Prinzip schon abgeschlossen. Und da sie ihn später kaum noch mit Romanen gesehen hatte, musste ihr das Buch schon aus diesem Grund auffallen.

Aber Silke nahm es nicht mal zur Kenntnis. Sie warf sich auf die Couch, griff sich eine der Illustrierten, mit denen sie, wie sie immer sagte, »gut runterkam«, und ließ Marten vollkommen ungestört eine Dokumentation über den Teeanbau in Ceylon ansehen, auf die er sich aber nicht konzentrieren konnte, weil er dauernd dachte: Jetzt muss sie aber doch endlich mal auf den Tisch sehen!

Dies brachte ihn am nächsten Morgen jedoch auf die Idee, statt Kaffee indischen Darjeeling zum Frühstück anzubieten. Der Tee war ein Geschenk ihrer Eltern. Eigentlich waren sie leidenschaftliche Kaffeetrinker. Wenn sie zu Besuch bei Silkes Eltern waren, tranken sie seit Jahren ausschließlich Kaffee. Manchmal fragte er sich, ob Silkes Eltern wirklich so einfallslos waren oder ob es ihnen einfach nur egal war, was sie schenkten. Einen Moment stutzte Silke, als sie die Teekanne auf dem Frühstückstisch sah, murmelte dann aber so etwas wie »Kann ja mal nicht schaden«, was Marten allerdings nicht recht einzuordnen wusste. Es klang weder völlig ablehnend noch besonders interessiert.

Nach zwei Tagen machte sich Ernüchterung bei ihm breit. Er hatte es sich offenbar doch zu leichtgemacht, eine Eigenschaft, die ihn in seinem Leben leider allzu häufig begleitete. Was bei der Arbeit mit Erfolglosigkeit bestraft wurde, zeigte sich in der Beziehung durch schleichenden Liebesentzug. Und den merkte man so lange nicht, bis es fast zu spät war. Leider gab es für Männer noch keine Warnglöckchen, die gut hörbar klingelten, wenn in der Beziehung die ersten Minusgrade erreicht wurden.

Marten musste die Sache forcieren. Er brauchte Antworten, und er brauchte sie jetzt.

Noch am Vormittag kaufte er zwei indische Kochbücher, »Verführerische indische Küche« und »Das Große Indien-Kochbuch, 50 Lieblingsrezepte«. Das erste legte er auf den Küchentisch, das zweite aufgeschlagen direkt auf Silkes Couchseite. Das doppelseitige Foto zeigte einen zwar freundlich lächelnden Inder mit Turban, dessen Zähne allerdings in einem so schlechten Zustand waren, dass sich Silke unweigerlich fragen musste, ob sie wirklich mit einem Mann alt werden wollte, der aussah wie ein in die Jahre gekommener kleiner Muck.

Danach ging er halbwegs zufrieden ins Büro. Dort wartete jedoch schon die nächste Baustelle.

Seit ihrer gemeinsamen Nacht war Renate aus irgendeinem Grund davon überzeugt, dass es nur noch eine Frage von Tagen war, bis sich Marten endgültig von seiner Frau trennen würde. Und um ganz sicherzugehen, dass er nicht auf den letzten Metern schwächelte und es sich anders überlegte, trug sie wechselweise hautenge Röcke mit Leopardenmotiv und welche aus schwarzem Satin. Dass sie glaubte, Marten ließe sich von solchen Äußerlichkeiten beeindrucken, gar in einer so grundsätzlichen Frage wie einer Trennung beeinflussen, ärgerte ihn, gerade weil er für solche Äußerlichkeiten empfänglich war. Und eben deshalb ließ er Renates Bemühungen gegen die Wand fahren, indem er sie komplett ignorierte. Zu seinem Bedauern bewirkte dies jedoch das genaue Gegenteil. Anstatt aufzugeben, nervte ihn Renate mit ständigen Nachfragen, wann er denn nun gedenke, Silke vor vollendete Tatsachen zu stellen, sie habe schließlich nicht mehr ewig Zeit. Wofür sie so viel Zeit brauchte, war ihm zwar schleierhaft, er wollte es aber lieber auch gar nicht wissen. Nur weil er einmal mit ihr geschlafen hatte – ein klarer Beweis fehlte allerdings nach wie vor –, glaubte sie sich bereits als rechtmäßige Besitzerin seiner Gefühle. Was sie nicht wusste und Frauen allgemein nicht zu wissen schienen: Gefühle spielten beim Mann in diesem Fall keine Rolle, weshalb Fremdgehen auch meist nur für den Mann ein Vergnügen war.

»Sag mal, glaubst du eigentlich, ich mach das hier alles nur zum Spaß?«, sagte sie unerwartet aggressiv kurz vor der Mittagspause, nachdem ihre durchaus bemerkenswerte Ausstattung – sie trug eine weitgeschnittene

Seidenbluse, die tief blicken ließ – bei Marten wieder einmal keine entsprechende Reaktion ausgelöst hatte.

»Was jetzt genau?«, fragte Marten vorsichtig nach, obwohl er nicht mal allgemein wusste, worauf sie abzielte.

»Seit wer weiß wie vielen Jahren hoffe ich, dass du mich endlich erkennst, und jetzt, wo es so weit ist, lässt du mich am langen Arm verhungern. Find ich ehrlich gesagt zum Kotzen, wie du mich behandelst.«

Dass Frauen gerne in Rätseln sprachen, wusste Marten; dass sie es selber gar nicht zu wissen schienen, wurde ihm erst jetzt richtig klar.

»Wie behandle ich dich denn?«, fragte er arglos zurück. Wenn man den jeweils letzten Satz des Gesprächspartners als Frage wiederholte, konnte man praktisch ewig weiterreden, ohne dass er merkte, dass man nicht die geringste Ahnung hatte, worum es eigentlich ging.

»Du behandelst mich wie den letzten Dreck, als wären dir meine Gefühle egal.«

»Deine Gefühle sind mir egal?«

»Ja, inzwischen glaube ich fast, du hast gar keine Gefühle. Du bist genauso kalt wie diese Echsen!«

»Echsen sind nicht kalt, sondern wechselwarm.«

»Genau das bist du, wechselwarm. Wenn dir die Sonne der Anerkennung nicht scheint, bist du eiskalt.«

Die Sonne der Anerkennung – langsam reichte es Marten. Auf welchem Trip war diese Frau eigentlich? Er war kurz davor, ihr die Wahrheit zu sagen. Dass er sie nur benutzt hatte. Aber das würde ihre These nur stützen. Er musste aufpassen, dass er ihr nicht in die Hände spielte.

»Okay, du hast recht«, sagte Marten. Alles zuzugeben war die schärfste Waffe, die es Frauen gegenüber gab. Damit kamen sie nicht zurecht, weil es nichts mehr gab, worüber sie weiter diskutieren konnten.

»Wie meinst du das jetzt?« Renates Gesichtsausdruck

war eine Mischung aus Empörung und Resignation, mit einem kleinen Schuss Verwunderung.

»Ich meine es, wie ich es gesagt habe, du hast in allem vollkommen recht. Ich lasse dich am langen Arm verhungern, ich habe dich schlecht behandelt, und ich brauche die Sonne der Anerkennung, weil ich sonst nämlich ganz schön kalt sein kann. Du hast alles richtig erkannt, und ich danke dir, dass mir das endlich mal jemand gesagt hat.«

Sie schwieg. Anscheinend kam ihr sein Eingeständnis etwas zu plötzlich. Vielleicht hatte sie ursprünglich vorgehabt, ihm zu drohen, was jetzt aber nur noch unter Aufbietung schwerster Vorwürfe zu realisieren war. Doch die waren wohl so schnell nicht zu finden.

Im Nebenzimmer hörte er, wie seine Kollegen zum Mittagessen aufbrachen.

Renate nutzte die Gelegenheit, um aus der verfahrenen Situation zu fliehen.

Sie stand auf und riss ihre Handtasche an sich.

»Ich bin aber nicht nur *jemand*, verstanden!« Damit drehte sie sich um und verließ im Stechschritt den Raum.

Als Marten später nach Hause kam, hatte er im Flur bereits einen süßlich-würzigen Geruch in der Nase. Silke war offenbar früher von der Arbeit gekommen und bereitete das Abendessen vor. Es war sonst gar nicht ihre Art, Marten nicht über die zu erwartenden Zutaten zu informieren, und das machte ihn ein wenig nervös.

Als er in die Küche kam, traf ihn fast der Schlag. Silke stand in einen bunten indischen Sari gehüllt und mit Jesuslatschen am Herd und wackelte lustvoll mit den Hüften, während sie eifrig in einem riesigen Topf rührte. Entweder seine Frau drehte jetzt völlig durch, oder sie übte bereits für ihre zukünftigen Aufgaben an der

Seite von Shankar Prakash, was letztlich aufs selbe hinauslief.

Marten durfte jetzt keinesfalls größere Aufregung verbreiten. Er musste so tun, als wäre überhaupt nichts dabei, dass Silke als Inderin verkleidet in ihrer Küche stand und indisch kochte.

»Was gibt es denn heute Schönes?«, fragte er und blickte mit gespielter Neugierde in den Kochtopf, wo ein kinderkopfgroßes Gemüse in einer rötlichen Suppe schwamm.

»Huch, du bist schon da, mein Schatz?«

Sie sah ihn überrascht an. Ihr Gesicht glühte vom heißen Dampf. Auf ihrer Stirn zerlief sternförmig ein roter Punkt. Noch beunruhigender aber war, dass sie ihn erstmals »Schatz« genannt hatte. War sie betrunken?

»Na ja, es ist sechs Uhr«, sagte er vorsichtig, »sonst komme ich ja eher um drei nach Hause.« Er war erstaunt, dass ihr das auf einmal neu sein sollte. Neu war aber auch, dass ihr Lächeln, eigentlich mehr ein schwachsinniges Grinsen, auf ihrem Gesicht betoniert schien. Silke grinste in einem fort, als stünde sie unter bewusstseinserweiternden Drogen.

»Ach so, um drei schon. Hast du nur eine Halbtagsstelle?«

Sie war betrunken *und* bekifft. Anders war ihr Verhalten nicht zu erklären. Betrunkene und Frauen hatten eines gemeinsam: Den größten Unsinn konnten sie in einem vollkommen vernünftig wirkenden Tonfall vorbringen. Und als Mann hatte man nur die Chance, ebenso vernünftig darauf zu reagieren.

»Ursprünglich wollte ich eine Ganztagsstelle, aber mein Chef konnte mich nicht bezahlen.«

Ursprünglich wollte er nie eine Ganztagsstelle, und seinen Chef hatte er auch nie darum gebeten.

»Schade, aber dafür können wir jetzt zusammen essen. Das ist doch auch nett.«

Marten lächelte gezwungen.

»Wie kommst du eigentlich plötzlich auf Indisch?«, fragte er beiläufig. Er stand direkt neben ihr und beobachtete genau ihr Gesicht.

»Ach, irgendwie hatte ich Lust drauf, ich weiß auch nicht wieso. Ich fühlte mich gerade so indisch.« Sie lachte.

Marten hatte eine furchtbare Ahnung, versuchte aber dennoch ruhig zu bleiben.

»Gibt es denn irgendeinen Grund dafür? Ich meine, hast du …«

»Muss es denn immer einen Grund geben?«, unterbrach sie ihn. »Man kann doch einfach nur mal grundlos Lust auf was haben, oder?«

Es war noch viel schlimmer als gedacht. Silke hatte sich nicht einfach in Herrn Prakash verguckt, ihr war offensichtlich gar nicht bewusst, dass sie sich in den Therapeuten verguckt hatte. Solange sie glaubte, lediglich aus Lust und Laune zur indischen Küche gekommen zu sein, war es noch nicht bedrohlich. Sobald ihr jedoch klarwurde, wer der eigentliche Verursacher dieser gastronomischen Kehrtwende war – anders konnte er ihre plötzliche Liebe zum Curry nicht beschreiben –, würde es dramatische Konsequenzen für Marten haben.

Noch am selben Abend fasste er den Entschluss, mit der Entführung nicht länger zu warten. Marten musste handeln, solange ihr die Gefühle für Shankar Prakash noch nicht bewusst geworden waren.

Das Curry schmeckte ihm dann allerdings so gut, dass er ernsthaft darüber nachdachte, noch so lange auf Risiko zu fahren, bis Silke dahinterkam, was ihren Indienfimmel ausgelöst hatte.

»Du packst ein paar Sachen zusammen und kommst her. Und zwar sofort!«

Wolfgang ließ am Telefon keinen Zweifel aufkommen, dass er es ernst meinte. Marten stand nackt vor dem Schlafzimmerspiegel und überlegte, ob er Silke eine Entführung überhaupt zumuten konnte. Schließlich war sie nicht mehr die Jüngste, sie hatte starkes Übergewicht und war aus diesem Grund Kandidatin für einen Herzinfarkt. Konnte er das verantworten?

»Willst du sie jetzt an diesen Inder verlieren oder nicht?«, schallte es aufgebracht aus dem Hörer.

»Nein, natürlich nicht. Aber wie lange soll ich denn wegbleiben, ungefähr? Ich meine, ich muss ja wissen, wie viele Unterhosen ich mitnehmen muss.«

»Es geht hier um deine Ehe, und du redest von Unterhosen!«

»Ist ja schon gut.«

»Am besten kaufst du dir eine neue Zahnbürste, sonst fragt sie sich noch, warum du Zeit gehabt hast, deine Waschsachen mitzunehmen. Es handelt sich hier ja um eine Entführung, nicht um einen Wellness-Urlaub, verstanden?«

Marten nickte. Er hatte verstanden.

Zwei Stunden später verließ er mit einer Tüte, in die er ein paar Unterhosen, Socken sowie ein Buch über die »Gesichter des 20. Jahrhunderts, Hitler, Stalin, Churchill« gepackt hatte, die Wohnung. In seinem Arbeitszimmer hatte er zunächst den Stuhl umgeworfen und einige Aktenordner mit Kontoauszügen dramatisch über den Boden verteilt, dann aber doch wieder alles aufgeräumt, weil er nicht weggehen konnte, wenn er wusste, dass in seinem Arbeitszimmer Chaos herrschte. Kurz hatte er überlegt, stattdessen endlich die hässliche Vase im Flur zu zertrümmern, von der sich Silke aus unerfindlichen Gründen nicht trennen mochte. Doch es hätte sie möglicherweise stutzig gemacht, wenn ausgerechnet diese Vase zu Bruch gegangen wäre.

Unten im Hausflur wäre er beinahe in Frau Hübner vom zweiten Stock gerannt. In letzter Sekunde konnte er sich jedoch hinter die Mülltonnen retten.

Als er endlich draußen war und sich nach einigen Metern noch einmal zum Haus umdrehte, befiel ihn auf einmal ein wehmütiges Gefühl. Er wollte doch nur, dass alles so blieb wie immer.

»Eben«, sagte Wolfgang etwas später, als sie in seiner winzigen Küche mit Bierflaschen auf seine gelungene Entführung anstießen, »wenn du willst, dass alles so bleibt, musst du was ändern.«

»Aber ich hab mich doch schon auf einen anderen Platz am Tisch gesetzt!«

Wolfgang musterte ihn streng. Er konnte so streng gucken, dass Marten ihm vorbehaltlos alles offenbart hätte, was es zu offenbaren gab, wenn es denn etwas zu offenbaren gegeben hätte.

»Das meinst du jetzt aber nicht im Ernst, oder?«

Marten überlegte, ob er es wagen sollte, sich von seinem besten Freund zum Deppen machen zu lassen. Denn anders war seine Frage nicht zu verstehen.

»Natürlich nicht«, sagte Marten schließlich und lächelte verlegen.

Wolfgang brummte, wirkte aber nicht überzeugt.

»Ich habe das Set fürs Foto schon mal vorbereitet«, sagte er und ging vor ins Schlafzimmer.

Marten folgte ihm unsicher.

An der Wand gegenüber dem Bett stand ein Stuhl. Darüber hing das Poster mit einem angedeuteten Che-Guevara-Kopf in Schwarz-weiß.

Einen Moment stand Marten davor und fragte sich, ob es heutzutage noch ernstzunehmende Verbrecher gab, die sich den alten Comandante als Logo für ihre Taten wählten.

»Findest du den nicht ein bisschen zu altmodisch? Ich meine, Silke hatte auch mal so eine Phase.«

»Was für eine Phase?«

»So eine Che-Guevara-Phase. Am Ende bekommt sie nostalgische Gefühle, wenn sie den da sieht.«

»Es sind eben klassische Entführer«, sagte Wolfgang leicht gereizt. »Und jetzt setz dich endlich da hin. Hier hast du die Zeitung von heute.« Er drückte ihm die Bild-Zeitung in die Hand und holte eine Polaroid-Kamera aus der Nachttischschublade.

Marten setzte sich und fing an, sich die Haare zu richten.

»Vielleicht sollte ich noch ein anderes Hemd anziehen.«

»Vielleicht hältst du endlich mal die Klappe. Und stell mal die Flasche zur Seite, das kommt nicht so gut.«

Wolfgang kniete sich hin und fokussierte ihn durch die Kamera.

Marten lächelte so freundlich es ging, worauf Wolfgang die Kamera kurz absetzte und ihn böse ansah.

»Ich mache hier kein Scheißbewerbungsfoto, das ist dir schon klar, oder? Sieh einfach aus wie immer, das reicht.«

»Schon klar«, sagte Marten. Er bemühte sich, so auszusehen wie ein Mann, der innerlich mit seinem Leben bereits abgeschlossen hatte.

»Super, das machst du super, genauso kenn ich dich«, rief Wolfgang begeistert, während er ein Foto nach dem anderen schoss. »Das ist mein Marten! Eigentlich bist du das perfekte Opfer.«

Als Marten etwas später die Fotos sah, erschrak er. Wolfgang hatte recht, er sah unglücklich aus, verzweifelt und auch ein wenig beleidigt. Warum hatte ihm das denn all die Jahre niemand gesagt? Langsam ahnte er, was Wolfgang meinte, als er sagte, er müsse sich ändern, wenn er wolle, dass alles so bliebe wie immer.

»Mit dem Gesicht nimmt mir Silke die Entführung auf gar keinen Fall ab«, sagte Marten, besorgt, dass die Sache an zu geringer Glaubwürdigkeit scheitern könnte.

»Auf jeden Fall nimmt sie dir die Entführung ab«, sagte Wolfgang und blickte schmunzelnd auf die Fotos. »Sie wird sich sogar fragen, warum du nicht schon längst entführt worden bist mit dem Gesicht.«

Marten lachte bitter.

Sie gingen ins Wohnzimmer und setzten sich auf die Couch. Auch dort hatte Wolfgang bereits alles vorbereitet. Es sah fast so aus, als machte es ihm Spaß.

Er zog ein Blatt Papier aus einem Kuvert, auf dem schon Silkes Name stand, und entfaltete es. In großen schwarzen Schreibmaschinenbuchstaben stand dort Folgendes zu lesen:

WIR HABEN MARTEN AN SICHERE ORT. DU BRINGST GELD (100000 IN KLEINE SCHEINE) IN 48 STUNDEN MIT TÜTE ZU PLATZ, DEN WIR DIR SAGEN. KEINE POLIZEI!! SONST MARTEN HAT GROSSES PROBLEM.

»So können wir das aber nicht abschicken. Das muss noch mal lektoriert werden«, sagte Marten verärgert.

»Was? Das soll so sein!«

»Ich lektoriere seit dreißig Jahren Texte. Wenn ich schon mal entführt werde, möchte ich auch einen ordentlichen Erpresserbrief haben.«

»Ich will sie damit doch nur in die Irre führen«, rief Wolfgang verzweifelt.

»Und 100 000, ist das nicht ein bisschen zu viel?« Womöglich schüttelte Silke nur den Kopf und warf den Brief sofort in den Müll, weil sie eine so hohe Summe niemals aufbringen würde.

»Du willst doch wissen, was du ihr wert bist, oder?«

»Wenn sie dafür extra einen Kredit aufnehmen muss, zahlen wir den noch in zehn Jahren ab. Gingen nicht auch 10 000?«

»Marten«, sagte Wolfgang ernst, »es soll doch authentisch sein. Für 10 000 lässt sich doch kein seriöser Verbrecher hinterm Ofen vorlocken. 100 000, oder wir können's gleich bleiben lassen.«

»50.«

»Nein.«

»75?«

»Ich denke, sie hat reiche Eltern«, sagte Wolfgang.

»Ja, aber die würden sich freuen, wenn ich nicht mehr wiederkäme.«

Wolfgang sah ihn einen Moment schweigend an. Dann steckte er den Brief zurück ins Kuvert.

»Morgen werfe ich das Ding bei euch ein. Dann sehen wir weiter.«

Als sie später zusammen in Wolfgangs Bett lagen – für alle Fälle besaß er ein Doppelbett –, fühlte sich Marten ein bisschen an früher erinnert. Es war wie auf einer Klassenfahrt, als er sich mit seinem alten Kumpel Thomas ein Zimmer teilte und sie nächtelang über ihre Zukunft redeten. Noch stand ihnen die Welt weit offen, und die Zukunft war ein riesiges, unbeackertes Feld, das nur darauf wartete, von ihnen beackert zu werden. Während Thomas sein Feld in Gedanken längst bestellt hatte – er wollte eine Familie gründen, ein Haus im Grünen haben und Direktor oder wenigstens Geschäftsführer eines handwerklichen Betriebs im Südwesten Deutschlands werden, wo auch seine Eltern herstammten, waren Martens Vorstellungen starken Schwankungen unterworfen. Mal wollte er Zoologe werden, ein anderes Mal Präsident des vereinigten Europa. Bis heute war jedoch unklar, ob er mit seinen Haustierratgebern einen Kompromiss gewählt hatte oder völlig gescheitert war. Ohnehin würde er am liebsten noch einmal ganz von vorne beginnen. Mit dem Wissen von heute, das ihn vor manchen Irrtümern bewahrte und manche Wege zielstrebiger gehen ließe. Im Grunde hasste er Klassenfahrten.

»Lebst du eigentlich das Leben, das du dir immer vorgestellt hast?«, fragte Marten auf einmal, nachdem sie schon eine Weile schweigend im Dunkeln gelegen hatten.

Er hörte ein gleichmäßiges Atmen neben sich. Anscheinend war Wolfgang schon eingeschlafen.

»Ich hab zum Glück nicht die Fantasie, mir mein gesamtes Leben vorzustellen«, sagte er plötzlich völlig klar. »Das wäre ja auch todlangweilig, oder?«

Der Brief war unfrankiert und nur mit ihrem Namen versehen. Als sie ihn öffnete, zitterten ihre Hände.

Die ganze Nacht und auch den nächsten Tag im Laden hatte sie sich wegen Marten Sorgen gemacht. Es war nicht seine Art, einfach mir nichts dir nichts zu verschwinden. Zunächst glaubte sie, dass er wieder mit dieser Renate zusammen war, um sich für ihr Verhalten bei Shankar Prakash zu revanchieren. Eine billige Retourkutsche, die sie ihm eigentlich nicht zutraute. Viel eher würde er beleidigt in irgendein Hotel ziehen, allerdings nicht ohne sie vorher genauestens über seine Gründe zu informieren. Marten hatte immer Angst, dass sie etwas falsch verstehen könnte, und formulierte selbst dezent gemeinte Hinweise so deutlich, dass er den eigentlichen Effekt damit wieder versaute. Wie vor kurzem mit den indischen Kochbüchern. Es war schwer, nicht darüber zu lachen. Das konnte er unmöglich ernst gemeint haben. Natürlich hatte sie schnell gemerkt, dass er herausfinden wollte, was dran war an ihr und diesem Herrn Prakash. Zugegeben, er sah nicht schlecht aus, er hatte eine charmante, zuvorkommende Art, die sie an Marten vermisste, jedenfalls, seit sie verheiratet waren, aber sonst war er überhaupt nicht ihr Typ. Sie stand auf blonde Männer mit kleinem Bauch, nicht auf kleine Männer mit gefärbten schwarzen Haaren. Dass er ihren Geschmack auch nach mehr als zwanzig Jahren nicht zu kennen schien, verunsicherte sie allerdings. Wusste er wirklich so wenig über sie, oder hatte er einfach nur Angst, dass sie sich mit den Jahren verändert haben könnte? Vielleicht hatte sie es dann doch ein wenig übertrieben, als sie sich den Spaß gemacht hatte, halb betrunken in Mutters altes Tischtuch gewickelt, in der Küche zu stehen und ein indisches Fantasiegericht zuzubereiten. Mit den Jahren reagierte Marten immer humorloser auf solche offensichtlich nicht ganz ernst gemeinten Aktionen. Womöglich befand er sich wirklich in dieser ominösen Midlifecrisis.

Sie konnte erst gar nicht glauben, was dort stand, und musste den Text mehrmals hintereinander lesen. Marten war entführt worden, und die Erpresser verlangten hunderttausend Euro innerhalb von achtundvierzig Stunden. Ihr erster Gedanke: Wieso ausgerechnet Marten? Er war weder reich noch prominent. Ihr zweiter Gedanke: Sie kannte niemand, der für eine Entführung weniger geeignet war als Marten. Er hatte schon Probleme, wenn sie nach einer ausufernden Party mal bei ihrer Schwester in Spandau übernachten mussten. Bei Fremden in irgendeinem Keller zu liegen glich einer Katastrophe. Davon würde er sich nie mehr erholen. Wenn er denn überhaupt wieder lebend zurückkam.

Sie musste sich setzen. Es war unvorstellbar, dass Marten nicht mehr an ihrer Seite war. Gut, in letzter Zeit hatten sie ein paar Schwierigkeiten gehabt. Sie hatte die Folgen des Auszugs von Jana und Daniel unterschätzt. Bis heute hatte er nicht akzeptiert, dass die Kinder irgendwann selbstständig wurden und ihrer Wege gingen. Zwar war es anfangs auch für sie schwierig gewesen, aber durch ihre Arbeit hatte sie keine Zeit gehabt, ständig darüber nachzudenken. Vielleicht war es für Mütter ja auch leichter loszulassen, da sie sich tief im Innern immer mit ihren Kindern verbunden fühlten.

Sie blickte aufs Foto. Marten trug dasselbe blaukarierte Hemd, das sie ihm noch am Vortag rausgelegt hatte. Er saß auf einem Stuhl und hielt eine Zeitung vor seine Brust. Im Hintergrund an der Wand war Che Guevara zu erkennen. War die Entführung politisch motiviert? In diesem Fall hätten sie allerdings keine hunderttausend Euro gefordert, sondern die Freilassung irgendwelcher Gesinnungsgenossen in deutschen Gefängnissen. Das Ganze wirkte ein bisschen seltsam. Und noch etwas war komisch: Martens verzweifelter Gesichtsausdruck schien endlich perfekt zu seiner Lage zu passen.

Vielleicht brauchte sie seine Unterhosen dann heute einmal nicht zu waschen, wenn er die nächsten Tage sowieso nicht zuhause war. Der Gedanke erschreckte sie sofort. Ihr Mann befand sich in den Händen von Kriminellen, und sie dachte an Kochwäsche.

Sie rief ihren Sohn an. Mit zwanzig verfügte er zwar noch nicht über ausreichend persönliche Erfahrungen, um ihr in diesem Fall Ratschläge zu geben, doch den Makel glich er spielend durch seine umfassenden Kenntnisse in Film und Fernsehen aus.

»Entführt? Papa?«, rief Daniel überrascht, als sei es auch für ihn völlig undenkbar, dass ausgerechnet sein Vater Opfer von Erpressern geworden war.

»Wieso denn nicht Papa?«, fragte Silke verärgert über die leicht abwertend klingende Reaktion ihres Sohnes.

»Na ja, wer sollte Papa denn schon entführen?«

»Das weiß ich doch auch nicht, aber jeder kann ein Opfer werden, auch dein Vater!«

»Er schreibt Ratgeber über Haustiere.«

»Und deshalb entführt ihn keiner, oder wie?«, rief sie empört in den Hörer. Sie war fast ein wenig beleidigt, dass man ihrem Mann nicht zutraute, entführt zu werden.

»Wie viel?«

»Wie viel was?«, fragte Silke sauer.

»Wie viel fordern sie?«

Silke überlegte kurz, ob sie ihrem Sohn die Summe überhaupt noch nennen sollte.

»100 000.«

»So viel?«

»Daniel, es ist dein Vater!«

»Eben.«

»Ich möchte einfach nicht, dass du so über meinen Mann redest, haben wir uns verstanden?«

Silke schluckte. Es war ihr peinlich, ihren Sohn in seinem Alter noch zurechtweisen zu müssen. Eigentlich wollte sie mit ihm wie mit einem Erwachsenen sprechen, aber immer wieder brach unerwartet die Mutter in ihr durch. Vielleicht war das auch der Grund, weshalb Daniel kaum noch Kontakt zu ihr hatte.

»Und was willst du jetzt machen?«, fragte Daniel nach einer Pause.

»Keine Ahnung«, sagte Silke seufzend. »Das Geld bringe ich unmöglich zusammen.«

»Frag doch Oma und Opa, die haben doch genug Schotter.«

Allein die Vorstellung, dass ihr Vater Geld für seinen Schwiegersohn lockermachte, von hunderttausend Euro ganz zu schweigen, war völlig absurd. Wahrscheinlich rieb er sich noch die Hände, wenn er hörte, dass Marten entführt worden war. Silke hatte seine Abneigung nie richtig verstanden, vermutete aber, dass es damit zusammenhing, dass Marten nicht gedient hatte. Für ihren Vater, der sich selbst als Weltkriegsveteran sah, obwohl er laut Mutter in den letzten Kriegstagen lediglich ein paar Mal in die Luft geschossen hatte, ein Ding der Unmöglichkeit.

»Ich möchte sie nicht damit belasten. Opa regt sich doch immer so schnell auf. Ich warte jetzt erst mal, bis sie mich anrufen wegen der Geldübergabe.«

»Ich würde auf jeden Fall die Polizei informieren, die schalten sich dann dazwischen und können den Anrufer orten oder so.«

»Ja, du hast recht. Das werde ich wohl machen.«

»Meld dich bitte sofort, wenn was passiert.«

Silke nickte und legte auf.

In den nächsten Stunden passierte jedoch wenig bis gar nichts. Silke lief unruhig in der Wohnung auf und ab. Machte sich Kaffee, schüttete den Kaffee aber schon nach wenigen Schlucken wieder weg. Machte sich Brot, von dem sie nur einen Bissen schaffte. Legte sich ins Bett, wo sie es nur einige Minuten aushielt. Wischte Staub. Schob Vasen von links nach rechts und wieder von rechts nach links. Entdeckte eine lange vermisste Socke ihrer Tochter hinter der Heizung. Schluchzte, als sie die Socke in Janas Zimmer trug, wo sie die Zwillingssocke natürlich nicht fand. Blätterte in alten Fotoalben, wobei sie heftige Weinkrämpfe durchschüttelten. Machte sich eine Flasche Rotwein auf. Trank ein Glas auf ex. Zog sich ihr altes, aber gemütliches Nachthemd an, das sie sich vor Marten nicht mehr getraut hatte zu tragen. Setzte sich vor den Fernseher. Legte die Füße auf den Tisch, was Marten nicht mochte, weil es ihm zu unweiblich war. Zappte sich völlig hemmungslos durch Trashkanäle, was Marten nicht ausstehen konnte. Blieb mal zwanzig Minuten hier hängen, mal eine halbe Stunde dort. Aß Chips und Schokolade und trank eine ganze Flasche Rotwein.

Gegen Mitternacht ging sie betrunken, aber zufrieden ins Bett.

Erst am nächsten Morgen, als sie verkatert aufwachte

und sah, dass ihre Bettseite immer noch leer war, wurde ihr wieder klar, was gestern passiert war.

Sie rief sofort die Polizei an. Da sie starke Artikulationsschwierigkeiten hatte, schien man den Fall jedoch nicht sonderlich ernst zu nehmen und sprach beruhigend auf sie ein, als sei sie irgendeine Verrückte, die sich verwählt hatte. Silke war dermaßen verärgert, dass sie den Beamten schließlich Idiot nannte und wütend auflegte.

Da sie nicht weiter tatenlos zuhause herumsitzen konnte, beschloss sie doch noch, in den Laden zu gehen.

Ihren Kolleginnen sagte sie nichts von der Entführung. Während sie vorne im Verkaufsraum stand und eine Kundin beriet, merkte sie, wie sie innerlich auf einmal vollkommen ruhig wurde. Nach dem Stress der letzten Wochen – das ständige Warten auf eine Entscheidung ihres Chefs, aber auch Martens seltsame Eskapaden hatten ihr mehr zugesetzt als gedacht – fühlte sie eine geradezu physische Erleichterung. Ihre Körperhaltung entspannte sich. Sie war wieder die einfache Verkäuferin von früher, ohne größere Verantwortung, ohne Kinder und ohne Mann. Und sie traute es sich fast nicht einzugestehen, sie freute sich schon, am Abend wieder in ihr altes Nachthemd zu schlüpfen und mit den Füßen auf dem Tisch und einer Schale Chips auf den Knien durch die Kanäle zu zappen.

Gegen Mittag kam ihr Chef auf sie zu.

»Übermorgen geht's los nach Malle. Ich habe jetzt auch einen neuen Lieferanten gefunden, den besuchen wir gleich am nächsten Tag. Ich sag dir, das wird ein Riesending, wenn das klappt.«

Sie meinte, dass sie ihm vor einiger Zeit bereits klar und deutlich abgesagt hatte. Aber ihre Absage war bei

Hans-Werner offensichtlich nicht richtig angekommen.

»Freust du dich denn gar nicht?«, fragte er, als er Silkes zögerliche Reaktion bemerkte.

»Doch, das heißt …«

»Das heißt was?«, fragte er ernst. Er sah fast bedrohlich aus.

Eine falsche Antwort, und sie könnte sich die Geschäftsleitung an den Hut stecken. Aber wollte sie ihm nicht ohnehin längst sagen, dass sie die Geschäftsleitung gar nicht mehr anstrebte?

Aber irgendwie schien der Zeitpunkt gerade nicht günstig. Ihr Chef freute sich so sehr auf die gemeinsame Reise, dass sie ihm unmöglich zwei Absagen auf einmal mitteilen konnte. Silke ärgerte sich, immer so viel Rücksicht auf andere zu nehmen und erst umständlich über das Für und Wider nachzudenken. Andere hätten keine Probleme damit gehabt, zweimal nein zu sagen. Andere kämen für die Geschäftsleitung deshalb auch viel eher in Frage.

»Mein Mann ist gerade, also er ist gewissermaßen verreist.«

»Er ist gewissermaßen verreist«, wiederholte ihr Chef tonlos. »Und was ist er wirklich?«

Silke seufzte. Sie konnte nicht lügen, aber alles andere wäre Wahnsinn gewesen.

»Krank. Marten ist krank.« Sie blickte ihren Chef fragend an, als hoffte sie, dass er nicht weiter in sie drang.

Hans-Werner atmete schwer aus.

»Also gut. Es sind ja noch knappe zwei Tage Zeit. Wenn er bis dahin wieder auf dem Damm ist, kommst du mit, sonst finde ich eine andere, also einen anderen Weg. Einverstanden?«

Silke nickte dankbar, auch wenn sie es wurmte, dass Marten schuld daran war, wenn sie nicht mit nach Mallorca kam.

Anderthalb Tage waren seit seiner Entführung inzwischen vergangen. Anderthalb Tage, in denen ihm klargeworden war, dass eine Männerfreundschaft zwar eine feine Sache war, aber ohne die familiäre Basis, genauer gesagt, ohne die weibliche Basis schnell ins Verschrobene abglitt. Wolfgang behandelte ihn zunehmend wie seinen jüngeren, etwas debilen Bruder. Morgens fragte er ihn ungefragt, ob er eine Bürste zum Zähneputzen dabei habe, er könne ihm sonst auch gerne eine geben, er forderte ihn auf, mehr zu trinken, damit er nicht dehydriere, und drückte ihm zur Unterhaltung alte Heim-und-Tier-Ausgaben in die Hand, die er alle selbst lektoriert hatte. Beim Fernsehen versorgte er ihn mit Nüssen, die er ihm einzeln reichte, als hätte er Sorge, dass er sich an zu vielen Nüssen auf einmal verschluckte, und wenn sie zum Einkaufen in den Supermarkt gingen, fragte er ihn an der Kasse, in Gegenwart von Kassiererin und Kunden, ob er noch irgendetwas brauche, nicht, dass er hinterher schlechte Laune bekomme, weil ihm auf dem Heimweg einfalle, dass er seine geliebte Nussschokolade vergessen habe.

Schlechte Laune hatte Marten da sowieso schon, mit oder ohne Nussschokolade. Denn nachdem Wolfgang mehrmals vergeblich versucht hatte, Silke auf dem Handy zu erreichen, um ihr den Übergabeort für das Geld mitzuteilen – die Angelegenheit müsse in jedem Fall authentisch wirken, wie Wolfgang nicht müde wurde zu betonen –, wurde Marten langsam skeptisch, ob die

Entführung bei Silke die versprochene Wirkung hatte. Plötzlich war er sich nicht mehr sicher, ob sie alle Hebel in Bewegung setzte, um ihn zurückzubekommen. In trüben Minuten befürchtete er, dass sie sein Fernbleiben sogar genoss. In letzter Zeit hatte er viel an ihr herumgenörgelt, er würde verstehen, wenn sie sich einen Abend, seinetwegen auch noch einen weiteren halben Tag, von ihm erholte und unbekannte Anrufer lieber wegdrückte. Doch nach anderthalb Tagen erwartete er, dass sie sich wieder nach ihm sehnte und alle Anrufe grundsätzlich annahm. Schließlich sehnte er sich inzwischen auch wieder nach ihr. Außerdem war es nur schwer vorstellbar, noch zwei Tage länger mit Wolfgang in dieser von Schuppentieren wimmelnden Wohnung zu wohnen. Im Grunde verstand er Menschen nicht, die sich Echsen als Haustiere hielten, auch wenn er die Echsenhaltung seit ein paar Jahren in seinen Ratgebern schönredete.

»Meinst du, sie vermisst mich?«, fragte Marten. Es war früher Abend. Sie saßen im abgedunkelten Wohnzimmer, um die Tierchen nicht durch zusätzliche Lichtquellen bei ihrer Nachtruhe zu stören. Lediglich das Rotlicht aus dem Leguanterrarium erhellte schwach ihre Gesichter.

»Klar vermisst sie dich«, sagte Wolfgang. Er saß über mehrere Whiskyflaschen gebeugt und notierte sich irgendetwas auf einem Block. Seine Begeisterung für Echsen *und* Whisky war zwar nicht nachvollziehbar, beeindruckte Marten aber in seiner Konsequenz.

»Und warum geht sie dann nicht ans Telefon?«

Wolfgang trank einen kleinen Schluck und schmatzte dabei so laut, als versuchte er, auch die letzten Geschmacksnuancen zu erwischen.

Nachdem er sich weitere Notizen gemacht hatte, drehte er sich zu Marten.

»Pass mal auf! Du willst Silke doch einen Schrecken einjagen, den sie nie wieder vergisst, oder?«

»Na ja, *nie* wieder nun vielleicht auch nicht unbedingt.«

»Es gibt zwei Möglichkeiten: Entweder sie vermisst dich, oder sie vermisst dich nicht. Dann ist eure Ehe sowieso im Arsch, und du kannst gleich ganz wegbleiben. Aber wenn sie dich vermisst, musst du das jetzt so lange ausreizen, bis es weh tut, klar?«

Es klang logisch, war aber trotzdem unbefriedigend. Vor allem der Teil mit dem Wegbleiben hörte sich eher abschreckend an.

»Und woher weiß ich das?«

»Was?«

»Dass sie mich vermisst!«

Wolfgang hob das Glas an die Lippen und beförderte den Inhalt mit einer ruckartigen Kopfbewegung in den Mund.

»Also gut. Wenn du es nicht mehr aushältst, dann geh morgen halt zum Laden und sieh nach, ob sie da ist.«

»Und wenn sie da ist?«, fragte Marten beunruhigt.

Wolfgang grinste. »Hast du schlechte Karten, mein Freund.«

Schon kurz nach zehn stieg Marten am nächsten Morgen aus der U-Bahn und ging die Schlossstraße hinunter in Richtung Geschäft. Er war so nervös wie bei seinem ersten Date. Er schwitzte. Es fühlte sich ein bisschen so an, als würde er zu einer wichtigen Prüfung gehen, die entscheidend für seine weitere Zukunft war. Allerdings wollte er diese Prüfung am liebsten gar nicht erst antreten. Denn wie so oft hatte er sich nicht ausreichend darauf vorbereitet. Sein ganzes Leben hatte er sich irgendwie durchgemogelt und gehofft, dass alles schon gutgehen würde. Und meistens war es irgendwie auch gutgegangen. Aber jetzt, hier auf der Schlossstraße, hatte er zum ersten Mal das Gefühl, dass ihn sein Glück verlassen könnte. Leider hätte der Moment nicht unpassender sein können. Wenn es denn überhaupt einen passenden Moment für eine Trennung gab. Aber dieser Moment war noch unpassender als unpassend, weil er ihn mitten in einer Krise traf. Marten hatte nämlich vor kurzem erkannt, dass er seit neunundzwanzig Jahren in dieser Stadt lebte und in weiteren neunundzwanzig Jahren bereits achtzig Jahre alt sein würde. Die neunundzwanzig Jahre waren so schnell vergangen, dass er Sorge hatte, dass die nächsten neunundzwanzig Jahre genauso schnell, womöglich sogar noch schneller vergehen könnten. Und das bedeutete, dass er eigentlich fast schon tot war. Und das bedeutete weiter, dass er sein Ende, sollte diese Prüfung diesmal so ausgehen, wie er es inzwischen befürchtete, nicht im Kreise seiner Lieben, namentlich seiner Frau, erleben würde, sondern im Kreise von Wolfgang und circa zweihundert Schlangen und Echsen.

»Hallo, junger Mann, soll ich Ihnen einen Krankenwagen rufen?«

Marten lehnte schwer atmend an einem Halteverbotsschild, als er in das besorgte Gesicht einer alten Frau sah. Er hatte gar nicht mitbekommen, dass er stehengeblieben war. Die Krise hatte ihn so vereinnahmt, dass er alles um sich herum kaum noch wahrnahm. Und vielleicht war das auch einer der Gründe, warum er jetzt auf dem Weg zu einer Prüfung war, die über die Zukunft seiner Ehe entschied.

»Danke, es geht schon«, sagte Marten.

»Sie sehen schlecht aus. An ihrer Stelle würde ich einen Arzt aufsuchen.«

»Nein, nein, es ist nichts, ich bin nur etwas …«

»Das hat mein Mann auch gesagt, zwei Stunden später war er tot, Herzinfarkt.«

»Was?«

Er ging schnell weiter. Auch Silke hatte ihn immer wieder ermahnt, einen Arzt aufzusuchen, um sich durchchecken zu lassen. Sein Lebensstil sei der ideale Nährboden für zahllose Krankheiten, hatte sie gemeint, ohne jedoch zu sagen, welche Krankheiten sie meinte. Er wollte es aber auch gar nicht so genau wissen. Solange er nicht zum Arzt ging, fühlte er sich vor den zahllosen Krankheiten relativ sicher.

Kurz vorm Geschäft verlangsamte er seinen Schritt. Er musste aufpassen, dass ihn niemand sah. Doch selbst wenn ihn eine Mitarbeiterin bemerkte, würde sie ihn vermutlich nicht wiedererkennen. Für sie war Marten nur ein Gerücht, und das kam ihm jetzt endlich zugute.

Er blieb am Schaufenster stehen und sah in den Laden. Bis auf eine Kundin, die vor einem Spiegel stand und den Sitz ihres Kleides prüfte, war niemand zu sehen. Das heißt, direkt neben der Kundin, verdeckt von einem Regal, schien eine Verkäuferin zu stehen. Jedenfalls sah er ihre gestikulierenden Hände, als würde sie der Kundin gerade die Vorzüge des Kleides erläutern. Marten überlegte, ob die Hände zu Silke gehörten oder nicht. Die Identifizierung war schwerer als gedacht, da er ihre Hände noch nie aus dem Zusammenhang gerissen gesehen hatte. Auch wenn er näher dran gewesen wäre, hätte er Probleme gehabt, die Hände eindeutig Silke zuzuordnen. Im Grunde war es ein Armutszeugnis, aber er hatte ja auch nie damit gerechnet, dass er Silke irgendwann mal an ihren Händen erkennen musste.

Er wartete weiter, was passierte.

Etwas ungewöhnlich kam es ihm vor, dass sich die Hände praktisch ständig bewegten, als wären sie von einer schweren Last befreit, die ihnen endlich die Möglichkeit gab, sich hemmungslos auszuleben. Es waren große, ausschweifende Gesten, nicht die kleinen, kantigen Handbewegungen, mit denen Silke ihm gerne erklärte, dass er wieder mal etwas falsch gemacht hatte. Selbst wenn er dem Umstand Rechnung trug, dass sie in einem Beratungsgespräch war, konnte Marten mit ziemlicher Sicherheit ausschließen, dass es sich hier um seine Frau handelte. Und es gab noch einen zwingenderen Grund: Silke arbeitete schon länger nicht mehr im direkten Verkauf. Demnach konnte er ohnehin nicht wissen, ob sie im Laden war oder nicht. Jedenfalls solange er nicht nachfragte, was er natürlich auf gar keinen Fall tun durfte.

Marten lächelte erleichtert. Er wollte sich gerade abwenden und gehen, als Silke plötzlich hinter dem Regal hervorkam. Die Hände gehörten seiner Frau! Und nicht nur das: Er hatte Silke schon lange nicht mehr so fröhlich und entspannt gesehen wie jetzt. Es war erschütternd zu beobachten, wie die Entführung bei seiner Frau offensichtlich neue Lebenslust entfachte. Was er bereits längere Zeit vermutete, schien sich in diesem Augenblick zu bewahrheiten: Silke hatte genug von ihm und plante ein neues Leben, wahrscheinlich mit Shankar Prakash an ihrer Seite.

»Jetzt mal nicht gleich den Teufel an die Wand«, versuchte ihn Wolfgang zu beruhigen. Es war früher Nachmittag. Sie saßen in Wolfgangs Stammkneipe »Zum hohen Ross« und tranken Bier. Marten hatte bereits das zweite intus und nahm sich fest vor, die Kneipe nicht eher zu verlassen, bis er besoffen war.

»Doch, es ist vorbei, es ist alles vorbei, ich hab's versaut«, sagte Marten, erschöpft sein Glas umklammernd.

»Nichts ist vorbei«, sagte Wolfgang so ruhig, als wäre er im Besitz von geheimen Informationen über die Zukunft von Martens Ehe.

Marten blickte ihn einen Moment hoffnungsvoll an, versank dann aber wieder in seinem Jammertal.

»Ich hätte es sehen müssen, ich hätte es irgendwie sehen müssen.«

»Ach was«, sagte Wolfgang und sah interessiert der Bedienung nach, einer jungen Frau mit Tattoo auf dem Oberarm. Marten kannte die Frau, wusste aber nicht woher.

»Was weißt du schon von Frauen!«, fuhr Wolfgang ungeachtet der Tatsache fort, dass er im Gegensatz zu Marten noch nie mit einer zusammengelebt hatte.

»Und du weißt natürlich Bescheid«, sagte Marten verärgert.

Wolfgang nickte.

Insgeheim bewunderte er ihn für das Fehlen jeglicher Selbstzweifel, auch wenn sie in diesem Fall angebracht schienen.

»Du kennst nur eine Frau, ich kenne viele, wenn auch nur kurz. Aber je länger du mit einer zusammenlebst, desto mehr verlierst du den Überblick.«

Er trank, behielt die Bedienung dabei jedoch ständig im Blick.

»Willst du damit sagen, dass ich Frauen nicht kenne?«

»Jede Frau ist anders, aber eins haben alle gemein: Sie wollen dafür bewundert werden, dass sie existieren. Eigentlich fühlt sich jede Frau wie eine kleine Prinzessin. Aber sag bloß keiner, dass es noch andere Prinzessinnen gibt.«

Marten hätte sich fast an den Nüssen verschluckt. Seit Jahrzehnten wurde ihm eingebläut, dass diese Prinzessinnennummer für emanzipierte Frauen nicht mehr zog, und jetzt kam Wolfgang und behauptete, dass die Nummer immer noch hochaktuell war.

»Sie wollen dafür bewundert werden, dass sie existieren. Wenn ich das Silke sagen würde …« Er unterbrach sich selbst, weil er plötzlich nicht mehr wusste, wie Silke darauf reagieren würde.

»Sieh dir mal diese Frau an.« Wolfgang deutete mit einer Kopfbewegung auf die Bedienung. »Sie ist sexy, und sie weiß es. Aber sie möchte ihr Wissen gerne mit möglichst vielen teilen. Deshalb sucht sie dauernd nach Blicken, die ihr bestätigen, dass sie sexy ist.«

Marten war sprachlos. So schlicht hatte er sich Frauen gar nicht vorgestellt. Nach allem, was er von ihnen wusste – und bis vor wenigen Minuten glaubte er, eine Menge zu wissen –, waren Frauen noch vor der Relativitätstheorie so mit das Komplizierteste, was es auf Erden gab. Man konnte sie nicht mal auf eine Formel bringen.

Tatsächlich schien die Bedienung Wolfgangs interessierte Blicke zu erwidern. Der Mann sah aus wie die Sparversion von Frank Zappa und bekam dennoch erstaunlich oft, was er wollte. Auch wenn Marten in dieser Richtung keinerlei Ehrgeiz verspürte, war er insgeheim doch etwas neidisch. Denn sooft Marten einer Frau hinterhersah – nie hatte eine seine Blicke erwidert.

»Und du glaubst, das funktioniert?«, fragte Marten, obwohl er längst sehen konnte, dass es funktionierte.

»Sag einer Frau nie, dass sie deine Prinzessin ist, das wird sie dir sowieso nicht glauben. Zeig es ihr einfach.«

Marten lächelte verwirrt. Er wusste nicht, wovon er sprach, traute sich nach zwanzig Jahren Zusammenleben mit einer Frau aber auch nicht mehr nachzufragen. Es hätte wie das Eingeständnis seiner Ahnungslosigkeit geklungen.

»Die Frau da ist Anfang zwanzig und wirkt auf mich ziemlich selbstbewusst. Du willst mir doch nicht ernsthaft erzählen, dass sie ausgerechnet deine Blicke nötig hat. Die kann doch jeden haben.«

»Du verstehst nicht wirklich, was ich meine, oder?«

Marten sah beleidigt zur Seite. Er hatte eigentlich keine Lust mehr, sich zu betrinken. Es war immer das Gleiche. Jedes Mal, wenn die Situation fürs Betrinken ideal war, machte ihm die fehlende Stimmung einen Strich durch die Rechnung. Deshalb musste er sich dauernd grundlos betrinken.

»Vielleicht bist du aber auch nur zu alt, um moderne Frauen zu verstehen«, sagte Marten. Es hörte sich an wie das berühmte Pfeifen im Wald, und er wusste es.

»Egal, wie modern eine Frau ist«, sagte Wolfgang, »eines kann sie auf gar keinen Fall ertragen: Gleichberechtigung.«

»Was?« Marten sah ihn schockiert an. Langsam glaubte er, dass Wolfgang verrückt war. Wie konnte er so etwas Abwegiges behaupten?

»Ja, Frauen sind in fast allem besser als Männer, und sie möchten eigentlich nur, dass wir das endlich einsehen.«

»Und warum sehen wir das nicht endlich ein?«, fragte Marten irritiert.

In diesem Moment winkte Wolfgang nach der Bedienung.

Vor Schreck stopfte sich Marten eine Handvoll Nüsse in den Mund.

»Noch was zu trinken?«, fragte die Frau.

»Ich kenne Sie noch gar nicht«, sagte Wolfgang in einer Tonlage, die Schlimmstes befürchten ließ.

Marten kaute nervös auf den Nüssen.

»Ich bin auch erst seit ein paar Tagen da«, sagte die Frau fast entschuldigend.

»Aber Sie sehen aus, als würden Sie das schon immer machen.«

»Finden Sie?« Sie lächelte verlegen.

Marten konnte kaum glauben, was er sah.

»Ja, entweder man kann es, oder man kann es nicht.«

»Ehrlich gesagt«, sagte sie, »verdiene ich mir nur was für mein Studium dazu.«

»Schade«, meinte Wolfgang bedauernd, »von mir aus könnten Sie immer hier arbeiten.«

»Ein bisschen bleibe ich ja noch«, sagte sie und zwinkerte Wolfgang keck zu.

Marten glühte der Kopf.

»Sind Sie nicht der Vater von Daniel?«, fragte sie plötzlich, zu Marten gewandt.

Marten hätte sich fast an den Nüssen verschluckt.

Auf einmal wusste er auch, woher er sie kannte. Es war Jenny, die Freundin seines Sohnes.

Marten nickte.

»Bestellen Sie ihm mal einen schönen Gruß«, sagte Jenny, jetzt deutlich kühler, »er soll endlich seine blöden Klassik-Platten bei mir abholen.«

»Wieso, seid ihr denn nicht mehr zusammen?«

Jenny schüttelte lachend den Kopf. »Schon lange nicht mehr!«

»Und wieso Klassik-Platten? Er hört doch Jazz und Swing.«

»Ach ja? Also ich musste mir immer Rachmaninow anhören, oder wie der heißt. Jetzt noch ein Bierchen die Herren?«

Beide nickten.

Nachdem sie gegangen war, drehte sich Marten zu Wolfgang.

»Rachmaninow. Mein Sohn hört russische Klassik!«

»Na und?«

»Von mir hat er das nicht.«

»Vermutlich ist er erwachsen«, sagte Wolfgang und erhob sein Glas. »Ich finde, darauf sollten wir anstoßen!«

Silke hielt es zunächst für einen schlechten Scherz, als Daniels Exfreundin anrief und mitteilte, dass Marten seine Geldbörse in der Kneipe vergessen habe. Nachdem sie ihr jedoch glaubhaft versichert hatte, dass Marten gestern zusammen mit seinem etwas seltsam wirkenden Kumpel mehrere Stunden lang Bier gesoffen hatte, konnte das nur bedeuten: Marten hatte die Entführung nur erfunden, quasi als Retourkutsche für ihre Indien-Geschichte. In Wahrheit hatte er sich einige Tage bei Wolfgang einquartiert, der, wenn sie es richtig verstanden hatte, die ganze Zeit aufs Unangenehmste versucht hatte, Jenny zu einem Dreier zu überreden. Ob mit oder ohne Martens Zustimmung, war Silke da schon egal.

Es reichte! Die Entführung würde sie ihm so schnell nicht verzeihen. Ihre Gefühle auf derartige Weise zu missbrauchen war nicht nur unanständig, sondern hinterhältig und böse. Lange genug hatte sie Verständnis für seine Situation gezeigt. Sie hatte, spät zwar, erkannt, dass Marten nach dem Auszug der Kinder sein inneres Gleichgewicht verloren hatte, und ihm seine Eskapaden verziehen. Aber irgendwann war Schluss damit. Bei ihrer Trauung hatten sie sich zwar geschworen, in guten wie in schlechten Zeiten zusammenzuhalten, doch nirgends stand geschrieben, dass man während der schlechten Zeiten nicht mal für ein paar Tage mit seinem Chef nach Mallorca fahren durfte.

Noch am selben Tag rief sie Hans-Werner an und sagte zu.

Keine vierundzwanzig Stunden später saßen sie im Flugzeug nach Palma de Mallorca und stießen mit einem Sekt auf eine erfolgreiche Reise an. Was immer Hans-Werner damit meinte.

Irgendwie hatte sie sich jedoch alles anders vorgestellt. Das Hotel hieß zwar *Miramar*, doch statt aufs Meer sah sie von ihrem winzigen Balkon auf eine enge, laute Straße und einen schmutzigen Häuserblock, der sie mit seinen vergitterten Fenstern an ein Gefängnis erinnerte. Aber auch das Zimmer löste keinerlei Urlaubsgefühle aus. Schlickfarbene Wände, Pressholzmöbel, fleckige Vorhänge und ein Poster, auf dem ein wütend schnaubender Stier zu sehen war. Vom hygienischen Zustand ganz zu schweigen. Es roch muffig, die Regale im Schrank waren mit einer dünnen Staubschicht bedeckt, und in der Dusche klebte ein Kranz Haare im Ausguss. Anscheinend wollte ihr Chef sparen und hatte die unterste Hotelkategorie gewählt.

Ein bisschen ärgerte sie sich. Glaubte er wirklich, dass ihre Ansprüche so gering waren? Oder sah er es einfach nicht, wie so viele Männer, die sich erst wunderten, in was für einem Loch sie hausten, wenn eine Frau zu Besuch kam? Dabei stand es ihr eigentlich gar nicht zu. Schließlich waren sie nicht privat hier, sondern auf einer Dienstreise. Doch sie hatte sich so lange gewünscht, einmal nach Mallorca zu fahren und sich ein paar schöne Tage fernab von Job und Ehealltag zu machen, dass sie ihre Enttäuschung über diese trostlose Umgebung nur schwer verbergen konnte. Hier sah es eher nach Dortmunder Innenstadt aus denn nach spanischer Urlaubsinsel. Ihr ganzes Leben war ein einziger Montagmorgen, und es fiel ihr zunehmend schwerer, sich wieder aufzuraffen und weiterzumachen.

Hatte sie etwas falsch gemacht? Hatte sie auf der Heiratsurkunde irgendein Kästchen übersehen, in das man ein Häkchen setzen musste, wenn man in Zukunft regelmäßig über Alternativen informiert werden wollte?

Aber es war sinnlos, sich jetzt darüber aufzuregen. Sie musste einfach das Beste aus der Situation machen. Silke beschloss, ab sofort Spaß zu haben.

Da auf die einheimischen Putzkräfte offensichtlich kein Verlass war, griff sie selber zum Putzlappen und säuberte gründlich Zimmer und Bad.

Nachdem sie geduscht hatte, zog sie das sandfarbene Kleid aus der aktuellen Kollektion an. Einerseits, um ihrem Chef eine Freude zu machen, andererseits fühlte sie sich als seine Assistentin verpflichtet, das Geschäft auch äußerlich zu repräsentieren.

Um vierzehn Uhr waren sie in der Hotellobby verabredet. Sie wollten zu einem möglichen Geschäftspartner nahe Palma fahren. Als Silke in der Lobby erschien – sie hatte sich bewusst etwas verspätet, damit ihr Kleid mehr Aufmerksamkeit bekam –, blickte Hans-Werner sie gehetzt an.

»Ich dachte schon, du kommst gar nicht mehr.«

Kein Wort zu ihrem Kleid. Silke versuchte sich nichts anmerken zu lassen und folgte ihm in ein nahegelegenes Parkhaus, wo ein Mietwagen auf sie wartete.

Eigentlich hatte sie angenommen, dass sie ein Taxi nahmen. Lange Wege konnte sie in den Schuhen nämlich nicht gehen. Schon jetzt schürfte es bedenklich an ihren Fersen. Doch ihr Chef bekam von alldem nichts mit. Sie hätte genauso gut einen Trainingsanzug tragen können.

»Ich habe uns auch was Flottes ausgesucht«, sagte er, als sie vor einem gelben Kleinwagen stehenblieben, der nur wenig breiter schien als Silke.

Das erkannte jetzt wohl auch ihr Chef. Er sah prüfend

an ihr herab, kam aber offenbar zu einem positiven Ergebnis.

»Du kannst doch fahren, oder?«

Erst glaubte sie, sich verhört zu haben. Doch als er einmal um den Wagen herumging und sich dann wie selbstverständlich auf die Rückbank setzte, merkte sie, dass er es ernst meinte.

Wieso er hinten saß und nicht auf dem Beifahrersitz, blieb Silke zunächst jedoch schleierhaft.

Sie zog die Schuhe aus und quetschte sich hinters Steuer. Sie brauchte Minuten, bis sie den Hebel gefunden hatte, mit dem sie den Sitz nach hinten schieben konnte.

»Können wir?«, fragte ihr Chef. Er klang plötzlich ganz anders, viel distanzierter. Als wäre er sich der Tatsache bewusst, auf der Rückbank zu sitzen und von seiner Angestellten chauffiert zu werden, was in Anbetracht der Größe des Wagens allerdings etwas komisch wirkte. Jetzt war Silke auch klar, warum er hinten saß. Er wollte seinem zukünftigen Partner auf diese Weise zeigen, dass er ein ernstzunehmender Geschäftsmann war.

Während sie im Schritttempo durchs Parkhaus fuhr, raschelte ihr Chef unentwegt mit dem Stadtplan auf seinen Knien.

»Meiner Meinung nach musst du immer nur geradeaus fahren«, sagte er. »Son Castello liegt im Norden. Wir müssen einfach unter dem Autobahnring durch und dann in die Cami dels Reis.«

Zuvor galt es aber noch, auf die Straße zu kommen, was angesichts des dichten Verkehrs immer unwahrscheinlicher wurde. Die Autos rasten in einem Tempo vorbei, dass Silke der Schweiß ausbrach. Erschwerend hinzu kam, dass ihr Chef in Abständen immer wieder laut »Jetzt!« rief, wenn er glaubte, eine Lücke entdeckt zu haben. Dabei erschrak Silke jedes Mal so, dass sie sekundenlang wie in Schockstarre dasaß und überhaupt nicht reagieren konnte. Nach einer Viertelstunde – sie hatte es fast aufgegeben und sah sich bereits wieder zurück ins Parkhaus fahren – bot sich jedoch eine kaum mehr erwartete Chance. Eine Lücke von der Größe eines Kleintransporters. Silke drückte aufs Gaspedal, wobei ihr Chef nach links geschleudert wurde und kurzzeitig hinter dem Fahrersitz verschwand.

»Ein bisschen Zeit haben wir noch«, sagte er, als er nach einer Weile wieder auftauchte.

Die Straße führte an hässlichen Wohnblöcken vorbei, an Plätzen mit sprudelnden Brunnen und vertrockneten Grünanlagen, die immer gelber und sandiger wurden, je weiter sie sich vom Zentrum entfernten. Schließlich schien die Stadt sich in vereinzelten Gebäuden, Industriegebieten und mehrspurigen Schnellstraßen zu verlieren. Palmen und verkrüppelte Kiefern säumten den Weg, und Silke hatte auf einmal tatsächlich das Gefühl, im Urlaub zu sein. Es kam so plötzlich, dass sie erstaunt lächelte, als wäre sie sich noch nicht hundertprozentig im Klaren, ob sie dieses Gefühl auch richtig interpretierte. Sie hatte schon so lange keinen Urlaub mehr gehabt, dass sie einen Augenblick brauchte, um mit diesem Gefühl wieder warmzuwerden. Die ganzen Anstrengungen der letzten Wochen, die Zweifel und Unsicherheiten und nicht zuletzt Marten – all das verschwand langsam unter den vielen neuen Eindrücken. Zwischen Einkaufszentren und Lagerhallen fühlte sie sich zum ersten Mal wieder frei.

Am liebsten hätte sie ihrem Chef mitgeteilt, dass sie endlich wieder da angekommen war, wo ihr Leben vor mehr als zwanzig Jahren aufgehört hatte. Natürlich hatte es nicht wirklich aufgehört, das Leben war weitergegangen, hatte sich aber in eine völlig neue Richtung entwickelt. Dass es mehr und mehr zu einer Einbahnstraße wurde, die einen spontanen Richtungswechsel unmöglich machte, wurde ihr erst in den letzten zwei, drei Jahren bewusst. Davor hatte sie die Einbahnstraße für den natürlichen Weg einer Ehe gehalten. Irgendwann kam die Tempo-30-Zone, dann die verkehrsberuhigte Zone und schließlich ohne Vorwarnung ein Sackgassenschild mit dem Zusatz: Für LKW keine Wendemöglichkeit.

Es war ein Fehler gewesen, nicht rechtzeitig gesagt zu haben, was sie wirklich wollte. Es war *ihr* Fehler gewesen.

»Son Castello, da steht es!«, rief Hans-Werner, aufgeregt auf ein Schild am Straßenrand deutend. »Du musst sofort abfahren.«

Silke drosselte die Geschwindigkeit, was fast nicht mehr möglich war, da sie die meiste Zeit kaum über vierzig gefahren war.

Sie fuhren durch ein verlassen wirkendes Gewerbegebiet. Heruntergekommene Hallen, abbruchreife Schuppen und einzelne Häuser, von denen der Putz blätterte. Nirgends waren Menschen zu sehen. Ein paar Schafe weideten unter Olivenbäumen. Auf einem Parkplatz standen zwei Esel, die irritiert aufsahen, als sie das Auto bemerkten.

»Meinst du, dass wir hier richtig sind?«, fragte Silke vorsichtshalber nach, während sie langsam über eine Schotterstraße holperten.

»Natürlich sind wir richtig, die Karte lügt nicht«, sagte ihr Chef völlig unbeeindruckt von der Gegend. »Das ist eben Spanien. Du darfst hier nicht mit deinen deutschen Vorstellungen kommen. In Spanien stehen halt überall Esel rum.«

Nachdem sie an weiteren Schuppen, Schrottplätzen

und grauen Flachbauten vorbeigerumpelt waren, hielten sie an einer großen Wellblechhalle. Am schmiedeeisernen Eingangsportal, das überhaupt nicht zu der Halle passte, prangte unübersehbar die Nummer fünf.

»Numero cinque«, übersetzte ihr Chef, »hier muss es sein!« Dass sie in Spanien und nicht in Italien war, schien ihren Chef nicht weiter zu stören.

Sie stiegen aus und gingen über das Gelände. Silke stolperte langsam hinterher. Während Hans-Werner an mehreren Türen rüttelte, schwante ihr Böses. Es sah ganz so aus, als habe man ihren Chef in die Irre geleitet. Von einer Tuchfabrik keine Spur. Hier waren schon lange keine Geschäfte mehr gelaufen. Jedenfalls keine seriösen.

Das begann nun wohl auch ihr Chef zu ahnen. Mit hochrotem Kopf kam er zu ihr zurück.

»Das gibt's doch gar nicht«, sagte er. Silke merkte, dass es ihm peinlich war. Er mochte nicht offen zugeben, dass er getäuscht worden war, und suchte verzweifelt nach einer Lösung, bei der er sein Gesicht wahren konnte.

Sie hatte ihn noch nie so erschüttert gesehen. Wie er dastand, mit der flatternden Karte in der Hand, tat er ihr auf einmal leid. Es musste irgendetwas geschehen.

Plötzlich hatte sie eine Idee.

»Ich glaube, ich bin vorhin an der Kreuzung falsch abgefahren«, sagte sie entschuldigend.

»Was?«

Er blickte sie an. Dabei schien er zu überlegen, ob er ihr Angebot annehmen konnte oder nicht.

»Ich hätte nach links fahren müssen, aber ich bin aus Versehen nach rechts gefahren. Wahrscheinlich liegt diese Fabrik auf der anderen Seite.«

Hans-Werner nickte nachdenklich. Dann atmete er erleichtert auf.

»Weißt du was? Auf die Spanier kann man sich sowieso nicht verlassen. Dottore, prego, come stai – alles leeres Geklingel. Große Klappe und nichts dahinter. Am Ende hat man nur Ärger mit denen, weil sie nicht liefern. Ich werd den Kerl nachher anrufen und ihm sagen, dass er von mir keine Aufträge erwarten kann. Nicht von mir!«

Silke lächelte.

»Aber davon lassen wir uns Mallorca nicht vermiesen, oder? Wir fahren jetzt erstmal zurück in die Stadt und dann gehen wir was Schönes essen, mit allem Pipapo!«

Sie stiegen ins Auto. Hans-Werner setzte sich auf den Beifahrersitz. Als Silke den Wagen starten wollte, gab er nur ein kurzes, heiseres Röhren von sich. Sie probierte es noch einmal. Wieder röhrte er kurz und verstummte. Sie versuchte, das Auto zu überlisten, indem sie den Zündschlüssel herauszog, die Tür öffnete, nach fünf Sekunden laut wieder schloss, auf ihrem Sitz herumruckelte und den Schlüssel schließlich erneut reinsteckte. Ohne Erfolg. Nach sechs Versuchen brach sie entnervt ab.

»Na ja«, sagte Hans-Werner und blickte ratlos auf die Armaturen.

»Und was machen wir jetzt?«, fragte Silke und wischte sich den Schweiß von der Stirn.

Ihr Chef schien von der Lage zwar ebenso überfordert zu sein wie sie, glich dies aber durch sinnlosen Aktionismus aus.

»Wir sehen mal nach, ob es hier irgendwo einen Taxistand gibt.«

Sie stiegen aus. Es war fast windstill, die Sonne brannte von einem wolkenlosen Himmel. Man hörte das Rauschen der Autobahn. In der Ferne hatte sich ein Hund eingebellt.

»Vielleicht ist ja nur ein Kabel rausgerutscht«, sagte Silke. »Oder man muss kurz irgendwo gegenschlagen.«

Hans-Werner ging einige Meter geradeaus, blieb stehen und blickte sich wie ein Feldherr um. »Wenn du hier kurz irgendwo gegenschlägst, fällt alles auseinander.« Nach einigen Sekunden schüttelte er den Kopf. »Einen Taxistand scheint es nicht zu geben.« Er zog sein Handy aus der Hosentasche und tippte eine Nummer. »Hallo, Christiane, hier Schäfer. Du sprichst doch Spanisch. Wir brauchen ein Taxi in die …« Er suchte nach einem Straßenschild. »… in dieses Gewerbegebiet von Son Castello. Kannst du uns eins organisieren? Ja, ja, alles bestens, er hat schon zugesagt, die Sache läuft.«

Nachdem er aufgelegt hatte, drehte er sich verschwörerisch zu Silke. »Man muss die Leute bei Laune halten, Psychologie ist alles im Geschäftsleben.«

Zwei Stunden später – ein Taxi war nie erschienen –, fuhren sie im klapprigen Lastwagen eines Schrotthändlers Richtung Palma.

Sie saßen zu dritt nebeneinander auf dem Bock. Der Fahrer, ein älterer Mann mit Zigarre im Mundwinkel, sprach die ganze Fahrt über kein Wort. Erst als er sie an einem Taxistand herausließ, sagte er zum Abschied: »Merkel« und schüttelte daraufhin angewidert den Kopf.

Zurück in der Hotellobby, nahm Hans-Werner Silke beiseite.

»Tut mir leid, du hast was anderes erwartet, stimmt's?«

»Bis jetzt gefällt es mir eigentlich ganz gut«, sagte sie lächelnd.

Ihr Chef wirkte überrascht.

»Wie wir da vorhin standen, das Auto kaputt, die Esel, die Hitze – ich fand das ganz …«, sie suchte nach dem richtigen Wort, »romantisch.«

»Du fandst das romantisch?« Er schien sofort nachzudenken, wie er ihre unerwartete Gefühlslage möglichst gewinnbringend ausnutzen konnte.

Silke war selbst etwas erstaunt. Verlassene Gewerbegebiete gehörten eigentlich nicht zu ihren Vorstellungen von Romantik. War es der Hauch von Abenteuer, das sie, ohne es zu ahnen, vermisst hatte? Bei der Fahrt in dem Schrottlastwagen hätte sie sich die ganze Zeit kneifen können, ob ihr das gerade wirklich passierte.

»Also an mir soll es nicht liegen. Wenn du willst, können wir so was gerne öfter machen.«

Sie lachten.

»Übrigens«, er beugte sich zu ihr, »das Kleid ist der Hammer! Da haben wir doch noch genügend auf Lager, oder?«

Silke bekam einen heißen Kopf. »Und ich dachte …«

»… dass ich das nicht gemerkt habe? Ich bin Geschäftsmann, ich sehe, wenn jemand ein Kleid von uns trägt.« Er zwinkerte ihr zu. »Sagen wir in einer Stunde wieder hier?«

Während sie sich auf ihrem Zimmer zurechtmachte, fragte sie sich, wie er das eben gemeint hatte. War es nur eine ungeschickte Äußerung, aus Angst, seine wahren Gefühle zu zeigen, oder sah er in ihr nur einen lebenden Werbeträger für sein Geschäft? Das Problem war, sie wusste es selber nicht so genau, außerdem hatte sie ihm noch immer nichts von ihrer Entscheidung gegen die Geschäftsführung erzählt, was sie zunehmend belastete. Schließlich wollte sie ihm die gute Stimmung nicht vermiesen.

Nachdem sie alle sechs Kleider mindestens einmal anprobiert und mit verschiedenen Strumpfhosen kombiniert hatte, entschied sie sich eine Minute vor dem verabredeten Termin für das sandfarbene, das sie allerdings auch nicht restlos überzeugte.

»Lass mich raten«, sagte ihr Chef, als sie in der Lobby eintraf. »169 Euro im VK, 49 im EK. Hab ich recht?«

Silke nickte schwach.

»Nach 49 Euro sieht es eigentlich gar nicht aus. Da sieht man mal wieder, dass preisgünstig nicht billig aussehen muss.« Er lächelte triumphierend.

Sie fuhren mit dem Taxi zu einer zwanzig Minuten entfernten Marina in einer stillen Bucht abseits des Massentourismus. Das Restaurant befand sich in einem bunkerartigen Betonriegel mit Bars und Boutiquen.

Silke war zunächst etwas enttäuscht von dem wenig anheimelnden Ambiente. Der Blick von der Terrasse entschädigte sie dann aber: Man sah auf riesige Yachten und das glitzernde Mittelmeer. Es war eine Welt, die sie bislang nur aus dem Fernsehen kannte. Oft hatte sie sich vorgestellt, wie sie mit einem Glas Champagner auf ihrer eigenen Yacht saß und vor sich hin döste, während ihr steinreicher Gatte, der aussah wie Rock Hudson, im Hintergrund mit Geschäftspartnern telefonierte. Dass sie in ihren Träumen betrunken auf Yachten saß und von einem schwulen Schauspieler ausgehalten wurde, hatte sie merkwürdigerweise nie gestört.

Hans-Werner hatte nicht nur die Weinbestellung übernommen, sondern der Einfachheit halber gleich noch die Bestellung des Essens, was Silke diesmal ganz recht war, da sie sich momentan sowieso für nichts entscheiden konnte.

Obwohl sie wusste, dass dieses Leben keine wirkliche Alternative für sie war, fühlte sie sich hin- und hergerissen zwischen ihrem alten, das ihr trotz allem Sicherheit und Wärme bot, und einem Leben, das sich irgendwo zwischen Arbeit, Reisen und Wein mit Meeresblick bewegte. Natürlich glaubte sie nicht ernsthaft, dass sie mit ihrem Chef eine Zukunft hatte. Doch die Vergangenheit mit Marten kam ihr plötzlich wie ein Leben in Sicherheitsverwahrung vor. Silke Endlich saß seit zwanzig Jahren unschuldig in ihrem rundum abgesicherten Leben, und es gab kaum noch Hoffnung, dass sich irgendetwas daran änderte.

Sie aßen Sushi. Silke hätte lieber etwas Spanisches gegessen, doch das Lokal war offenbar für fortgeschrittene Urlauber gedacht, denen es letztlich egal war, in welchem Land sie sich gerade befanden.

»Du denkst wahrscheinlich«, sagte Hans-Werner, der sich mit großem Appetit den rohen Fisch einverleibte, »dass ich dich nur mitgenommen habe, weil ich dich rumkriegen will.«

Silke versuchte erstaunt auszusehen.

»Nein, wieso?«

Hans-Werner schien irritiert. Offenbar hatte er sich bereits lange Erklärungen überlegt, die jetzt überflüssig waren.

»Ist ja auch egal, ich wollte dir eigentlich nur sagen, dass du eine besondere Mitarbeiterin, also eine Frau bist, eine ganz besondere Frau.«

Silke hätte sich fast an einer Gurke verschluckt.

»Kurz und gut«, er balancierte ein Lachsstück zwischen den Stäbchen, »ich habe mich schon lange nicht mehr so wohl gefühlt – mit einer Frau, meine ich.« Der Lachs plumpste in die Saucenschale, worauf sein Hemd einige Spritzer abbekam, die er mit der Serviette abzuwischen versuchte.

»Macht doch nichts«, sagte Silke.

»Was?«

»Das mit dem Hemd, meine ich.«

»Ach so.«

Es war rührend zu sehen, wie er sich bemühte, seine Gefühle in halbwegs vernünftige Sätze zu packen. So kannte sie ihren Chef gar nicht, und auf einmal war sie sich nicht mehr sicher, ob wirklich alles stimmte, was man sich über ihn erzählte.

»Glaubst du denn, dass ich eine Frau bin, die man leicht rumkriegen kann?«

Er verneinte energisch. »Deshalb reizt es mich ja, ich meine, ich finde es toll, dass du deinen Mann nicht, also dass du und dein Mann – es läuft doch nicht mehr so richtig mit euch, oder?« Er nippte an seinem Wein.

Silke blickte betroffen zum Thunfisch. Sie wusste nicht, was sie sagen sollte. Sah man ihr etwa an, dass sie unglücklich war?

»Du kannst mir ruhig alles sagen«, sagte Hans-Werner und wollte nach ihrer Hand greifen, die aber unangreifbar vor der Sushiplatte lag. »Ich kenne das, wenn man nach Jahren nicht mehr weiß, warum man noch zusammen ist.«

Eigentlich hatte sie sich vorgenommen, nichts über ihr Privatleben zu erzählen. Aber der Wein und die untergehende Sonne machten sie weich.

»Manchmal habe ich den Eindruck, dass unsere Träume zu verschieden sind. Vielleicht sollte man vorher nach den Träumen des anderen fragen. Es muss doch was geben, an das man gemeinsam glaubt.«

Hans-Werner nickte. Er hatte Silkes Hand überraschend hinter der Platte gefunden und sie so weit über den Tisch gezogen, dass ihre Brüste jetzt nur noch wenige Zentimeter vor dem Sashimi lagen.

»Mit meiner Frau war's genauso«, sagte er ernst. »Sie wollte immer was anderes als ich. Am Schluss haben wir uns eigentlich nur noch gestritten.« Er blickte nachdenklich auf ihre Brüste.

»Und dann hört man irgendwann auf zu träumen«, sagte sie schnell.

»Das darfst du auf keinen Fall zulassen«, sagte er, ihre Hand fest drückend, »Träume sind doch das Wichtigste. Man muss immer dranbleiben, verstehst du? Man muss an ihnen festhalten, auch wenn es lange dauert, bis man sie verwirklichen kann. Und manchmal dauert es lange, verdammt lange!«

Ein warmes Gefühl durchströmte sie. Auf einmal fühlte sie sich ganz leicht, und das lag sicher nicht ausschließlich am Wein.

»Du musst deine Träume leben«, sagte er, während er nervös nach dem Kellner sah, »also auch ausleben, und zwar jetzt, nicht morgen.«

Die Ewigkeit kann ganz schön anstrengend sein, wollte sie sagen, wusste aber plötzlich nicht mehr, was sie genau damit meinte.

Er zahlte.

Wenig später saßen sie im Taxi und fuhren zurück nach Palma. Hans-Werner hatte seinen Arm um sie gelegt und streichelte ihre Schulter, während sie darüber nachdachte, ob Brust und Sashimi koscher waren. Sie hatte mal einen Bericht über koscheres Essen im Fernsehen gesehen. Dort hieß es, dass man Milch und Fleisch nicht zusammen verwenden durfte, sonst wäre das Essen nicht mehr koscher. Manchmal war sie sich selbst ein Rätsel.

Im Hotel fragte er sie, ob sie noch Lust auf einen Absacker in seinem Zimmer hätte. Obwohl sie wusste, was das bedeutete, stimmte sie zu. Sie dachte an ihre Träume, aber am wichtigsten war, dass sie sich bald irgendwo hinlegen konnte.

Hans-Werner öffnete eine Flasche Rotwein und goss aus Mangel an Alternativen die beiden Zahnputzgläser randvoll. Sie saßen auf der Bettkante und prosteten sich zu.

»Auf das, was wichtig ist im Leben«, sagte er.

Silke war so betrunken, dass sie Mühe hatte, sein Glas zu treffen.

Nach einigen Minuten entschuldigte er sich ins Bad.

Silke überlegte, ob sie sich jetzt ausziehen sollte. Normalerweise wäre es an ihr gewesen, ins Bad zu gehen, um sich ein wenig frisch zu machen. Diese Variante brachte sie jedoch völlig aus dem Konzept.

Um nicht vollkommen tatenlos dazusitzen, wenn er aus dem Bad zurückkehrte, schaltete sie den Fernseher ein. Das Programm zeigte den Skiabfahrtslauf der Herren, was ihr etwas merkwürdig vorkam, schließlich war Hochsommer, und selbst in höheren Lagen konnte jetzt nicht mehr ausreichend Schnee liegen. Eine Sekunde fragte sie sich, ob sie das alles hier nur träumte. In Wirklichkeit lag sie zuhause in ihrem Bett und schlief. Vielleicht hatte sie auch Martens fingierte Entführung nur geträumt, damit sie endlich einen Grund hatte, nach Mallorca zu fahren. Selbst im Traum brauchte sie komplizierte Konstrukte, um ihre heimlichen Wünsche endlich bedingungslos auszuleben zu können.

Auf einmal war sie sich nicht mehr sicher, was wahr war und was nicht. Denn eigentlich traute sie Marten so eine ausgedachte Entführung gar nicht zu.

Hans-Werner kam aus dem Bad. Er war nackt. Silke sah prompt zwischen seine Beine. Sein winziger Penis stand in keinem Verhältnis zu seinem mächtigen Bauch. Und auch sonst stand eigentlich nichts in irgendeinem Verhältnis. Ab einem bestimmten Alter sollten sich Männer nicht mehr öffentlich nackt zeigen dürfen. Jedenfalls nicht, wenn es hell war.

Silke musste auf einmal grinsen.

»Ist irgendwas?«, fragte er beleidigt. Dass Männer ihrem Geschlecht eine so große Bedeutung beimaßen, hatte sie nie verstanden. Es war wie eine Auszeichnung, die sie mit sich herumtrugen und bei jeder Gelegenheit vorzeigen wollten. Auch wenn die meisten Männer, die sie kennengelernt hatte, diese Auszeichnung eher unberechtigt trugen.

Wie er so breitbeinig dastand und sich bestaunen ließ, kam ihr die Idee, ob er möglicherweise erwartete, dass sie ihn nach dem Grund dieser Auszeichnung fragte. Der Gedanke war so sinnlos wie lächerlich. Aber irgendwie erschien er ihr plötzlich zwingend.

»Sag mal, dein Dings«, sagte sie und musste kichern.

»Was ist mit meinem Dings?«, sagte er todernst und blickte irritiert an sich herab.

Da hatte Silke aber schon wieder vergessen, was sie fragen wollte. Stattdessen sagte sie etwas ganz anderes.

»Ich wollte dir eigentlich nur sagen«, sagte sie mit letzter Kraft, »dass ich die Geschäftsleitung, also dass ich das neue Dings, Geschäft, nicht leiten kann.«

Hans-Werner blickte sie fassungslos an.

»Du bist betrunken«, sagte er. »Das können wir ja auch noch morgen besprechen.«

Silke schüttelte den Kopf.

»Ich war noch nie so klar wie jetzt«, sagte sie, und im selben Moment kippte sie seitlich aufs Bett. Das Letzte, was sie sah, war das jubelnde Fahnenmeer, als ein Skiabfahrtsläufer mit hochgerissenen Armen durchs Ziel geschossen kam.

Marten hatte es schließlich nicht mehr ausgehalten und trotz heftiger Proteste seitens Wolfgang mit verstellter Stimme im Laden angerufen, um sich nach seiner Frau zu erkundigen. Als man ihm mitteilte, dass Silke und der Chef für ein paar Tage geschäftlich nach Mallorca gereist seien, wurde ihm schlagartig klar, dass er die ganze Zeit in die falsche Richtung gedacht hatte. Nicht von Shankar Prakash drohte Gefahr, sondern von einem knollennasigen Mann namens Hans-Werner Schäfer. Vermutlich hatte er ihr die Leitung der neuen Filiale nur angetragen, wenn sie ihn vorher nach Mallorca begleitete. Und dass er dort nicht nur Geschäfte machen wollte, war so sicher wie das Amen in der Kirche.

Er hatte keine andere Wahl: Marten musste ihnen nachreisen und versuchen, das Schlimmste zu verhindern. Wenn es nicht schon zu spät war.

»Ich fliege da sofort hin«, erklärte Marten, nachdem er aufgelegt und sich vom ersten Schrecken erholt hatte.

»Das wirst du nicht«, forderte Wolfgang, »oder willst du dich vor allen lächerlich machen?«

»Besser, ich mache mich lächerlich, als dass ich meinen Lebensabend mit dir verbringen muss.«

Wolfgang schüttelte verzweifelt den Kopf. »Showdown am Ballermann, oder wie darf ich das verstehen?«

»Das überlasse ich dir, mir reicht's jetzt jedenfalls!«

»Glaubst du, dass sich der Typ von einem Verfasser von Haustierratgebern irgendwie beeindrucken lässt?«

»Du nimmst mich auch nicht ernst, stimmt's?«, rief

Marten, stand auf und verließ türenschlagend die Wohnung.

Als er aus dem Flughafengebäude von Palma de Mallorca kam, hatte er sofort den würzigen Geruch von Autoabgasen in der Nase. Die Abgase rochen anders als zuhause, vielleicht weil die Luft wärmer und trockener war. Die Sonne brannte vom Himmel, Palmen säumten die Straßen. Er blieb einen Moment stehen, um alles auf sich wirken zu lassen. Leider hatte er keine Zeit für Urlaubsgefühle.

Er setzte sich in ein Taxi. Der Fahrer schien sein Hotel zu kennen. Jedenfalls nickte er nur stumm, als Marten den Namen nannte.

Nach einer knappen halben Stunde erreichten sie ein kasernenartiges Gebäude an einer großen Ausfallstraße. Hatte ihn der Fahrer doch falsch verstanden? Als Marten den Hotelnamen wiederholte, machte der Mann »Si, si« und deutete dabei auf den Kasten zu seiner Rechten.

Zwar hatte er nicht viel erwartet – er hatte das preisgünstigste Hotel gewählt, das man ihm auf einer Suchmaschine empfohlen hatte –, war angesichts seiner Herberge aber doch etwas enttäuscht.

Das Kasernenhafte setzte sich im Innern nahtlos fort. Die Eingangshalle erinnerte an ein Auffanglager für Flüchtlinge. Neben Bergen von Gepäck saßen erschöpfte Menschen in kurzen Hosen und knappen T-Shirts, als hätten sie nach einer langen Odyssee endlich Zeit, sich ein wenig auszuruhen.

Sein Zimmer hatte die Nummer 3012 und lag im dritten Stock. Es dauerte eine Weile, bis er verstanden hatte, wie er die Tür mit der Plastikkarte öffnen konnte.

Der Raum war so winzig, dass Marten automatisch

nach einer weiteren Tür suchte, die zum eigentlichen Hotelzimmer führte.

Als er sich aufs Bett legte, knackte es bedenklich. Einen unruhigen Schlaf sollte man hier besser nicht haben. Immerhin hatte man vom Fenster einen weiten Blick über die mehrspurige Schnellstraße.

Nachdem er geduscht hatte, zog er sich ein frisches Hemd an und verließ das Hotel.

Nach nur zehn Minuten – er hatte den Weg erstaunlicherweise problemlos gefunden – erreichte er Silkes Unterkunft. Die Adresse hatte er unter dem Vorwand, ihrem Chef eine wichtige Nachricht zufaxen zu müssen, von einer Mitarbeiterin erfahren. Das Hotel war viel kleiner als seins, wirkte in seiner banalen Gebrauchsarchitektur aber genauso trostlos.

Er betrat die Lobby. Es war kaum etwas los. Die meisten Urlauber lagen zu dieser Zeit vermutlich am Strand.

Weiter hinten erkannte er die Hotelbar: ein geschwungener Tresen und in den Nischen Sessel für kuschelige Stunden zu zweit. Hatte Silke hier womöglich schon mit ihrem Chef gesessen und sich Mut fürs weitere Abendprogramm angetrunken?

Er beschloss, in die Bar zu gehen und bei einem Glas Rotwein auf Silke zu warten. Es war gerade mal drei Uhr durch, normalerweise fing er erst gegen fünf Uhr an zu trinken, aber er spürte, dass ihm angesichts der Aufgabe etwas alkoholische Unterstützung ganz guttun würde.

Der Rotwein schmeckte nach zu viel Holz, als hätte man versucht, der dünnen Plörre durch das Holz wenigstens etwas Struktur zu geben. Nach einem Schluck ließ er den Wein stehen.

In diesem Moment bemerkte er in der Lobby einen Mann mit einem aufgeblasenen Plastikhai unter dem Arm. Er trug Flipflops, eine kurze Hose und ein ärmelloses Hemd. Während er aufgeregt gestikulierend an der Rezeption stand, glaubte ihn Marten auf einmal von irgendwoher zu kennen. Er hatte es schon öfter erlebt, dass er Menschen nicht gleich einordnen konnte, wenn sie ihm in einem anderen Umfeld begegneten. Jahrelang hatte ihn ein scheinbar fremder Mann auf der Straße gegrüßt, bis er erkannte, dass es der Gemüsehändler war, bei dem er regelmäßig sein Obst einkaufte.

Plötzlich traf es ihn wie ein Faustschlag. An der Rezeption stand niemand anderes als Hans-Werner Schäfer. Marten hatte ihn ein paar Mal auf Partys getroffen, als er noch so etwas wie ein Sozialleben gehabt hatte. Beim Anblick dieses grobschlächtigen Mannes, der sich mit dem grinsenden Hai unterm Arm lächerlich machte, spürte er, wie die Wut in ihm hochkochte. Er konnte nicht begreifen, dass Silke etwas mit diesem Mann hatte. Es erschien ihm so abwegig, dass er sekundenlang fassungslos seinen Kopf schüttelte. Wie weit war es gekommen, dass sich Silke mit so einem Mann abgab? Oder amüsierte sie sich inzwischen aus lauter Verzweiflung unter Niveau?

Er musste den Spuk beenden. Am besten gleich. An der Rezeption. Hier und jetzt würde er Hans-Werner Schäfer zur Rede stellen und einen sofortigen Abbruch ihrer Beziehung fordern. Notfalls unter Androhung von Gewalt. Ja, Marten war bereit, seine Frau mit Faustschlägen zurückzuerobern, obwohl es ihm angesichts der kräftigen Statur von Silkes Chef fraglich schien, ob seine Faustschläge überhaupt nennenswerte Auswirkungen haben würden.

Und was war, wenn es nichts zurückzuerobern gab? Wenn er sich getäuscht hatte und sie tatsächlich nur rein geschäftlich hier waren?

Er beschloss, nichts zu überstürzen und die Sache erst

einmal zu beobachten. Gewalt durfte nur das letzte Mittel sein.

Nachdem ihr Chef sein Gespräch an der Rezeption beendet hatte, verließ Marten zügig das Hotel. Er folgte ihm mit einigem Abstand. Offenbar hatte er es eilig. Er lief so schnell, dass Marten Mühe hatte, hinterherzukommen. Jetzt zeigte sich, wie recht Silke hatte, als sie ihm kürzlich empfahl, endlich Sport zu treiben.

Sie näherten sich dem Meer. Kurz vorm Strand mussten sie noch eine vierspurige Straße überqueren. Marten war völlig durchnässt. Er lief breitbeinig, als hätte er in die Hose gemacht. Ständig juckte es an einer anderen Stelle. Er blieb vor einer Ampel stehen, und als er merkte, dass er direkt neben ihrem Chef stand, war es zu spät, sich wegzudrehen.

»Ich kann diese Hitze auch nicht ab«, sagte Silkes Chef plötzlich zu Marten gewandt und wischte sich übers Gesicht. »Weiß der Teufel, warum man dann auch noch am Strand in der Sonne braten muss.«

Marten starrte an ihm vorbei. Er hatte Angst, dass Hans-Werner Schäfer ihn erkannte.

»Richtig strandtauglich sehen Sie ja nicht gerade aus«, meinte er, als er an Marten heruntersah.

Marten war noch immer wie schockgefroren.

»Oh, do you speak überhaupt German?«, fragte ihr Chef.

»Yes«, sagte Marten. Er blickte verunsichert zu ihm auf.

»Ah, I wanted to ask you, ob you also want to the, the …«

»Beach?«

»Genau, beach! Scheißenglisch. Sorry, aber my English is not so gut.«

»Macht nichts«, sagte Marten, »my English is auch scheiße!«

Beide lachten.

Marten war etwas besorgt, weil er ihren Chef eigentlich ganz sympathisch fand.

»Ich hasse das Meer, weil alle erwarten, dass man darin badet«, sagte Marten aus einer plötzlichen Laune heraus.

Hans-Werner Schäfer reichte ihm prompt die Hand. »Hans-Werner«, sagte er zutraulich. »Wir verstehen uns!«

»Marten«, sagte Marten. Kaum hatte ihm jemand das Du angeboten, wurde er leichtsinnig.

»Marten?« Hans-Werner schien zu überlegen, woher er den Namen kannte.

Marten musste schnell etwas unternehmen.

»Dafür freut sich der Hai, wenn er ins Wasser darf«, sagte Marten.

»Der Hai? Ach so!«, machte Hans-Werner und bog sich vor Lachen.

Als die Ampel umsprang, gingen sie gemeinsam über die Straße. Auf der anderen Seite tat Marten, als würde er in die andere Richtung gehen.

»Dann noch viel Spaß am Strand«, sagte Marten und zwinkerte ihm zu. Nach wenigen Metern drehte er sich um und folgte Hans-Werner über den Strand. Zwar wusste er noch nicht, was er tun sollte, wenn er Silke begegnete, aber er brauchte jetzt eine Entscheidung. Ihr Chef oder er.

Aber was war, wenn sie sich nicht entscheiden konnte?

Bald merkte er, dass ihn die Leute beobachteten. Er war der Einzige mit Hemd und langen Hosen. Einige zeigten sogar mit dem Finger auf ihn. Marten ließ sich davon jedoch nicht irritieren. Er hatte genug damit zu tun, am Strand nicht über Arme oder Beine zu stolpern.

Nach einigen Minuten stoppte er und blickte sich um.

Silkes Chef war plötzlich verschwunden. Eine kurze Unaufmerksamkeit nur und er hatte ihn aus den Augen verloren.

Langsam stapfte er in derselben Richtung weiter. Vorbei an nackten Frauen, spielenden Kindern und aufgeblähten Männerbäuchen. Marten hatte die Hoffnung fast aufgegeben, als er neben einem Schirm, unter dem vier Beine herausragten, auf einmal den Hai entdeckte.

Er dachte kurz nach. Dann nahm er allen Mut zusammen und trat zum Schirm.

»Hier versteckt ihr euch also«, sagte er und beugte sich vor.

In diesem Moment sah er, dass die Beine zwei nackten, älteren Frauen gehörten.

Leider war es zu spät.

»Wie bitte?«, fragte eine der Frauen empört und bedeckte ihren Körper schnell mit einem Handtuch. »Was wollen Sie von uns?«

Marten wurde noch heißer. »Oh, ich dachte nur, weil Ihr Hai …«

»Das ist mein Hai!«, rief ein Mann wütend von links. »Und jetzt verschwinden Sie! Spanner brauchen wir hier nicht.«

Eine halbe Stunde später lag Marten, bis auf die Unterhose entkleidet, in seinem Hotelzimmer auf dem Bett.

Vielleicht war es ganz gut so, dass er Silke nicht auf frischer Tat ertappt hatte. Womöglich hätte sie sich dadurch in die Enge getrieben gefühlt und sich spontan für ihren Chef entschieden, obwohl sie das ursprünglich gar nicht wollte. Er musste sich eine neue Strategie überlegen.

Auf einmal erinnerte er sich wieder an die Worte von Shankar Prakash. »Man trifft sich, als hätte man sich vorher noch nie gesehen.«

Das war es! Sie würden sich wie Fremde an der Hotelbar begegnen und noch mal von vorne beginnen. Eine andere Chance hatte er nicht. Die entscheidende Frage war aber: Würde Silke auf dieses Spiel so ohne weiteres eingehen?

Am späten Abend machte sich Marten auf den Weg zu Silkes Hotel. Er trug das Polohemd, das er sich vor einiger Zeit heimlich gekauft hatte, um Silke zu überraschen. Sie hatte immer wieder gepredigt, dass ihm sportliche Sachen viel besser stünden, aber Marten hatte dagegengehalten und erklärt, dass er nicht sportlich sei und bei den Leuten keine falschen Erwartungen wecken wolle. Sie sei schon froh, hatte sie daraufhin geantwortet, wenn er überhaupt noch irgendwelche Erwartungen wecke.

Er setzte sich an die Hotelbar und bestellte einen Wodka Martini. Einige Pärchen saßen bereits in den Nischen und ließen den Abend mit Cocktails ausklingen. Marten rechnete fest damit, dass Silke und ihr Chef nach dem Essen ebenfalls noch auf einen Drink hereinkamen. Seine Frau behauptete zwar ständig, nicht viel zu vertragen, aber wenn der Alkohol wie ein buntes Fruchtgummi im Glas aussah, konnte sie eine Menge wegtrinken.

Nach einer Stunde – Marten hatte inzwischen den dritten Martini am Start – war die Bar gut gefüllt, aber von Silke und ihrem Chef noch immer keine Spur. Die Uhr zeigte mittlerweile fast zwölf. Wenn sie bis eins nicht kamen, würde er die Aktion schon aus Konditionsgründen abbrechen müssen.

Neben ihm saß ein älterer Mann mit Halbglatze. Die übrig gebliebenen Haare hatte er so gekämmt, dass sie wie ein Fächer über der Kopfhaut lagen. Er trug ein lilafarbenes Sakko mit einem rosa Einstecktuch und roch nach Bier und billigem Parfüm. Seit einer halben Stunde trank er ein Glas nach dem anderen und wirkte dabei zunehmend verzweifelter.

»Und«, fragte er Marten, der ihn versehentlich angelächelt hatte, »glaubst du, da geht heute noch was?«

Marten zuckte die Schultern, als wüsste er nicht, worüber er sprach.

»Na, du sitzt hier doch auch nur wegen der Damen, oder?« Er grinste breit und bestellte noch ein Bier.

»Welche Damen?«, fragte Marten. Es war ihm unangenehm, dass es noch andere Männer mit ähnlichen Strategien gab.

»Weiber, Mensch, erzähl mir nicht, du sitzt nur zum Saufen hier. Denkst du vielleicht, ich mach das zum Spaß?« Er wirkte bereits stark angeschlagen, hatte sich als Gewohnheitstrinker aber so weit unter Kontrolle, dass er nicht vom Stuhl fiel.

»Ich sage dir, diese Warterei schlaucht ganz schön. Vorgestern saß genau auf deinem Platz *so* ein Gerät rum. Nichts Dolles, Ende fuffzig, Typ aufgegebene Hausfrau, da hingen schon Spinnweben in den Haaren, verstehst du, aber nach drei Stunden Saufen und Warten guckst du nur noch auf die Kernkompetenzen. Ich sag dir, das ging ab bis zur Materialermüdung.« Er lachte matt. »Und heute?« Er blickte sich um. Dabei neigte sich sein Oberkörper bedrohlich nach hinten. »Nur Paare. Alles nicht zu gebrauchen.« Er zog sich mit einer Hand wieder an den Tresen. »Mit mir kann man viel Spaß haben, richtig viel Spaß.« Er holte seine Brieftasche aus dem Sakko und zeigte ihm mehrere Kreditkarten. »Bei der richtigen Dame lass ich mich nicht lumpen. Aber weißt du, was ich nicht mag?« Er sah ihn entschlossen an und bemühte sich, seinen Kopf dabei einigermaßen gerade zu halten. »Wenn ich ausgenommen werde! Hab ich echt kein Bock drauf. Ich bin immer ehrlich, aber über den Tisch ziehen lass ich mich nicht.« Er klappte die Brieftasche wieder zu und steckte sie zurück, wobei er mehrere Versuche benötigte, ehe er die Innentasche traf.

Einen Moment starrte der Mann ins Leere. Dann ging ein Ruck durch seinen Körper. »Ich glaub, das wird heute nichts mehr. Ich beende die Sitzung.« Er fasste Marten an die Schulter und rutschte langsam vom Hocker. »Morgen ist auch noch ein Tag.«

Er machte eine wegwerfende Handbewegung und verließ schwankend die Bar.

Marten war müde. Seine Augen brannten. Er trank den Rest Wodka Martini und aß die Olive. Während er den Stein ausspuckte und in eine Schale legte, bemerkte er am Eingang eine Frau in einem leuchtend roten Kleid. Als er sie ansah, zuckte er zusammen.

Es war Silke, und sie war alleine.

Vor Schreck hätte er sich am liebsten unterm Tresen versteckt. Womöglich wartete sie auf ihren Chef, der nur schnell auf sein Zimmer gegangen war, um sich an den unmöglichsten Stellen mit Kölnisch Wasser einzusprühen. Das glaubte er nämlich vorhin an der Ampel bei ihm gerochen zu haben.

Offenbar hatte sie ihn nicht erkannt. Mehrmals streiften sich kurz ihre Blicke, aber in ihrem Gesicht war keine Reaktion zu erkennen. Sah sie nicht, was sie nicht erwartete? Oder hatte er sich in den letzten Tagen so verändert, dass sie ihn nicht mehr wiedererkannte?

Ihm liefen Schauer über den Rücken, als sie sich direkt neben ihn an die Bar setzte. Sie wirkte seltsam abwesend, als würde sie gerade intensiv über etwas nachdenken.

Eine leichte Erregung ergriff ihn, ohne dass er genau sagen konnte, warum. Sie war stark geschminkt. Obwohl er jede Falte persönlich kannte, zauberte das Make-up etwas Fremdes in ihr Gesicht, das ihn stark anzog. Er hatte nie das Bedürfnis verspürt, fremdzugehen, weil er keine Lust hatte, sich auf jemanden einzulassen, den er nicht kannte. Seine eigene Frau zu verführen erschien ihm auf einmal als verlockende Möglichkeit, böse Überraschungen von vorneherein auszuschließen.

Doch was hieß das eigentlich für ihre Beziehung, wenn Silke sich darauf einließ?

Die Antwort war: Er wusste es nicht.

Marten fuhr sich nervös durchs Haar. Er befeuchtete seine Lippen und grimassierte ein paar Mal mit vorgehaltener Hand, um seine Gesichtsmuskeln zu lockern. Dann räusperte er sich und sagte mit einer tiefen Bassstimme, die er selbst kaum für möglich gehalten hätte:

»Wissen *Sie* vielleicht, ob es auf Mallorca einen Zoo gibt?«

Silke reagierte mit leichter Verzögerung, als hätte sie sich zunächst nicht angesprochen gefühlt. Dann drehte sie ihren Kopf, sah ihn einen endlos scheinenden Moment an und lächelte schwach.

»Ob es in Mallorca einen Zoo gibt?«

Marten lächelte auch, war gleichzeitig jedoch besorgt, ob sie auf sein Spiel eingehen würde. Er versuchte in ihren Augen zu lesen. Er merkte eine gewisse Verblüffung, aber auch Neugierde, so wie damals, als sie sich in einem Café kennengelernt und Marten die blödeste aller Fragen gestellt hatte, nämlich, ob sie wisse, wie spät es sei, worauf Silke amüsiert auf seine Armbanduhr gedeutet und erklärt hatte, dass sie ihm aber auch gerne ihre eigene Zeit sagen könne. Er war sich nicht sicher gewesen, ob das bereits ein gutes Zeichen war, so wie er sich jetzt nicht sicher war, ob sie sein Zeichen verstanden hatte.

Sie nahm ein paar Nüsse aus der Schale und zerkaute sie langsam, während sie ihn unentwegt musterte. Er hatte seine Frau noch nie so lange so wenige Nüsse zerkauen sehen wie in diesem Moment.

Dann wischte sie ihre Hände an der Serviette ab und räusperte sich.

»Also, wenn es einen Flughafen gibt, gibt es auch einen Zoo«, sagte sie sachlich, und da war klar, dass er sie hatte.

»Glauben Sie wirklich?«

»Ja, oder kennen Sie eine Stadt mit Flughafen, die keinen Zoo hat?«

»Darf ich Sie zu einem Drink einladen?«, fragte Marten plötzlich völlig entspannt. »Ich heiße übrigens Eberhard.«

»Ach was?« Sie machte ein nachdenkliches Gesicht. »Und ich bin Gudrun. Aber meine Freunde nennen mich Gudi.«

Beide lachten.

»Wissen Sie eigentlich, wie spät es ist?«, fragte sie auf einmal wieder ganz ernst.

Marten musste schmunzeln. »Nein, aber wenn man nicht auf die Uhr sieht, hat man alle Zeit der Welt.«

Am nächsten Morgen erwachte Silke mit einem schmerzenden Rücken. Sie wusste nicht, wo sie war. Sie lag auf dem Boden eines winzigen Hotelzimmers, das zweifellos nicht das ihre war. Erst als sie neben dem zusammengekrachten Bett auch Marten liegen sah, kamen die Erinnerungen zurück.

Als Hans-Werner ihr gestern am Strand eröffnete, dass er ihren Mann an der Ampel getroffen habe, war ihr erster Gedanke: Warum konnte er sie nicht einmal in Ruhe lassen? Doch dann erkannte sie, was für eine logistische Meisterleistung es für Marten gewesen war, sie überhaupt ausfindig zu machen. Flug, Hotel, öffentliche Verkehrsmittel in einem fremden Land. Manchmal verlief er sich sogar noch in ihrem Viertel, wo sie seit fast zwanzig Jahren zuhause waren. Dass er sich dennoch getraut hatte und über seinen Schatten gesprungen war, rührte sie fast noch mehr als die Idee mit dem Kennenlernen an der Bar.

Sie hatten das Spiel noch eine ganze Weile weitergespielt. Silke hatte Gefallen an Gudrun gefunden, und Marten war so überzeugend in seiner Rolle als Eberhard, dass sie immer wieder laut lachen musste. Irgendwann hatte Eberhard sie dann mit auf sein Zimmer geschleppt.

Das Unglück passierte, als sie sich gemeinsam auf das Einzelbett legten. Mit einem gewaltigen Rums krachte das Bett unter ihnen zusammen. Und weil es auf dem Boden zu hart für ein aufregendes Liebesleben war und sie sich nach zwanzig Ehejahren nichts mehr beweisen mussten, blieb es in dieser Nacht eben bei der Löffelchenstellung.

Es war gerade mal acht Uhr. Sie wusste nicht warum, aber sie hatte plötzlich große Lust, mit Marten im Meer nackt schwimmen zu gehen. Vielleicht brauchte sie einfach einen körperlichen Beweis für ihren Neuanfang.

Sie robbte zu Marten und blies ihm sanft ins Ohr.

»Komm«, sagte sie, »aufwachen, anziehen, ich zeig dir was.«

Er schlug die Augen auf und nickte sofort, obwohl er ein Morgenmuffel war und normalerweise nichts tat, sofern er nicht wusste, was ihn erwartete.

Zwanzig Minuten später saßen sie im Taxi und fuhren zum Strand.

»Könntest du mir vielleicht jetzt sagen, was du vorhast?«, sagte Marten immer noch müde.

»Gleich.« Sie strubbelte durch sein Haar, das an einigen Stellen bereits grau wurde, was sie heute zum ersten Mal bemerkte. Sie wollte ihm sagen, dass sie es mochte, wenn er ergraute, ahnte jedoch, dass er es womöglich nicht als Kompliment verstehen würde.

Der Strand war fast menschenleer. Einige Jogger schleppten ihre übergewichtigen Körper durch den Sand. Das Meer wirkte noch lustlos von der Nacht. Kleine Wellen schwappten gemächlich an Land. An einer Stelle, die weit genug entfernt war von den Buden und Kiosken an der Promenade, blieb Silke stehen.

»Wir gehen jetzt schwimmen«, sagte sie und begann sich auszuziehen.

»Schwimmen?«, fragte er leicht erschrocken. »Aber ich habe gar keine Badehose dabei.«

»Wir schwimmen nackt«, erklärte Silke unbeeindruckt

und ließ ein Kleidungsstück nach dem anderen auf den Sand fallen, bis sie ganz nackt war.

Marten blickte an ihr herab. Dann schüttelte er den Kopf und atmete tief durch.

»Ich weiß zwar nicht, was das soll, aber meinetwegen.«

Silke lächelte. Sie wusste, wie schwer es ihm fiel, in der Öffentlichkeit auch nur eine kurze Hose zu tragen.

Nachdem er sich ausgezogen hatte, musterte sie ihn.

»Ja, ja«, sagte Marten abwinkend, »ich werde demnächst abnehmen.«

»Hab ich was gesagt?«

Sie schoben sich langsam ins Meer. Marten ging so vorsichtig, als befürchtete er, jeden Augenblick mindestens auf einen Hai zu treten. Als sie bis zur Brust im Wasser waren, bemerkte Silke am Himmel plötzlich einen Heißluftballon, der die Form eines Elefanten hatte. Fast lautlos schwebte er auf die Häuser zu, nur manchmal unterbrochen vom Fauchen der Gasbefeuerung.

Marten war so mit der drohenden Gefahr unter Wasser beschäftigt, dass er den Ballon noch nicht gesehen hatte.

»Glaubst du«, sagte Silke, »dass es irgendwo auf der Welt fliegende Elefanten gibt?«

»Fliegende was?«, fragte er und suchte die Wasseroberfläche weiter aufmerksam nach verdächtigen Flossen ab.

»Elefanten. Glaubst du, dass es so etwas gibt?«

Marten stoppte und blickte sie an, als würde er ernsthaft über ihre Frage nachdenken.

»Es gibt fliegende Fische, es gibt Flughunde, warum sollte es nicht auch fliegende Elefanten geben? Wieso fragst du?«

Silke deutete zum Himmel. Beide sahen schweigend nach oben. Der Ballon hatte gedreht und etwas an Höhe verloren. Und als der Korb kurz hinter einem Haus verschwand, sah es für einen Moment wirklich so aus, als käme ein riesiger Elefant auf sie zugeflogen.

Martin Henkel

BLUFF auch mare ignorantiae,
oder:
Des king ! s neue Kleider.

Eine Studie zu Wesen, Werk und Wirkung
Arno Schmidts

KELLNER

Für A.S., die A.S. nicht kennen muß.

Die Arno-Schmidt-Gemeinde hat (wieder einmal) ein A.S.-Jahr ausgerufen, ein Anno Santo. Wer immer sich diesem Schriftsteller nähert, stößt auf das Phänomen seiner Gemeinde und ihrer Rituale. Arno Schmidt ist ein Kultautor, zu dem sich seine Leser »bekennen«, der die Menschheit in zwei Gruppen scheidet: die Schmidtianer (»Schmidteist ? : Allerdings !«) und den Rest. Die beschwerliche Lektüre von »Zettels Traum« darf als Initiationsritus, als Passageritual gelten. (Die Angehörigen der Gemeinde erkennen sich z.B. daran, daß sie die Abkürzung »ZT« sofort verstehen.) Die Gemeinde sammelt Reliquien und besucht geweihte Stätten wie Bargfeld und den Dümmersee; sie ist unter sich zerfallen in verschiedene Denominationen, die sich gegenseitig des falschen Umgangs mit dem Erbe bezichtigen; will ein Rechtgläubiger einen Häretiker brandmarken, so nennt er ihn »Bruder«[1]; die Schmidtglieder sind dabei nicht durchweg unkritisch gegenüber ihrem Meister; die kritischeren Anhänger sehen seine Größe gerade darin, daß er zur Kritik herausfordert; manches Augurenlächeln läßt sich beobachten.

Den Gläubigen ist die Tatsache, daß sie eine Gemeinde bilden (die Gemeinde eines so demonstrativ ungläubigen Autors!) selbstverständlich bewußt; manchmal spielen sie ironisch darauf an; aber ein Problem scheint es ihnen nicht zu sein.[2] Die folgenden Überlegungen

---

1 vide Wollschläger versus Kuhn

2 Jörg Drews hat die »*congregation*« der Schmidt-Anhänger anhand der Abonnenten des von ihm gestifteten Gemeindeblattes »Bargfelder Bote« im Jahre 1976 empirisch untersucht und diese Untersuchung 1986 an entlegener Stelle veröffentlicht. Abgesehen von dieser Zeitverzögerung, die die Untersuchung schon stark entwertet, beruht das ganze Unternehmen auf einem Korrelationsfehler: das *sample* ist nicht repräsentativ, Vergleichsgruppen fehlen. Außerdem ist die Untersuchung selbstreferentiell: der Gemeindegründer untersucht die Gemeinde, deren Teil er ist. Überlegungen zur Soziologie der A.S.-Anhänger habe ich nur bei Bert Blumenthal gefunden: Der Weg, S. 245ff. Allerdings beruhen diese Überlegungen nach eigenem Eingeständnis überwiegend auf Beobachtungen bei Bekannten.

nehmen die Existenz der Gemeinde zum Ausgangspunkt einer kritischen Betrachtung von Leben, Werk und Wirkung Arno Schmidts. Ich gehe dabei von einer sozialpsychologisch-statistischen Feststellung aus: die Verehrung, die Schmidt bei seinen Anhängern genießt, korreliert in hohem Maße mit der in seinem Werk ausgedrückten Selbsteinschätzung des Autors. Diese hohe Korrelation könnte zufällig sein; sie wäre zwar nicht zufällig, aber belanglos, wenn die Selbsteinschätzung des Autors und die Einschätzung des Autors durch die Gemeinde sich als berechtigt erweisen ließen. Dann stellte sich allenfalls die Frage, warum nur so wenige unter den Lesern und Literaturkennern wissen, daß Schmidt der größte deutsche Autor des Jahrhunderts ist. Ließe sich dagegen erweisen, daß die hoch korrelierenden Einschätzungen gleichermaßen unbegründet sind, müßte eine Theorie entworfen werden, innerhalb derer die (in der Sache nicht begründete) Korrelation plausibel erscheint. Eine solche Theorie möchte ich vorschlagen, denn, um dies vorwegzunehmen: ich kann zeigen, daß Schmidt von seinen Anhängern weit überschätzt wird.

Dieser Behauptung könnte entgegengehalten werden, daß man überhaupt nicht rational begründet über Wert oder Unwert des Werks eines Schriftstellers urteilen könne. Im Fall Arno Schmidts gibt es jedoch ein Kriterium, das er selbst und seine Verehrer aufgestellt haben, und das ist die Behauptung, Arno Schmidt sei ein *poeta doctus*.[3]

Diese Behauptung läßt sich widerlegen.

Mit anderen, provozierenderen Worten:

Für jene, die dem Bann Arno Schmidts nie verfallen sind und in seinen Büchern neben grober Unwissenheit und zum Himmel schreiender Halbbildung hauptsächlich eine durch nichts zu bannende Prahlsucht gefunden haben, wäre es wissenswert, ob seiner Wirkung ein

3 Selbst Nichtschmidtianer sind gleichermaßen beeindruckt: »Dann erschien ›Sitara‹, und da habe ich mir gedacht: »Ab jetzt, lieber Arno, schreibst du nicht mehr für mich. Ab jetzt schreibst du nur noch für dich und deine Sekte.« Ich meine, ich zwinge doch niemanden, der mir dermaßen deutlich zu verstehen gibt, daß er von mir nicht gelesen werden will, dazu, von mir gelesen zu werden. Man will ihn doch auch nicht quälen, den armen Mann. Das ist der Deal: Du willst nicht, daß ich dich lese, und ich tu' dir den Gefallen. Du findest mich zu doof, und ich finde dich zu klug.« Harry Rowohlt, zitiert nach: Der Raben-Kalender, 30.3.1992.

»Geheimnis« zugrunde liegt, das der ernsthaften Erforschung wert ist. Hier wenden sich die Gläubigen schon entrüstet ab. Zwar sind sie sich nicht darüber einig, worin Schmidts Größe eigentlich bestehe, doch daß es sich beim Objekt ihrer Verehrung um einen Mann von umfassender Bildung handle, daran glauben sie alle.

Anderen Lesern schlage ich vor, sich Schmidts Wesen, Werk und Wirkung mit Hilfe eines Lesemodells zu nähern, für das ich keineswegs Alleingeltung reklamiere, das aber geeignet erscheint, einige Probleme im Zusammenhang mit dem thematisierten Gegenstand plausibel zu erklären. In diesem Lesemodell ist die prahlerisch ausgestellte Halbbildung Schmidts geradezu der Schlüssel zum Verständnis des Werks.

Mein Vorschlag: man betrachte den Schriftsteller Arno Schmidt als ein Längeres (aber schon sehr langes) Gedankenspiel (LG) eines mittelmäßig begabten und mittelmäßig gebildeten Oberrealschulabsolventen und Handlungsgehilfen namens Arno Schmidt. Dieser dachte sich einen hochgebildeten und genial begabten Mathematiker, Astronomen, Literaturkenner, Historiker und Epiker aus und gab dieser erdachten Figur den Namen Arno Schmidt. Um Verwechslungen zu vermeiden, könnte man also von A.S.I (dem echten) und A.S.II (dem erdachten) sprechen. A.S.I dachte sich so sehr in die Rolle von A.S.II hinein, daß er sogar dessen (fiktive) Werke tatsächlich schrieb. In diesen Werken tritt fast regelmäßig ein von dem von A.S.I fantasierten A.S.II fantasierter A.S.III auf, der zwar meistens einen anderen Namen trägt, aber in der Regel als Doppelgänger von A.S.II erkennbar ist: »Die fatale Familienähnlichkeit sämtlicher Helden – ein=eiige Hundertlinge«[4].

Anders als die bisherige Schmidt-Philologie, die biographische Übereinstimmungen zwischen den Helden und ihrem Autor aufzuzeigen bemüht ist, aber stets betont, daß keine Identität festzustellen sei, gehe ich von dem Umstand aus, daß Schmidts »Ich«-Gestalten Gedanken Schmidts äußern. Hier ist die Identität zu suchen. Soweit die »Ich« sich über sich selbst äußern, kann man erkennen, daß sie ihrem Autor

4 Old Shatterhand und die Seinen, in: Das ess. Werk 4, S. 164

auch im Aussehen ähnlich sind; sie sind meistens wie dieser größer als 1,80 m und kurzsichtig; sie teilen mit ihm Vorlieben und Abneigungen und eine Reihe von unverwechselbaren Eigenheiten. Der Held darf gelegentlich gegenüber A.S.II einige Defizite aufweisen, z.B. zu jung sein, um dessen umfassendes Wissen zu besitzen (wie in »Kosmas« – wo typische A.S.II-Züge auf die Hintergrundgestalt Eutokios übertragen werden – und »Alexander«), oder etwa an die Scheibenform der Erde glauben (wie in »Enthymesis«). Manchmal scheinen Bestandteile der Biographie von A.S.I durch (Pagenstechers Vater war Polizist in Hamburg und hieß Otto), aber diese Züge werden vorsichtig verwendet, um die Mystifikation nicht auffliegen zu lassen. Die ausgeklügelte Mystifikation gelang, weil A.S.I über die Fähigkeit verfügte, die umfassende Bildung von A.S.II vorzutäuschen, aber auch, weil A.S.II auf eine Leserschaft stieß, die sich nur zu gern täuschen ließ, wie ich zeigen werde.

Seinen Ruhm verdankt Arno Schmidt nicht zuletzt einer raffiniert inszenierten *self-denying prophecy.* Er wolle gar kein Publikum, wenigstens kein Massenpublikum, ließ er einst aus Bargfeld im Hannöverschen verlauten. Er schreibe nur für die Gebildetsten, die »Kulturträger« unter den potentiellen Lesern, und deren Anzahl sei nicht größer als die dritte Wurzel aus *p*, wobei *p* die Bevölkerung der Bundesrepublik bedeute.

Da er wohl der Meinung war, ohne die Schmidtsche siebenstellige Logarithmentafel werde niemand diese schwierige Rechenaufgabe lösen können, fügte er hinzu, daß die dritte Wurzel aus 60.000.000 nicht mehr als 390 betrage (tatsächlich ist 391 richtig, aber so genau ist eine Logarithmentafel nicht). Da nun viele potentielle Leser gern zu den 390 gebildetsten Deutschen gehören wollten, erreichten Schmidts Bücher immer höhere Auflagen. Viele Tausende kaufen und, so darf man annehmen, lesen Schmidts Werke und wollen jedenfalls den Anschein erwecken, als verstünden sie ihn. Nicht unklug war es, die Werbekampagne (in einem SPIEGEL-Gespräch) gleichzeitig mit der Auslieferung des unter normalen Buchhandelsbedingungen sicherlich schwer absetzbaren Monsterbuches »Zettels Traum« in Gang zu setzen. So kam dieses in jeder Hinsicht sperrige Werk gar kurz nach seinem Erscheinen in einer wohlfeilen Raubdruckausgabe auf den grauen Markt, worüber sich Schmidt maßlos erregte. Entweder gibt es in der Bundesrepublik viel mehr »Gehirntiere« als Schmidt wahrgenommen hat – oder seine Selbstinszenierung funktioniert einfach.[5] Dieser geschickte Bluff führt direkt in das Zentrum des Phänomens Schmidt. Meine erste These ist: Schmidt bedient das Bedürfnis einer bestimmten Leserschaft, zu den Gebildeten sich zählen zu können, indem er vorgibt, selbst über ein besonders hohes Maß an Bildung und Verstand zu verfügen, an dem er seine Leser teilhaben läßt, allerdings nur die Gebildetsten unter ihnen, indem er seine eigene Bildung in hochverschlüsselter Form ausbreitet.[6] Eine Sekte braucht einen Guru, sie braucht eine Disziplin, und sie braucht eine Scheidung zwischen denen, die würdig sind, eingeweiht zu werden, und der Masse. Dies erklärt die Existenz einer regelrechten Fangemeinde, die weit mehr als 390 Mitglieder hat, was ihrer Existenz eigentlich die Grundlage entziehen müßte.[7] Ein Guru braucht eine zweite Existenz, eine von der normalen, physischen Existenz abgehobene zweite Selbstverwirklichung. So erklärte der indische Philosophiedozent Chandra Mohan Rajneesh im Jahre 1974, er sei im Jahre 1954 zum »Bhagwan« erleuchtet worden. 20 Jahre lang hatte er dieses Geheimnis mit sich herumgetragen, und niemand hatte etwas davon gemerkt. Ähnlich erging es mit Schmidt; als Soldat in Norwegen muß er schon auf dem Weg der Verwandlung von A.S.I zu A.S.II gewesen sein, und niemand hat etwas von seiner Größe geahnt.[8] Der Grund: erkannt werden kann der Meister nur von seiner Gemeinde, und die gab es noch nicht.

---

5 Hans-Michael Bock hat die Inszenierung des Erfolgs von »ZT« untersucht: Solipsist, S. 130ff.

6 Dabei ist die gebildeten Schmidtianern natürlich nicht verborgen bleibende Lükkenhaftigkeit der Schmidtschen Bildung der Bindung an den Guru durchaus nicht abträglich. Der wahre Gläubige vermag über die Fehler des Objekts seiner Verehrung hinwegzusehen, ja darüber zu lachen.

7 Nachgerade peinlich ist der Arno-Schmidt-Preis, mit dem sein Stifter Literaten auszeichnet, die Schmidt gelobt hat oder die Schmidt gelobt haben. Fan-Clubs wie die »Arno-Schmidt-Stiftung« werden gemeinhin in der »Soziologie der Adoleszenz« behandelt. Eine »Juvenilie«!

8 vgl. Max Ames in »Wu Hi?«, S. 211ff. So hat »Schmidt« in »Brand's Haide« (der

Es versteht sich, daß im vorgeschlagenen Lesemodell, in dem der Autor als Kunstprodukt, als Teil des Werks verstanden wird, auch die Anhängerschaft zum Werk gerechnet wird. Schmidt hat sich eine (von ihm verachtete) Gemeinde geschaffen, um sich als deren Kult-Autor (A.S.II) zu setzen. Zugleich ist die Gemeinde aber auch Co-Autor des Werks, denn ohne die Propaganda-Abteilung gäbe es das Werk nicht. Ich werde an Beispielen zeigen, wie eng verwoben mit dem Werk die Sekte ist: selbst wenn der Meister sie vor den Kopf stößt, folgt sie ihm.

Meine zweite These ist eigentlich in der ersten schon enthalten: Schmidts Bildung ist zum großen Teil vorgetäuscht; sie ist jeweils aktuell aus einigen wenigen Büchern, vorwiegend Nachschlagewerken, exzerpiert; sie ist zudem höchst partiell und defizient. Sie spekuliert darauf, daß der Leser, der vieles nicht weiß oder nicht versteht, denkt: Was der Schmidt alles weiß! Tatsächlich, ein *poeta doctus*, ein Gehirntier, ein Polyhistor!

Ich werde zeigen, daß Schmidt diesen Effekt beim unbedarften Leser bezweckt, aber mangels umfassender Bildung tatsächlich nur bei solchen Lesern erzielen kann, die eben gerade nicht die Voraussetzungen mitbringen, die Schmidt angeblich verlangt. Davon leben dann wiederum die Schmidt-Dechiffrier-Syndikate: Unter den vielen Schmidt-Lesern muß es einen kleineren Kreis von wirklich Eingeweihten geben, die die sieben Bedeutungen des Graphems »king !« herunterbeten können.

Die dritte These kombiniert die beiden ersten mit der von Schmidt bevorzugten literarhistorischen Methode, nämlich der Anwendung der Biographie auf das Werk, und lautet: wenn Kafkas Helden das Leiden ihres Autors an seiner Tuberkulose ins Allgemein-Bedeutende emporheben, so ist das Leiden, das Schmidt in allen seinen Werken behandelt, das Leiden daran, daß er kein Abitur hatte[9], daß er nicht studiert hat. Diese wirkliche Wurzel seines Schaffens ist offenbar nicht nur der

---

Roman wurde 1950 verfaßt und spielt im Jahre 1946) schon Schmidts Werke der Jahre 1947-50 geschrieben.

9 jedenfalls kein richtiges, sondern nur eins von der Görlitzer Oberrealschule; es ist faksimiliert in »Wu Hi?«, S. 41ff.: Deutsch und Mathematik Gut, Englisch Befriedigend.

Gemeinde, sondern auch den Kritikern bisher verborgen geblieben. Wie b/harsch auch manche Kritik an Schmidt ausfiel: daß er ein umfassendes Wissen besitze, ungemein belesen sei, vor allem die Mathematik und die Astronomie beherrsche, wird fraglos vorausgesetzt. Daran stimmt nichts.

Um die Legende zu etablieren, A.S.II besitze das Wissen, das er vortäuscht, mußte zunächst die Biographie korrigiert werden:

In der Pressemitteilung des Rowohlt-Verlags von 1950[10] bescheinigt sich Schmidt eine »solide Bildung« und »ein abwegiges (Astronomie) doch vielseitiges Universitätsstudium« in Breslau, das er freiwillig 1933 abgebrochen habe. Um diese Legende aufrechtzuerhalten, muß er sein Geburtsdatum auf 1910 vorverlegen, denn daß der 19jährige das Studium abgebrochen habe, ist weder glaubhaft noch erfüllt es den Zweck. Zugleich erreicht er damit im Jahre 1950 »konsularisches Alter«[11], woran ihm gelegen haben mag, weil Hermann Hesse in einem empfehlenden, aber auch warnenden Brief an Freunde[12] die Jugend des Dichters betont hatte. Schmidt hatte darauf offenbar recht brüsk geantwortet.[13] In einem späteren Werbetext des Verlags heißt es dann: »...erwirbt er sich eine umfassende Bildung, die er autodi-

---

10 Abgedruckt in: Drews, J. und H.-M.Bock: Der Solipsist in der Heide, S. 9. Albern ist die Nachbemerkung der Herausgeber: »Eine Untersuchung ihres Sprachstils könnte zu bemerkenswerten Ergebnissen führen, was den Verfasser betrifft.« Wer anders als Schmidt hätte eine solche Selbstreklame in die Welt setzen können? Wer AnderS A.S. als »der Unsinnige« bezeichnen?

11 vgl. Das steinerne Herz, S.9; Tina, S. 28

12 abgedruckt bei Drews-Bock, S. 7f. Den Teilabdruck in ÜAS 1, S. 18 dagegen kann man nur als Fälschung bezeichnen.

13 Möglicherweise war Schmidt, der rechnen konnte, auch verletzt, weil er aus Hesses Lob des »jungen« Talents unschwer entnehmen konnte, daß der vergessen hatte, daß Schmidt ihm viele Jahre früher ein Gedicht zugeschickt hatte. Steinwender, S. 70 ist der Ansicht, daß dieses Gedicht »Verbrüderung« »um eine ganze Klasse besser sei als jedes Gedicht, das der so sehr verehrte Hesse in seinem ganzen Lyrikerdasein geschrieben hat«. Nun ist es seit Deschner leicht, Hesse als Epigonen zu erkennen, aber daß die von Whitman geklaute Anrede an den »Blutbruder Gras« eine ganze Klasse besser sei als alle Hesse-Gedichte, ist wohl kaum eine haltbare Aussage, die auch durch die Versicherung, es handle sich um ein subjektives Urteil (was denn sonst?) nicht akzeptabler wird. Das Gedicht ist zu finden in: Enthymesis, S. 16. Es handelt sich um pubertären Kitsch. (Das ist ein subjektives Urteil.)

daktisch auch auf abseitige Gebiete ausdehnt. Innerhalb eines vielseitigen Universitätsstudiums bevorzugt er die Astronomie.«[14] Im Lebenslauf des »text + kritik«-Bändchens werden die offensichtlich unzutreffenden Angaben Schmidts durch eine plausiblere Fälschung korrigiert: da er 1933 erst Abitur gemacht hat, muß das Studium 1933/34 stattgefunden haben, und der Studienabbruch wird auf 1934 verlegt. Karl Schumann vermeldet, A.S. habe »Mathematik und Physik...studiert.«[15] Er kenne sich aus in den »kühnen Konstruktionen der Integral- und Differentialrechnung«, die bekanntlich im 17. Jahrhundert entwickelt wurden und zum Lehrstoff der Oberstufen auch an Realschulen gehören. Daß Schmidt auch Einsteins Erkenntnisse geläufig seien, wie Schumann weiter behauptet, ist dagegen nicht feststellbar. Wenn Schmidt tatsächlich studiert hätte, so hätte er gewiß einem seiner erdachten »Ich« (A.S.III) dieses doch nicht unwichtige biographische Merkmal mitgegeben.

Die Legende, Schmidt habe Mathematik studiert, wird durch den Umstand bedingt und gestützt, daß er seinen Überlegungen zur Prosa-Theorie den Titel »Berechnungen« gegeben und diese Überlegungen selbst in der Buchstabensprache der Algebra zusammengefaßt hat. (»LG = E I + E II.«) Darauf fußt dann wiederum die abwegige Behauptung seines ganz besonders ergebenen Verehrers Wolfram Schütte: »Seine Prosa orientiert sich an der Exaktheit der positiven Naturwissenschaften, vor allem der Mathematik, Physik und Psychologie.«[16]

DER SPIEGEL attestierte A.S. am 6.2.1952, er sei »in vielen Sprachen firm«. »Für sechs erfolgreich absolvierte Semester Mathematik und Astronomie zeugt das Schmidtsche Manuskript einer siebenstelligen Logarithmentafel.«[17] Wie absolviert man sechs Semester ohne Examen erfolgreich? Braucht man für eine stumpfsinnige, langwierige Rechenaufgabe sechs Semester Mathematikstudium? Und Astronomie?

---

14 Text + Kritik 20/20a, S. 30
15 a.a.O., S. 31
16 Drews-Bock, S. 72
17 zitiert nach ÜAS 1, S. 23

Während es in den autobiographischen Verlagsmitteilungen heißt, Schmidt habe sein Studium abgebrochen, weil er einer Auseinandersetzung mit dem Nationalsozialismus ausweichen wollte (seine Schwester habe einen jüdischen Kaufmann geheiratet[18]), spinnt W. Schütte die Legende aus: A.S. hat sein Mathematik- und Astronomie-Studium »nach einem Zusammenstoß mit dem Nazi-Regime abgebrochen«.[19] Dabei ist schon die ursprüngliche Behauptung legendär genug: wie sollte ein 19jähriger Studienanfänger 1933, vor der Schaffung der Nürnberger Gesetze, eine solche Entscheidung getroffen haben?

Die Gläubigkeit der Schmidt-Gemeinde läßt sich am Umgang mit dieser offenbaren Fälschung des Lebenslaufs gut erkennen. Jan Philipp Reemtsma und Bernd Rauschenbach haben versucht, das »Problem« zu klären, das sie in »Arno Schmidts Studium der Mathematik und Astronomie« sehen[20]; dabei gibt es ein solches Problem ja gar nicht, da das Studium nicht stattgefunden hat; etwas, was nicht existiert, hat auch keine Attribute. Die beiden Adepten versichern treuherzig im Jahre 1986, es habe für sie keinen Anlaß gegeben, mit Alice Schmidt über diese Frage zu sprechen, da es vor Kenntnis der Briefe von (Schmidts Schulkollegen) Jerofsky und anderer Materialien »keinen Grund« gegeben habe, »die von Arno Schmidt mitgeteilte Version anzuzweifeln«.[21] Sie finden es »Merkwürdig nur, daß die erfundenen vier Jahre eben gerade den benötigten biographischen Raum für das fiktive Studium schaffen.« und erwägen: »Oder wäre es umgekehrt, daß er das Studium erfand, um die Zeitlücke plausibel schließen zu können?«[22] Die beiden Autoren sehen sich außerstande, das Dilemma aufzuklären, und erzählen ohne Quellenangabe, Schmidt habe einmal erwähnt, »er habe sich, seiner schlechten Augen wegen, sowieso auf das Studium der theoretischen Astronomie beschränken müssen«. (Diese »Erwähnung« wäre ja nun zweifellos einer der besseren Witze

18 aber auch das gehört in die A.S.II-Legende, nicht in die A.S.I-Biographie, vgl. »Wu hi?« S.180ff.

19 Drews-Bock, S. 70.

20 »Wu Hi?«, S. 173ff.

21 a.a.O., S. 175

22 a.a.O., S. 180. In dem Satz fehlt offenbar ein »so«.

Schmidts.) Nun: erstens zweifelt der Wissenschaftler alles an; zweitens war die Fälschung des Geburtsdatums (mit der das angebliche Studium steht und fällt) seit langem bekannt; und drittens konnte man, wenn man nur wollte, auch ohne Erinnerungen und Briefe von Jerofsky erkennen, daß Schmidt keinerlei akademische Ausbildung genossen hat. Bereits lange vorher hatte, wer nicht mit der Haltung der Gläubigkeit den Fakten gegenübertrat, erkennen können: wenn A.S.I überhaupt je studiert hätte, dann höchstens ein Semester lang.[23]

Noch 1990 will Schardt nicht zugeben, daß Schmidts Studium eine Erfindung des Autors ist. Er erwägt eine Gasthörerschaft Schmidts an der Breslauer Universität. Da sich diese Vermutung aber schlecht mit dem legendären Studienabbruch verträgt, verschweigt Schardt diesen Umstand der A.S.II-Legende kurzerhand.[24]

Eine plausible Lösung dieses Scheinproblems bietet das vorgeschlagene Lesemodell: A.S.I und A.S.II haben eben nicht dieselbe Biographie. A.S.I ist nachweislich am 18.1.1914 geboren worden und hat nur Realschulbildung. A.S.II (der als Kunstprodukt natürlich eine fließende, veränderbare Biographie hat) ist, jedenfalls in seiner Frühform, im Jahre 1910 geboren, vermutlich ebenfalls am 18.1.[25] A.S.II hatte demzufolge Zeit, vier Jahre lang zu studieren und sich umfassend zu bilden. A.S.I dagegen kann sich die vorgebliche umfassende Bildung weder während des Studiums noch auf der Görlitzer Realschule angeeignet haben. Sie existiert ja auch nicht.

A.S.II hat, bei einem erdachten idealen Wesen ist so etwas nicht weiter erstaunlich, »mit zweieinhalb lesen gelernt« und als fünfjähriges Kind an einem 5500 Seiten starken Roman Gefallen gefunden.[26]

---

23 Ein gängiger Topos innerhalb der Schmidtheologie ist die Scheidung der »seriösen« von irgendeiner anderen Schmidt-Forschung. Ich ziehe die Grenze hier: wer das angebliche Studium Schmidts auch nur in Erwägung zieht, betreibt nicht Forschung, sondern etwas anderes.

24 In: Schardt/Vollmer, S. 15. und 30. Überhaupt ist Schardts »biographische Annäherung« ein einziger Beweis dafür, daß die Schmidt-Philologie noch weit unter dem Mindeststandard wissenschaftlicher Auseinandersetzung mit ihrem Gegenstand steht.

25 Ein andermal ist A.S.II 1957 60 Jahre alt, Das ess. Werk 1, S. 123; dann wieder 1959 47 Jahre alt, vgl. Das ess. Werk 3, S.41

26 Die Ritter vom Geist, in: Das ess. Werk 4, S. 28; ein andermal hat er mit drei

Es gibt (für Gläubige wie Reemtsma und Rauschenbach) keinen Grund, an der von Arno Schmidt gegebenen Version zu zweifeln. Auch Herakles hat bekanntlich bereits in der Wiege Schlangen gewürgt.

A.S.II war, soweit das Werk das erkennen läßt, nicht verheiratet: »Unverbesserlicher Hagestolz!« läßt er sich in einem der Funk-Essays nennen.[27] (Bei einigen A.S.III schimmert jedoch die Ehe des stark verheirateten A.S.I[28] mit Alice durch, z.B. wenn »Ich« in »Schwarze Spiegel« der Mitüberlebenden Lisa zum Geburtstag einen Sonettenkranz anbietet, den A.S.I tatsächlich für Alice geschrieben hat, und zwar zum Geburtstag, der mit dem der Lisa zusammenfällt.) (»Lisa« ist phonetisch ein Anagramm von »Alice«.)

A.S.I hat auf der Schule Englisch gelernt; auf einer Dolmetscherschule der Wehrmacht und während der englischen Kriegsgefangenschaft in Belgien hat er es vervollkommnet. Daß seine Übersetzungen von Fehlern strotzen, die darauf zurückzuführen sind, daß er auf der Grundlage eines ältlichen Lexikons und ohne Landeskunde übersetzt hat und ihm alles entging, was nicht im Muret-Sanders von 1891 steht (ich erinnere nur an den »Shish-Kabob-Spleiß«[29]), kritisiere ich nicht; die Schuld trifft allein die Verleger seiner Übersetzungen, die schließlich wußten, wer Schmidt ist und sich die Lektorentätigkeit nicht hätten ersparen dürfen.[30] Seine Kompetenz im Englischen war wohl weitgehend ausschließlich passiv. Die ersten Sätze, die Schmidt veröffentlicht hat (die Überlieferungslegende in »Leviathan«) sind in holprigem Amerikanisch verfaßt und enthalten mehrere orthographische Fehler (kein Amerikaner heißt »Jonny«; »you« wird in einem Brief nicht mit großem Y geschrieben; »MSS« ist keine Abkürzung für »manuscript«; ich sehe hier ab von der Merkwürdigkeit, daß ein

---

Jahren lesen gelernt, Das ess. Werk 3, S. 41

27 Vom neuen Großmystiker, a.a.O., S. 100

28 vgl. Das ess. Werk 1, S. 33

29 »...wie Goethe auf seine Farbenlehre, so war auch Arno stolz auf seine Übersetzungen. Und die sind so lausig, daß sie schon wieder gut sind...« Harry Rowohlt, zitiert nach: Der Raben-Kalender, 27.3.1992

30 Die Fleißarbeit von R. Barczaitis will Schmidt als großen Übersetzer erweisen; tatsächlich beweist sie das Gegenteil.

amerikanischer Soldat seiner Frau als Kriegsbeute Uhren, Armbänder und ein gegen Zigaretten eingetauschtes Manuskript schickt).

Eine andere Sprache beherrschte er nicht. Spanisch soll er während der Schulzeit gelernt haben; das behauptet jedenfalls Drews.[31] Man muß sich diesen Vorgang einmal klarmachen: eine doch immerhin fiktive Romanfigur sagt, sie kenne ein bestimmtes Spanisch-Lehrbuch; ein Literaturwissenschaftler folgert daraus, der Autor habe anhand dieses Lehrbuchs diese Sprache gelernt... Wer von einem »irdischen paraiso terrestro« spricht[32], also vier Fehler in drei Wörtern schafft (1.: zweimal »irdisch«; 2.: es hieße »terrestre«, wenn es so hieße; 3.: es müßte aber »terreno« heißen; 4.: es müßte »paraíso« lauten), hat nicht Spanisch gelernt.

Überhaupt sind Schmidts fremdsprachige Zitate (außer den englischen) fast ausschließlich Bildungsbrocken trivialen Niveaus, soweit es sich nicht um aktuell Angelesenes handelt. Die meisten fremdsprachigen Zitate Schmidts oder Anspielungen auf fremdsprachige Literatur sind zudem Sekundärzitate aus den paar Dutzend deutschen epischen Werken, die Schmidt tatsächlich gelesen hat.

Schmidts Mathematik-Kenntnisse beschränken sich, soweit sie in seinen Werken vorgeführt werden, auf die Schulmathematik; eine stupende Rechenfähigkeit ist verbürgt; Schmidts astronomisches Wissen besteht in der Kenntnis von ein paar kosmologischen Hypothesen und einer Faszination durch den Mond. Schmidt zeigt keinerlei Kenntnisse der Sozialwissenschaften, der Ökonomie; von Philosophen kennt er nur ein wenig Schopenhauer; von Musik hat er keine Ahnung; von bildender Kunst versteht er nichts. Freud hat er erst spät zur Kenntnis genommen und in höchst einseitiger, wenn auch origineller Weise mißverstanden. Daß er etwas von praktischer Psychologie verstanden habe, daß also seine Figuren psychologisch stimmig angelegt seien, wagen selbst die *aficionados* nicht zu behaupten.

---

31 Lt. Drews in: ÜAS 1, S. 238 deutet der spanische Satz aus dem »Darnehl/Laudan« auf der ersten Seite von ZT auf Schmidts Spanischunterricht hin; ein vager Hinweis. 1959 behauptet A.S.II, in Hamburg Spanisch gelernt zu haben und den ›Don Quijote‹ in der Ursprache zu lesen. Das ess. Werk 3, S. 42

32 Das ess. Werk 4, S. 139

Meine These läßt sich so zusammenfassen: Schmidt hat zeitlebens darunter gelitten, eben keine umfassende Bildung zu besitzen. Das Leiden daran wird in Schmidts Werk überkompensiert.[33]

Dieses Leiden erscheint in verschiedenen Ausformungen im Werk:

1. Auch wenn Schmidt kein richtiges Abitur hat, weiß er doch mehr als alle anderen, z.B. über Fouqué und Cooper oder die Fehler auf den Meßtischblättern des Kreises Fallingbostel, vor allem kennt er das Wesentliche (nämlich Mathematik und Naturwissenschaften und die wirklich bedeutenden Schriftsteller).

2. Leute mit Abitur sind ohnehin dumm (wie man an den Pfaffen sieht).

3. Die Welt ist schlecht und unvernünftig, in der Leute mit Abitur das Sagen haben.

Diese Ansichten werden in Schmidts erzählerischem Werk jeweils der Hauptperson, dem Ich-Erzähler, zugeschrieben, bzw. der Ich-Erzähler ist als Träger dieser Ansichten konstruiert und bleibt vage und unmotiviert, sobald von ihm etwas anderes ausgesagt wird, als daß er eben diese als Einsichten ausgegebenen Ansichten vertritt. Dabei sind die meisten Erzählungen und Romane nach dem originellen Schema *boy meets girl* konstruiert, wobei das jeweilige *girl* im wesentlichen die Funktion hat, der Selbstdarstellung des bramarbasierenden Helden die Folie zu liefern und ihn außerdem noch zum Träger einer (das *girl*) beeindruckenden Potenz zu machen, die umso unglaubwürdiger bleibt, als ihre Realisierung offenbar nicht zum Zweck der Lust oder der Befriedigung betrieben wird (es sei denn, das Objekt sei eine Kentaurin[34]). Meistens werden die Sexualobjekte ausdrücklich als

---

33 »Züge einer verkrampften Überkompensation« stellt Urs Jenny bereits 1963 fest (ÜAS I, S. 16); er benennt aber nicht den Mangel.

34 Thalja in: »Die Gelehrtenrepublik« ist (neben der Sirene in einem Traum Lykophrons in »Kosmas«) das einzige als hübsch geschilderte weibliche Wesen bei Schmidt. Der Name stammt aus »Winnetou«, vgl. Sitara, S. 285. Folglich heißt Winer »Tschaa-Lieh« wie Old Shatterhand, Gelehrtenrepublik, S. 19. Die erotische Verwirrung, die damit angedeutet ist, ist gar nicht auszudenken... Übrigens heißen die Monster auf der Insel IRAS »Formindalls«, nach dem für die Atombombentests zuständigen amerikanischen Außenminister Dulles. (Gelehrtenrepublik, S. 41) Ja, wenn »Außenminister« auf amerikanisch »Foreign Minister« hieße und nicht »Secretary of State«!

unattraktiv geschildert; das scheint eine Liebesbedingung für A.S.III zu sein. Die Sexualprotzerei der Schmidtschen Helden ähnelt in Duktus und Gestus so sehr der Bildungsprotzerei, daß angenommen werden mag, auch auf diesem Gebiet habe eine Reifeprüfung nicht stattgefunden.[35] (Später weicht die Potenzprotzerei der larmoyanten Klage über das Nachlassen der Potenz.)

Schmidts Literatur ist extrem unerotisch. Wer einen Helden erfindet, der im Alter von 51 Jahren ein Liebesabenteuer mit einem 19jährigen Mädchen beginnt und darüber räsonniert, daß »dreimal die Wölfin« ihm einen Durchfall eingebracht habe[36], der ist kein Erotiker, sondern ein verklemmter Spießer.

Ich behandle hier zunächst nicht die essayistischen Arbeiten Schmidts, obwohl auch an ihnen die Methode, Allwissen vorzutäuschen, aufzuweisen wäre. Schmidt verfährt in ihnen typischerweise so: er sucht sich einen drittrangigen Autor, der ungerechterweise als viertrangig in Vergessenheit geraten ist, behauptet, der Autor sei aber mindestens zweitrangig und müsse von jedem, der literarische Bildung zu besitzen beanspruche, gelesen werden. Der Leser Schmidts (bzw. der Hörer der ursprünglichen Spätprogramm-Hörspiele, in denen manchmal eine naive, nur stofflich interessierte Fragerin (Schmidts F/Grauenbild!), immer ein dreiviertelsgebildeter, aber belehrbarer Schüler und ein ältliches, allwissendes und besserwissendes Schmidt-Abbild auftreten) soll denken: wer sogar alles über Pape und Wezel weiß, darf erst recht über Goethe, Mörike und Trakl urteilen. Ein typisches Stilmittel ist dabei die Wendung: »Wer dächte hier nicht an X?«, wobei X für etwas möglichst Entlegenes und Unbekanntes steht,

---

35 Zu diesem Thema vgl. Monika Albrecht: »Wo bleibt vor solchem Traum die Wirklichkeit?« Bemerkungen zum Thema ›Sexualität‹ bei Arno Schmidt. In: Schardt/Vollmer, S. 247ff. Sie kommt zu dem Schluß: Schmidt hat von diesem Thema »keine Ahnung«. (S. 252) (Der Titel der Arbeit ist übrigens ein von der Autorin als solches nicht erkanntes Rückert-Zitat aus: Sitara.)

36 Faun, S. 68f. Schmidts Erotik ist phallisch. Irgendwo in »ZT« bedroht »die böse Vulv'« das »Rotköppchen«. In »Seelandschaft« erscheint »sein bester Freund«, genannt »Er-Ich«, als Penis. Winers Erektion läßt eine Kentaurin geschmeichelt erröten, die doch Kentaurenhengste kennt (Gelehrtenrepublik, S. 19)...

woraus sich ergibt, daß die Frage eigentlich bedeutet: »Wem außer mir fiele dabei X ein?«[37]

Aber ehrlich: wären wir um irgendetwas ärmer, wenn wir *Belphegor* nicht kennten? Der Autor der Nachtprogramme freilich wäre um einiges ärmer gewesen, wenn ihm sein erster Lobredner Alfred Andersch nicht immer wieder den Auftrag zugeschanzt hätte, irgendeinen mediokren Literaten groß herauszubringen. Und so soll man die Schulfunk-Essays für nichts anderes nehmen als eine Form des Broterwerbs. In Schmidts Selbstdarstellung gehen diese unerheblichen Brotarbeiten jedoch als seine großen geistigen Taten ein; aus den zufälligen Fündlein nährt sich weiter die Legende von dem akribischen Forscher Schmidt (A.S.II).

Dabei hat Schmidt sicherlich in vielem recht. Im Grunde überzeugend und unwiderleglich erscheint mir sein Nachweis, daß es sich bei dem Werk Karl Mays um eine Sexualverdrängung nicht alltäglichen Ausmaßes handelt.[38] Zudem ist »Sitara« ein wirklich komisches Buch, voller geistvoller Wortwitze und vieldeutiger Anspielungen. »Sitara« ist sicherlich Schmidts souveränstes Werk. Endlich einmal von dem Zwang befreit, eigene Obsessionen zu gestalten, in der spürbaren Freude darüber, den Wust des Mayschen Werks in einem plausiblen System unterbringen zu können, schreibt Schmidt fröhlich, witzig, manchmal funkelnd, und selbst die unvermeidlichen Selbstanpreisungen des Autors sind merklich zurückgenommen, vielleicht weil Schmidt spürte, daß er auf diesem Gebiet mit May nicht mithalten konnte. Allerdings wird auch hier deutlich, daß Schmidts eigentliches, krampfhaft verfolgtes Ziel der Wunsch ist, trotz mangelnden Abiturs für gebildet gehalten zu werden. Es genügt ihm nicht, Karl Mays Obsessionen aufgedeckt zu haben. Schmidt fürchtet offenbar den Vorhalt: wie kann sich ein Geistesgroßer so lange und so einläßlich mit einem Trivialautor wie May beschäftigen? Deshalb muß er außer-

37 vgl. z.B.: Sitara, S. 259

38 Sitara und der Weg dorthin. Schmidt überzeugt durch die Fülle der Beispiele. Daß die Entdeckerfreude manchmal mit ihm durchgeht, verschlägt nichts. So war »Rendezvous« zu Mays Zeit völlig unverfänglich (Sitara, S. 38), das Kunstwort »anal« dürfte May nicht gekannt haben, usw.

dem noch nachweisen, daß May eben nicht nur ein Trivialautor, sondern in seinem Spätwerk ein »Großmystiker« sei.

Prüft man »Ardistan und Dschinnistan« unter dem von Schmidt elaborierten Aspekt, so stellt man fest, daß May zwar versucht hat, seine triviale Story mythisch-mystisch zu überhöhen, indem er etwa das Boot, auf dem der Held den Schauplatz erreicht, *wilahde* nennt, was »Geburt« bedeuten soll (was auch so ungefähr stimmt), daß aber dieser Versuch ebenso trivial ist wie das gesamte Werk Mays vor der Wende zum Großmystiker, und daß er übrigens bald aufgegeben wird zugunsten einer phantasievollen, aber platten Reiseerzählung, wie gehabt. Schmidts Entschlüsselung der angeblich mystischen Spätwerke Mays enthüllt dabei erstens allenfalls eine platte Allegorie auf Schlüsselroman-Ebene (ist einer denn Mystiker, wenn er seinen Streit mit Verlegern und Kritikern unter dem Mantel eines Orientreisenden versteckt?), und zweitens sind Schmidts Gleichungen keineswegs überall stichhaltig: »Katîb« heiße »Schreiber« und beziehe sich auf einen katholischen Kirchenfürsten dieses Namens, den es um 1900 tatsächlich gegeben habe, ohne daß gesagt wird, ob dieser etwas mit May zu tun hatte, weshalb es auch müßig ist, darauf hinzuweisen, daß »katîb« eben mitnichten Schreiber heißt[39], oder: »Teppichweber...also ›Spinner‹ : Schriftsteller«.[40]

Übrigens löst Schmidt sein Versprechen, auch über Mays Wirkung zu handeln, nur in sehr eingeschränktem Sinn ein: zwar berichtet er über die Auseinandersetzungen um das literarische Erbe Mays, über korrumpierte Textausgaben usw., aber darüber, wie May auf seine Leser wirkt, hat Schmidt sich kaum Gedanken gemacht. Er nimmt an, daß den naiven Lesern, die er als »Kindlein von 8 bis 88« eher vage bezeichnet, nur »L I«, das platte oberflächliche Lesemodell der Reiseerzählungen zugänglich sei. Daneben vermutet er, daß Mays Wirkung auch auf den S-Bezügen beruhe. Er fragt aber nicht, ob und gegebenenfalls wie die »S-Anspielungen« auf ein Problem der Leser

39 Vom neuen Großmystiker, in: Das ess. Werk 4, S. 113; Schmidt meint wohl »kâtib«.

40 a.a.O., S. 137

treffen. Die latent homosexuelle Beziehung zwischen OS und W z.B. entspricht doch offenbar einem pubertären Verhaltensmuster oder einem Orientierungsversuch mindestens der männlichen Jugendlichen einer bestimmten Leser-Schicht zu einer bestimmten Zeit.[41]

In Schmidts Arbeiten zu Joyce liegt meiner Meinung nach die eigentliche Bedeutung Schmidts. Er hat nicht nur die Ulysses-Übersetzung Wollschlägers angeregt, indem er als erster auf die Mängel der autorisierten Übersetzung Georg Goyerts hingewiesen hat (und wenn auch Wollschlägers Übersetzung berechtigte Kritik erfahren hat, so bietet sie doch sicherlich einen besseren Zugang zum Dubliner Odysseus als die alte Übersetzung, von der der des Englischen unkundige Kurt Tucholsky sagte: »Hier ist entweder ein Mord geschehen oder eine Leiche photographiert.«[42] Wir wissen heute: ersteres!). Allerdings ist Schmidts Kritik an Goyerts Übersetzung auch in vielem ungerecht, stellenweise schlicht falsch.

Schmidt hat zudem an Joyce seine vorher an May entwickelte Theorie der »Lesemodelle« ausgearbeitet, die das Verständnis nicht nur der Werke dieses Autors wesentlich erleichtert. Allerdings denkt Schmidt dabei vor allem an seine eigenen Bücher und zeigt damit, daß er seine ingeniöse hermeneutische Methode nicht versteht, denn im Unterschied zu der kunstvollen Doppel- oder Mehrbödigkeit in den Werken Joyces handelt es sich bei Schmidt um eine schlichte und platte Schichtung, wie ich noch zeigen werde; wenn Joyce verfugt, leimt Schmidt.

Drittens hat Schmidt, wie mir scheint, bisher als erster und einziger den richtigen Zugang zu *Finnegans Wake* aufgezeigt. Es ist schlicht unerfindlich, wie die unbestreitbare, von Schmidt aufgezeigte Tatsache, daß es in diesem Puzzlebuch im wesentlichen um eine Auseinandersetzung zwischen zwei Brüdern geht, die unter verschiedenen Namen und Gestalten auftauchen, hinter denen aber unschwer James

---

41 Ich gehe hier nicht auf die unverkennbare Parallelität der Wirkungsgeschichten Mays und Schmidts ein. Ich erwähne nur die K.-M.-Gesellschaft und die A.-S.-Stiftung, den Streit der Verlage um das Erbe, die Gemeindebildung und die schließliche Übernahme beider Werke durch den Haffmans-Verlag.

42 Gesammelte Werke, Bd. 5, S. 181

und John Stanislaus Joyce zu entdecken sind (*Shem and Shaun, The Ondt and the Gracehoper,* Napoleon und Wellington etc.), von anderen Joyce-Exegeten verworfen oder abgeleugnet werden kann. Hier scheint gegenüber Joyce eine ähnliche Haltung vorzuliegen, wie sie Schmidt gegenüber May einnimmt: Joyce soll mindestens die Befindlichkeit des Menschen in der Welt behandelt haben und nicht nur so etwas Triviales wie die täglichen Auseinandersetzungen um Geld, Saufen, Eifersucht und Faulheit in der Triestiner Wohngemeinschaft. Dabei wäre *Finnegans Wake* doch, wenn der Autor nicht selbst vorkäme, das einzige Buch Joyces ohne autobiographischen Bezug; und kann man sich eine zutreffendere und Joyceschere Selbstbezeichnung als *gracehoper* überhaupt vorstellen? Und ist *My brother's keeper* nicht die beste Bestätigung für Schmidts These? Und ist nicht der von Schmidt konjizierte Triestiner Brunnen die bisher einzige plausible Hypothese für den Zusammenhang zwischen der titelleihenden irischen Volksballade und den anderen Hauptmotiven des Rätselbuches, nämlich der Liffey, dem Brüderkampf, der Vicoschen zyklischen Geschichtstheorie, dem Schuld- und Eifersuchts- und Inzestmotiv mit Parnell und dem Phoenix-Park? (Aber das gehört nicht hierher.)

Ich behandle auch nicht das typoskripte Spätwerk, weil ich es nicht kenne. Ich kenne es nicht, weil die Investition an Zeit und Mühe, die das Lesen erfordert, mir keinen lohnenden Gewinn verspricht. Die Ansichten über Poe, die Schmidt in »Zettels Traum« entwickelt, vermöchten wohl stoffliches Interesse zu wecken, weil es sich öfters lohnt, Schmidts Ansichten zur Literatur zur Kenntnis zu nehmen, aber nach allem, was ich gelesen habe, ist dieser interessante Teil des Buches in eine gänzlich langweilige, von den bekannten, mit fortschreitendem Alter immer penetranteren Obsessionen des Autors geprägte Geschichte verpackt, die zudem von der albernen, völlig zu Unrecht mit dem Verfahren Joyces verglichenen »Etym-Theorie« überwuchert wird. Das heißt, die Sprache besteht zum großen Teil aus Kalauern und Mystifikationen, die, wenn man sie entschlüsselt, nichts weiter Aufregendes preisgeben als die Sexual- und Fäkal-Obsessionen ihres Autors und eben das unterscheidet die Etym-Theorie von Joyces *puns*. Außerdem ist ZT ein durchweg schlampiges Werk; ich meine damit nicht nur die Faksimile-Edition, die nichts als ein Notbehelf ist, mit ihren vielen korrigierten und unkorrigierten Tippfehlern, sondern ich meine die Organisation des Textes. Oswald Wiener hat als einziger Kritiker auf die unbeholfene Dramaturgie des Werkes hingewiesen: um über die Funktion der Bäume bei Poe zu reden, geht man in den Wald, um »Usher« zu besprechen, läßt Schmidt es gewittern, usw.[43] (Es ist die Dramaturgie aus »Kaff«, nur sind die Entsprechungen der zwei Ebenen dort ja motiviert.) Die (un)reingeklebten Zettelchen, die vielen Veränderungen zeigen, daß hier ein durchaus unfertiges, unkomponiertes Sammelsurium vorliegt, der Zettelsalat eines unordentlich denkenden Menschen, der mit seinem Stoff nicht fertig wird. In den früheren, ordentlich gesetzten Büchern Schmidts ist das unordentliche Denken nicht am äußeren Bild zu erkennen; ich werde gleich zeigen, daß es sich dort im Grunde nicht anders verhält.

Überdies ist ein Werk, dessen Held Daniel Pagenstecher, genannt Dän heißt, von vornherein unter jedem zumutbaren Niveau. Allein der Name Pagenstecher ist von unsäglichem Flachsinn: der Träger dieses Namens sticht *pages*, Seiten, und möchte die knabenhafte Franziska, einen Pagen, stechen: kann man sich einen alberneren sprechenden Namen vorstellen? Und allein die Pünktchen über dem a im Kosenamen atmen den ganzen Mief der Wohnküche aus den falschen Fuffzigerjahren: man spricht den Namen englisch aus, um seine Weltläufigkeit zu beweisen. (Wer weiß, vielleicht steckt darin noch eine Anspielung auf Hamlet.)

Ich beziehe mich also vorwiegend auf das »Frühwerk« Schmidts, folge dabei aber nicht der Chronologie der Erscheinungsdaten, sondern wähle eine Reihenfolge, die der logischen Entfaltung meiner Thesen dient.

Ein Text, der sich als Einstieg zur Erörterung meiner Thesen besonders gut eignet, ist »Gadir«. Und zwar deshalb, weil

---

43 Auch wir wollen, S. 14f.

a) der Text die autobiographischen BeZüge gleichsam ungeschützt darbietet und

b) die Ausbreitung von Bildungsgut durch das Sujet erfordert wird.

Zeit: kurz nach der Schlacht von Rhegium (264 v.Chr.), Ort: ein karthagisches Fort bei Gadir (Cadiz). Ich-Erzähler ist der historische Weltreisende Pytheas von Massalia (Schmidt schreibt permanent die lateinische Form des Ortsnamens: Massilia[44], obwohl sein Held offenbar griechischer Sprachzugehörigkeit ist und angibt, kaum Latein zu können, weil er diese Mittelmacht Rom noch nicht sonderlich wichtig nimmt, was natürlich ein naives *vaticinium ex eventu* ist, das aber von dem Autor eines historischen Romans kaum vermieden werden kann, weil er ja damit rechnen muß, daß auch seine Leser wissen, wie die Geschichte weiterging[45]; bei Schmidt ist Pytheas, dessen Bericht über seine Nordlandreise namens περιοδος γης(oder: περι ωκεανου) nicht erhalten ist, 98 Jahre alt und seit 52 Jahren in karthagischer Gefangenschaft. Er wird am Leben erhalten, weil man sich von den mathematischen Arbeiten, die er unablässig verfertigt, praktische, für Kriegführung und Handelsschiffahrt verwertbare Ergebnisse verspricht. Pytheas erzählt, wie es ihm gelingt, das Gitter durchzufeilen, ins Meer zu springen und schließlich auf einem nach Norden segelnden Schiff anzuheuern, indem er sich als jungen Mann ausgibt. Eine Nachschrift des Festungskommandanten gibt indirekt darüber Aufschluß, daß es sich bei der Erzählung um ein Längeres Gedankenspiel des sterbenden Greises handelte.[46]

Das erwähnte *vaticinium ex eventu* dürfte der eigentliche Anlaß für die Entstehung der Geschichte sein. Um den Handlungsgehilfen[47] und

---

44 Er bildet sogar das völlig unmögliche Adjektiv »massiliotisch«; es müßte entweder »massaliotisch« oder »massiliensisch« lauten.

45 Thomas Mann hat im Josephs-Roman die, wie mir scheint, einzig handhabbare, aber nicht wiederholbare Methode benutzt, indem er den Leser, der ja wisse, wie die Geschichte später weitergegangen sei, ständig ironisch daran erinnert. Schmidts widersprüchliche Aussagen zum Thema »Historischer Roman« behandelt klug Roland Rall: »Historischer Sinn. Nachforschungen zu Arno Schmidts Roman ›Das steinerne Herz‹, Text + Kritik 20/20a

46 Quellen der Erzählung sind nach Vollmer (Frühwerk I, S. 25), der Kuhn folgt, Frenssen und Mannert, daneben möglicherweise eine Erzählung von Bierce.

47 A.S. war »kaufmännischer Volontär und Angestellter in einer Textilfabrik«; so

Weltreisenden Pytheas, der zur Zeit Alexanders wirkte, bei der Nachricht vom ersten Auftreten Roms auf der weltpolitischen Bühne »Rom, Rom, Rom, das war doch...« überlegen zu lassen, muß Schmidt ihn uralt werden lassen. Daraus ergibt sich die Möglichkeit für Schmidt, ein autobiographisches Faktum monströs zu überhöhen.

Bekanntlich[48] hat Arno Schmidt in der Kriegsgefangenschaft eine siebenstellige Logarithmentafel angefertigt, was als Strategie zur Aufrechterhaltung der geistigen Leistungsfähigkeit und als selbstverordnete Beschäftigungstherapie immer bewundernswert bleibt, aber abgesehen davon ziemlich sinnlos, denn wer mit Logarithmen rechnet, will ohnehin nur schnell Näherungswerte erzielen, und es ist kaum ein Zweck denkbar, für den eine siebenstellige Logarithmentafel einen merkbaren Vorteil gegenüber einer normalen vierstelligen hat. Doch ist dieses autobiographische Faktum die Erklärung des Textes: Wer mit der Mathematik im Bunde steht, besiegt selbst die schwerste Gefangenschaft, wenn auch nur im Geist. Schmidt erzählt also zwei Geschichten gleichzeitig, die antike und die gegenwärtig-autobiographische. Das ist natürlich statthaft, und Schmidt macht auch kein Hehl daraus, daß er beabsichtigt, im Vergangenen Gegenwärtiges darzustellen.[49] Allfällige Anachronismen können Absicht sein, sollen also hier gar nicht bekrittelt werden. Nur folgendes will ich kritisieren: Wer einen Roman schreibt, der in der Antike spielt, und dies offenbar in der Absicht, das eigene Wissen des Autors über die Antike unter

---

berichtet die augenscheinlich von ihm stammende Pressemitteilung des Rowohlt-Verlages von 1950.

48 So berichtet wenigstens die Schmidt-Legende. Die autobiographischen Skizzen des Rowohlt-Verlags geben nicht an, wann das geschehen sein soll, lassen aber eher an eine Zeit nach dem Krieg denken. Daß Schmidt oder »Schmidt« in englischer Kriegsgefangenschaft irgendwelche Berechnungen angestellt hat (und zwar auf Klopapier), geht aus Andeutungen in »Brand's Haide« hervor. Vollmer (a.a.O., S. 42) erwägt einen Bezug zu Schmidts Gefangenschaft nur in Klammern und mit offenbar falschem Bezug: »Der imperialistische Krieg zwischen Rom und Karthago könnte sich so auf den 2. Weltkrieg beziehen.« Das ist Unsinn, denn der Punische Krieg hat gerade angefangen, Pytheas ist aber bereits seit 52 Jahren gefangen. Nicht der Krieg, die Gefangenschaft ist der Bezugspunkt.

49 In »Berechnungen 3« behauptet A.S., der Papierknappheit nach dem Kriege wegen sei es ihm unmöglich gewesen, schon in »Gadir« eine entzerrte drucktechnische Darstellung der zwei Ebenen der Erzählung vorzusehen, wie in »Kaff«.

Beweis zu stellen, der sollte Latein und Griechisch können oder wenigstens sein Werk von einem der alten Sprachen kundigen Lektor überprüfen lassen. Wenn er das nicht tut, ist nicht einzusehen, warum er überhaupt die historische Maskerade wählt. Jedenfalls sollten Namen und Begriffe oder Zitate aus den Sprachen, die die Romanpersonen gesprochen haben sollen, korrekt sein. Schmidt kann weder Latein noch Griechisch, tut aber so, als wüßte er alles, und das ist einfach lächerlich und peinlich und hätte eigentlich, wenn es schon bei Rowohlt keinen Lektor gab, mindestens damaligen Rezensenten auffallen sollen[50]; es kontrastiert eklatant mit dem Anspruch, den der Autor an andere stellt und macht es m.E. unmöglich, die Meinungen des Menschen Schmidt zu Religion, Philosophie, Mathematik und Politik auch nur im geringsten ernst und einer einläßlichen Betrachtung wert zu nehmen.

Es ist ja eins der von Schmidt mehrmals gegen das Christentum vorgebrachten, ihm also anscheinend sehr wichtigen Argumente, daß der Zimmermannssohn Jesus nichts gelernt habe, nicht einmal die damaligen Weltsprachen Latein und Griechisch. Man hätte diesem jungen Mann den Rat geben sollen, so sagt er mindestens zweimal[51], er solle erst einmal in die Welt gehen und etwas lernen. Abgesehen davon, daß dieses Argument das Problem der Funktion des historischen Jesus in der christlichen Ideologie naiv verkennt, schlägt es weitgehend doch auf Schmidt selbst zurück, der zwar (außer seiner Muttersprache) von den großen Weltsprachen auch nur eine kennt, nämlich die englische, der aber im Unterschied zum historischen Jesus ja gerade im Erwerben und Lehren von Weltkenntnis das Wesentliche im Leben sieht. Schmidt blamiert sich an seinem eigenen Anspruch, wenn er offensichtlich nicht weiß, daß im Griechischen keineswegs das Imperfekt das Erzähltempus ist, sondern der Aorist, und daß das Perfekt mitnichten mit einer Gegenwartsform von »haben« gebildet wird. Die Gedanken, die sich Pytheas über die »falsche« Benennung

---

50 Die Sammlung zeitgenössischer Rezensionen »Über A.S.« enthält jedoch keine Rezension von »Gadir«; erst die zweite Auflage wurde offenbar von der Kritik wahrgenommen.

51 Kosmas, S.14; Atheist ?...

der Tempora durch »die Grammatiker« macht[52], treffen nicht einmal auf das Lateinische zu, sondern ausschließlich auf die im Deutschen freilich unangebrachte Verwendung der lateinischen Tempusbezeichnungen.

(Wann immer Schmidt erklärt, daß alle N (Mathematiker, Linguisten etc., Menschen) etwas Falsches denken oder tun, kann man sicher sein, daß alle N im Recht sind und A.S. wieder einmal aus Unwissen schulmeistert. Irgendwo in ZT erklärt er der staunenden Welt, daß die Bezeichnung »MU-ERR« für chinesische Trockenpilze falsch sei, weil die Chinesen kein -r- sprechen könnten. Er weiß eben einfach nicht, daß erstens die Behauptung, »die« Chinesen kennten kein -r-, falsch ist, und daß zweitens das Graphem »err« eine Silbe wiedergibt, die in anderer Transkription auch »örl« geschrieben wird und so ähnlich klingt wie das englische »Earl«, also phonetisch gar kein -r- enthält.)[53]

Zudem scheint Schmidt, der, wie auch seine Etym-Theorie zeigt, von Linguistik nicht die geringste Ahnung hatte, anzunehmen, daß Perfekt und Imperfekt sozusagen sprachenunabhängige Zustandsarten der Vergangenheit seien: »Es gibt...«[54] Hier liegt eine der häufigen Stellen vor, an denen Schmidt ohne Rücksicht auf die Erzählsituation und die Komposition der Erzählung assoziativ etwas einflickt, was ihm eben auch einmal ein- oder aufgefallen ist. Übrigens ist genau das der Fehler, den er mehrfach Goethe ankreidet (nur teilweise zu Recht, weil das Zerbrechen der Form in »Wilhelm Meisters Wanderjahre« ja durchaus thematisch bedingt ist). Selbst wer Schmidts Methode, durch absichtliche Anachronismen erstens den Bezug zur Gegenwart herzu-

---

52 Gadir, S.46

53 Merkwürdigerweise verwendet auch Bernd Eilert dieses Motiv in seiner Stilparodie »Zausel«, die ich übrigens ziemlich mißlungen finde, weil Eilerts Wortspiele nur albern sind; eine gelungene Schmidt-Parodie müßte aber die doch immer gemeinte tiefere Bedeutung mitparodieren. (Der Rabe 30, S. 147) Schmidt ist schwer zu parodieren, wohl gerade weil Eigentümlichkeiten seiner Stile sich so leicht imitieren lassen. Selbst der große Parodist Robert Neumann kommt in seiner Parodie von »Sitara« nicht über müde Namenswitzeleien hinaus.

54 Pytheas' Invektive bezieht sich auf die Schmidtsche Theorie von der Diskontinuität der erinnerten Vergangenheit in den »Berechnungen«.

stellen und zweitens die Identität des Helden (A.S.III) mit dem Autor (A.S.II) zu sichern, nicht für einen handwerklichen Mangel hält, wird zugeben müssen, daß Anachronismen und andere Fehler, die nicht durch diese Zwecke motiviert sind, den Mythos vom überlegenen Schriftsteller Schmidt beeinträchtigen müssen. Niemand hat ihn ja gezwungen, einen antiken Schauplatz zu wählen.

Ein Punier heißt »Sealthiel«.[55] Selbstverständlich kann Schmidt kein Punisch können, das angesichts des Nichtvorhandenseins einer eigentlichen Literatur der Karthager ohnehin nur aus Namen erschlossen werden kann (wenn man einmal vom Cippus von Marsaxlokk absieht, den nicht zu kennen man dem Autor gewiß nicht vorwerfen kann). Aber in Flauberts »Salammbô« stimmten die Namen immerhin insoweit, als sie dem damaligen Wissen über die punische Sprache entsprachen (obwohl Flaubert nach eigener Aussage davon profitierte, daß man von Karthago nichts wisse). »Sealthiel« ist dagegen ein hebräischer, aus der Bibel entnommener Name, und zwar in der lautlichen Gestalt, den er, der Septuaginta folgend, in der Vulgata bekommen hat. Ein weiterer Punier heißt »Hakkadosch«.[56] Auch das ist hebräisch, aber kein Name; es heißt »der Heilige«, mit Artikel. Und der massaliotische Kaufmann, in dessen Laden für »Berufs- und Sportkleidung« (waren die antiken Sportler nicht nackt?) Pytheas in seiner Jugend »einst im Thargelion«[57] als »Lagerbuchhalter« gearbeitet hat, heißt »Gryphius«[58], hat also einen latinisierten deutschen Namen, im vierten vorchristlichen Jahrhundert! »Eßzimmer und Maßanzug« als kleinbürgerliche Ideale[59] sind autobiographisch motiviert, ein »ebenhölzerner Kajak«[60], »Algol im Perseus«[61], die mindestens

---

55 a.a.O., S. 48
56 a.a.O., S. 53
57 wie einst im MAY (vgl. Vollmer, in: Frühwerk I, S. 37)
58 a.a.O., S. 37 u.ö. Natürlich eine Anspielung auf die Firma »Greiff«, bei der Schmidt gearbeitet hat. Warum nicht »Gryps«? »Gryphius« ist so anachronistisch, wie es »Greiff« wäre. Vollmer, S. 28, der kein Lexikon besitzt, meint: »(lat. »gryphius«= dt. »Greif«!)«
59 a.a.O., S. 43
60 a.a.O., S. 44
61 a.a.O., S. 38

ungewöhnliche Form »junis« für »im Juni«[62] und der spanische Ortsname »Izquierda«[63] dagegen nicht. Allerdings kollidiert die Bezeichnung einer Raupe als »Wurm«[64] doch merkwürdig mit dem Satz: »Herodot ist das beste Beispiel, wie selbst große, tief gebildete, umfassende Geister, lächerlich irren können, wenn ihnen die naturwissenschaftliche – vor allem mathematische – Bildung fehlt.«[65] Ja, wenn man die Mathematik für eine der Naturwissenschaften hält – es wird später gezeigt, daß Schmidt auch von Mathematik nicht mehr versteht als ein durchschnittlich kundiger Realschüler und seine Mathematiker aus der Antike beziehen muß, weil er von den neueren keine Ahnung hat –, kommt es auf tatsächliche naturwissenschaftliche Kenntnisse nicht so sehr an.

Ich will hier nicht Schmidts Umgang mit der Sprache untersuchen, aber wohl anmerken, daß die rhythmische Prosa mit Reimen, unter denen sich auch das Paar »belaubt laut« findet[66], unbeholfen und kitschig ist. Es handelt sich, wie aus dem von Reemtsma und Rauschenbach herausgegebenen Materialienband hervorgeht, um ein Gedicht aus dem Kreis der »Juvenilia«[67]. Aber hat uns Schmidt nicht oft genug versichert, daß seine lyrischen Frühwerke nichts taugen? Warum zieht er nicht die Konsequenz? (Und warum traut sich niemand, Kitsch als Kitsch zu bezeichnen, wenn er schmidtsch ist?)

Da Schmidt auf fast jeder Seite seine Unkenntnis dessen, was man von der Antike weiß, unter Beweis stellt, schwankt man, ob das Zitat »Ich rufe die Jugend der Welt« als Eröffnungsformel der Olympischen Spiele ein bewußter, wenn auch ziemlich platter und unmotivierter

---

62 a.a.O., S. 38
63 a.a.O., S. 49
64 a.a.O., S. 38
65 a.a.O., S. 39
66 a.a.O., S. 39
67 »Wu Hi?«, S. 223, vgl. auch S. 45. Daß dieses Juvenile (zu den kohärenzstiftenden Ritualen der Sekte gehört es offenbar, zu »Juvenilia« den Singular »die Juvenilie« zu bilden; Walter Olma dagegen kennt Schmidts »Juvenila«, Frühwerk II, S. 181) bereits damals »Gadir« geheißen habe, behauptet ein Jugendfreund, dessen Erinnerung natürlich durch die Wiederverwendung in der gleichnamigen Erzählung gelenkt wird.

Anachronismus ist, oder ob Schmidt tatsächlich glaubt, im alten Olympia sei dieser Satz gefallen...[68]

Man kann selbstverständlich die Ansicht vertreten, das Verweben von autobiographischer und fiktionaler Ebene mache gerade den Kunstcharakter des Textes aus. Dann erhebt sich aber die Frage, ob der Leser, der die Biographie von A.S.I nicht kennt, nicht berechtigt ist, die Erzählung als schlecht komponiert abzulehnen, bzw. die andere Frage, was an der Biographie von A.S.I eigentlich so bedeutend ist, daß man sie kennen muß, um zu erkennen, daß es sich bei »Gadir« um einen hochorganisierten Text handle. Die Mitglieder der A.S.-Sekte, die unermüdlich Entschlüsselungshilfen und Materialienbände zur Biographie herausgeben, sind offenbar der Meinung, man müsse das alles wissen, um Schmidts Werk zu verstehen. Mir erscheint das als erkenntnistheoretisches Paradoxon bzw. als Aporie und *circulus vitiosus* : so entstände das Kunstwerk erst für den, der die Biographie kennt. Und das bedeutet, daß »Gadir« ohne Kenntnis der Biographie des Autors ein unorganisierter, ein belangloser Text ist, und daß die Rezipienten, die Schmidts Prosa preisen, ohne die autobiographischen Hintergründe studiert zu haben, irren. Wie kann das sein, daß ein Text entweder gut oder schlecht ist, je nachdem, ob man die Biographie des Autors kennt oder nicht?

Der »Periplus« des Pytheas wird auch in »Alexander« erwähnt.[69] Die Handlung: Der 18jährige Aristoteles-Schüler Lampon soll einen Brief seines Lehrers nach Babylon bringen, wo sich Alexander derzeit aufhält. Lampon, der den Diktator verehrt, schließt sich einer ebenfalls dorthin reisenden Schauspielertruppe an, auch weil es ihm die Tragödin(!) Monika(!), auch genannt »Moni«[70], angetan hat. Durch verschiedene Erfahrungen und Gespräche wird Lampon von seiner Verehrung des Königs geheilt. Alexander stirbt; er ist ermordet worden, und zwar offenbar auf den Rat des Aristoteles hin; möglicherweise hat Lampon selbst, ohne es zu wissen, den Mordbefehl bzw. die philoso-

---

68 a.a.O., S. 51
69 Alexander, S. 84
70 a.a.O., S. 82

phische Rechtfertigung des Tyrannenmords überbracht. (Daß Schmidt nichts von Aristoteles weiß, fällt nicht sonderlich auf, da der Philosoph ja nur indirekt in die Erzählung hineinwirkt.)

Der Dichter will uns damit offenbar sagen, daß alle Diktatoren gleich sind; deshalb wird Alexander wie Hitler geschildert; es gibt einen »Lebensborn«[71], die Garde singt: »Sarissen hoch, die Phalanx fest geschlossen«[72], gelegentlich erscheint Alexander aber auch eher als Napoleon. Der gewollte Anachronismus ist ziemlich dick aufgetragen, aber das soll nur am Rande kritisiert werden. Selbst wenn man konzediert, daß Schmidt das Recht hat, die törichte These »Alexander=Hitler« zu gestalten, muß man doch feststellen, daß Schmidt, um uns das einzubleuen, den Holzhammer benutzt. Ich könnte mir vorstellen, das als Leser auch dann zu verstehen, wenn man es mir nicht andauernd durch bemühte Anachronismen verdeutlichte. (Übrigens meint Schmidt wohl eigentlich: das Verhältnis der Geführten zum Führer ist bei Alexander und Hitler gleich. Aber auch das stimmt nicht.)

Hier geht es aber eigentlich um den Nachweis der fundamentalen Unbildung des Autors, der (im Jahre 323 vor Chr.) einen »Eumolpus« auftreten läßt[73], »Artikelserien« erscheinen läßt[74] und »Nephelegereta« für einen Nominativ hält.[75]

Da Schmidt ja absichtlich Vergangenheit und Gegenwart vermischt, ist nicht deutlich, ob es Absicht oder Versehen ist, daß Monika offenbar eine Kifferin ist[76], und daß eine »Isophrene« als »Linie gleicher Blödheit« auftaucht[77] (was in einem Text, der in der Gegenwart spielte, nicht ganz unwitzig wäre). Ganz unsinnig ist es aber, in

---

71 a.a.O., S. 62

72 a.a.O., S. 82. In »Belphegor« S. 262 spricht A.S. von »Gleichungen wie ›Alexander = Hitler‹. Die Gleichung »Agamemnon (und alle anderen Herrscher, Napoleon usw.) = Hitler« explizit Faun, S. 22, vgl. auch S. 79: der einzige Vorwurf, der Hitler zu machen ist, ist, daß er Politiker ist.

73 Alexander, S. 83

74 a.a.O., S. 58

75 a.a.O., S. 61

76 a.a.O., S. 72

77 a.a.O., S. 71

Persien zur Zeit Alexanders religiöse Gebäude mit Minaretten (»Menaré«) stehen zu lassen.[78]

Walter Olma zeigt, wie man auch als Literaturwissenschaftler Schmidt ganz naiv lesen kann. Er findet das Alexanderbild überzeugend.[79] Und das, obwohl er selbst doch recht überzeugend analysiert hat, daß Alexander eben nicht die gleichnamige historische Gestalt, sondern eine Metapher für den Diktator schlechthin ist, und obwohl ihm der Lebensborn (der wohl mit der Hochzeit von Susa zusammenhängt) und die anderen bewußten Anachronismen natürlich nicht entgangen sind.

Bis zum Erscheinen der sog. »Juvenilia« (darunter immerhin Erzählungen des dreißigjährigen Schmidt) bot sich eine Einteilung des Gesamtwerks in das relativ realistische, mindestens oberflächlich leicht lesbare Frühwerk und das änigmatische Spätwerk der Typoskripte an. An dieser Scheidung störte die ziemlich hermetische Erzählung »Enthymesis oder W.I.E.H.«, die bereits 1949 erschien. Schon der Titel wollte jedenfalls damals gar nicht verstanden werden. Das Wort »Enthymesis« ist recht ungebräuchlich, und daß die Abkürzung bedeutet: »Wie Ich Euch Hasse«, konnten Leser erst 1961 erfahren.[80] In der Schmidt-Literatur findet sich, so weit ich sehe, keine plausible Deutung dieser merkwürdig phantastischen Geschichte, und ich selbst konnte sie in dem von mir vorgeschlagenen Lesemodell lange Zeit nicht unterbringen, bis mir ein (unzutreffender) Hinweis von Steinwender einen möglichen Ansatzpunkt für eine Deutung lieferte.

Schauplatz ist die libysche Sahara im dritten vorchristlichen Jahrhundert (in Wirklichkeit war damals dort zwar keine Wüste...). Philostratos, ein Schüler des Eratosthenes, führt in dessen Auftrag eine Expedition an, die durch Schrittzählung und Berechnung des Sonnenstandes genauere Daten für den Umfang der Erdkugel liefern soll. Philostratos selbst glaubt aber aus philosophischen Gründen an die Scheibengestalt der Erde. Der Expedition ist der Römer Aemilianus

---

78 a.a.O., S. 71
79 in: Frühwerk I, S. 124
80 vgl. Steinwender, in: Frühwerk I, S. 56

als Aufpasser beigegeben, der nur an praktisch verwertbaren Ergebnissen interessiert ist. Philostratos macht die Bekanntschaft eines Beduinen, der sich als »Dschinn« entpuppt (Schmidt erklärt nicht, wie ein arabischer Geist in die libysche Wüste kommt, 850 Jahre vor der Hedschra) und Philostratos durch die Erzählung von einer geheimnisvollen Stadt noch weiter nach Süden lockt. Aemilianus drängt vernünftigerweise zur Umkehr und zettelt, als Philostratos auf dem Weitermarsch besteht, eine Meuterei an; Philostratos erschießt ihn mit einem Pfeil, den ihm der Dschinn gegeben hat. In einer Geisteshaltung, die zwischen Wahn, Fiebertraum und Verzückung schwankt, zieht Philostratos allein weiter, bis er den Dschinn wiedertrifft, der inzwischen ein Vogel geworden ist; zum Schluß fliegen zwei Vögel davon, der Beduine und der griechische Forschungsreisende.

Nachdem bereits mehrmals auf die Beziehung der Erzählung zu romantischen Kunstmärchen hingewiesen wurde, hat Steinwender nachgewiesen, daß formales Vorbild und Lieferant mancher inhaltlicher Versatzstücke neben Tieck vor allem E.Th.A.Hoffmann ist. Er verweist dabei auf dessen Erzählung »Ritter Gluck« und behauptet, Hoffmann lasse darin den Komponisten 25 Jahre nach seinem Tode leibhaftig auftreten.[81]

Dabei hat Steinwender jedoch die Hoffmannsche Romantik mißverstanden. Es ist ja nicht der wirkliche Ritter Gluck, der phantastischerweise im Jahre 1809 in Berlin spukt, sondern ein Wahnsinniger, der sich für den Ritter Gluck hält und in seinem Wahn so aufgeht, daß er Glucks Musik besser versteht als der Komponist selbst.

Diesem Hinweis folgend, verstehe ich »Enthymesis« so:

Philostratos ist natürlich A.S.III. Als solcher wird er durch die üblichen Anachronismen gesichert, z.B. durch die Bibliothek, die er mit sich herumträgt: Bücher aus dem innersten Schrein der Schmidtschen Büchermythologie. In einem Punkt aber unterscheidet sich Philostratos von allen A.S.III: er vertritt, und zwar mit dem Pathos und der Rigorosität, die Schmidt sonst auf »richtige« Ideen verwendet, eine falsche Idee, nämlich die zu seiner Zeit schon überwundene Anschau-

---

81 a.a.O., S. 68

ung von der Scheibenform der Erde. Warum hat Schmidt, der seine Anschauungen ja normalerweise als Produkt der *ratio* versteht und sich als Anhänger der Aufklärung geriert, sein Spiegelbild in diesem einen Fall mit einer von ihm abgelehnten Vorstellung verknüpft? Die Antwort ist das Ende der Geschichte: weil eine solche Haltung auf Wahn und/oder Mystizismus hinausläuft. Wenn jemand, so verstehe ich die Erzählung, mit dem wissenschaftlichen Ethos, der reinen Gesinnung und der Kompromißlosigkeit des A.S.II, der die Afterwissenschaftler so haßt, »wie ich euch hasse«, aber nicht von einer rationalen Idee, sondern von einem falschen »Enthymem«, einer irrationalen Einbildung ausgeht, dann endet er als Opfer des Irrationalen. Natürlich glaubt A.S.II nicht an Dschinne, an die Verwandlung von Menschen in Vögel und an Aegipane; gäbe er aber (auch aus den achtenswertesten philosophischen Gründen) dem Irrationalismus an einem Punkt nach, so verfiele er ihm möglicherweise ganz. Die Erzählung beschreibt (in diesem Verständnis) eine A.S.II bedrohende, aber von ihm eben übergangene Möglichkeit; sie erklärt, warum A.S.II sich (nach 1945) so entschieden und kompromißlos gegen jeden Irrationalismus ausspricht ohne daß in dieser Warnung des A.S.II vor sich selbst, vor seiner Gefährdung durch romantischen Irrationalismus dem kompromißlerischen Pragmatismus (des Aemilianus) nachgegeben wird.

Die Wahrheit des Irrationalen besteht also im Denken des dem Irrationalen verfallenen Philostratos (so wie der »Ritter Gluck« nur in seiner wahnhaften Einbildung der große Komponist ist); romantisch ist Schmidts Erzählung nicht in dem Sinne, daß sie dem Irrationalen Realität einräumt (dies geschieht allerdings in »Brand's Haide«), sondern indem sie die Wirklichkeit des Irrationalen konzediert, als eine gefährdende, wenn auch faszinierende Möglichkeit. »Enthymesis« erklärt, warum A.S.I sein Geschöpf A.S.II nicht als Romantiker angelegt hat, obwohl die Längeren Gedankenspiele zum romantischen Irrationalismus neigen. Damit verabschiedet A.S.I sich vom Autor der »Juvenilia«, dieser von Faschismus und Krieg unberührten kitschigen

Märchen, und begründet die Existenz des A.S.II, der auf die *ratio* setzt und Aufklärung zu betreiben meint.[82]

Ich bin nun zwar der Meinung, daß auch dieser Versuch Schmidts, sein Problem, kein »Akkademicker« zu sein, literarisch zu bewältigen, gescheitert ist, daß die Darstellung antiker Wirklichkeit und antiken Denkens weithin nur Schmidts Unkenntnis zeigt, daß darüber hinaus die Erzählung von unzweifelhaft kitschigen Stellen durchsetzt ist und in ihrer Selbstbezüglichkeit auch belanglos ist; aber ich konzediere gern, daß »Enthymesis« von allen Werken Schmidts den höchsten Kunstanspruch zu erfüllen sucht und die tiefsten Einsichten ihres Autors über sich selbst zeigt.

Die innere Unstimmigkeit, die durch die Anachronismen angezeigte formale Unfähigkeit Schmidts wird besonders deutlich an den Stellen, an denen er seine ästhetischen Auffassungen seinem Helden in den Kopf projiziert. Dieser beklagt sich über die modernen allegorischen weiblichen Aktfiguren, denen er das Bild »Junge Frau in der Morgensonne« gegenüberstellt, das »F.« vor 120 Jahren gemalt habe.[83] Steinwender[84] übersetzt, mit »Rom« sei in »Enthymesis« das Nazireich gemeint, dessen Kunst Schmidt hier kritisiere, und »F.« sei »selbstverständlich« Caspar David Friedrich, und der sei »natürlich (!) der bedeutendste bildende Künstler der gesamten (!) Romantik«. Nun gibt es aber kein Bild dieses Titels von Friedrich. Nach der Beschreibung kann nur das Berliner Bild »Frau am Fenster« aus dem Jahre 1822 gemeint sein, das aber keinen Hinweis enthält, der das Licht als »Morgensonne« identifizieren ließe. Abgesehen davon also, daß Schmidt hier wieder einmal etwas nur so ungefähr weiß, führt gerade Steinwenders Deutung zur Erkenntnis, daß Schmidt in erschreckender Weise unfähig ist, historisch-politisch klar zu denken. Wenn es sich bei »Enthymesis« um ein »Phantasiestück in Hoffmanns Manier« handelt, um einen Protest gegen die rationale Moderne, die die Wissenschaft dem Zweckmäßigkeits- und Verwertungsgesichtspunkt un-

82 Eine andere Fassung dieses Übergangs stellt »Pharos« dar.

83 Enthymesis, S. 16

84 Frühwerk I, S. 69

terwirft, dann kann die unmotivierte Kritik am Nazi-Kitsch (den Schmidt übrigens in der überzeugendsten Passage in »Aus dem Leben eines Fauns« ganz anders und richtiger beschreibt) nur bedeuten, daß A.S.III diese Art von Kunst als Produkt der Aufklärung und der Moderne begreift. In der Tat läßt Schmidt keinen Zweifel daran, daß er mit »Rom« den Nazi-Staat meint. Aber richtet sich Philostratos' Kritik an den allegorischen Figuren nicht hauptsächlich gegen deren Nacktheit? Ist es denkbar, daß Schmidt ausgerechnet und nur diesen Zug an der Malerei des Dritten Reichs kritisiert? Wenn man meiner Deutung folgt, steht Friedrich hier für die Romantik, von der sich A.S.II distanziert, indem er einen irrational und spießig dem wirklichen Leben entfliehenden A.S.III als eine von ihm übergangene, aber ihn bedrohende Möglichkeit zeigt und schmählich enden läßt. »F.« oder wenigstens die Idealisierung des romantischen Malers durch Philostratos wird also kritisiert. Da sich Schmidt aber zugleich von »Rom« d.i. Nazideutschland absetzt, ist zu fragen: Was will er eigentlich? Aktfiguren ohne allegorische Bedeutung? Oder bekleidete allegorische Figuren? (Ohne historische Verkleidung: soll jeder tun können, was er will, wie A.S.? Oder soll jeder tun können, was A.S. will?)

Wenden wir uns also dem Roman zu, den Schmidt tatsächlich im Dritten Reich spielen läßt.

»Aus dem Leben eines Fauns«: dieser Titel ist natürlich doppeldeutig; Schmidt erzählt gerne zwei Geschichten auf einmal. Da ist einerseits die Geschichte des im Jahre 1939 51jährigen Friedrich Düring, eines Abteilungsleiters auf dem Landratsamt Fallingbostel, der äußerlich braver Bürger, innerlich aber so etwas wie ein Faun ist: er ist nämlich gegen den (Nazi)Staat und fängt ein Verhältnis mit der im Nachbarhaus wohnenden Gymnasiastin Käthe an, die er und die ihn je einmal beim Waschen durchs Fenster beobachtet hat und die er »die Wölfin«[85] nennt. Als er abgeordnet wird, ein Kreisarchiv einzurichten, stößt er auf die aktenmäßigen Spuren eines französischen Deserteurs,

85 Da das »Pelzmädchen« in »Leviathan« in der Urfassung Hanne Wolf, später Anne Wulf heißt (Vulva mit Pelz), handelt es sich hier wohl um eine lebenslange Zwangsvorstellung Schmidts.

der während der napoleonischen Zeit irgendwo in der Nähe der Pulvermühle hauste, Mädchen überfiel und Bauern verschreckte; Düring erforscht dessen Geschichte und findet dessen Hütte, die er sich für seine faunischen Eskapaden einrichtet. 1944, als die nahe Munitionsfabrik bombardiert wird, rettet er sich mit Käthe dorthin, zündet aber dann die Hütte an.

Die Kombination der beiden Geschichten, der des äußerlich bewußt überangepaßten Beamten zur Nazizeit, der »innere Desertion« begeht, und der des unbehausten Deserteurs ist kein unwitziger Gedanke; aber Schmidt verschenkt ihn, weil er nicht in der Lage ist, Distanz zu seinem Helden zu finden. Düring ist, wie immer, ein Schmidt-Verschnitt; man darf das sagen, weil Düring Ansichten äußert, die Arno Schmidt in anderen, nicht erzählenden Werken zum Teil wörtlich wiederholt bzw. vorformuliert. Insbesondere besteht ja Schmidts pathetisches Glaubensbekenntnis »Atheist? : – Allerdings!« größtenteils aus Sätzen, die man auch in den erzählerischen Werken wiederfindet;[86] so äußert Düring die auch dort vorkommende Sentenz, daß die drei besseren der sechs deutschen Klassiker feind jeder geoffenbarten Religion gewesen seien[87], und hegt auch zur Literatur Gedanken, die aus den Nachtprogrammen bekannt sind. Düring bewundert vor allem Wieland, der sein »größtes formales Erlebnis neben August Stramm!« ist[88]. (Ein Verwaltungsbeamter mit einem »formalen Erlebnis«! Das ist der kompositorische Fehler aller Werke Schmidts: seinen Helden – A.S.III – merkt man immer an, daß sie nur verkleidete A.S.II sind: keine Charaktere, sondern Masken.) Er teilt mit seinem Schöpfer die Vorliebe für die niederdeutsche Kultursteppe, die Zettelkastenmanie, den Rechenzwang, die Beziehung zum Mond und die Verachtung der Politik.

Düring verachtet die Nazis, teils weil sein Chef, der NS-Landrat, studiert hat, teils aber auch, weil 95% des Volkes einschließlich seines eigenen Sohns so verächtlich dumm sind, der Politik auf den Leim zu

---

86 Selbst der Titel stammt aus: Pocahontas, S. 96
87 Faun, S. 14
88 a.a.O., S. 59

gehen. Das bedeutet, daß der Nationalsozialismus für Schmidt eben die Politik, d.h. die Herrschaft der Studierten, in einer besonderen Ausformung ist; Dr. Goebbels steht für Dr. Adenauer. Wer immer behauptet, Arno Schmidt habe zur Politik Nachkriegsdeutschlands Überlegtes, Wegweisendes und Gültiges geäußert[89], sollte sich mit seiner Darstellung des Dritten Reichs auseinandersetzen. Er würde finden, daß Schmidt die CDU-Politik aus dem gleichen Grund ablehnt wie den Nationalsozialismus: weil das verachtete Volk beiden Formen von Politik zustimmt. Unterschiede werden nicht wahrgenommen. Der nationalsozialistische Eroberungskrieg kommt nicht vor; es gibt Krieg, weil es Politiker gibt; kritisiert werden die Völker, die sich in den Krieg schicken lassen (hier Dürings Sohn, dessen »Heldentod« nur konsequente Folge seines Militarismus ist).[90] Der Völkermord an den Juden kommt bei Schmidt überhaupt nicht vor; ihn zu behandeln, würde seine platte Religionsfeindlichkeit in Frage stellen, bzw. Auschwitz müßte nach Schmidts Logik als Konsequenz der jüdischen Religion erscheinen.[91]

Düring selbst ist also entschiedener Gegner nicht nur des nationalsozialistischen, sondern des Staates überhaupt, aber nicht etwa aufgrund einer anarchistischen Idee, sondern weil der Staat, die Politik ihm, Düring, die Wertschätzung versagen, die seiner Bildung und Intelligenz entsprechen. Er hat nicht studiert, offenbar des 1. Weltkriegs und der englischen Kriegsgefangenschaft wegen, was aber chronologisch nicht hinkommt, denn er muß bei Ausbruch des Krieges bereits 26 Jahre alt gewesen sein. Im »ersten Weltkrieg«[92] und in der

---

89 Dies ist offenbar die Ansicht der Herausgeber des Bändchens »Deutsches Elend«, in dem die Beschränktheit des politischen Denkens des Autors dadurch zum Ausdruck kommt, daß er etwa vierzehnmal dasselbe sagt.

90 Ähnlich schon in »Leviathan« (die jugendlichen Flakhelfer als Feindbild). Ganz absurd ist »Dürings« Examination des Sohnes, ob der überhaupt den Kommunismus mal mit dem Nationalsozialismus verglichen habe: ein 16jähriger, im Jahre 1939! (Faun, S. 24)

91 S. 16f. wird berichtet, daß im KZ, wo die Juden arbeiten mußten, die Arbeitsverweigerer getötet werden. Düring will davon nichts wissen. Schmidts politische Haltung hat Kuhn: Das Mißverständnis glänzend dargestellt, auch wenn man heute Begriffe wie »fortschrittlich« und »proletarisch« nicht mehr so verwenden kann.

Gefangenschaft hat er mustergültig Englisch gelernt; woher er seine vorgebliche umfassende literarische Bildung bezogen hat, wird nicht erklärt. Die Erklärung ist, daß es diese Bildung ja gar nicht gibt. Düring = Schmidt, 1939-1944 ist 1949ff., die Politik der Bundesrepublik, davon war Schmidt überzeugt, führt zum nächsten Weltkrieg, Gleichungen wie »Hitler = Adenauer« sind mitzudenken; und weil das alles so ist, überlagert Schmidts Teilnahme am Zweiten Weltkrieg die seines Helden am Ersten, auch wenn dadurch die romanimmanente Chronologie völlig durcheinandergerät. Es interessiert mich hier nicht, ob Schmidts politische Ansichten vertretbar sind; ich stelle nur fest, daß der politisch motivierte Anachronismus zur Inkongruenz der Komposition führt. Auch hier wird man fragen dürfen, ob derselbe kompositorische Zug, der dem uninformierten Leser mit Recht als fehlerhaft erscheint, dadurch zum Kunstcharakter des Textes gerechnet werden kann, daß man aufgrund der Kenntnis der Biographie des Autors eine gewisse Logik in diesem Fehler erkennen kann.

Düring kennt wie Schmidt ein wenig abseitige Romantiker wie Wezel, auch Cooper usw., aber er kann weder Latein noch Französisch. »Nosce te ipso«[93], sagt einer von Dürings Kollegen ungerügt, sogar als »Gewetzter Geist«[94] belobigt. Bei »merde« muß er erst nachschlagen[95], einmal zitiert er »Tu l'as voulu, George (sic!) Dandin«[96], und wenn er ein französisches Wort nicht kennt, fragt er: »Qu'est ce que c'est que ça?«[97]

---

92 sic! , im Februar 1939! (S. 31)

93 »Erkenne dich selbst«, γνωθι σεαυτον, ist nicht nur der Untertitel von »Gadir«, sondern deutet auch auf die Gnosis hin, ist hier aber im Sinne von Selbstbefriedigung zu verstehen. Auf dieses Grundthema, das sexuelle »Erkennen«, komme ich zurück. (»Verkenne dich selbst«, das Motto des Klopstock-Essays, bekommt so eine gewiß nicht beabsichtigte Nebenbedeutung.)

94 a.a.O., S. 29

95 a.a.O., S. 44

96 a.a.O., S. 36

97 a.a.O., S. 62; noch falscher steht dieselbe Frage in »Das steinerne Herz«, S. 94; vgl. auch: Das ess. Werk.4, S. 113: »Qu'est ce que cela prouve?«, und Leviathan, S. 11: »n'est ce pas?« »C'est ca« heißt es in: »Brand's Haide«, S. 115 und S. 142. Kuhn weist in seinem »Faun«-Kommentar mehrmals darauf hin, daß die Taschenbuchausgabe (der die Haffmanssche Edition folgt) die französischen Zitate schon in einer gegenüber der Erstausgabe wesentlich verbesserten Orthographie bietet.

Mittelhochdeutsch kann der umfassend Gebildete selbstverständlich auch nicht: »lange müeze ich lebben darinne! (Wie Herr Walther in Tyskland).«[98]

(Eggers in »Das steinerne Herz« »weist nach«, daß der Sänger des Nibelungenliedes jeweils nach den ersten drei Kurzzeilen einer Strophe in die Harfe geschlagen habe; zum »Beweis« wird das Nibelungenlied ausführlich zitiert, aber nur so ungefähr vom Sagen hören und teils total falsch.[99])

»Phol ende Uodan«[100]: wer kein Mittelhochdeutsch kann, kann natürlich erst recht kein Althochdeutsch, bzw. er bildet sich ein, die Zitate aus dem Gedächtnis reproduzieren zu können, weil er ja alles weiß. (Und wenn er seinen Anhängern erzählt, »Piporakemes« sei althochdeutsch und heiße: wir müssen uns vorsehen, dann glauben sies.[101])

Derlei sind offensichtlich keine absichtlichen Fehler; von denen sei hier nicht die Rede. Der scherzhaft gemeinte Anachronismus, im Jahre 1939 einen Autor namens Schmidt in einem Atemzug mit Walter Scott zu nennen, weil beide »in souveräner Wurschtigkeit« keine Rezensionen gelesen hätten[102], ist doch wohl nicht anders als albern zu bezeichnen.

Kuhn weist eine ganze Reihe von »Fehlern« und angeblichen Fehlern nach, z.B., daß es in Fallingbostel kein Gymnasium gibt (S. 16), daß 1939 kein Werbefunk existierte (S. 31), bei der HJ kein »Gruppenführer« führte, daß Schmidt Schlager von 1950 im Radio von 1939 erklingen läßt (S. 79), daß es 1944 den »Wehrwolf« noch nicht gab (S. 249) und keine Nylons (S. 135)[103], daß Schnorr von Carolsfelds

---

Das Original war noch viel wüster: sogar Fouqué hieß »Fouque«! Der rechte Eiferer Armin Mohler hat als erster, und reichlich spät, Schmidts Defizite im Französischen bemerkt: »Der Rezensent mußte beispielsweise feststellen, daß die spärlichen Hinweise auf Französisches bei AS meist der Korrektur oder der Ergänzung bedürfen.« (ÜAS I, S. 264)

98 a.a.O., S. 47

99 Das steinerne Herz, S. 97f.

100 Faun, S. 49

101 In: Sitara, S. 199 erklärt Schmidt jedoch, daß er das Wort erfunden habe.

102 Faun, S. 58

103 Das und eine unzeitige DMark waren dem SPIEGEL schon 1959 nicht entgangen.

»Hochzeit von Kana« erst seit 1951 in Hamburg ist (S. 183), daß DDT erst nach 1945 verwendet wurde (S. 69), aber das alles, ohne Konsequenzen zu ziehen.[104] (Von Kleinigkeiten wie dem Schlafanzug, den Düring auf der Rückreise von Hamburg plötzlich hat, obwohl eine Übernachtung nicht geplant war, sehe ich einmal ab.[105]) Mir fiel beim ersten Lesen des Romans zuerst die anachronistische »Neonwelle« (S. 12) auf.

Natürlich darf der Autor, wenn es ihm wegen einer gemeinsamen Reise des Ich-Erzählers mit einigen Schulmädchen opportun erscheint, das Walsroder Gymnasium nach Fallingbostel verlegen; daß aber Schmidt in einem Roman, dessen Gegenstand eben nicht die Sprache ist (wie seine linken Verehrer meinen), sondern das politische Verhalten des Intellektuellen, ständig Anachronismen fabriziert, zeigt, daß er politisches Verhalten eben nicht von den Umständen abhängig sieht. Der Nationalsozialismus bei Schmidt ist eben nicht der Nationalsozialismus, sondern eine eher zufällige Umwelt des Helden. Deshalb ist es ihm auch egal, ob es im Jahre 1939 schon ein KZ Bergen-Belsen gegeben hat; er braucht ein KZ, um den Apolitizismus seines Ich-Helden darstellen zu können, und deshalb schafft er sich eins. Deshalb macht es Schmidt auch nichts aus, ein Dokument aus dem Jahre 1742 mit all seinen barocken Spracheigentümlichkeiten zu zitieren, aber in das Jahr 1803 zu verlegen.[106] Aber die Ortsangaben nach den Meßtischblättern müssen stimmen! Diese Pseudo-Exaktheit ist es, die noch immer viele Leser auf Schmidt hereinfallen läßt. Man glaubt ihm, weil scheinbar alles stimmt. In Wirklichkeit stimmt nichts, nur die läppischsten Nebensächlichkeiten.

Dokumente kann man in einem historischen Roman zitieren; man kann sie auch erfinden, aber dann sollten sie wahrscheinlich und sprachlich in Ordnung sein. Düring findet eine Karte, in deren Legende

104 Daß es sich bei »Balthasar Pöppelmann« um eine Kontraktion von Matthäus Daniel P. und Johann Balthasar Neumann handle (Kuhn: a.a.O. S. 92), glaube ich nicht. Von Sachsen ist die Rede, und dort wirkte mit Pöppelmann Balthasar Permoser am Dresdner Zwinger.

105 Faun, S. 65

106 Kuhn: a.a.O., S. 137ff.

»le Ingénieur ordinaire« genannt wird.[107] In einem anderen Dokument wird ein Friede von »Lüneville« erwähnt.[108] Wie kann man sich eine solche Fehlleistung erklären? Am wahrscheinlichsten ist, daß Schmidt nichts vom Frieden von Lunéville wußte und »Lüneville« für eine französische Form von »Lüneburg« hielt.

»Gegospel« dringt aus dem Radio, 1939[109], in der Hamburger Kunsthalle hängen, als wäre nicht 1937 die »entartete« Kunst entfernt worden, Bilder von Otto Mueller, den Schmidt »Müller« schreibt[110], wie er Blunck »Blunk« schreibt[111]. 1939 (bzw. vor dem ersten Weltkrieg, als Düring zur Schule ging) sollen »Cicero, Cäsar« »Kikero, Käsar« ausgesprochen worden sein[112], und ein Spiegel-Reporter taucht auf.[113]

Es wäre dies ja alles nicht schlimm, wenn nicht erstens Schmidt seinen Helden Düring mit dem Bewußtsein umfassender Bildung begabt hätte und wenn nicht zweitens Schmidt (A.S.II) selbst wie Düring ständig seine angebliche intellektuelle Überlegenheit herausstellte. Düring-Schmidt erbringt nur deshalb nicht »jederzeit« den Beweis von Goethes Formschlamperei, weil er seine Arbeitskraft ernsteren Dingen schuldig ist[114]: das ist in der Erzählung Dürings Archivarbeit, in Wirklichkeit wohl das Schmidtsche Werk.

Angesichts der läppischen Aufgabe, ein Archiv des Kreises Fallingbostel einzurichten, und zwar für den Nazi-Landrat, und angesichts der Banalität der Fündlein, die Düring nebenbei macht, ist es ziemlich makaber, daß Schmidt das Augenverschließen des Helden gegenüber dem Terror des Nazi-Staates mit der großen Aufgabe rechtfertigt, die nur jemand vom geistigen Zuschnitt Schmidt-Dürings erledigen kann.

---

107 a.a.O., S. 43; auch hier war die Fassung der Erstausgabe noch falscher.

108 a.a.O., S. 42; auch Kuhn fällt hier keine Merkwürdigkeit auf, obwohl er die Quelle aufzeigt.

109 a.a.O., S. 22

110 a.a.O., S. 62; allerdings wird dort die Nazi-Kunst sehr schön geschildert.

111 a.a.O., S. 78; ebendort »beche de mer«: qu'est-ce que c'est? Französisch jedenfalls nicht. Die Anmerkung von Kuhn, a.a.O., S. 218 ist falsch; wie sollte man das aussprechen? (Bzw.: wie kommen Seegurken nach Cordingen?)

112 a.a.O., S. 22

113 a.a.O., S. 76

114 a.a.O., S. 60

Vielleicht drückt sich darin auch Schmidts wahre Einschätzung seines Werks aus.

»Brand's Haide« ist Schmidts Lore-Roman. Schon die Kapitelüberschriften haben es in sich: »Lore oder Spielende Augen«, »Krumau oder Willst Du mich noch einmal sehen«. Ist es nicht rührend, wie die Geliebte für den Liebenden und die Freundin sorgt, indem sie sie beim Abschied miteinander verkuppelt? Und wie arm ist nicht der Dichter, der sich eine rostige Konservendose als Trinkgefäß erbitten muß! Ein Diogenes ist nichts dagegen. Und daß der Prinz aus fernem Land (zwar alt, aber unermeßlich reich) Lore unbesehen nimmt, zeigt, daß es sich um ein Märchen aus uralten Zeiten und nicht um eine Erzählung aus der Nachkriegszeit handelt. Da verwundert denn auch der von Fouqué übernommene märchenhafte Alte nicht, der immer unversehens auftaucht und offenbar durch Wände gehen kann, ebensowenig wie der letzte Satz: »Weine nicht, Liu.« Ich gehe hier nicht weiter auf Schmidts Fräuleinbild ein…

»Leviathan«, Schmidts erste veröffentlichte Erzählung, spielt am 14./15.2.1945, zur Zeit des verheerenden Bombenangriffs auf Dresden, der in der Ferne zu hören ist.[115] Der Ich-Erzähler, Unteroffizier wie A.S.I, ein Pastor mit sieben Kindern (»Pastor's« (sic!) genannt[116]), einige Soldaten, eine Nutte, ein paar HJ-Pimpfe und die Jugendliebe des Ich-Erzählers mit ihrer Mutter versuchen, mit einer mühevoll in Gang gesetzten Lokomotive vor der Roten Armee nach Westen zu fliehen. Die Fahrt unter Artilleriebeschuß endet auf einem Viadukt. »Ich« und die geliebte Anne überleben bis zuletzt und werden im nächsten Moment in den Abgrund springen, nachdem »Ich« das Heft, in das er offenbar bis zum letzten Augenblick Aufzeichnungen über die Geschehnisse und die philosophischen Gespräche der letzten Stunden geschrieben hat, vorangeworfen haben wird (später wird es ein sowjetischer Soldat finden, der es gegen Zigaretten an einen Ameri-

115 Leviathan, S. 26. Die Zerstörung Dresdens fand allerdings am 13.2.1945 statt. Kock (in: Frühwerk I, S. 45) läßt die Erzählung in Oberschlesien spielen, was zeigt, daß der Interpret völlig wirre Vorstellungen vom Ende des 2. Weltkriegs und der Geographie, insbesondere auch der Geographie Schmidts hat.

116 a.a.O., S. 11.

kaner weitergibt, der es wiederum als Kriegsbeute an seine Frau schickt).

Angesichts der Kürze der Erzählung – sie umfaßt nur 20 Seiten – beschränkt sich die Wiedergabe dieser Gespräche auf Stichworte, häufig falsch oder mißverstanden, und Namen, etwa in dem Stil: »(...Lehre vom mundo contracto et expanso (sic!); Oken's (sic!) rotierender Gott), Pseudo-Dionysius, Scotus Erigena, Almericus, David de Dinanto. ...ich nannte den verehrungswürdigen Namen Giordano Bruno (spatio extramundano), Spinoza, Goethe, Schelling, Poe Trismegistos (Heureka), die neuen Mathematiker und Astronomen...«[117] Daß Schmidt nicht weiß, wovon er spricht, erkennt man an dem Dativ oder Ablativ der dem Namen Brunos beigefügten Formel; daß Schmidts scheinbar antimetaphysisches Weltbild in Wirklichkeit vorwissenschaftlich ist, zeigt die Zusammenstellung der Namen gnostischer Schriftsteller mit der Erwähnung der »neuen Mathematiker und Astronomen«: das ist offenbar alles eins.

»Si monumentum quaeris, circumspice (steht auf Sir Christopher's Grab).«[118] Und da ist es ja auch sinnvoll, denn dieses Grab ist in der St. Paul's Cathedral, die Sir Christopher Wren gebaut hat: um das Grab herum ist also Wrens Denkmal gebaut. Bei Schmidt wird das Zitat aber in dem Sinn benutzt, daß man aus dem Zustand der Welt auf den Teufel als Urheber schließen könne; also nichts von Denkmal: Schmidt hat das Zitat nicht verstanden. »Ursa majoris, die kleine«[119]: welch eine Wirrnis muß in diesem Kopf geherrscht haben!

Die Situation, die Schmidt beschreibt, scheint tragisch zu sein; trotzdem wirkt die Erzählung banal. Das liegt, außer an der verkorksten Erzählsituation, an der Fehlkonstruktion des Helden. Ein Tor kann wie ein Weiser Träger von Tragik sein; Schmidts »Ich« aber ist ein Naseweiser. »Sie irren sich«, sagt er, wenn jemand sich mit dem Gedanken an die Unendlichkeit tröstet.[120]

Sie irren sich!

---

117 a.a.O., S. 25
118 a.a.O., S. 22
119 a.a.O., S. 13
120 a.a.O.

»Das steinerne Herz«, der historische Roman aus dem Jahre 1954 ist offenbar Schmidts Versuch, die beiden im Nachkriegsdeutschland entstandenen Staaten und ihre Gesellschaftsformen literarisch zu verarbeiten. Die Handlung[121]: Walter Eggers kommt aus Saarburg nach Ahlden, wo am Anfang des 18. Jahrhunderts die »Prinzessin von Ahlden« in Haft war. Eggers ist Experte für die Geschichte des Königreichs Hannover und besonders an den Staatshandbüchern interessiert: er möchte, warum auch immer, ein Verzeichnis aller Einwohner erstellen. Deshalb mietet er sich bei der Enkelin Jansens, des bekannten Statistikers des Königreichs Hannover, und ihrem Mann ein, in der Hoffnung, Jansens handschriftliche Hinterlassenschaft zu finden. Mit dieser Frieda fängt er ein Verhältnis an, Jansens wegen, was der Ehemann duldet, der in Ostberlin eine Geliebte hat, die er besucht, wenn er mit dem Lastwagen Milch nach Westberlin fährt. Eggers reist einmal mit, um in der Staatsbibliothek in Ostberlin ein seltenes statistisches Handbuch zu klauen bzw. durch ein manipuliertes ähnliches zu ersetzen, das er entbehren kann. Als der Winter naht, wird mit Hilfe eines gefälschten Papiers die ostdeutsche Geliebte nach Ahlden geholt; bei der Einrichtung ihres Zimmers wird zwar nicht der handschriftliche Nachlaß Jansens, wohl aber eine Sammlung hannöverscher Münzen und Medaillen entdeckt, darunter zwei Unika, die beweisen, daß die »Prinzessin von Ahlden«, Sophie Dorothea von Hannover[122], tatsächlich die ihr vorgeworfene Beziehung zu Philipp Christoph von Königsmarck gehabt hat. Als Königsmarcks Geburtstag (der für diesen Nachweis wichtig ist), wird zunächst der 4.3.1665, dann der 16.3.1665 angegeben.[123] Eggers und Frieda verkaufen einen Teil der Sammlung; vom Erlös kaufen sich Friedas Mann und seine Geliebte ein Häuschen in Ostberlin (so einfach war das), Eggers zieht endgültig zu Frieda, die ihm bei der Arbeit helfen wird.

---

121 Von allen Rezensenten hat nur ein »Korbinian Nemo« in der Ostberliner »Weltbühne« den Inhalt halbwegs richtig wiedergegeben, vgl. ÜAS 1, S. 65ff.

122 Daß der Haffmans Verlag ein angebliches Porträt einer »Prinzessin Sophie Dorothea von Ahlden« auf dem Umschlag abbildet, zeigt, daß der Text nicht gelesen wurde.

123 a.a.O., S. 130 versus S. 139

»Walter weiß Alles !«, versichert Frieda[124], und den Eindruck versucht er tatsächlich zu erwecken; schließlich ist er ja klüger als die Studierten, denen er seinen Neid diesmal besonders penetrant entgegenhält: » ›*Dr. Mellbrügge*‹ : diese reichen Luder können nich genug kriegen: sogar die Konsonanten im Namen müssen möglichst alle doppelt sein !).«[125]

Über eine »Frau Doktor« wird räsonniert: »n Arbeiter iss mir am Arsch lieber, wie die im Gesicht !«[126]

»...aber jetzt wurde ich sackgrob : "Wenn Sie nichts von Numismatik verstehen, Herr Doktor Block..." (Und den Titel hämisch, als wärs ein gesellschaftlicher Makel !)«[127]

Auch ein Dr. Hoppenstedt, offenbar der Schloßarchivar, kommt nicht gut weg: »...er war Jurist : buh !«[128]

Eggers weicht, wie man sieht, keinem Akademiker; Walter weiß alles.[129] Nur stimmt es wieder häufigst nicht.

»...einen großen Schluck aus dem Lethe...«[130]

»*Erez tappuchim* (=Erdäpfel)«[131]. Nein; es hieße, wenn es etwas hieße, »Apfelland«.

»...die richtige Kluft zum Ausgehen (vom hebräischen ›keleph‹ = Rinde, Schale)...«[132] Auch das stimmt nicht und zeigt, daß Schmidt

---

124 a.a.O., S. 154

125 a.a.O., S. 15

126 a.a.O., S. 16

127 a.a.O., S. 145; der Titel »Dr.« kommt bei Schmidt oft, und zwar ständig unter dem Aspekt der Ehre und Würde, nicht der akademischen Leistung vor. Zwei der Anagramme auf den eigenen Namen werden so »graduiert« (vgl. die Erzählung »Rollende Nacht«, in der sich der Ich-Erzähler nach eigener Einschätzung »feige« als »Doktor von Ende« »graduierte und nobilitierte«, Tina, S. 92); Winer bekommt den Ehrendoktor: »(Und freute mich doch, als er ›*Doc*‹ sagte : Eitelkeit, Dein Name ist Winer !)« (Gelehrtenrepublik, S. 132). Um das Abitur kreist die Erzählung »Am Fernrohr«, Tina, S. 101.

128 Das steinerne Herz, S. 31

129 In seinem Essay über »Die Insel Felsenburg« wendet sich Schmidt an einen fiktiven Herrn Dr., auch als Bibliotheksrat beschrieben, mit der ausdrücklichen Begründung, man solle nicht sagen, daß Schmidt sich vor Akademikern fürchte. (Das ess. Werk 1, S. 40)

130 a.a.O., S. 153; ich weiß, auch Schiller...

131 a.a.O., S. 33

132 a.a.O., S. 70

nicht weiß, wie hebräische Wörter in die deutsche Sprache übernommen werden (das -t in »Kluft« verweist auf ein hebräisches Femininum).[133]

Mit dem Italienischen steht er nicht auf besserem Fuß: »cosi fan tutte.«[134]

Der berühmte Meister der Sprache schreibt fast regelmäßig »scheinbar«, wenn er »anscheinend« meint.[135]

Dafür vermag er aber aufgrund der Lektüre eines einzigen Bandes Simenon (in deutscher Übersetzung) ein Urteil über die gesamte gegenwärtige französische Literatur zu fällen: »ein mühsam gebastelter Kriminalreißer, und von solider Plattheit : das also das angebliche augenblickliche französische Primat in der Literatur.«[136] Zu der Zeit schrieben außer Simenon auch noch Sartre, Camus, Gide, Cocteau, Bernanos, Eluard, Genet, Beckett, Queneau, de Beauvoir, meinetwegen auch Pagnol… Und »das« Primat? (Ich weiß: der Duden erlaubt es Nichtlateinern.) Abgesehen davon ist, verglichen mit Schmidt, Simenon ein Meister der psychologischen Gestaltung.

»(kenn ich Alles : Tyskebrüggen und Bergenhüs…)«[137]: wenig glaubhaft, da falsch geschrieben.

Die Reise nach Ostberlien giebt Eggers ausführlich Gelegenheit, die beiden deutschen Staaten miteinander zu vergleichen. Da Schmidt keinerlei Kenntnisse besitzt, die ihn zu irgendwelchen begründeten Urteilen befähigten und berechtigten, bleibt es bei den theorielosesten Oberflächenbegutachtungen.

»*Johannes R. Becher* : endlich mal wieder, seit Goethe, daß n deutscher Dichter Minister ist !«[138]

---

133 Ein Blick in den Kluge-Götze hätte genügt: hebr. k'lipha heißt »Schale«.

134 a.a.O., S. 51f.; daß »es« alle Frauen »so machen«, bezieht sich sicherlich auf die Fäkal-Obsession Schmidts.

135 z.B. a.a.O., S. 8, S. 52. Die beiden letzten Sätze des Fontane-Essays, in dem Schmidt Fontane eine kleine Ungenauigkeit nachweist, enthalten in zehn Zeilen zwei falsche »scheinbar«. Übrigens verwendet Schmidt in den Romanen und Erzählungen »wegen« immer, in den Essays fast immer mit dem Dativ, gleichgültig, welche Sprachstufe er gerade benutzt.

136 a.a.O., S. 54

137 a.a.O., S. 61

138 a.a.O., S. 61

»*Stalinallee* : nicht schlecht ! (Die ehemalige ›Frankfurter‹. Allerdings wer ein Dutzend anderer Welthauptstädte kennt, fällt nicht gleich auf den Rücken. Immerhin).«[139]

Das mag genügen.[140]

Kuhn weist darauf hin, daß westdeutsche Leser 1956 »möglicherweise erst aus Schmidts Roman objektiv etwas über ökonomische Bedingungen in der DDR erfahren« habe.[141] Als Beispiel nennt er die billigen Arbeiterwohnungen, die Schmidt preist. Hinter diesem Lob steht aber bei Schmidt kein Wissen über die unterschiedlichen Wirtschaftsformen in Ost und West; und die »objektiven« Informationen konnte sich der westdeutsche Leser, der wollte, sehr wohl besorgen. Schmidt selbst dürfte sie aus der »Anderen Zeitung« bezogen haben. Anschauung steht offenbar nicht hinter Schmidts Schilderung Ostberlins, auch wenn eine Berlin-Reise des Autors belegt ist.

Die Forschertätigkeit Eggers' wird durchaus als wissenschaftlich sinnvolle und notwendige Arbeit dargestellt und offenbart Schmidts naive Vorstellung von wissenschaftlicher Tätigkeit, insbesondere historischer Forschung: es geht dabei vor allem darum, sich Quellen anzueignen. Wäre an der Schmidt-Legende etwas wahr, so müßte Schmidt ja tatsächlich irgendwelche Entdeckungen in Bezug auf die Prinzessin von Ahlden gemacht haben. Rall hat aber nachgewiesen, daß Schmidt sich im wesentlichen auf eine Veröffentlichung Georg Schnaths und eine von demselben Forscher veranstaltete Aktenedition stützt.[142] Im Roman wird das Verhältnis so dargestellt, als ob neben dem (fiktiven) Eggers auch der (reale) Schnath über die Prinzessin geforscht hätte. Dieses reichlich verwickelte Verhältnis von Fiktion und Realität macht nur Sinn, wenn zwischen A.S.I und Eggers

---

139 a.a.O., S. 85

140 Kuhn: Mißverständnis, S. 20, hat bereits darauf hingewiesen, daß Eggers hauptsächlich an der DDR kritisiert, daß sie nicht Arno Schmidts Kunst-Ideal übernommen hat, und daß die Funktion von Schmidts Lob der DDR ausschließlich in der Kritik an der BRD liegt, die Schmidt nicht Anerkennung zollte.

141 a.a.O., S. 66, Anm. 14

142 Text + Kritik 20/20 a, S. 21f.; es verhält sich also ähnlich wie im Fall Schefers, dessen Neubewertung durch Schmidt sich auf eine einzige Quelle stützt, nämlich diejenige, deren Darstellung er revidiert.

(A.S.III) ein Zwischenglied tritt, A.S.II, der phantasierte, aber wirklich in der Welt (und nicht nur im Buch) lebende bedeutende Erforscher niedersächsischer Geschichte. Wenn Schmidt nämlich studiert hätte, könnte er neben Schnath treten, den Schmidt offenbar als Autorität betrachtet, da er dessen Forschungsergebnisse getreu als undiskutabel wahr ausgibt.[143]

Zu den Merkmalen, an denen man A.S.II stets erkennen kann, gehört, daß er über seiner Sexualität steht, die ihn aber doch so häufig beschäftigt. A.S.II läßt sich zu seinen Trieben herab. Einerseits findet er sich selbst abstoßend; andererseits ist es das Normalste von der Welt, daß die Frauen sich an ihn hängen. A.S.IIs Frauen lieben es offenbar schnell und rücksichtslos, aber oft (bis auf die, die ihn nicht lassen). A.S.II bringt »S« immer schnell hinter sich; ihm liegt nichts dran; daß andere Leute sich dafür Zeit nehmen, versteht er nicht: »Er« (Friedas Mann) »begattete sie« (nicht Frieda) »auf irgendeine altfränkische gottvergessene Methode; mit der er natürlich bald ne halbe Stunde brauchte.«[144]

Andererseits: »...Schlüssel zu einer Bücherkammer *und* ein strammes weißes Weib : was will man mehr als Mann ? !«[145] (Da von Friedas ziemlich ausladenden Formen die Rede ist, ihr Busen hat »mindestens Größe 7«, erinnert »stramm« vielleicht doch eher an den Dichter gleichen Namens, bei dem auch »in jedem zweiten Gedicht« ein »weißes Weib« vorkommt.)

»...die gelbe Bauchhaut des Himmels : der der Elektromast drin steckte; der hatte n Peneios.«[146] Das ist der ganze Schmidt: eine der berühmten, aber doch meist, wie hier, ziemlich platten Himmels- und Landschaftsmetaphern, mit einem phall'schen Pennälerscherz und vorgeblichem Bildungsgut.[147]

---

143 Rall bemerkt auch, daß Schmidt ein- und dieselbe Forderung an den Historiker einmal Diodor, einmal Dionysius von Halikarnassos zuschreibt, und stellt fest, daß man Schmidts Zitiergenauigkeit wohl bisher etwas überschätzt habe (a.a.O., S.22). Den Bluff bemerkt er nicht.

144 a.a.O., S. 67

145 a.a.O., S. 29

146 a.a.O., S. 83

147 »Man hat seine Landschaftschilderungen gerühmt : dazu darf man allerdings nie

»Die altbekannte Schinkel-Front der Staatsbibliothek«[148] ist leider nicht von Schinkel.

Daß »Hermann und Dorothea« ein ziemlich abgeschmacktes Machwerk in schauerlichen Hexametern (schon der erste ist gar keiner) ist, haben schon Goethes Zeitgenossen bemerkt; Schmidt schreibt es sich (Eggers als A.S.III) als Entdeckung zu, kommentiert es mit einem französischen Zitat, das, wie üblich, zwei Fehler enthält: *»Écrasez l'Infâme!«,* und schleudert Goethen sein stärkstes Schimpfwort entgegen, das für die ganz großen Schurken reserviert ist: »der Bube!«[149]

» ›Nimka‹ = ›Njemski‹ ›Stumme Hunde‹ : die ›Slawa‹ das ›Wort‹ nicht haben.«[150] Niemand verlangt ja, daß Walter Eggers = A.S.III auch noch Polnisch kann; aber warum tut er dann so und produziert Unsinn? Weil A.S.II alles weiß!

Old Shatterhead ist natürlich im Prinzip auch ein großer Schachspieler; obwohl er seit fast 20 Jahren keine Schachfigur mehr angefaßt hat, erzielt er ein Remis gegen den FDJ-Bezirksmeister und stellt fest, daß sein Gegner auf die richtige Abwehr nicht »geaicht« sei.[151] A.S.I hat Schach gespielt, z.B. mit seiner Frau. A.S.III darf regelmäßig nur ein Remis erzielen: wenn A.S.II, der zu Höherem berufen ist, seine Zeit damit verplemperte, sich im Schach (als einer verachteten »angewandten« oder »niederen« Mathematik) zu vervollkommnen, würde A.S.III natürlich gewinnen.

Mehrfach kommt A.S.II auf eins seiner Lieblingsthemen zu sprechen, mit dem er bei dem jeweiligen Gesprächspartner immer großen Eindruck schindet: daß nämlich der Weltraum mindestens vier Dimensionen habe; obwohl das im vorliegenden Fall gegen die Primitivität des marxistischen Materialismus gewendet wird, die sich auch darin zeige, daß man die Menschen im Ostblock mit Schach und »niederer Mathematik« vom Denken ablenkt, hat man nicht den Eindruck, daß

---

etwas wirklich Gutes gelesen haben.« A.S. über K.M., in: Das ess. Werk 4, S. 105

148 a.a.O., S. 72

149 a.a.O., S. 81; ein »Bube« ist außer Gott auch noch Bismarck (Tina, S. 22), »Buben« sind Schmidts Gegner im »Pocahontas«-Verfahren. (Briefwechsel, S. 69, 71)

150 Das steinerne Herz, S. 91

151 a.a.O., S. 92

Schmidt die höhere Mathematik, auf die er sich ständig beruft, wirklich begriffen hätte; vor allem fehlt ihm jedes Verständnis dafür, daß auch die Theorie, der Welt-Raum sei ein Riemannscher, eben eine Theorie, eine Anschauungsweise ist; für Schmidt scheint die Mehrdimensionalität des »Weltraums« ein Faktum zu sein.[152]

(»...meine wahnsinnige Lust an Exaktem : Daten, Flächen, Einwohnerzahlen...«[153] Da dürfte es aber nicht soviel Unexaktes geben!)

Schmidts kosmologisches Interesse, das vor allem in dem nach Kosmas dem Indikopleustes genannten Roman vorherrscht, aber eigentlich überall durchscheint, geht nach der eigenen Aussage Walter Eggers' auf das das Kind beeindruckende »indikopleustische« Weltbild des »Fliegenden Robert« im »Struwwelpeter« zurück, wo dergleichen aber gar nicht vorkommt.[154] Auf eine verzwickte Art, die der Erhellung durch den May- und Poe-Analytiker Schmidt würdig und bedürftig wäre, ist die kosmologische Manie mit der anal-koprophrenen verbunden: »*Rasch das seufzende Klo :* der spitzgefrorene braungescheckte Scheißkegel : der Berg des Nordens !«[155]

»Kosmas oder Vom Berg des Nordens« gilt als eine zarte, für Schmidt ganz untypische Liebesgeschichte mit besonders reichem kulturhistorischem Hintergrund. In der Tat unterscheidet sich diese Erzählung vom übrigen • uvre in mehrfacher Hinsicht. Sie ist die einzige, in der wirklich etwas geschieht; während es sonst der Held, das Schmidt-Ich, ist, der alles tut, erleidet und denkt, was erzählt wird, so gibt es hier nicht nur eine zweite, gleich wichtige Figur, sondern es wird eine sorgfältig konstruierte Intrige vorgeführt; ja, die Geschichte selbst ist richtig spannend.

Die Erzählung spielt im Oktober 541 n.Chr.[156] Der 20jährige Lykophron, genannt Lyko[157], wohnt mit seinem Vater und seinem alten Lehrer Eutokios, einem weisen und weitgereisten Mathematiker, auf

---

152 a.a.O., S. 93
153 a.a.O., S. 44
154 a.a.O., S. 98
155 a.a.O., S. 107
156 Kosmas, S. 130
157 Interessant ist der Name, weil das Wölfische ja sonst Frauengestalten zugeordnet ist.

einem Landgut in der Nähe von Byzanz. Natürlich sind Lyko, sein Vater und der Mathematiker Gegner der Staatsreligion, des Christentums. Auf dem Nachbargut zieht der Gutsherr ein, ein wichtiger Minister der Regierung Justinians, der dort angeblich den Winter verbringen will, weil er aus der Schußlinie politischer Kritik genommen werden soll. Mit ihm erscheinen seine 17jährige Tochter Agraule und der Hauskaplan und Lehrer des Mädchens, ein Schüler und Anhänger Kosmas des Indienfahrers (Indikopleustes). Lyko zeigt Agraule Haus, Hof und Gegend und begründet ausführlich, weshalb man dem Christentum kritisch gegenübersteht. Agraule ihrerseits führt die aus der Großstadt mitgebrachten Kulturbestandteile vor, z.B. ein neues, in Byzanz gerade modernes Haustier, die Katze. Dieses gegenseitige Vorführen der Umwelt gibt Schmidt Gelegenheit, eine Fülle von Details aus dem kulturellen Leben der Spätantike auszubreiten.

Etwas unmotiviert nimmt Lyko am Geographieunterricht teil, den der Kaplan dem Mädchen erteilt, und zufällig wird gerade Kosmas' Weltbild erläutert. Lykophron kann natürlich dieses bornierte christliche Weltbild leicht widerlegen. Agraule überbringt ihm die Nachricht, daß man seinem heidnischen Lehrer auf der Spur ist und diesen und Lykos Vater als Feinde des Staates und der Religion festnehmen will; zugleich ist der Vater Agraules endgültig in Ungnade gefallen und kann nicht nach Byzanz zurück. Beiden Vätern droht die Enteignung, der Einzug ihrer Güter. Lykophrons Vater flieht mit Eutokios; Lykophron und Agraule werden heiraten; ihnen werden beide Güter gehören, und der Ex-Minister wird bei ihnen wohnen; auch der bornierte Kaplan ist plötzlich verschwunden. Agraule wagt die ersten mißlingenden Zärtlichkeiten.

Diese gut angelegte Geschichte dient Schmidt aber eigentlich nur dazu, erstens wieder einmal seinen persönlichen Zwist mit dem christlichen Gott und seinen Anhängern auszutragen und zweitens seine vorgebliche Gelehrsamkeit zu demonstrieren. Das macht er, indem er meist ohne weitere Erklärung irgendwelche Begriffe aus dem kleinen Pauly[158] einbaut. Beispiel: Agraule führt ihr Schlafzimmer vor; Ly-

158 Im Unterschied zum großen, dem Pauly-Wissowa. Daß A.S. dieses vielbändige

kophron errötet, als er ein »Strophium« erblickt.[159] Der Leser, der, selbst wenn er das Große Latinum hat, dieses Wort nicht auf dem Gymnasium gelernt hat, muß nachschlagen und findet, daß es »Büstenhalter« heißt. (Peter Polczyk, der kein Lexikon besitzt, dafür aber einen griechischen Dichter namens »Theogonis« kennt[160], deutet das »Strophium« als »der Lady Selbstbefriediger«, wobei er sich auf eins der Distichen des »D. Martin Ochs« bezieht[161], von denen man nur sagen kann:

»In Bargfeld bei Lüneburg schreibt Schmidt Hexameter wie der,
Aber die Pentameter sind noch viel erstaunlicher!«)[162]

Ein anderes Beispiel: Um Gelegenheit zu haben, auch das einfache Volk vorzuführen, läßt Schmidt ein Volksfest veranstalten und erwähnt bei dieser Gelegenheit die Namen von zwei Sorten antiker Bratwurst.[163] Der naive Leser ist beeindruckt, weil er nicht bedenkt, daß Schmidt ebenfalls ein Wörterbuch hat.[164] Schmidt versteckt Ostereier. Der Leser, der sie mit Mühe findet, vergißt, daß das Verstecken viel leichter als das Finden ist.

Dieses Verfahren beruhte selbst dann auf Bluff, wenn die auf diese Weise vorgeführten Kenntnisse aus einer tiefen Vertrautheit mit dem gewählten kulturhistorischen Zeitraum und Umfeld stammten. Daß dies nicht der Fall ist, sieht man daran, daß Schmidt nur allzu häufig danebengreift, weil er die gewählten Begriffe eben nicht begriffen,

---

Werk benutzt habe, wie Reinhard Finke in: text + kritik 20/20a, S. 34 behauptet, glaube ich nicht. Der »Faun« (S. 84) benutzt (wohl als einziger Verwaltungsbeamter) »die Pauly'sche Realencyklopädie«. Daß des Kosmas χριστιανικη τοπογραφια selbst eine Hauptquelle der Erzählung sei (Polczyk, in: Frühwerk I, S. 148, Anm. 41), ist reine Phantasie.

159 Kosmas, S. 130

160 Polczyk, in: Frühwerk I, S. 149, Anm.50

161 a.a.O., Anm. 51

162 Zugegeben, Mörikes Distichon »An Brockes« ist auch nicht gerade elegant; aber das berechtigt Schmidt nicht, es so abdrucken zu lassen, daß man es gar nicht als Vers lesen kann, Das ess. Werk 1, S. 13.

163 Kosmas, S. 144

164 Werner Helwig, der auch besser geschrieben hat, stammelt: »Eine profunde Bildung, besonders auf die römische Antike bezogen, äußerte sich in erstaunlichen Gelungenheiten sowohl was Erfindung, als auch was sprachlichen Schliff betrifft.« (ÜAS I, S. 78)

sondern stur aus dem Wörterbuch übernommen hat, oft ohne auch nur ihre grammatische Struktur zu erkennen. So schreibt er: »coitus nocturnus«, wo es »nocturnos« heißen muß.[165] Agraules Vater muß eine »relegation ad tempus« über sich ergehen lassen.[166] Zwei Kinder, ausdrücklich als ein Knabe und ein Mädchen identifiziert, werden als »pueri minuti« bezeichnet, und sie sollen auch noch beide infibuliert sein.[167] Gab es denn keinen Lektor, der das »Lux infinitum« verbessern konnte[168], oder die Wendung »zu den ignis gehörig«?[169] Konnte niemand Schmidten sagen, daß die Tatsache, daß der »Christos paschon« und das »Kentron« aus Homerversen zusammengeflickt sind, keineswegs ein Plagiat bezeichnet, sondern die manieristische Kunstform des Cento?[170] Daß »Hypalampuses Hemeras« nichts bedeutet[171] und »Meibomeinos foskobeiton« kein Griechisch ist?[172] Ließ sich nicht der abgeschmackte Anachronismus verhindern, daß im Jahre 541 der Hit »Byzantinische Nächte kannst du niemals vergessen« ganz oben auf den Charts gestanden habe[173], und konnte man dem Autor nicht das platte (und überdies falsche) *vaticinium ex eventu* abhandeln, mit dem die Antwort eines Bauern auf die Frage, wohin er fahre: »Es tan polin« kommentiert wird: »Paß auf : in 100 Jahren heißt sie *nur* noch so.«?[174] Und warum hat ihm niemand gesagt, daß die Römer bereits seit der Eroberung Ägyptens die Katze kannten?

Warum wählt aber Schmidt zur Darlegung seiner Ansichten über Gott und die Welt (denn um nichts Geringeres geht es ja eigentlich) ausgerechnet eine Epoche, von der er nichts weiß, was er sich nicht erst aus dem Pauly besorgen muß? Erstens wohl wegen der Obsession

165 a.a.O., S. 111
166 a.a.O., S. 116
167 a.a.O., S. 107. Wie sollte man ein Mädchen infibulieren, und vor allem: warum?
168 a.a.O., S. 127
169 a.a.O., S. 139
170 a.a.O., S. 124
171 a.a.O., S. 96
172 a.a.O., S.131. Andersch, der zugab, über keine klassische Bildung zu verfügen, wollte Schmidt dazu bewegen, ein Glossarium anzufügen, Briefwechsel S. 23. Diese Naivität ist geradezu rührend.
173 a.a.O., S. 121
174 a.a.O., S. 128

durch den indikopleustischen »Scheißkegel«; zweitens aber wohl, weil er meint, daß die Epoche Justinians ein besonders dunkelmännisches Zeitalter gewesen sei. Deshalb läßt er eine an der klassischen Wissenschaft geschulte Aufklärung im Abwehrkampf gegen das derzeit siegende Christentum stehen, gegen das er seine bekannten Argumente auftischt: erstens hat der Christengott »ohder Lumpderlump«[175] fleischfressende Tiere geschaffen[176], zu denen aber die netten Kätzchen (»Mauz&Murmel«) nicht zu zählen sind. Zweitens braucht das Christentum wissenschaftlich nicht haltbare Kosmologien und Geographien und ist vor allem mathematikinkompatibel. Drittens ist das Christentum kulturlos; um das möglichst deutlich herauszustellen, werden die Leistungen, die die Epoche Justinians doch gewiß aufzuweisen hat, so gut wie nicht genannt. Immerhin war die Hagia Sophia, wenngleich architektonisch fehlerhaft, ein technisches Meisterstück, das die klassische Antike nicht hätte erstellen können, und Vorbild für die eintausend Jahre später entstandenen klassischen Moscheen; und die Systematisierung des römischen Rechts durch die Juristen Justinians, die bis heute nachwirkt, existiert für Schmidt gar nicht. Die *anthologia graeca* kennt Schmidt nicht. Ohne die Sammler- und Redaktorentätigkeit byzantinischer Gelehrter wüßten wir nichts von der antiken Literatur, und der Realschüler Schmidt hätte auch keine Realencyklopädie plündern können.

Da die Erzählung »Schulausflug« die Themen des Romans »Kosmas« noch einmal aufgreift und bündelt, sei sie an den Anfang einiger Bemerkungen über kürzere Erzählungen Schmidts gestellt. Der Erzähler hat eine Schülerin aus reichem Hause, die erotisches Interesse an ihm zeigt; er benutzt sie als billige Sekretärin. Anläßlich eines Bummels über einen Rummelplatz lernt er ihren Bruder kennen, einen Theologiestudenten, der gerade seine Doktorarbeit über das Buch Henoch schreibt. Der Erzähler erklärt dem Doktoranden, was er in seiner Dissertation zu schreiben habe. Es geht um das im Buch Henoch

175 a.a.O., S. 140, aber mit drei Ausrufungszeichen.

176 Das wird ihm S. 112 vorgeworfen

angeblich enthaltene indikopleustische Weltbild, das in die »Divina commedia« eingegangen sei.

Mit dieser Erzählung bestätigt Schmidt die Richtigkeit meines hier vorgestellten Lesemodells. A.S.III als Emanation des A.S.II verfügt über die Erkenntnis (Gnosis) der Weltzusammenhänge, wird aber durch die äußeren Umstände (dic schlechte Welt) gezwungen, Brotarbeit zu leisten (wie A.S.I), und kann deshalb seine wissenschaftliche Erkenntnis nicht selbst in eine Doktorarbeit umsetzen, die der Aufstieg in eine höhere Sphäre wäre.

»Kühe in Halbtrauer«: Otje und Karl bauen für sich und die »Damen« auf gepachtetem Gelände in Niedersachsen eine Laube, leihen sich zu diesem Zweck eine Kreischsäge und sind, als die »Damen« eintreffen, fast taub. Dieser dürftige *plot* dient als Hintergrund für Altmännergefasel über schwindende Potenz, Alkohol, Politik und für Bildungsbrocken, wobei schon auf der vierten Seite das nichtexistente Wort »Bihänder« (für »Bidenhänder«), »Notungs« (statt Nothungs) »Trümmer«, und folgender Schnitzer des angeblichen Sprachkünstlers auffallen: »Wurzelholz...von Menschen nimmermehr zu zerkleinernd«.[177] Der pferdegesichtige Sägenverleiher wird als »Houynym« bezeichnet[178] – soviel zu Schmidts Kenntnis von»*Gulliver's Travels*«, die der Autor-Held in »Aus dem Leben eines Fauns« genau verstanden zu haben vorgibt.[179]

»Die Wasserstraße«: Franz Friedrich, ein ältliches Schmidt-Ich, zeigt dem Buchhändlerehepaar Felix und Ruth samt Tochter Hel, die Franzens Patenkind ist, die Gegend, die er bewohnt, nämlich die Schmidt-Landschaft, und doziert dabei hemmungslos, säuft mit seinem Kumpan trotz Verbot seitens der »TAMPAX-Typen«[180], und macht senil-lüstern an der halbwüchsigen, reizlosen, langen, dürren Hel (recte Helene!) rum: daß sie Buchhändlerin werden soll, ist Grund genug, sie »aushosen« zu wollen.[181]

---

177 Kühe S. 12. Ja, wenn man zwischen Gerundien und Partizipien nicht unterscheiden kann (vgl.: Sitara, S. 327) !

178 a.a.O., S. 17

179 Faun, S. 62

180 Kühe, S. 29

Die Erzählung (offenbar in Handlung und Stil die Keimzelle von »ZT«) ist wohl die erste, in der die »Handlung« nur als Aufhänger für permanente Kalauer dient: Anwendung der sog. »Etym-Theorie«. Das Niveau ist ausreichend charakterisiert durch folgende Beispiele: »Diavologe« (soll wohl »teuflische Dialoge« heißen); »Hel mußte mehrfach mit mir 1 Entchen am Wasserlauf hinauf & hinab … Seite ihres Brust-Corps« usw.[182] Dazu dann ausgefallene, mühsam aus dem Lexikon gekramte Fremdwörter wie »Asot«, »Lectisternium« u.ä., aber gelegentlich wieder mißratend: weil Schmidt nicht weiß, wie der Dativ von »Juno« heißt oder die Form möglicherweise für einen Dativ hält bzw. nicht weiß, daß »Iovi« ein Dativ ist, weil er nur die Bedeutung des Zitats insgesamt nachgeschlagen hat, aber die einzelnen Wörter nicht versteht, schreibt er: »kwott liezett Juno«[183]; dann wieder die bekannten Schmidtschen Dollpunkte, unvermittelt beim Picknick eingestreut, wie z.B., daß Luthers Bibelübersetzung 18000 Fehler enthalte[184] *and so on*. Neu ist das häufige Nennen von Markennamen – Arno Schmidt darf als der Erfinder des *product placement* gelten.[185] Daß Schmidt kein Mittelhochdeutsch kann, wurde schon gezeigt: »unverzagget mannes muot«; neu ist, daß er auch beweisen muß, daß er kein Ungarisch kann: »Hunyadi Matyjas«[186].

»Windmühlen« möge wegen peinlicher Schwulenwitze übergangen werden. »Großer Kain« fällt vor allem durch einige Joyce-Anleihen auf, vor allem durch das obsessive »Jugurtha!« am Ende (das ja im *Wake* nach Schmidt als *»you garrotter«* zu entschlüsseln ist, obwohl doch nach Schmidts Deutung James Joyce in den Brunnen geworfen und nicht garrottiert wurde).

---

181 a.a.O., S. 47

182 a.a.O., S. 32f.; der Kalauer funktioniert nur, wenn man »corps« wie »korps« spricht.

183 a.a.O., S. 45

184 a.a.O., S. 41

185 Neben der Präservativmarke Blausiegel (auch Dän Pagenstechers Fernsehapparat ist ein Produkt dieser Firma), bewirbt Schmidt am häufigsten die Zigarettenmarke Atikah (Attika), ein Produkt der Firma Reemtsma…(Z.B.: Faun, S. 16)

186 a.a.O., S. 46

Die Fan-Gemeinde hat eine besondere Vorliebe für die Erzählung »Caliban über Setebos«, und das nicht ohne Grund, ist sie doch für eben diesen Zweck konzipiert: eine Art Kreuzworträtsel für literarisch gebildete Buchhändler, voll von zu erratenden Anspielungen, daneben hübsch unanständig. Damit das Raten nicht so schwer wird, hat Schmidt dieses Kreuzworträtsel höherer Ordnung nach dem ersten Erscheinen in einem Taschenbuch unter dem Titel »Orpheus« wiederauflegen lassen.[187] Da konnten sich die Fans, die schon gleich gemerkt hatten, daß es sich um eine Orpheus-Adaptation oder -Paraphrase, wohl auch -Parodie handelte, bestätigt fühlen. Schmidt versucht hier offensichtlich Joyces Methode im »Ulysses« und im »Finnegans Wake« zugleich nachzuahmen; daneben sind die Shakespeare-Bezüge schon im Titel genannt; die Kapitel-Einteilung nach den Namen der 9 Musen ist aus »Hermann und Dorothea« übernommen, einem Werk, das Schmidt ja bekanntlich verdientermaßen geringschätzt; die Bezüge sind der Erzählung vollkommen äußerlich und aufgesetzt. (Das gilt aber ebenso für »Hermann und Dorothea«.)

Georg Düster(!)henn = Ich, von Beruf Schlagertexter (wenn er aber einmal anfängt zu reimen, kommt etwas heraus, was seine Existenz als gutbezahlter Schlagerdichter als außerordentlich unglaubwürdig erscheinen läßt), reist nach Schadewalde, ins Schattenreich des Zonengrenzgebiets, auf der Suche nach einer Jugendliebe namens Rieke, die dort bei einem Gastwirt O.TULP wohnt: so, in Versalien, steht es auf dessen Traktor, und hier jauchzen die Buchhändlerinnen auf: OTULP, verstehnSie, PLUTO von hinten. Dieser Scherz ist selbst den *tifosi* sichtlich peinlich, aber er bezeichnet das Niveau der Schmidtschen Kalauerei, das auch nicht dadurch angehoben wird, daß Schmidt, der hier offenbar ein komisches, humorvolles Stück schreiben wollte, aber eins mit Tiefgang, eben so wie Joyce, sich selbst einmal unterbricht: »H des G-K-Laurers«.[188] Das soll natürlich auch »Hades« enthalten, aber was heißt »G-K«? Und was »Gekalaurers«?

187 Die ersten Rezensenten haben den Bezug zu Orpheus unglaublicherweise allesamt nicht mitgekriegt, vgl. ÜAS 1, S. 136ff.

188 a.a.O., S. 186

Der Name des H des Hundes ist folglich »Kirbie«, wie niedersächsische Hunde eben so heißen: das ist ein Unterschied zwischen Joyce und Schmidt: bei jenem stimmen beide Ebenen des Doppelsinns jeweils in sich, und ein *pun* ist immer in beiden Bedeutungen sinnvoll und erhellend; bei Schmidt stimmen meist beide Seiten nicht. Daß Orpheus von den Mänaden zerrissen wird, hat im Mythos einen logischen Sinn; bei Schmidt wird daraus die völlig unmotivierte mehrmalige Begegnung mit einem Quartett lesbischer Jägerinnen; weshalb Düsterhenn als Voyeur geschildert wird, ist mit der Orpheus-Parallele nicht zu erklären.

Die gelehrten Anspielungen erweisen sich von der ersten Zeile ab als Bluff, in welcher uns das Wort »Obulus« begegnet. Und das Niveau wird auch gleich darauf durch »kackaubraun« festgelegt. So geht es weiter: ein »demi-wie-ärschijes« Wochenendlein, in Darmstadt(!) ist D.s Gedicht »Ode to Defecation« erschienen, einer, der an einen Baum schifft, wird als der »Erste Schiffer«, also als Charon erkannt; zur Freude der Buchhändler gibt Schmidt immer wieder Hinweise: das Bächlein, an dem der Schiffer schifft, wirkt doch »erheblich stügisch«. Damit es auch die letzte Buchhändlerin merkt, wiederholt Schmidt immer wieder, daß die Gegend wie ausgestorben sei, ein Leichenwagen fährt vorbei, irgendetwas ist tartarostig usw. Man vergleiche damit Joyces Paraphrase der Hadesfahrt des Odysseus!

Und auch die üblichen Fehler in fremden Zungen: »Piperita sylvestris acquatica«.[189] Das hat Schmidt vermutlich in einer Apotheke gelesen.

»Caliban« hat einen »Deutungsversuch« gezeitigt, dessen hier zu gedenken ist, weil er den Sektencharakter der Schmidt-Gemeinde illustriert. Werner Schwarze versucht, die ägyptologischen Bezüge dieses »Kabinettstückes par excellence«[190] nachzuweisen. Dankenswerterweise erklärt er gleich zu Beginn, daß Ägyptens in der Erzählung nur einmal Erwähnung getan wird, mit der Wendung »obwohl Der ooch so ziemlich am nil war.«[191] Dabei fällt zunächst auf, daß dem

189 a.a.O., S. 195
190 Schwarze: Ägyptologie, S. 3
191 a.a.O., S. 5

Deuter der Doppelsinn von »nil=nihil« erst schon einmal entgeht: seine Deutung beruht auf Nichts. Es soll ja auch partout Ägyptisches gefunden werden, und zwar weil, so erklärt Schwarze, 1964, als »Kühe« erschien, »auch ÄGYPTEN durch jene spektakulären Hilfsaktionen der UNESCO zur Rettung der dortigen Tempel in aller Munde war.« Ich verstehe das »auch« nicht ganz (war ÄGYPTEN neben Schmidts Erzählungsband in aller Munde?) und weiß nicht, was es bedeutet, daß der Autor, der einen männlichen Vornamen trägt, sich »eine Laie« und den Dichter (in einer Paraphrase von Platens Immermann-Invektive) »eine berühmter Verse Schmidt« nennt[192] und ständig von der »Präsens« spricht.

Wenn ein TrakTor fährt oder ein MoTor zu hören ist oder ein HofTor offensteht: jedesmal sieht Schwarze eine Anspielung auf die Himmelskuh Hathor. Ja, sogar das Wort »projizieren«, das die Silbe »Tor« nicht enthält, ist ein Hinweis auf Hathor, denn es gibt ja einen Projektor.[193] *Lucus a non lucendo*! Wenn Schmidt das »Sing man tau« aus dem Lied »von Herrn PasTor sien Kau« in »sigma tau« verballhornt, dann ist das nicht nur eine Anspielung auf »Taurus«, sondern genauer auch auf das Sternbild »Stier«, weil die Einzelsterne mit griechischen Buchstaben bezeichnet werden.[194] (Zwar gibt es keinen Stern namens »Sigma Tauri«...) Später genügt dann schon die Buchstabenfolge -or-, um für Hathor zu stehen, und wenn es wiehert, dann muß man »HORse« denken, und schon wiehert die Himmelskuh. Und in der Aufschrift auf dem althannöverschen Krug: ONE GALLON soll sich Champollion verbergen...

Das Merkwürdige an dieser Deutung ist nicht so sehr, daß sie überhaupt unternommen wurde – es muß auch solche Käuze geben –, sondern daß sie von der Schmidt-Gemeinde ernst genommen und als Sonderheft des Bargfelder Boten der wissenschaftlichen Zeitschrift »text + kritik« veröffentlicht wird. Das Verfahren ist dabei völlig

---

192 a.a.O., S. 7

193 a.a.O., S. 10

194 »Schmidt« in »Brand's Haide« hat auf britischem Klopapier »sigma und tau berechnet«. Das seufzende Klo, Scheißkegel, Hintern, Stern, Sitara...man kann da viel assoziieren.

beliebig. Beweis: Schwarze sammelt auf S. 18f. die Silben »all« als Anspielungen auf den gekrümmten Raum der neueren Kosmologie, der ihn an den gekrümmten Tierkreis der Ägypter erinnert. Wenn das so beabsichtigt wäre: warum hat A.S. in diesem Zusammenhang nicht die Gelegenheit genutzt, Edgar **All**an Poe zu nennen, wo er doch schon auf ihn anspielt? (Nie-wo von 1840 und Imp-Potenz.) Bzw., warum bringt er seinen Adepten Schwarze um ein solches Fündlein?[195] Jedenfalls zeigt das doch, daß A.S. nach solchen scheinbaren Bezügen eben nicht gesucht hat, und daß die konsequent ägyptologische Deutung völlig fantastisch ist. Übrigens sieht sie vom Zusammenhang der Erzählung fast vollständig ab. Der Krug z.B. ist nicht französisch, sondern englisch beschriftet; weshalb also eine Beziehung zu Napoleon und Champollion suchen? Als er eingeführt und beschrieben wird, erscheinen auf dem Sprechenden Spiegel, dem Fernsehapparat, Bilder von Verstorbenen; genannt wird ausdrücklich Richard TAUber. Weshalb wird der nicht als Anspielung auf Tauros genannt? Ganz einfach, weil es Schwarze hier nicht in den Kram paßt, weil Kühe und Stiere in der ägyptischen Mythologie eben nicht für den Tod stehen. Und das zeigt, daß die Assonanzen, die Schwarze so scheinbar sorgfältig versammelt, rein zufällig sind.

Ich kann das auch; jeder kann es. Ich mache mich erbötig, aus dem StehGreiff eine pagenstichhaltigere und philolügisch (hier einen Hinweis einfügen auf Alethes von L., Philalethes (king !), Dantes Gesänge nicht in Nieder-, aber in Obersaxn, Kosmas, Henoch, aber so, daß nicht jeder gleich den Zusammenhang begreifft) eggsacktere Etymogelei vorzulegen.

Der gläserne Krug, der »(›ONE GALLON‹, ähä)«[196] enthält, birgt in sich natürlich das Ä-wann-gällion, das Evangelion. »So für Monate, in denen 10 Zentner Wasser vom Himmel fallen«: O Heiland, reiß die Himmel auf! (Vgl. auch EliA.S. in 1. Kön. (king!) 18!) Es ist der Kelch des Abendmahls oder der Gral. Einmal ist vom »Herrn Krug«, vom

---

195 Schwarze zitiert sogar an dieser Stelle eine Erwähnung Poes in »Vorläufiges zu ZT«, wo A.S. den Namen Allan nicht nennt. Ist die Nichtnennung eine Anspielung?

196 Kühe, S. 208

Krug des Herrn die Rede. (Orpheus ist ja auch ein Erlösungsmythos.) DüsterHenn ist der düstere Priester HenOch. (Hier einfügen, wo überall A.S. das Buch Henoch erwähnt; überhaupt ist hier der Platz für eine kleine Abhandlung über A.S. und die Gnosis (»giebt's; leider nicht gut genug«). Ein Desiderat der A.S.-Forschung!) Indem Düsterhenn den Krug mit »Whizzky«, mit Lebenswasser (whizzig, nicht?) füllen läßt und eine Runde ausgibt, spendet er das Sakrament: »Trinket alle daraus...Dies ist das Blut des Neuen Testaments«, des Evangelion, des ONE GALLON. (Es ist die Eucharistie: charis, Grazie, die drei Grazien = Gegenbild der vier Jägerinnyen, Gnade statt Rache.) Durch das Lebenswasser aus dem Gralskrug werden die Toten lebendig gemacht (»Und wurden lebendig«[197]), die Lemuren im *zalmawet* (tsalals, Zahlalls), dem Todschattental[198] = Schadewalde, begeistert, vergeistigt: einer ist kein Mensch mehr, sondern ein Gin (djinn). Sie, die eben noch dem toten Richard Tauber anhingen (der ein »Heiden-Geld« gemacht hatte, damals), werden vom Trank aus dem Gral angerührt. Rieke=Eurydike, die eigentlich Fiete heißt, *fides*, der Glaube, wurde in den Schatten geführt; Gnosis, vermittelt durch Düsterhennoch, das Erkennen, würde ans Licht führen; aber es findet keine Erkenntnis statt. (Sie erkannte ihn nicht. Und er erkannte sie nicht. Die unfruchtbaren Lesben.) (V/Erkenne dich selbst!) So gelangen sie nur bis zum TweiLeid. Konsequenterweise ist dann von einem anderen wundertätigen Wasser die Rede, zu dem Wal-Farcen (Jona, der nach drei Tagen aus dem Wal auferstand, als Typos Christi) unternommen werden, und das die Fortzeugung der Erbsünde verhindern kann.

Blödsinn ! ? Sag ich ja !

Schwarzes Suche nach Ostereiern, die gar nicht im Text versteckt sind, scheint mir typisch für eine sektiererische Haltung gegenüber Schmidts Texten. Weil der Meister »Caliban« mit besonderem Nachdruck vorgestellt hat, halten sie es von vornherein für ein Kabinettstückchen par excellence. Sie glauben erst - und dann machen sie sich auf die Suche nach einem Gehalt, der dieses Urteil doch erst *ex post*

---

197 a.a.O., S. 212
198 Psalm 23, Vers 4

begründen könnte. Weil Schmidt von »300 Fiorituren und Pralltrillern« spricht, die er eingebaut habe, versuchen sie mindestens 350 davon zu finden. Es ist ein Meisterwerk, weil Schmidt es als ein Meisterwerk ausgegeben hat. Die Frage: wäre es denn auch dann ein ebensolches Meisterwerk, wenn es nicht von den ägyptischen Göttern handelte? (die ja doch von einem unbefangenen Leser, der Schwarze zu folgen bereit ist, verneint werden müßte, weil ihm ja ohne Schwarzes Theorie die Tiefendimension, die Schwarze entdeckt zu haben glaubt, fehlen würde), stellt sich für den Gläubigen nicht.

Dem Mythos vom *poeta doctus*, vom Gehirntier, vom »Polyhistor«[199], folgt fast automatisch der weitere Mythos vom verkannten Genie, den ebenfalls Schmidt selbst in die Welt gesetzt hat, und zwar in der Pose der trotzigen Kindes. »Ätsch, ich will gar nicht von mehr als 390 Lesern rezipiert werden« heißt ja auch: »Die Bundesrepublik ist selbst dran schuld, wenn sie ihren größten Schriftsteller verkennt und verfemt«. (»Geschieht meiner Mutter ganz recht, wenn ich mir die Finger abfriere. Warum kauft sie mir keine Handschuhe!«)

Verbreitet und vertieft hat diesen Mythos vor allem der unsägliche Lobhudler Hans Wollschläger in seinem peinlichen Geburtstagscarmen unter dem prätentiös-preziösen Titel »Eines deutschen Dichters Halbjahrhundert«[200], in dem es heißt: »Ohne Zweifel (!) ist Arno Schmidt die kleinste Minderheit, der heute Unrecht gegeben wird«, was immer dieser kryptische Satz bedeuten mag.[201] Dabei zeigt allein Jörg Drews' Aufstellung von Schmidts Veröffentlichungen und den Kritikerreaktionen[202], daß Schmidt in Wahrheit ein Hätschelkind des Literaturbetriebs war. Über keinen anderen deutschen Schriftsteller hat DER SPIEGEL so oft und so ausführlich geschrieben. Von Beginn seiner schriftstellerischen Tätigkeit an wurde Schmidt mit Lob und

---

199 Wolfram Schütte in: Solipsist, S. 71

200 a.a.O., S. 52ff. Ich weiß, Fouqué...

201 Schmidt behauptet öfters, daß er zwischen 4 und 5 Uhr morgens aufstehe. Wollschläger macht daraus: morgens zwischen 2 und 3 Uhr. Vgl. a.a.O. und Flemming, S. 23. Andererseits: Wenn Schmidt behauptet, er habe jahrelang von 50-100 Mark im Monat gelebt, fühlt sich Förderer Andersch angegriffen und erhöht auf glaublichere 200-300 DM (vgl. Flemming, S. 7).

202 a.a.O., S. 163ff.

Preisen überhäuft; seine mehr als 200 für das Feuilleton von Tageszeitungen geschriebenen Miniaturen wurden regelmäßig gedruckt und erreichten damit ein riesiges Publikum – potentiell jedenfalls; aber wer liest schon derartige Seitenfüller. Denn um mehr handelt es sich nicht. Schmidt selbst hat diesen inhaltsleeren Skizzen keinerlei Bedeutung beigemessen. Es handelt sich um die »experimentelle Prosa«, mit der er sein Geld verdient hat. »...wenn man Geld hätte...keine experimentelle Prosa mehr...«[203] Bei diesen Skizzen, von denen ihr Autor selbst nicht viel hielt, fragt man sich oft: »ist das dann pikant; oder bloß albern?«[204]

»bert blumenthal« rüttelt kräftig und berechtigt am Mythos vom verkannten Dichter, indem er die Funktion dieses Mythos für die Selbstdarstellung Schmidts in seinem Werk aufzeigt: ein Gutteil des von A.S. Veröffentlichten und vor allem seine rabiate Kritik an den herrschenden Zuständen sei als »reaktion auf sein öffentlich nicht genügend gewürdigtes schriftstellerisches schaffen oder werbung für seine angeblich objektive position als unparteiischer außenseiter« zu verstehen.[205] Kuhn hat darüber hinaus akribisch gezeigt, daß Schmidts scheinbar radikale Kritik an den politischen Zuständen in der Adenauer-BRD und seine teilweise positive Würdigung der DDR ebenfalls darin begründet sind, daß Schmidt die Pose des Verkannten und Verfolgten für seine Selbstdarstellung brauchte, und er hat gezeigt, daß Schmidts Lob der Weimarer Republik keinerlei politischen Gehalt hat, sondern allein die Tatsache spiegelt, daß Schmidt damals jung und optimistisch war (der einzige politische Aspekt daran ist, daß es keine Wehrpflicht gab).[206] Allerdings verzichtet Kuhn darauf, Gründe für Schmidts elitären Apolitizismus zu suchen. Sie ergeben sich gemäß

---

203 Aus der Inselstraße, S. 108

204 a.a.O., S. 107

205 Solipsist, S. 113. In seiner Dissertation »Der Weg...« hat Blumenthal Schmidts egozentrische Ideologie recht klar beschrieben. Allerdings unterscheidet er nicht deutlich genug zwischen dem Autor und seinem Selbstbild. Auch hat er einige Romane offenbar nur recht oberflächlich gelesen. So wird der sexuelle Gehalt von »Kaff« völlig übergangen, und S. 100 findet sich eine unerklärliche Verwechslung von »Die Gelehrtenrepublik« und »Das steinerne Herz«.

206 Kuhn: Das Mißverständnis, S. 60

dem hier vorgestellten Lesemodell aus der lebenslang verspürten Kränkung, aufgrund von Herkunft und Lebensgeschichte um die erwünschte Anerkennung als Kulturträger gebracht worden zu sein.

Schmidt hat oft genug behauptet, »proletarischer« Herkunft zu sein. Auch das gehört zur Biographie des A.S.II. A.S.I war keineswegs proletarischer Herkunft, sondern der Sohn eines wilhelminischen Polizisten, also eines Mitglieds einer dezidiert antiproletarischen Kampftruppe. In einem Sprachspiel, in dem das Wort »proletarisch« Sinn macht, gehören Polizisten auf die andere Seite, die der Bourgeoisie, wenn auch als deren unterste, schäbigste Sektion. Wenn, nach Ernst Bloch, das Auge des Gesetzes im Kopf der herrschenden Klasse sitzt, so baumelt der Gummiknüppel am Arsch der herrschenden Klasse. Die Lebensverhältnisse bei Schmidts zuhause in Hamburg und in Schlesien waren kleinbürgerlich, mit Büchern und soliden Möbeln und Realschulbildung für den begabten Sohn.

Auch Schmidt ist, wenn man ihn überhaupt in einem Klassenschema unterbringen will, in seiner ganzen Mentalität und Lebensführung ein Kleinbürger, ein Spießer *par excellence* geblieben. Je älter, desto spießiger wurde er. (Die Schilderung der Jugend im Spätwerk!)

Die Behauptung proletarischer Herkunft hatte in seinem Mythos eine doppelte Bedeutung. Erstens konnte er damit zeigen, von wie weit unten er sich hochgearbeitet hatte auf die Höhe, die er für sich reklamierte. Zweitens aber konnte er sich mit der proletarischen Herkunft von der antikommunistischen und damit antiproletarischen Adenauer-Ideologie absetzen und (vorgeblich) auf die andere Seite stellen. Das wiederum korreliert mit der scheinbaren Übereinstimmung mit Positionen der Linken, der Kommunisten und ihnen nahestehender Gruppen im Westen, mit denen ihn eigentlich nur die (dort vermutete) Religionsferne verband. Die Linken haben zeitweilig in Schmidt einen Kombattanten gesehen, weil sie übersahen, daß die Behauptung proletarischer Herkunft bei einem derart elitären und esoterischen Autor wie Schmidt nichts anderes bedeutet als eine Folie, einen Hintergrund, von dem er sich abzusetzen versucht. Die Verachtung des Volks, von der schmidtianischen Linken über der gelegentlich ausgedrückten angeblichen Hochschätzung des Proletariats lange übersehen, spielt in Schmidts Weltbild sicherlich eine wichtigere Rolle als die periphere Übereinstimmung mit linker Gesellschaftskritik. Schmidt wußte, daß er auch auf dieser Seite nicht auf Verständnis und Beifall setzen konnte - und wollte das auch eigentlich nicht.

Hier ergab sich für Schmidt offenbar ein Dilemma. Einerseits suchte er nichts so sehr wie *the bubble reputation*, andererseits brauchte er den Mythos des Verkannten. Die Sucht nach Anerkennung geht so weit, daß Schmidt Anderschs briefliche Äußerung: »Schablonenurteile ›wie ein Meisterwerk‹ oder ›vollendet‹ liegen mir nicht«[207], in einem Brief (bzw. -entwurf) an Krawehl dermaßen umfälscht: »Herr Andersch nannte es ›Meisterwerk‹ und ›vollendet‹.«[208]

Andererseits verlangte der Mythos vom verkannten Dichter, der in der berühmten Goethepreis-Rede von 1973 kulminierte (die aber, wie Kuhn mit Recht bemerkt, keinen Gedanken enthielt, den man nicht schon kannte[209]), daß Schmidt Lob heftigst zurückweisen mußte. Sein Brief an Hesse, den die Schmidt-Stiftung unter Verschluß hält[210], muß recht harsch gewesen sein. Nicht anerkannt zu werden war für Schmidt die einzige trotzig wahrgenommene Art der Anerkennung. Deshalb ist der Sekte der Mythos vom verkannten Großschriftsteller ja auch so wichtig. Wie die Bhagwan-Sekte ihren Guru, der von der Unterhaltungsindustrie gepusht wurde, als verhaßtesten Gegner des bestehenden Schlechten ausgab, seine Verhaftung und Verurteilung wegen verschiedener Betrugsdelikte im Jahre 1985 als Bestätigung dieses Mythos auswertete und ihn schließlich sogar zum Opfer eines vom US-Präsidenten persönlich arrangierten Mordkomplotts werden ließ[211], so beharrt die Schmidt-Sekte trotz des Riesenerfolgs ihres Meisters, der spätestens seit dem Erscheinen von »ZT« von niemandem mehr zu übersehen war, darauf, daß Schmidt unterschätzt werde,

207 Reemtsma-Eyring, S.196, Briefwechsel, S.62
208 a.a.O., S.197
209 Kuhn a.a.O., passim
210 Solipsist, S. 31
211 Dazu vgl. Henkel, M.: Narziß und Goldstein

bis hin zu dem Vorwurf, der Fischer-Verlag als Inhaber der Rechte versuche alles, um Schmidt totzuschweigen.

Schmidts Dilemma mit der Anerkennung spiegelt sich in zwei Arbeiten, die beide von »Götter, Helden und Wieland« angeregt sein dürften.

»Goethe«: JWG darf für einige Stunden auf die Erde zurück, und kein Würdigerer als A.S. wird gefunden, ihn zu begleiten. Das ist eine Wiederholung der Erkundungsgänge von Lykophron und Agraule: A.S. führt die Moderne vor, und man tauscht Urteile aus. A.S. kritisiert und lobt Goethe, der wiederum läßt nur Döblin, Bense, Jahnn, Andersch und Schmidt gelten. So berichtet jedenfalls A.S. (es handelt sich um einen A.S.III, der hier aber als identisch mit dem Schriftsteller A.S.II dargestellt ist) der Akademie.[212] Ausgerechnet Goethe, der Formschlamper, der von Prosa nichts versteht[213], der bei seinen Gedichten bleiben sollte, wird also angerufen, um über moderne Prosaschriftsteller zu urteilen! (Nebenbei fällt auf, daß Döblin und Jahnn Schmidt einen Preis zuerkannt, Bense und Andersch ihn kräftig gefördert haben.)

Der Bluff, mit dem Schmidt alle Welt düpiert, wird deutlich, wenn er Goethe lobt: »›Rameaus Neffe‹ : glänzend übersetzt !«[214] Das kann nun Arno Schmidt wirklich nicht beurteilen; er braucht es aber auch nicht, denn daß Goethes Übersetzung des Dialogs, dessen Original erst 1891 gefunden wurde, kongenial ist, ist seither oft genug festgestellt worden.

A.S. hält Goethe entgegen, heute hätte er Anzeigen wegen Defätismus, Erotik, Gotteslästerung und Beleidigung politischer Persönlichkeiten zu gewärtigen.[215] Flemming[216] bemerkt mit Recht, daß der letzte Punkt auf Goethe gewiß nicht zutrifft, und sieht eine Anspielung auf Schmidts Selbstzensur in »Das steinerne Herz«. Aber das heißt die polemische Situation bei Schmidt verkennen. Er behauptet ja, in der

---

212 Goethe, S. 60
213 Faun, S. 25
214 a.a.O., S. 45
215 a.a.O., S. 50
216 Flemming, S. 17

Gegenwart werde die Kunst stärker gegängelt als zu Goethes Zeit — und übersieht dabei in seiner Selbstüberschätzung (nur Dichterfürsten sind meine Peers), daß die »Stellen«, die Goethe allenfalls solche Anzeigen hätten einbringen können, zu dessen Lebzeiten als Paralipomena verborgen blieben.

»...das andere Zitat, das ›Leckt mich‹«.[217] Da Goethe nicht widerspricht, kennt Schmidt offenbar den tatsächlichen Wortlaut nicht. »Raffinesse«[218] heißt auf deutsch Raffinement; und den peinlichen Hinweis auf einen Buchenwald bei Weimar übergehe ich lieber.[219]

In »Tina« beweist Schmidt wieder einmal, daß er kein Spanisch kann: »chile con carne«.[220] (Tschechisch aber ebensowenig: » ›Kde dommow muj?‹ : Wo steht mein Vaterhaus?...«)[221]

Der Grundgedanke ist ganz witzig. In einer Litfaßsäule in Darmstadt befindet sich ein Zeitungskiosk (wie das?), der den Eingang zu einer unterirdischen Welt verbirgt, in der die Toten warten müssen, bis sie vergessen werden. Schmidt erhält Zugang; natürlich sind es die dort versammelten Literaten, die ihn interessieren. Wer nun aber erwartete, A.S.I besäße genug Humor, um A.S.II, den rastlosen Ausgräber fast vergessener Literaten, diesen seinen Opfern gegenüberzustellen, sieht sich getäuscht. Schmidt findet es offenbar witziger, wieder einmal einen Scheißkegel in die Unterwelt zu setzen, abgesehen davon, daß er eine untote Literatin (Tina Halein, in der Kathinka Zitz abgebildet sein soll) findet, die seine Männlichkeit bewundern und nutzen darf. Man merkt, daß Schmidt sein eigentliches Thema, den Ruhm des Literaten, sorgsam verdrängt. Und wieder der Bluff: die Strophenanfänge von »Wie schön leuchtet der Morgenstern« sollen einen Namen ergeben; das ist nicht der Fall.[222]

Schon 1958 zerfetzte Friedrich Sieburg den Mythos vom *outcast* mit der Frage: »Gibt es einen melancholischeren Anblick als den eines

---

217 Goethe, S. 47
218 a.a.O., S. 48
219 a.a.O., S. 58
220 Tina, S. 24
221 a.a.O., S. 126; gemeint ist J.K.Tyls Hymne: *»Kde domov muj?«*
222 a.a.O., S. 25

geistvollen Provokateurs, dem alle Welt recht gibt?«[223] Daraufhin bezeichnete Andersch Sieburg als »größte und stinkendste Kanalratte in dem, was sich heute ›deutsche Literatur‹ nennt«[224], ernannte sich, Bense und Schmidts Verleger zu den einzigen »Verteidigern« Schmidts und beharrte trotzig: »Ich werde angesichts dieser Umstände das, was Herr Sieburg meine ›albernen Lobhudeleien‹ nennt, fortsetzen.«[225] 1984 behauptet Hans-Michael Bock, noch immer flirre »Erregung durch die Spalten des deutschsprachigen Literatur-Betriebs-Verbundes«, wenn von A.S. die Rede sei[226] (so hätten sie S gern!), und die »wenig freundliche Aufnahme der nachgelassenen *Julia*« ist ihm Beleg dafür; daß dieses unfertige Ich-weiß-nicht-was nicht mit Begeisterung aufgenommen wurde, liegt also (natürlich) nicht am Werk, sondern am Unverständnis der Literatur-Betriebs-Verbundenen. (Nebenbei bemerkt, fällt immer wieder das mythologische Verhältnis der Gläubigen zu den Werken des Gurus auf. Schmidt hinterläßt nicht ein Fragment mit dem Titel »Julia«, sondern eine Julia; »der Line Hübner des ›Steinernen Herzens‹ und der Witwe Karin der ›Umsiedler‹«, schreibt der Germanistikprofessor Drews im Text und in der Kritik[227] (wobei im Fall der Witwe der »Umsiedler« zu fragen ist, ob sie nacheinander oder vielleicht gar gleichzeitig mit denen verheiratet

223 ÜAS I, S. 84f.

224 Briefwechsel, S. 194

225 a.a.O., S. 197. Man erinnere sich: Andersch hat auch das törichte Gedicht geschrieben, in dem die Berufsverbote mit Auschwitz verglichen, Lehrerinnen und mehr noch die deutsche Sprache gefoltert werden. Wenn der Leviathan das tut, was Leviathane halt zu tun pflegen, z.B. selbsternannten Leviathansfeinden die Pensionsberechtigung versagen, dann sind diese kritischen Schriftsteller maßlos erstaunt und werden (»empört euch der himmel ist blau«) von heiligem Zorn erfüllt... (Andersch hat dieses gewiß gut gemeinte Gedicht »Artikel 3 (3)« nicht einmal vor der Aufnahme in die Sammlung seiner Gedichte bewahrt.)

226 ÜAS I, Editorische Notiz

227 Text + Kritik 20/20a, S. 27. Der Meister ging in dieser Unsitte voran, auch er setzt »Das irdische Vergnügen in Gott« manchmal in andere Kasus. Dabei verstrickt er sich gelegentlich im Gestrüpp der Genitive: »als es anstelle des 5-bändigen SOHN's nur dessen bambergische Variante des BUSCH-GESPENSTES zu nennen weiß.« (Sitara, S. 18f.) Ich verzichte darauf, weitere Beispiele für diesen Idiotismus, offenbar das Schibboleth der A.S.-Gemeinde, aufzuführen. Bernd Rauschenbach gelingt es, noch einen Fehler draufzusetzen: »des Steinernen Herzen«. Briefwechsel mit Andersch, S. 62

war, und woran die »Umsiedler« gestorben sind). An anderer Stelle schreibt der Germanist: »Line im Steinernen Herzen«.[228]

Für den Mythos kam die Anzeige wegen Gotteslästerung und Pornographie wegen »Pocahontas« natürlich wie gerufen. Was auch immer die Motive für Schmidts Haltung gewesen sein mögen: ein weitverbreiteter Schriftsteller, der in den Fünfzigerjahren derart rabiat die Säulen der Staatsräson, den Antikommunismus und die katholische Kirche, angriff, zudem auch noch »Schmutz und Schund« produzierte, mußte irgendwann mit einer solchen Anzeige rechnen. Wenngleich heute kaum noch verständlich ist, daß sich Gerichte mit derartigen Lappalien befaßten, so muß man doch andererseits, wenn man die Zeitumstände rekapituliert, eher darüber staunen, daß es nur diese eine Strafanzeige gegeben hat.

Um diese Anzeige rankt sich zunächst die Sage von der Rettung Schmidts durch Eberhard Schlotter, einen Darmstädter Kunstgewerbler, den Schmidt zum »größten Illustrator des Jahrhunderts« verklärt hat[229] (man muß Kubin, Chagall, Picasso, Maillol, Bonnard und ein paar andere nicht kennen, um ein derart dummes Urteil zu fällen), und der deshalb von der Fan-Gemeinde als bedeutender Künstler angehimmelt wird, auch wohl, weil er ein paar biedere Schmidt-Porträts geschaffen hat.

Angeblich hatte Schmidt also im (damals nicht zur Bundesrepublik gehörigen) Saargebiet, wo bekanntlich der Klerus so mächtig ist, eine Anzeige wegen Gotteslästerung erhalten. Schlotter habe beschlossen, Schmidt zu retten; er habe ihm eine Wohnung in Darmstadt besorgt und Schmidts samt dem ganzen Hausrat und Katze in einem PKW dorthin befördert. So die wohl von Schlotter selbst verbreitete Fassung der Legende.[230] Georg Hensel korrigiert sie: Schmidt lebte gar nicht im Saargebiet, sondern in Kastel bei Saarburg, also in Rheinland-Pfalz.

---

228 Solipsist, S. 176; wer »Resourcen« schreibt (a.a.O., S. 164) und »Resümmée« (ÜAS I, S. 241), wird bestimmt irgendwann Germanistikprofessor in Bielefeld. Vgl. auch den Untertitel von ÜAS I.

229 Flemming, S. 39: »Für Eberhard (Schlotter) dem größten Illustrator des Jahrhunderts«, schrieb A.S. in dessen Exemplar von »ZT«. Rettet dem Dativ!

230 Flemming, S. 14ff.

Man habe ihn von dort retten müssen, weil das zuständige Gericht in Aachen besonders kirchenfromm gewesen sei. Außerdem sei die Initiative nicht von Schlotter ausgegangen, sondern Ernst Kreuder habe einen Hilferuf aus Kastel erhalten, also offenbar von Schmidt selbst; dabei habe es geheißen, der Kaplan des Ortes predige gegen Schmidt, und der örtliche Lebensmitelhändler verkaufe Frau Alice nichts mehr. (Dieser und jener hätten aber angegeben, den Namen A.S. gar nicht zu kennen, heißt es bei Flemming; wegen eines fehlenden oder eines überzähligen Anführungszeichens ist aber nicht zu erkennen, ob dies Hensels oder Flemmings Korrektur ist). Auch diese Fassung der Legende, die offenbar von Schmidt stammt, stimmt also nicht, denn zuständig war jedenfalls kein Gericht in Aachen in Nordrhein-Westfalen.

Reemtsma und Eyring haben die Akten um diese Strafanzeige, die sich auch gegen den Verleger Reifferscheid und den Herausgeber Andersch richtete, dokumentiert.[231] Interessant ist abgesehen von der Illustration des zeitgeschichtlichen Hintergrunds allein Schmidts »Beschuldigten-Vernehmung« vor dem Amtsgericht Saarburg am 22.8.1955. Während Andersch sich mannhaft für die Freiheit der Kunst einsetzte[232], erwies sich Schmidt als rechter Feigling. Die Heldenpose gegenüber Staat und Kirche, die er in seinen Arbeiten vorspiegelt, steht in erheblichem Gegensatz zu seiner Verteidigung im Ernstfall: »Die in dem Kurzroman auftauchende Figur des Erich ist ein Bekannter von mir aus Kriegszeiten und Oberschlesier. Die Person des Jochem ist eine Kombination von verschiedenen Personen, die in dem gleichen geistigen Bereich, nämlich dem der älteren SPD-Anhänger beheimatet ist. Ich bin der Ansicht, dass ich die Liebesszene...in einer künstlerisch hochwertigen, ja poetischen Form gebracht habe, und zwar so züchtig, wie derartige Dinge überhaupt, wenn sie schon

231 Genauer gesagt, waren es zwei Strafanzeigen von Rechtsanwälten, die ihr Vorgehen wohl abgesprochen hatten. Später macht Schmidt, eine Verschwörung aller seiner Feinde witternd, daraus nicht weniger als 485 Strafanzeigen nebst diversen Morddrohungen gegen einen Schriftsteller, der ein Enthüllungsbuch über die Textilfirma Falk (=Greiff) geschrieben hat; das Darmstädter Asyl wird folgerichtig zum elfmonatigen Leben im Untergrundversteck (Gelehrtenrepublik, S. 102f.).

232 Reemtsma-Eyring, S. 124f.

geschildert werden, geschildert werden können. Dass ich sie schildere, liegt in meiner künstlerischen Herkunft von der Stilrichtung des Realismus begründet, nach welcher der Schriftsteller eine Verpflichtung gegenüber der Realität hat, die Dinge in und um ihn, auch die anstössigen Dinge, so zu schildern, wie er sie sieht, obwohl ein anderer Blickwinkel durchaus möglich und ebenso berechtigt ist.

Die Figur des Jochem, darauf möchte ich hinweisen, ist nicht identisch mit mir und auch nicht identisch mit allen meinen Anschauungen, die aus dem Kurzroman von dem einen oder anderen herausgelesen werden könnten... Ich kann nicht einen alten Sozialdemokraten wie den Anstreichermeister »Erich«, der mit zu den »Helden« meines Romans gehört, in einer Form zeichnen, wie er aus seiner Weltanschauung und seiner Bildungssphäre heraus wohl kaum handeln kann.«[233]

Realismus und Sozialdemokratie werden hier also als Vorwand benutzt. Wer das li/ustig findet und etwa mit Brechts Verhalten vor dem Ausschuß für unamerikanische Umtriebe vergleicht, möge bedenken, was auf dem Spiel stand; für Schmidt tatsächlich nichts, da die Anzeigeerstatter den Roman für eine »Abhandlung« ausgegeben hatten, wohl wissend, daß gegen ein Kunstwerk 166, 184 StGB nicht anzuwenden waren. Außerdem hatte Reifferscheid, der Verleger, sich sofort bereit erklärt, die Anwaltskosten und eine eventuelle Strafe zu bezahlen.[234] Schmidt hätte also Gelegenheit gehabt, billig Held zu werden; hätte er sich offen zu »Jochems« Ansichten bekannt, wäre es vielleicht zu einer Verhandlung gekommen; aber dann hätte die gesamte literarische Öffentlichkeit auf seiner Seite gestanden; eben das wollte er aber nicht, denn es hätte schlecht zu seiner Rolle als verkanntes Genie und Verächter der Schriftstellerkollegen und des Publikums gepaßt.

Überdies bedient sich Schmidt ausdrücklich reaktionärer Vorurteile gegenüber der SPD, die nicht nur zeigen, wie unpolitisch und gänzlich

233 a.a.O., S. 130f. Es ist nur fair, die sprachlichen Schnitzer dem Protokollanten anzurechnen.

234 Briefwechsel mit Andersch, S. 71f.

egozentrisch er denkt, sondern die geradezu auf eine Anbiederung an die von ihm unterstellte Kirchenfrömmigkeit des Gerichts hinauslaufen. (Einmal ganz davon abgesehen, daß er einen gutbetuchten selbständigen Anstreichermeister zum Repräsentanten der Sozialdemokratie älteren Schlages macht, was im Roman so ja gar nicht der Fall ist.)

Schmidts Ausreden vor Gericht zeigen wiederum, daß es nötig ist, zwischen dem realen A.S.I und seinen literarischen Ichs eine Zwischeninstanz anzunehmen. Schmidt hätte dem vernehmenden Richter ehrlicherweise sagen müssen: »In der Figur des Jochem spiegelt sich zwar Arno Schmidt, aber das bin nicht ich, denn diesen Schmidt, der gegenüber allen Obrigkeiten so frech ist, habe ich mir nur ausgedacht.«

Pech für Arno Schmidt, daß er noch nicht die konsequent alchimystische Deutung von »Seelandschaft« durch Noerings kannte.[235] Sonst hätte er nämlich vor Gericht vorbringen können: »Daß ich den Geschlechtsverkehr schildern mußte, hängt mit meiner Herkunft aus der literarischen Schule des Symbolismus zusammen. Dargestellt ist nämlich nicht ein wirklicher Geschlechtsverkehr, sondern die Vereinigung unedler Metalle bei der alchimistischen Erzeugung von Gold.« Daß A.S. das nicht getan hat, erledigt meiner Meinung nach die Noeringsche Deutung, die überhaupt dergestalt ist, daß man in Hinblick auf den Schauplatz sagen muß: Dümmer gehts nimmer. (Allerdings bleiben Noerings auch die Erklärung dafür schuldig, warum der alchimystische Akt viermal an einem einzigen Tag vollzogen werden muß.) Allein der gläubige Ernst, mit dem Noerings ihre Thesen vortragen, hindert mich daran, ihnen vorzuwerfen, daß sie unredlich vorgehen. Objektiv spielen sie mit gezinkten Karten, aber sie merken es wahrscheinlich nicht. Bei ihrer kabbalistisch-alphanumerischen Deutung benutzen sie zwei unterschiedliche Zahlenschlüssel, nämlich ein Zahlenalphabet mit J und eins ohne. Schon diese Manipulation (die keineswegs motiviert wird, etwa damit, daß das mit J sich auf Joachim, das ohne sich etwa auf Selma beziehe) macht es möglich, immer irgendeine bedeutsame Übereinstimmung zu finden. Und wenn sich

---

235 Noering/Noering, z.B. S. 99, 113

der gesuchte Bezug auf Sigmund Freud ganz und gar nicht ergeben will, dann nennt man den einfach »Siegmund«, und schon stimmt es.[236]

Der »Sittlichkeitsprozeß« hat im Werk noch mehrfach Spuren hinterlassen. Schmidts Versuch, Gutzkow unter die großen Erzähler aufzunehmen, wird zwar mit der angeblichen Bedeutung des Romans »Die Ritter vom Geiste« begründet; viel wichtiger dürfte der von Schmidt referierte Umstand sein, daß Gutzkow wegen einer angeblich unzüchtigen Stelle in »Wally« ins Gefängnis mußte, das er als gebrochener Mann wieder verließ.[237] Das könnte eine Rechtfertigung Schmidts für seine Feigheit sein. Übrigens referiert Schmidt die Szene aus »Wally« in einer Weise, die daran zweifeln läßt, daß er sie wirklich gelesen hat[238]; und vor allem hat er den Kitschcharakter nicht bemerkt, der Walther Killy bewogen hat, die Stelle in seine Sammlung »Deutscher Kitsch« aufzunehmen.

Und Dän Pagenstecher, DP, Displaced Person, fürchtet einen Sittlichkeitsprozeß, weil er versehentlich auf eine Damentoilette geraten ist. (Die Angst, für einen Voyeur gehalten zu werden, hängt natürlich mit der in »ZT« entwickelten Poe-Theorie zusammen; aber auch in »Caliban«, wo Poe kaum thematisiert ist, erweitert Schmidt die Mythenvorlage – die Orpheus-Erzählung – unmotiviert um das Thema Voyeurismus.)

Die Tatsache, daß Schmidt den Bedenken des Verlegers seines nächsten Buches, Krawehl, gegenüber dem ursprünglichen Text von »Das steinerne Herz«, so weitgehend entgegenkam, nährt den Zweifel daran, daß Schmidts Texte so organisiert sind, wie er stets behauptet hat und seine Anhänger glauben. Wer sich das Wort »nackt« ohne weiteren Widerspruch in »bloß« abändern läßt, wer überhaupt die aus offenbar übertriebener Sorge erwachsenen und in sich völlig unlogi-

236 a.a.O., S. 87. Demselben Systemzwang zufolge wird der Kranich zum Wasservogel, und das auch noch »offensichtlich«, S. 27. So kann man alles beweisen, was man will.

237 vgl. »Die Ritter vom Geist« , Das ess. Werk 4, S. 19

238 Schmidt hat die Funktion, die die Verwendung einer Szene aus »Titurel« hat, offenbar nicht erkannt. Vgl. »Wally«, S. 113-132.

schen Änderungsvorschläge des Verlegers nach eigenen Angaben zu 90% akzeptiert, nur aus Angst, noch einmal wegen Verfertigung unzüchtiger Schriften verhört zu werden, dem kommt es offenbar nicht auf den genauen Wortlaut an.[239]

Schmidts Selbstüberschätzung wird noch einmal verdeutlicht durch eine Fehlleistung in einem Eintrag in sein Handexemplar von »Das steinerne Herz«: »Das Originalmanuskript hat durch den Verleger eine weitgehende politische Entschärfung erfahren, von der einseitig die Bundesrepublik profitiert hat.«[240] Gemeint ist natürlich: von der nur Aussagen über die Bundesrepublik betroffen sind. Schmidt sieht offenbar eine Verschwörung zwischen Krawehl und der Bundesrepublik, die vor Schmidts Angriffen zu schützen war. So bedeutsam, so gefährlich war A.S.II, Staatsfeind Nr. I!

A.S.I gierte nach Ruhm, aber er war gezwungen, A.S.II so zu konstruieren, daß dieser das verkannte, versteckte, vereinsamte Genie, der verhaßte Staatsgegner war. (Übrigens wäre bei einem in der Öffentlichkeit auftretenden A.S. der Schwindel bald aufgeflogen; man hätte bald bemerkt, daß er nichts wußte außer dem, was auf seinen Zetteln stand. Als er den ersten Preis erhielt, saß er stumm herum, die berüchtigte Dankrede für den letzten Preis ließ er seine Frau verlesen.)

Ich wände mich nun zur KommPlättierung des Überblix (denn so ist da die Ohrtographie) »KAFF auch Mare Crisium« zu, nach Drews einem Höhepunkt des Schmidtschen Werks, in dem der Autor zu einer besonders reifen Menschengestaltung gelangt sei.[241] Die reife Story geht wie folgt: Karl, der mit Jean Paul den Nachnamen teilt, 48 Jahre alt und in der Buchhalterei einer Nordhorner Textilfabrik beschäftigt ist (A.S.III), reist mit der wesentlich jüngeren schlesischen Freundin Hertha Theunert, die im selben Werk Muster für Stoffe zeichnet, in der Isetta (A.S. darf, ich bemerkte es schon, als Erfinder des *product placement* gelten) nach Giffendorf im östlichen Niedersachsen, um die jüngst verwitwete Tante Hedwig, 62, genannt »Tanndte Heete«, zu

239 vgl. Reemtsma-Eyring: a.a.O., S. 210f. Reemtsma spricht mit Recht von einem »Salto mortale in Sachen Logik« in Krawehls Argumentation.

240 a.a.O., S. 224

241 »Es lebe Jean Paul (Marat & Richter)!«. In: Text & Kritik 20/20a, S. 27ff.

besuchen. Zweck der Reise: Hertha (HT) läßt Karl nicht oder nur ganz selten. Er will aber viel öfter, weil er ziemlich oft kann, wenn auch nicht mehr so oft wie früher. Aus irgendeinem Grund meint Karl, Tanndte Heete (TH), die er als Siebzehnjähriger mal nackt gesehen (seine Voyeurismusobsession trägt Schmidt wirklich ermüdend oft vor) und heftig begehrt hat, und die überhaupt eine patente Frau ist, könnte Hertha überreden, ihn öfter zu lassen. Eine gute Frau muß nämlich ihren Mann oder Liebhaber »brav lassen«[242], auch wenn der so unattraktiv ist wie Karl, der selbst zugibt, Hertha nur zu brauchen, weil er keine andere mehr rumkriegt. Um Hertha, die so »schlecht läßt«[243], zu unterhalten, erzählt ihr Karl die Geschichte einer amerikanischen Kolonie auf dem Mond[244]; der Ich-Erzähler dieser Erzählung in der Erzählung heißt Charlie Hampden, ist also (eine Neuerung) A.S.IV. Diese Kolonie, nach der Zerstörung der Erde durch einen Atomkrieg sich selbst überlassen, verwaltet die schäbigen Reste einer heruntergekommenen christlich-abendländischen Kultur; die russische Mondstation ist ihr technisch und kulturell weit überlegen, hat einen erheblichen Frauenüberschuß und betreibt Anthropophagie.

Drews hält es für erwähnenswert, daß die Erzählung des Geschehens auf dem Mond der »realen« Handlung auf der Erde parallel verläuft; wie aber denn auch nicht, da sie als Parallelerzählung konzipiert ist, da Charles eben ein burleskes Spiegelbild Karls ist. Man erkennt das vor allem daran, daß der eine wie der andere häufig erwähnen: »Gott, man hat halt ne gute Schule besucht«.[245] (Wir wissen: das gehört zur Mythologie von A.S.II und seinen Emanationen.) Karl weiß nämlich alles; er wird »im Werk öffders ›Das wanndlnde Lecksiekonn‹« genannt[246]; ihm fällt dauernd »dieser verfluchte billije Zitaten=Tinnef« ein.[247] Und der schtimmt natürlich, wie auch anderswo, häufigst nicht: »dem Pudl, wenn er gut gezogn«[248]: offenbar

242 KAFF, S. 269
243 KAFF, S. 274
244 Man ahnt, warum A.S.I für Alice Schmidt die »Juvenilia« schrieb.
245 S. 14 u.ö.
246 S. 139
247 S. 16
248 S. 62

eine Kontraktion mit »Knurre nicht«. Da gibt es ein »Cape Carnaveral«[249]. Die aus einem Lexikon zusammengeklaubten antiken Ausdrücke für sexuelle Tätigkeiten sind schon daran als unverstanden zu erkennen, daß Schmidt von den aktiven griechischen Verben den Infinitiv, von einem Deponens aber die 1. Pers. sing. nennt.[250] Die Malereien in der Höhle von Combarelles sind 100.000 Jahre alt.[251] Der selenophile Schmidt läßt die irdischen Gewichte einschließlich der spezifischen unverändert auf dem Mond gelten.[252] Das schlesische »Rasen« für einen unsympathischen Menschen wird (versuchsweise) vom etruskischen »Rasenna« abgeleitet[253], »fläscheln« von »fléchir«.[254] Dafür heißt Busoni »Feruccio«.[255] »Ein wintzijes Ur=Schtrom=Thal« zeigt weniger »seine schüchterne Überschwemmunxwiese« als vielmehr, daß A.S. nicht weiß, was ein Urstromtal ist.[256] Charlies Mission zur russischen Station gibt Karl (A.S.III) Gelegenheit, allerlei Russisch-Kenntnisse vorzutäuschen. Wie man das macht, hat A.S. dankenswerterweise an anderer Stelle erklärt: »...wenn ich in einem Buch einen Russen auftreten lassen will, dann kauf' ich mir für 5 Mark 50 einen Sprachführer, und finde darin mehr Redensarten fertig vorgestrickt, als ich brauche.«[257]

» »Warum bistu bloß so gegen Akkademicker?« erkundichte Hertha sich: »Ich hab das schon öfders gemerkt. - Dabei haste, zum Teil, selber so anne Ader.« .«[258] Es mußte ja irgendwann kommen.

In jedem zweiten Gedicht Trakls will Karl von »runden Augen« gelesen haben.[259]

Zu Schmidts merkwürdigem Humor nur ein paar Bemerkungen. Einen Minister »Hoyce« (der mit der tiefen Stimme) und den Kriegs-

---

249 S. 34; so auch im Oppermann-Feuilleton, in: Das ess. Werk 4, S. 41
250 KAFF, S. 50
251 S. 52
252 S. 129
253 S. 263
254 S. 226
255 S. 252
256 S. 228
257 Old Shatterhand, in: Das ess. Werk 4, S. 162
258 KAFF, S. 67
259 S. 164

minister »O'Stritch« zu nennen[260], dürften wohl wirklich nur die ganz Ergebenen geistvoll finden. Aber die alberne, auf Schülerzeitungsniveau stehende Travestie des Nibelungenliedes wird tatsächlich von einigen Schmidtleidsbedürftigen gepriesen; die Namen der beiden Protagonistinnen sind »Cream-hilled« und »Brown-hilled« – genügt das? Flemming entnimmt man, daß es eines Bargfelder Boten bedarf, um das Rätsel zu lösen, wer der »Long Louis« ist, der »immer« vor dem Darmstädter Schloß steht.[261]

(Überhaupt ist merkwürdig, was die Schmidtianer als Scherz zu goutieren bereit sind. Eine abgeschmackte und gänzlich pointenlose Anekdote als »Wu Hi?« und einen von Schmidt entdeckten Fehler in einer Verne-Ausgabe als »Leptothe-Herz« zu Buchtiteln zu machen, offenbart einen Humor, der Außenstehenden schwer verständlich ist. Solche Insider-jokes sind geradezu typisch für sektenmäßige Kommunikationsweisen: auch die Witze des »Bhagwan" waren nur für seine Anhänger witzig. Solche Kommunikationsformen entstehen aber ebenso in anderen abgeschlossenen Großorganisationen wie Gefängnissen, Behörden etc.. Sie dienen oft der Gruppenidentität: nur wer über so etwas lachen kann, gehört wirklich zu uns.)

Nicht zufällig stelle ich die Betrachtung eines Frühwerks an den Schluß, den Roman, in dem der »Held« A.S.II in unübertroffener Reinheit dargestellt wird: »Schwarze Spiegel«. Die ersten Leser sahen die Reflexion dessen, was sie selbst in die Erzählung projiziert hatten: eine Mahnung, eine Warnung vor dem kommenden Inferno des Atomkriegs. Spätere, genauere Lektüre ergab das Skandalon, daß es sich hier jemand im Weltuntergang gemütlich machte.[262] Der Versuch, die Fühllosigkeit des Helden angesichts des Desasters als verzweifelten Zynismus zu rechtfertigen, blamiert sich am Wortlaut des Textes.

Die Handlung des 1951 erschienenen Kurzromans: ein Schmidt-Zwilling (aber nicht Schmidt=selbst, der vielmehr unter den Toten geortet wird) kommt im Jahre 1960 als scheinbar einziger Überleben-

260 S. 26
261 S. 82; Flemming, S. 85. Es steht in jedem einschlägigen Reiseführer.
262 Drews, in: Solipsist, S. 164

der des Atomkriegs von 1955 per Fahrrad auf der grasüberwachsenen »Reichsstraße«[263] in dem niedersächsischen Dorf an, in dem auch die beiden anderen Romane der Trilogie spielen. Was er in den letzten 5 Jahren getrieben hat, wird nicht deutlich; daß er erst jetzt beginnt, seßhaft zu werden, scheint damit zusammenzuhängen, daß die »Verseuchung« weiter Landstriche (woran man sie feststellt, wird nicht gesagt; einen Geigerzähler hat der Held nicht bei sich) jetzt offenbar stabil ist; **H**eidedorf **C**ordingen *and Environs* sind unverseucht. Der Held baut sich eine Hütte, versieht sich mit Allem Nötigen (man ahnt: vor allem Büchern), trifft und beglückt ein Weib, das aber weiterzieht, und richtet sich auf ein ruhiges Leben in Einsamkeit ein.

Zunächst einmal ist deutlich, daß Schmidt in der Trilogie »Nobodaddy's Kinder« dreimal dieselbe Geschichte erzählt: Prä-Schmidt, Schmidt und Post-Schmidt, selb=Schmidt, richten sich unter erschwerten Bedingungen in der Vergangenheit, in der Gegenwart und in der Zukunft eine Wohnung in Cordingen ein, eine Geliebte kommt und geht.[264] Die Botschaft ist allemal dieselbe: dem Gehirntier gelingt es unter allen Umständen, ob Nazireich, Flüchtlingselend oder Atomsteppe, seine Welt zu schaffen.

Es liegt auf der Hand und wurde von Schmidt selbst auch mehrmals deutlich gesagt, daß »Schwarze Spiegel« eine Robinsonade ist. Jedoch ist, soviel ich sehe, bisher noch nicht deutlich genug herausgestellt worden, in welch enger Anlehnung die Dramaturgie des Romans dem Defoeschen Urbild folgt.[265] Allerdings scheint Schmidt eine Kinderbuchbearbeitung der Defoeschen Abhandlung vorgelegen zu haben. Solche Bearbeitungen beginnen nach einer kurzen Einleitung mit dem Schiffbruch. Die umfangreiche Vorgeschichte wird weggelassen. Schmidts Roman beginnt nach dem Atomkrieg, und der Atomkrieg des Jahres 1955 hat keine andere Funktion als der Schiffbruch bei Defoe: es wird eine Versuchsanordnung getroffen. Beide Robinsons

263 Schwarze Spiegel, S.212
264 Schmidt selbst hat in einem Brief an Rowohlt die Parallelen betont.
265 Hora, in: Zettelkasten I, S. 7 sieht in »Schwarze Spiegel« eine »negative Kompilation aus biblischer Genesis und Robinson Crusoe.« Wenn ich nur wüßte, was eine »negative Kompilation« ist!

versehen sich zunächst aus ihrer direkten Umgebung mit dem, was übriggeblieben ist. Beide kommen zunächst in einer Tierhöhle unter (bei Schmidt ist es eine Ruine, in der eine Fuchsfamilie haust; weshalb ausgerechnet diese Füchse, so ziemlich als einzige Tiere außer ein paar Vögeln, die Katastrophe überstanden haben? Weil Schmidt wieder einmal dem gebildeten Leser ein Osterei verstecken will, indem er das vorläufige Heim des Helden »Malepartus« nennt[266]; ein wirklicher Realist hätte sich erstens gefragt, wovon diese Füchse leben, und er hätte mindestens von dem charakteristischen Geruch einer Fuchsfamilie Witterung genommen.), planen nach einer Erkundung der Gegend ihr Haus, unternehmen eine Beschaffungsaktion per Segelboot – Robinson auf das gescheiterte Schiff, Schmidts Held »Ich« nach Hamburg (wo, eine weitere Anspielung, auf der Alster die ausgebrannten Vergnügungsdampfer dümpeln[267]) –, planen sorgfältig die hölzerne Behausung und erlernen den Umgang mit Holz, ziehen ein, treffen ein weiteres menschliches Wesen, das zunächst als möglicher Feind angesehen wird und überwältigt werden muß, auch erwartet, getötet zu werden – die Beziehungen sind überdeutlich, trotzdem von manchen Kritikern offenbar übersehen worden.[268]

Hier geht es nicht um Schmidts politisch-moralische Haltung: daß er die Vernichtung fast der gesamten Menschheit als Exposition für eine seiner egomanischen Bramarbas-Geschichten benutzt, ist seine Sache; wir wollen ja von den Schriftstellern nicht Weisung, sondern sprachliche Gestaltung. Und da muß zunächst einmal festgestellt werden, daß Defoe den Schiffsuntergang und die Lage, in die sein Held gerät, ausführlich motiviert: Crusoe ist ein moderner Kapitalist, Großhändler, auch Sklavenhändler; daß er allein den Schiffbruch überlebt, liegt nicht außerhalb der Wahrscheinlichkeit; daß seine in einem

266 Schwarze Spiegel, S. 194
267 a.a.O., S. 207
268 In seinem Brockes-Essay erwähnt Schmidt »Robinson Crusoe« als Beispiel für eine Literatur, deren Gegenstand ein »Zustand« sei: »wie da Züge der äußersten Einsamkeit versammelt werden.« Das ess. Werk 1, S. 14. Ein Mißverständnis dieses Gesellschafts-Romans, der zugleich ein ökonomischer Traktat ist!

harten, aber erfolgreichen Leben erlangten Fähigkeiten ihm auf der Insel zugute kommen, ist glaubhaft. Nichts dergleichen bei Schmidt.

Defoes Botschaft ist: ein christlicher Kapitalist (und das Christentum gehört durchaus zum Kapital, vgl. die Eröffnungsbilanz, die Robinson auf der Insel vorlegt) bringt es auch auf einer einsamen Insel zu etwas. Schmidts Botschaft: ein Mann wie Schmidt ist auch in einem völlig entvölkerten Mitteleuropa ein Mann wie Schmidt. Beide Romanautoren bedienen sich eines Tricks: sie geben ihrem Helden nach der Havarie jeweils genau das in die Einsamkeit mit, was den Erfolg des Experiments möglich macht und garantiert: nicht nur die Charaktereigenschaften, die das Experiment verlangt, sondern auch die Lebensmittel, die der Held nicht selbst produzieren kann, die Werkzeuge, die er braucht, die Bücher, ohne die er nicht leben kann, Schreibzeug (bei Schmidt aus einem wohlerhaltenen Schreibwarengeschäft), beide retten ein Fernglas usw. Gnädig wie der Schiffbruch für Robinson verläuft auch die kosmische Katastrophe, die Schmidts Held überlebt: Alles das, was Schmidt ohnehin verabscheute, ist vernichtet: Menschen und Insekten sind verschwunden, Autos funktionieren nicht mehr. Fahrräder, Bäume, Bücher und graphische Blätter haben das Inferno unbeschadet überstanden. Ein scharmanter Atomkrieg, um ein Lieblingswort Schmidts, von Schopenhauer übernommen, zu verwenden. Und das ist ein gestalterischer Mangel, den eigentlich auch die frühen Leser hätten erkennen können. Der Schmidtsche dritte Weltkrieg ist derart unplausibel und unstimmig, spottet derart allen natur- und wehrwissenschaftlichen Erkenntnissen, daß das Mißverständnis, »Schwarze Spiegel« wolle vor einem tatsächlichen Atomkrieg warnen, lächerlich erscheint. Schmidt hat einen Weltkrieg nach seinem Gusto entworfen und dabei bewiesen, daß er auch von Naturwissenschaft keine Ahnung hat. Wie sollen in Zukunft die Blüten der Kulturpflanzen bestäubt werden? (Gut, Kartoffeln anbauen – das geht...) Wovon leben die bedeutungsvollen Häher? Warum schließt der Held nicht eins der vielen Autos kurz, die herrenlos herumstehen? (Weil A.S.I nicht Auto fuhr.)

Das sind keine naiv realistischen Einwände, sondern Einwände gegen den naiven Realismus Schmidts, der am »Werther«[269] kritisiert, daß die Mondphasen nicht »stimmen«. Die Mondphasen bei Schmidt stimmen, darauf kann man sich wohl verlassen; aber sonst stimmt vieles nicht, und der Realist Schmidt gibt weder direkt noch indirekt an, welche Dinge nach seiner Theorie stimmen müssen und welche nicht. Da heißt es: »La donna e mobile«, ohne daß es einen besonderen Sinn hätte, daß der Erzähler kein Italienisch kann (oder daß die atomare Katastrophe die Akzente vernichtet hätte)[270]; da ist von einer »Walldorf-Schule«[271] die Rede, ohne daß eine besondere Funktion von »Wall« zu erkennen wäre.

Man kommt um die Erkenntnis nicht herum: A.S. wußte ziemlich wenig, und seine ständigen Versuche, Vielwissen vorzutäuschen, verraten sich nur allzu oft durch Fehlgriffe. Er hat sich auf ein paar Spezialgebieten ziemlich kundig gemacht, und das ist leicht, wenn man soviel Zeit hat wie Schmidt, der sich 16 Stunden am Tag mit seinen Hobbies beschäftigen konnte, was ihm dadurch ermöglicht wurde, daß er sich eben nur für sehr wenig interessierte, vor allem nicht für Menschen – und dadurch, daß er eine ihm ergebene Frau hatte.

Hier ist der Ort, anzumerken, daß die Bezeichnung »der Solipsist in der Heide«, von Heißenbüttel erfunden, von Drews und Bock zum Titel einer Aufsatzsammlung über A.S. gemacht, grob irreführend ist. Offenbar meinen die Schmidtianerhäuptlinge mit »Solipsist« so etwas wie einen egozentrischen, egomanischen Eremiten und Autodidakten. Solipsismus bezeichnet aber etwas anderes: es ist eine achtenswerte erkenntnistheoretische Position, der rational kaum etwas entgegengehalten werden kann: die Vorstellung, daß die Welt nur in meiner Vorstellung existiert. Arno Schmidt ist alles andere als ein Solipsist.

---

269 Sitara, S. 309f.

270 Schwarze Spiegel, S. 225.

271 a.a.O., S. 201. Der ganz gläubige Interpret Udo Meyer sieht auch in diesem Fehler einen Sinn: die Cordinger Waldorfschule liege auf einem Hügel. Übrigens konnte ich Meyers Werk nicht lesen, weil es in einer mir unbekannten Sprache abgefaßt ist, in der man bereits S. 2 »einen… Textkorpus« und S. 9 »sub specie operae« lesen muß. Es war mir neu, daß Schmidt eine Oper geschrieben hat. Meyer dekliniert: »der Autor, des Autoren, dem Autoren, den Autoren«.

Erkenntnistheoretisch ist er ein platter, d.h. unreflektierter Realist, der sogar das über unsere Erkenntnismöglichkeiten Hinausgehende als real auffaßt. (Die vierte Dimension.) Ethisch ist er Dualist; daher seine Hinneigung zu gnostischem Denken. Die Welt ist real, aber schlecht; A.S. hätte sie besser eingerichtet. A.S. schafft sich eine Welt, die ihm gibt, was sein ist. Durch die Vernichtung der realen Welt durch einen Atomkrieg erhält der Held die Möglichkeit, seine Welt neu zu schaffen: ein Demi-Demiurg.

Am Ende des ersten Teils des Romans beweist der Held mal eben die sogenannte Fermatsche Vermutung. Natürlich ist dieser vermeintliche Beweis dilettantischer Quatsch.[272] Arno Schmidt verstand auch von Mathematik nichts. Jeder halbwegs verständige Leser konnte seit 1951 wissen, daß Schmidts Angabe, er habe Mathematik studiert, Bluff war; es bedurfte des Nachweises von Kracke nicht.

Auch Lowsky[273] weiß, daß der »Beweis« der Fermat-Vermutung laienhafter Unsinn ist. Wie den Mathematiker Schmidt retten? Er hat es gar nicht ernst gemeint. Hier ist der gläubige Zirkelschluß vollendet. Weil Schmidt ein großer Mathematiker ist, kann er keinen falschen mathematischen Beweis geführt haben. Nun hat er aber einen falschen mathematischen Beweis geführt. Für den Gläubigen gibt es nur eine Konklusion: Der Meister hat einen Scherz gemacht.

So argumentierten auch die Anhänger des Bhagwan. Wenn er sich einmal vollkommen desavouiert (z.B. Hitler gepriesen) hatte, beeilten sie sich, zu erklären, daß der Meister einen tiefsinnigen Scherz gemacht habe. (Oder jene Schimpansenforscherin, die überzeugt war, ihr Lieblingsaffe beherrsche die Taubstummensprache.[274] Irrte sich der Affe, zeigte er z.B. »Nase« statt »Mund«, erklärte die etwas wunderlich gewordene Forscherin, der Affe mache einen Scherz.)[275]

---

272 vgl. Kracke in: Zettelkasten 1, S. 137ff.; Kracke glaubt an ein abgebrochenes Mathematikstudium Schmidts.

273 a.a.O., S. 184ff.

274 Zimmer: Experimente des Lebens, S. 299f.

275 Daß Schmidt, der das »Pelzmädchen« in »Leviathan«, ursprünglich Hanne, dann in Anne umgetauft, in der Zweitfassung einmal noch mit dem alten Namen benennt, halten Noerings für eine absichtliche »Fehlerschreibung«. (Noering/Noering, S. 86) Der Meister kann nicht irren!

Auch Schmidts essayistisches Werk steckt voller Merkwürdigkeiten. Auf einer Seite des Brockes-Essays (den ich eher schätze, weil Schmidt sich hier einmal um historische Objektivität bemüht und einen frommen Christen nicht deswegen gleich verdammt, sondern aus seiner Zeit heraus zu verstehen sucht) kann man erfahren, daß Cuxhaven »bis heute« hamburgisch sei (in Wirklichkeit seit 1937 nicht mehr) und daß es im Fürstentum Schwarzburg-Rudolstadt »Harzlandschaften« gebe.[276] Die Grenzen der historisch-geographischen Kenntnisse Schmidts decken sich offenbar mit den Rändern des Meßtischblatts 2325 (oder was immer die richtige Zahl ist), weshalb es auch nicht verwundert, daß die Thüringerin Christiane Vulpius »Kaffeesächsisch« spricht[277], und daß es einen Grenzübergang von Ostberlin nach Ludwigslust gibt.[278] Auch in anderer Hinsicht markiert der Brockes-Essay die Grenzen von Schmidts Bildung. Es ist schlicht unverständlich, wie man über diesen musikalischen Dichter schreiben kann, ohne Händel, Telemann und Graun zu erwähnen; auch scheint Schmidt, der Brockes als vorbildlosen Erfinder einer naturbeobachtenden, Stimmungen und Zustände schildernden Lyrik preist, weder die Vorgänger (etwa Klaj und die Pegnitzschäfer) zu kennen noch die Beziehung dieser Art von Betrachtung zur zeitgenössischen pietistischen Theologie. Brockes' Dichtung ist keineswegs »menschenleer«[279], sondern das »betrachtende Gemüt« ist immer zugegen.

A.S.II, der Akkademicker, dissertiert über die »Insel Felsenburg«: »...keiner der 2 vor mir Dissertierenden hat sich anscheinend die Mühe gemacht...«[280] Wie Schmidt aus zufälligen Lesefrüchten, deren Nachprüfung er dem Leser verunmöglicht, die ihm jeweils genehme Wahrheit herstellt, sei an folgender Gegenüberstellung aus 2 Schnabel-Essays und einem Brief gezeigt.

---

276 Das ess. Werk 1, S. 30

277 Das ess. Werk 1, S. 15

278 Trommler beim Zaren, Tina S. 69

279 Das ess. Werk I, S. 7. Wenn Schmidt die »Georgica« des Vergil, den er durchweg »Virgil« nennt und die er manchmal »Georgika« schreibt, rühmt, weil ihre »Fabel« aus Zuständen und Denkweisen bestehe (vgl. Kuhn: Faun, S. 164), zeigt er, daß er das Werk nicht kennt.

280 a.a.O., S. 73

»...es ist bezeugt, daß um 1750 die Bibliothek des Handwerksmannes meist nur zwei Bücher enthielt : die Bibel und : unsere Insel Felsenburg !«[281]

»...es ist bezeugt, daß um und nach 1750 die Bibliothek des Bürgers aus mindestens 2 Groß=Büchern bestand : der BIBEL, und der INSEL FELSENBURG !«[282]

»...ich erwähne, daß um 1750 dieses Buch auf jedem, selbst dem kleinsten Bücherbord stand;«[283]

Wo stand das Buch denn nun, in der »Bibiothek des Bürgers«, »des Handwerksmannes« oder »selbst auf dem kleinsten Bücherbord«? Was stimmt denn nun, »nur« oder »mindestens«? Wahrscheinlich keins von beiden, denn was heißt schon: »es ist bezeugt«?[284]

In dem Hörspiel über Samuel Christian Pape geht es so wild her, daß ich eine Zeitlang geschwankt habe, ob Schmidt diesen Autor vielleicht erfunden haben könnte; aber dann hätte er neben den öden Hainbund-Imitationen, derentwegen Schmidt Pape in den »ewigen Reigen« aufnehmen will[285], auch die in der Tat elegante alkäische Ode auf die Tobackspfeife schaffen müssen.[286] Daß Chamisso gesungen haben soll: »J'ai vu la Grecque, et retourne en Scythie«, möchte ich doch ausschließen.[287] Der konnte nämlich Französisch. Daß Papes Großvater in den Jahren 1785-1791 noch vom Spanischen Erbfolgekrieg habe erzählen können, ist recht unwahrscheinlich.[288] Und einen französischen König »Charles Philippe« gab es nicht.[289]

---

281 a.a.O., S. 70

282 a.a.O., S. 80

283 Briefwechsel, S. 88

284 In Wahrheit handelt es sich um eine von Schmidt überinterpretierte Szene aus Karl Philipp Moritz' »Anton Reiser«, in der ein Handwerksmeister einem Gesellen diese beiden Bücher ans Herz legt.

285 a.a.O., S. 38

286 a.a.O., S. 34-36. Papes parodistische Ode ist wiederum eine Nachahmung einer Travestie des horazischen *O fons Bandusiae* durch J.H.Voß ("An einen Meerschaumkopf"), was Schmidt nicht weiß. Falls er begriffen haben sollte, daß der Witz in der Verwendung des hohen Odenstils auf einen niedrigen Gegenstand liegt, läßt er es den Hörer oder Leser jedenfalls nicht wissen.

287 a.a.O., S. 13

288 a.a.O., S. 17

289 a.a.O., S. 31

Bis »ZT« an diese Stelle trat, stellte Schmidt die Fouqué-Biographie als A.S.IIs Hauptwerk hin. Mehrere A.S.III arbeiten an einer Fouqué-Biographie. Es ist mehrfach darüber gerätselt worden, welche Bedeutung diese umfängliche Arbeit innerhalb des Lebens und des Werks hat. Friedrich Sieburg stellt zu »Fouqué« fest: »Nur eines fehlt diesem imponierenden Buch: es erklärt nicht, warum gerade FOUQUÉ sein Gegenstand ist oder, anders ausgedrückt, was an FOUQUÉs Werk und Figur diesen Aufwand an Forschung und gelehrtem Eifer rechtfertigt... er bietet in überwältigender Vollständigkeit alles auf, was das Herz eines Ordinarius oder eines Seminarleiters erfreuen könnte...«[290] – fast hat er's gemerkt. Im hier vorgeschlagenen Lesemodell schreibt A.S.II »Fouqué« als die Dissertation, die A.S.I nicht schreiben durfte, weil er nur auf der Oberrealschule war. Mit ihr kompensiert er, daß er nicht studieren konnte (A.S.I) bzw. nicht wollte (A.S.II). Hätte Schwester Luzie nicht den jüdischen Kaufmann Kiesler geheiratet, dann wäre Arno Schmidt nicht nur der größte Dichter, Mathematiker, Geograph und Frauenheld Mittelostniedersachsens, sondern auch noch der größte Germanist geworden: das ist die Bedeutung dieser Monomanomonographie; und Fouqué war ihr Gegenstand, weil es über den noch nichts gab. Ständig rügt der Autor die Germanistik und das Lesepublikum, die die wahre Bedeutung Fouqués nicht erkannt hätten; jedoch (das ist manchen Rezensenten aufgefallen) weiß er gar nicht zu begründen, weshalb der Gegenstand des Buches wichtig sein soll. Fouqué ist und bleibt auch nach Schmidts Versuch einer Ehrenrettung eine herzlich unbedeutende und eher unangenehme Gestalt, und eigentlich teilt Schmidt dieses Urteil der Nachwelt; aber die A.S.II-Strategie läßt dieses Eingeständnis nicht zu. Im Grunde ist der Gegenstand zufällig (individualhistorisch war es vielleicht so, daß Schmidt erst, nachdem er die Bedeutung seiner zukünftigen Fouqué-Biographie schon mehrfach hinausposaunt hatte, aufgegangen ist, an welchen mediokren Geist er seine Arbeitskraft verzettelte; aber da war es zu spät). »Fouqué« ist die germanistische Dissertation an sich, weil ihr Autor, A.S.II, der Wissenschaftler und Dichter an sich ist. Das Buch übertreibt den

290 ÜAS I, S.85

Formtypus der germanistischen Dissertation grotesk, aber völlig unironisch. Schmidt ist dabei zugleich Stoffhuber und Sinnhuber (nach der Vischerschen Klassifizierung); es ist eine Dissertation, die alle Dissertationen in den Schatten stellen soll. Ihre Funktion ist, so meine ich, nur im vorgeschlagenen Lesemodell plausibel zu machen.

Was bleibt? Fragen wir die Anhänger. Sie lassen sich, da die Einteilung in »Fundis«[291] und (folglich) Realos nicht sehr glücklich ist, vielleicht folgendermaßen gruppieren:

Da gibt es die naiven Leser, die entweder die Geschichten interessant finden oder die darin ausgedrückten politischen Ansichten für richtig halten. Es läßt sich meistens zeigen, daß der naiven Begeisterung ein Mißverständnis zugrundeliegt. Ich denke an HAP Grieshaber, der »Pocahontas« »die schönste Liebesgeschichte der Gegenwart« genannt haben soll[292], oder an den anonymen Rezensenten, der in der Düsseldorfer »Stimme des Friedens« den Autor von »Die Gelehrtenrepublik« als »neuen Swift« apostrophierte, so zeigend, daß er den alten nicht kannte.[293]

Eine erste Stufe der reflektierten Schmidttheologie wird durch die Betonung der innovativen Sprache erreicht.

Andersch über »Das steinerne Herz«: »Was Sie hier mit der Sprache machen (sic!), das ist heute in Deutschland einzigartig, auch gar nicht wiederholbar. Es wird sich erst in Jahrzehnten auf den Gesamtzustand unserer Sprache und ihrer Literatur auswirken.«[294] Das ist der sektiererische Ton: was, bitte schön, wird denn hier mit der Sprache gemacht? Wenn man ihnen alles aus der Hand schlägt, dann raunen sie: was hier mit der Sprache geschieht...was Bhagwan in mir einmal angerührt hat...hier wirds numinos.

---

291 Kuhn: Faun, Vorbemerkung
292 Noering/Noering, S. 12
293 ÜAS I, S.74
294 Briefwechsel, S. 62. Andersch hielt seine Formulierung für so gelungen, daß er sie mit Abwandlungen mehrfach wiederverwendete, z.B.: »...was in seinen Arbeiten sozusagen (!) in jedem Satz sprachlich geschieht, ist ohne Beispiel und wird, zwar nicht sofort, aber auf lange Sicht, sich für den deutschen Sprachstand auswirken.« a.a.O., S. 64

In Wirklichkeit geschieht bei Schmidt mit der Sprache nur, daß das Lokalkolorit und das privateigentümliche Sprachspiel des Autors und seiner Spiegelungen an die Stelle der glättenden Schriftsprache treten. Unmittelbares Vorbild ist natürlich »Berlin Alexanderplatz«; Fontane und Thomas Mann waren Döblin da vorsichtig vorausgegangen; von Flaubert weiß Schmidt es nicht, auf Cooper beruft er sich zu diesem Thema nicht.[295] Eigentlich war Schmidts Umgang mit der Sprache nie etwas anderes als das, was Lichtenberg »verhunzdeutschen« nannte. Daß er »ein Deutsch schrieb, wie es vor ihm nicht gelesen worden ist«, rühmt Reemtsma an Schmidt.[296] Das mag ja sein; aber ist es deswegen auch gut? So viel ich sehe, hat niemand von Schmidts Verehrern jemals den Versuch gemacht, uns anderen zu erklären, was denn eigentlich an Schmidts Sprache so poetisch, so wichtig sein soll. Daß ihm manchmal überzeugende und neuartige Metaphern gelingen, sei eingeräumt. ("Stock im Petticoat" finde ich nicht so witzig. An der Fähigkeit, so etwas zu erfinden, beweist Schmidt sein Schriftstellersein.[297]) Im Spätwerk finden sich sehr gelegentlich Doppelsinnigkeiten, wie sie im *Wake* auf jeder Seite mehrfach stehen. ("Haßband": eine Ehefrau beschreibt die Beziehung zu ihrem Mann. Das ist gut, weil die betreffende Frau als Übersetzerin zweisprachig denkt. Ebenso gut ist z.B. »Kindheits=FeerienReisn«.[298]) Meistens entdecken die Etyms aber nur sexuelle und fäkalische Anspielungen, die Schmidt selbst hineingelegt hat, vor allem, indem er zufällige Ähnlichkeiten zwischen deutschen Wörtern und englischen mit sexuellem Gehalt auswertet. Das kann jeder, der ein Lexikon sein eigen nennt; nur tut es nur der, der zwanghaft auf solche sexuellen Anspielungen fixiert ist. Niemals gelingt ihm etwas wie die Joyceschen *sevensinns*, in denen die Siebensinnigkeit auf die sieben Todsünden verweist; meistens haben die Schmidtschen Wortwitze Pennäler- oder Kasernenhofni-

---

295 vgl. dazu aber die Untersuchung Barczaitis' über Schmidt als Übersetzer. Auch dieser Kritiker ist so durchdrungen vom Glauben an Schmidts Wissen, daß er gelegentlich offensichtliche Übersetzungsfehler für absichtliche Ironie hält, z.B. S. 50 u.ö. Dasselbe gilt leider auch für Fritz Senn.

296 Das ess. Werk 4, Nachwort, S. 384

297 Das ess. Werk 4, S. 341

298 ZT, S. 1288

veau. Übrigens beherrscht dieses sprachliche Mittel jedes Studentenkabarett.

Die Sprache des frühen Schmidt ist gekennzeichnet von einem Verfahren, das zu gleichen Teilen der lyrischen Methode August Stramms und deren Übertreibung durch den frühen Becher entstammt: dem Wechsel und der Vertauschung der Wortarten, der Lesbarmachung von Pausen durch Satzzeichen und der Verlebendigung von Unbelebtem. Von Substantiven und Adjektiven werden Verben abgeleitet und umgekehrt, usw. Bei Stramm ist dieses Verfahren getragen vom Pathos des Außer-sich-Seins, der Ekstase; bei Schmidt ist es allzu häufig Manier und Pose.[299] Nur selten sagt ein »falsch« verwendetes Wort etwas aus, was die »richtige« Sprache nicht ebenso gut sagen könnte. Schmidt ist hier Nachahmer, und kein kongenialer. Dieses Verfahren hat bei Schmidt häufig, zu häufig, um originell zu bleiben, zur Folge, daß unbelebte Dinge lebendig werden, unbewegliche sich bewegen. Es ist überflüssig, Beispiele anzuführen. Jedem Schmidt-Leser fallen sie ein: der Mond schreibt Hebräisch, Dornenzweige schlagen Terz und Quart, rundrückiges Wolkenvieh mästete sich: S ist 1 Masche… (Der Personalisierung von Sachen und Naturbestandteilen entspricht andererseits die Entpersonalisierung von Menschen – außer »Ich« – zu Objekten, Stichwortgebern, Punchingbällen und Klischees.)

Daß Becher mehr noch als Stramm den frühen Schmidt beeinflußt hat, ist bisher, soweit ich festgestellt habe, noch nicht bemerkt worden. In »Das steinerne Herz« preist der Erzähler die DDR dafür, daß seit Goethe erstmals wieder ein deutscher Dichter Minister sei: Johannes R. Becher[300]. Ein Beispiel aus dessen Frühwerk mag als Beleg für Schmidts Abhängigkeit genügen:

---

299 Auf einer Seite finde ich: »seine mangroven Ideen«, »sonnabendne Pläne«, »textilnen Griffen«, Faun, S. 17.

300 Das steinerne Herz, S. 61. Im Manuskript hieß es offenbar: »großer Dichter«. Andersch ("Das kann doch nicht Ihr Ernst sein!") veranlaßte die Streichung. Briefwechsel, S. 62

»Horizonte voll Dörfer Geschwärl.
Der Dichter aber zückt geschliffenen Gesang.

...
Kindische Hetzer. O furchtbare Bürger!
Antlitz durchfretzt von Falten: Morästen:

Borsten Wildnis: Rotgedunsenes: Eingejauchtes: Pickel Unsaat:
Kröten-Schwarte... Klöß-Schwamm-Scheusal-Physiognomie!

Meer unterwächst die tauchende Hydra.
Gletscher zernaget Gräben System.

Hah! Mütter sie schleifen trockener Brüste.
Kinder verdorren, Zerrissene von Sand.

Hah! Skalp nur und Gurgel! Bomben! Sing-Sing.
Dröhnende Beule. Städte Kot."[301]

Übrigens ist die Behauptung, Schmidts Bedeutung liege in seinem Umgang mit der Sprache, leicht als Rückzugsposition zu erkennen. Wenn sich die Behauptung, Schmidt sei wegen seiner Ansichten, wegen seiner spannenden Geschichten oder wegen der vollkommenen Form seiner Prosatexte bedeutsam, als irrtümlich herausgestellt hat, bleibt nur noch sein in der Tat neuartiger Umgang mit der Sprache. Deshalb rekurrieren (im wörtlichen Sinn) gerade diejenigen Schmidt-Anhänger auf den »Umgang mit der Sprache«, die mehr oder weniger deutlich erkannt haben, daß die anderen Behauptungen der Schmidt-Legende nicht haltbar sind. Ein naiver Gläubiger wie Wolfram Schütte (vor der Goethepreis-Rede), der meinte, Schmidt habe etwas zu sagen,

301 Paradiesischer Tag. Aus: Das Neue Gedicht. Leipzig 1918, S. 185. Man vergleiche damit folgende Stelle: »Akten zeilten ehrenhaft; Schuljunges matrosenkrägelte; rüpelte picklig Militär; halbwüchsige Geilheiten strichen mandelmilchig ums Bein; alte Sommerreisen tigerten Licht heran; im grünen Weidenkorb der Wälder; die Wölfin kam mehrfach nach Samen geschlendert...zerblitztes Museum.« (Faun, S. 21)

brauchte die Schutzbehauptung von der innovativen Sprachgestaltung nicht. Wer Schmidts Umgang mit der Sprache in den Mittelpunkt stellt, sagt nichts anderes als: Schmidt hat zwar nichts zu sagen, aber das sagt er auf originelle Weise.

Richtig ist natürlich, daß Schmidt (um ein ungerechtes Diktum Karl Kraus' über Heine[302] abzuwandeln) der Sprache das Mieder gelockert hat, so daß ihr jetzt jeder Schütte an den Busen grapschen kann.

Es sind die reflektierten, nicht mehr an die ursprüngliche Legende glaubenden Schmidt-Fans, die eine weitere, leicht als Schutzbehauptung zu durchschauende Sekundär-Legende aufbauen: die Ansicht nämlich, Schmidts unverkennbare Prahlerei mit seiner angeblichen Bildung sei ironisch gemeint. Nun gibt es zweifellos Stellen, an denen Schmidt (A.S.II oder III, in manchen Briefen sogar A.S.I) Ironie erkennen läßt. Dabei handelt es sich vor allem um die Stellen, die durch das Auftreten von Arno-Schmidt-Anagrammen markiert sind. Chr. M. Stadion, D. Martin Ochs, Timon d'Arsch und Dr. MacIntosh sind burleske Selbstbilder, über die ihr Urbild selbst schadlos seinen Spott ausgießen kann. Sie sind derart karikaturistisch gezeichnet, daß dieser Spott harmlos bleibt. Die anagrammatischen Existenzen dienen wohl geradezu dazu, gelegentliche Anfälle von Selbstkritik vom Autor selbst abzulenken: die Züge, die an ihnen kritisiert werden, sind ja durchaus Züge Arno Schmidts: Pedanterie, Lebensferne, Prüderie usw. Die Anagramme sind Blitzableiter oder Vogelscheuchen. Es läßt sich an jeder dieser Stellen zeigen, welche Funktion sie haben. Sie bedeuten: man könnte an mir dies oder das kritisieren, aber das bin ich ja gar nicht. Das läßt sich gut an der Erzählung »Piporakemes!«[303] aufzeigen. A.S.II organisiert sich in einen graduierten Dr. MacIntosh um, allerdings nur, um diesen seinen promovierten *alter ego* und zugleich den um diese Abspaltung reduzierten Schmidt gleichermaßen als Zerrbild zu ironisieren: die Methode könnte man als »Mister Jekyll und Dr. Hyde« bezeichnen; anders als im Urbild ist die Aufspaltung

---

302 Kraus (»Heine und die Folgen«) reflektiert nicht, daß Heine dem »Wunderhorn« und dessen Folgen (Uhland usw.) verpflichtet ist.

303 oder »Pirorakemes!« (Trommler, S. 260). Es kommt nicht so drauf an.

jedoch harmlos, keineswegs beängstigend. Offenbar reagiert Schmidt mit dieser Erzählung aus dem Jahre 1962 auf Kritik an seinen Übersetzungen vielleicht sogar auf Selbstkritik; und sie zeigt doch, daß es bereits 1962 einen Kultautor Arno Schmidt gab, der sich kritisieren (lassen) konnte, weil er wußte, daß seine Anhänger das als Scherz auffassen würden.

Eine ähnliche Funktion haben die Stellen, an denen der Held scheinbare Selbstzweifel hegt. Diese Zweifel beziehen sich immer auf Sachverhalte, die mit dem eigentlichen Inhalt der Prahlerei, nämlich der Bildung und dem Wissen, nichts zu tun haben (wobei das häufige Eingeständnis, die Schreinerei nicht zu beherrschen, noch das echteste Gefühl ausdrücken dürfte); auch sind diese Eingeständnisse oft als absichtliches *understatement* zu erkennen. A.S. erwartet Widerspruch. Und in der Tat erkennt der Leser ja sofort, daß »Eggers'« Behauptung, er sei ein alter Mann und undicht, kokett ist, denn bald darauf beweist er gegenüber »Frieda« seine erstaunliche Manneskraft.

Das Argument aber, das die Behauptung, Schmidts Prahlerei sei ironisch gemeint, eindeutig widerlegt, liegt darin, daß diese Behauptung voraussetzt, daß Prahlerei und Ironie immer gekoppelt sein müßten. Da die Helden in »Leviathan« und »Schwarze Spiegel« aber zweifellos nicht von Selbstironie geplagt werden, aber ebenso allwissend sind wie die Helden in komödiantischeren Erzählungen, ist die Behauptung widerlegt. (Kwott errat dämonstrandum.)

Eine Variante der Anschauung, Schmidt ironisiere sich selbst in der Prahlerei seiner »Helden«, liegt bei den Verehrern vor, die meinen, Schmidt kritisiere das Verhalten mindestens einiger der Ich-Gestalten. Insbesondere »Heinrich Düring« in »Faun« und »Ich« in »Schwarze Spiegel« eignen sich ja vor allem für linke Schmidt-Anhänger kaum als Identifikationsfiguren, ein unerträglich feiger und unterwürfiger korrumpierter Opportunist der eine, ein gefühlloser Kriegsgewinnler der andere. Da aber Schmidt ein »guter linker Mann«[304] sein soll, können diese keineswegs guten linken, dem Autor aber doch so ähnlichen Figuren keine positiven Spiegelbilder sein. Da diese Ähn-

304 Diese Bezeichnung geistert durch die gesamte Sekundärliteratur.

lichkeit, vor allem eben doch auch in den politischen Äußerungen, nicht geleugnet werden kann, müssen die eher linken Schmidt-Gefolgsleute einen gelegentlich erheiternden Eiertanz vollziehen. Es ist nur zu deutlich, daß solche Ansichten auf einem Zirkelschluß beruhen. Wieso sollte sich Schmidt, dessen größtes formales Erlebnis neben Wieland Stramm war, von seinem Helden »Düring« distanzieren, von dem dasselbe gilt?

Arno Schmidt ist in Wahrheit der unironische Deutsche.

Die klügsten Gedanken zu Schmidts Stil hat m.E. Oswald Wiener in einem den Schmidtschen Nachtprogramm-Hörspielen nachgebildeten, bei aller Kritik außerordentlich fairen Gespräch geäußert.[305] Ich will einen Gedanken herausgreifen: Schmidt reflektiert nie die Differenz zwischen der Struktur des Erlebens und der Erinnerung einerseits und der sprachlichen Darstellungsform andererseits. In seinen wechselnden Stilen geht Schmidt immer naiv davon aus, daß es eine »richtige« oder »angemessenste« Prosaform für die zu schildernden Erfahrungen gebe. Nun schildert Schmidt aber ja gar nicht durchweg eigene Erlebnisse; dann wäre er kein Autor. Vielmehr läßt A.S.I A.S.II Erlebnisse der verschiedenen A.S.III schildern, von denen einige offenbar auf tatsächliche Erinnerungen und Erfahrungen Schmidts zurückgehen. Die Struktur der Erzählung kann gar nicht an der Struktur tatsächlicher Erinnerungen ausgerichtet sein, weil die individuellen Eindrücke, Erfahrungen und Erinnerungen eben nicht die Erzählung als solche ausmachen. Damit hängt zusammen, daß Schmidt sich nie über die Erzählsituation ausläßt.[306] Wem und wann erzählt »Ich«? Am fragwürdigsten ist das in der ersten Erzählung, »Leviathan«. Man muß annehmen, daß der Ich-Erzähler inmitten des Grauens bis zum letzten Augenblick in sein Notizheft schreibt, das er dann, bevor er mit Hanne-Anne in den Abgrund springt, aus dem Zug wirft; es fällt in den Fluß, wird von einem russischen Soldaten gefunden und an einen

305 Wir wollen auch vom Arno-Schmidt-Jahr profitieren, S. 14ff.

306 Ausnahme: Gadir, wo die Nachschrift des Festungskommandanten eine Klärung der Erzählsituation bringt.

Amerikaner weitergegeben... Diese Fiktion funktioniert offensichtlich nicht.

Die wirkliche Erzählsituation ist bei Schmidt weitgehend ungeklärt. Daher kommt es, daß Schmidt manchmal die gewählte Erzählsituation vergißt und aus der Rolle fällt, wenn z.B. Winer in »Die Gelehrtenrepublik« in sein Tagebuch schreibt: »wie ich später erfuhr« oder gar auf sein späteres Leben nach der Reise auf die Insel IRAS zurückblickt.[307] Auch »Pocahontas« wäre zu erwähnen, wo die Unterscheidung zwischen »Fotos« und »Texten« keineswegs plausibel durchgeführt wird – abgesehen davon, daß der Kurzroman voll von Widersprüchen und Brüchen ist. Selma ist tiefbraun und bekommt einen handlungsfördernden Sonnenbrand; nach einem Abendgewitter geht man zum Mittagessen; zweimal wird der Leser vom Tagebuchschreiber (!) mit »Sie« angeredet und aufgefordert, sich seinen Penis anzusehen. (Leserinnen sind nicht vorgesehen.)

»Ich« hat keine Zuhörer; »Ich« schreibt in der Regel auch kein Tagebuch. »Ich« hat keine Leser. Wie kommen die LG zu uns, den Lesern? Es ist ihnen im Grunde nicht wesentlich, Literatur zu werden. Immer wieder bemüht sich Schmidt, eine Lösung für das Problem des Transfers seiner Längeren Gedankenspiele zum Leser zu finden. Sie müssen offenbar eine Zwischeninstanz durchlaufen. (Besonders kompliziert in »Die Gelehrtenrepublik«, wo nicht nur ein Kommentator, dessen Name ein Arno-Schmidt-Anagramm[308] ist, sondern auch noch die durch ein spezielles Gesetz veranlaßte Übersetzung in die tote Sprache Deutsch bemüht werden müssen.)

Mein Vorschlag zur Lösung des Dilemmas: A.S.II erzählt A.S.I, was er, A.S.II, als A.S.III im Längeren Gedankenspiel erlebt. Das bedeutet: A.S.II will keine Leser haben. Und das sagt er ja auch oft genug, und als das nicht mehr genügte, schuf er seinen »Enigma-Stil«.

»Als romantischer Enigmatiker möchte er so gern ein Welträtsel sein und alle seine Leser zu Rätsellösern machen. Doch was – roh

---

307 Wolf, S. 23

308 Die Feststellung, daß die Arno-Schmidt-Anagramme als Pappkameraden dienen, die (Selbst)-Kritik vom Selbst ablenken sollen, wird gestützt durch die Tatsache, daß A.S. keine anderen Anagramme verfertigt hat.

gefragt – hätten sie davon?«[309] Eine gute Frage, die sich der Gemeinde aber nicht stellt, weil sie ja glaubt, daß Schmidt ein Welträtsel sei. Aber abgesehen davon ist die Prämisse nicht ganz richtig. Das Verrätseln ist ein literarischer Trick, aber eben nicht nur. Schmidt ist sich selbst ein Rätsel, oder: A.S.II ist für A.S.I ein Rätsel. A.S.II ist selbst ein Längeres Gedankenspiel, das sich verselbständigt und seinem Schöpfer über den Kopf wächst: Old Shatterhead.

In dieser Deutung sind die »Berechnungen« weniger eine Theorie des Erzählens als vielmehr der Versuch Schmidts, sich selbst das Verhältnis von A.S.I zu A.S.II und zu A.S.III verständlich zu machen und zugleich seine eigene Rolle als derjenige zu definieren, der die Längeren Gedankenspiele des A.S.II in die Maschine tippt.[310] Die höchst privaten LGe, die A.S.II dem A.S.I erzählt, sollen Literatur werden. Auf diesem Problem baut Schmidt seine Theorie der erinnerten Erfahrungen und die entsprechende Methode der Literaturherstellung auf.[311]

Jedoch sind die Erfahrungsstrukturen von A.S.(I.-III.) ja möglicherweise denen der potentiellen Leser gar nicht ähnlich. Auch für dieses Dilemma gibt es, meine ich, nur eine plausible Antwort: es gibt einen A.S., der Schriftsteller ist, also für Leser schreibt, Ruhm und natürlich auch Geld für seine schriftstellerische Arbeit bekommen will; und einen anderen A.S., der das einsame Gehirntier bleiben und von jedermann abgelehnt werden will. Daß es diesen Widerspruch gibt, zeigt sich darin, daß A.S. eben nicht nur ein privates Tagebuch schreibt. Die magische Formel »3. Wurzel aus p« ist ein Kompromiß zwischen A.S.I und A.S.II. Die Privatprosa Arno Schmidts, verfaßt,

---

309 Georg Hensel, in: ÜAS I, S. 26

310 Zugleich ist aber die These Rudolphs (in: Frühwerk I, S. 77) recht plausibel, daß Schmidt, indem er in den »Berechnungen« Formprobleme zum Gegenstand seines Schreibens erklärt und folgerichtig die Erzählungen als Anwendungen der Theorie faßt, das Scheitern seines ursprünglichen Vorhabens, nämlich politisch zu wirken, verschleiert. ("Informatik des Asozialen")

311 Dieses komplizierte Verhältnis verwirrt auch Kritiker, die das Problem durchaus erkannt haben. Hermann Kasack über »Alexander«: »Der Autor gleicht einem Puppenspieler, an dessen Drähten als einzige Figur er selber (sic!) hängt.« Zitiert nach Olma, in: Frühwerk I, S. 100. Kasack war, glaubich, mal Präsident der Deutschen Akademie für Sprache und Dichtung.

um die eigene Existenz zu ermöglichen, kann nur auf dem Weg über eine paradoxe abgeschlossene Öffentlichkeit in die Welt gelangen: der Sektencharakter der A.S.-Leserschaft ergibt sich aus den Entstehungsbedingungen dieser Art Literatur. Ebenfalls paradox und fast tragisch ist, daß A.S.I, der wirkliche Arno Schmidt, der halbgebildete Streber, nach Anerkennung suchte, die er als solcher nie erreichen konnte, während A.S.II Ruhm erntete, eben weil er als Verächter der Anerkennung, des Ruhms, des Publikums, des Volkes konzipiert war.

Die Variante der reflektierten Lektüre des Schmidtschen Werks, die die Erzählmodelle als beispielhaft betrachtet, übersieht m.E., daß die »Berechnungen« a) keine Literaturtheorie darstellen, und daß sie b) von Schmidt eigentlich auch nicht verwirklicht werden. Im Grunde sehen das die Literarkritiker unter den Schmidtianern auch so; aus der Enttäuschung darüber, daß literaturtheoretisch mit Schmidt so wenig los ist, entsteht eine weitere Richtung, die in der Aufhellung der stofflichen Anlässe und Hintergründe ihr Heil sucht. Diese Richtung berührt sich mit der teilweise von Germanisten, überwiegend aber von Laien betriebenen esoterischen Sinnsuche, für die ich zwei Beispiele betrachtet habe. Diese Esoterik entstammt derselben Enttäuschung und ist auf einem Zirkelschluß aufgebaut: Schmidts Literatur soll ungeheuer bedeutsam sein; von dieser angeblichen Bedeutung teilt sich dem unbefangenen Leser aber nichts mit. Also sucht der Gläubige sie in Bereichen, die dem unbefangenen Leser nicht zugänglich sind.[312] Es gibt tatsächlich Schmidtianer, die die Texte nach dem vierfachen Schriftsinn der scholastischen Bibelexegese auslegen. Nur der Eingeweihte weiß um das Geheimnis.

Daher das Konventikelhafte der Schmidt-Gemeinde; daher die unausgesprochene Forderung, sich dem Meister nur auf Knien zu nähern; die peinliche Amüsiertheit, wenn es sich nicht vermeiden läßt, Schmidt einen Fehler nachzuweisen; das Ritual der Entschuldigung von Entgleisungen, bzw. die Enttäuschung, wenn der Meister sich als das erweist, was er ist (ich erinnere an die Erregung über Schmidts

---

312 Wie in Grimms Märchen »Doktor Allwissend«: »es ist darin und es muß auch heraus«.

dummdreiste Goethepreisrede von 1973, die Gekränktheit etwa Wolfram Schüttes, der Schmidt meinte darüber belehren zu müssen, daß er nicht unterschieden habe zwischen entfremdeter & selbstbestimmter Arbeit (so zeigend, daß man nicht zwei Göttern dienen kann, Schmidt & der Frankfurter Schule), und die Weigerung so vieler Schmidt-Anhänger, zur Kenntnis zu nehmen, daß dieselbe dummdreiste Rabulistik der wesentliche Inhalt aller seiner Bücher ist...).

Es ist interessant, daß sich die Schmidtianer aller Richtungen weitgehend das verbieten, was Schmidt in seinen Literaturanalysen ja vorzugsweise betrieben hat: die Interpretation der Psyche des Autors. Es gibt wohl keinen deutschen Autor, der so oft »Ich« geschrieben hat wie Schmidt, und dennoch kommt die Person Arno Schmidt in den Auseinandersetzungen mit seinem Werk nur selten vor. Da schreibt ein Germanist über das Frauenbild in Schmidts Frühwerk und tabuisiert die Frage nach Schmidts Frauenbild bzw. stellt sie allenfalls in Klammern: »Ebenso verständige wie schöne Frauen gibt es in der Realität (Schmidts?) eben nicht.«[313] Der Autor und sein Werk werden fein säuberlich getrennt. Fast jeder Schmidt-Interpret weist darauf hin, daß »Düring«, »Pagenstecher« und »Schmidt« eben nicht schlechthin identisch mit Schmidt seien. Die Übereinstimmungen zwischen dem Autor und seinen Helden werden nur in biographischen Äußerlichkeiten und in nachweisbaren Erfahrungen gesehen. Ich habe nirgendwo in der Schmidt-Literatur die Fragen auch nur gestellt gesehen, warum Arno Schmidt, der unter dem Schreiben gelitten hat, geschrieben hat[314]; wie die Beziehung zwischen der Person Arno Schmidt und

313 Werner, in: Schardt: Frühwerk, S. 223.

314 Ausnahme: die rororo-Bildmonographie von W. Martynkewicz, mit der ich mich aber nicht auseinandersetzen möchte, weil sie auf einem unzumutbaren sprachlichen Nie-wo steht. Beispiele: »Man...kann von der Pension des Vaters gut leben, ja sich manches leisten, was vorher nicht ging.« (Das geht nicht.) »Der Ich-Erzähler trifft sich...mit seinem Kriegskamerad Erich Kendziak, und auf dessen Motorrad geht es an den Dümmersee.« (Das geht auch nicht.) »Als Anachronist existiert für ihn die Welt nur als Bücherwelt...« »Während aber Schmidt von Greiffenberg aus flieht, besteigt der Ich-Erzähler den letzten Zug...« »Für sein Alter ego wird die Fahrt zum Showdown.« »Die sich verzögernden und hinziehenden Produktionszeiten...« »Korpus delikti ist die *Seelandschaft mit Pocahontas*...« »...und auch das neue Manuskript vom *Steinernen Herzen* stieß...auf

seinen ihm so ähnlichen Helden psychologisch zu begreifen ist; wie ein auffälliges Merkmal seiner Texte, die Darstellung sexueller Handlungen und Vorstellungen, mit der Sexualität des Autors zusammenhängt. Das seien keine wichtigen Fragen für das Verständnis des Werks? Das darf doch jemand, der »Sitara«, »ZT« und die Joyce-Essays für wichtig hält, nicht behaupten! Die Schmidt-Adepten haben hier ein Tabu errichtet, das sie selbst davor bewahren soll, das von ihnen idealisierte Werk in den Bereich des Banalen, des Unbedeutenden, ja möglicherweise des Kranken hineingezogen zu sehen. Ich habe zu zeigen versucht, daß Arno Schmidt dieses Tabu gemeinsam mit seinen Anhängern aufgerichtet hat, indem er den Autor seiner Werke fingiert hat: eine Kunstfigur, einen psychelosen, unanalysierbaren Automaten, und daß er versucht hat, seine private Existenz hinter dieser Kunstfigur zu verstecken.

Da hier keine dilettantische Literatur-Psychoanalyse versucht werden soll, weise ich zum Schluß nur kurz darauf hin, daß die wenigen Andeutungen, die Schmidt gegenüber seiner Frau über seine Eltern und seine Kindheit machte[315], darauf hindeuten, daß das Problem, das Schmidt in seiner schriftstellerischen Existenz behandelte und an dem er letzlich gescheitert ist, seinerseits dazu dient, ein tieferliegendes Problem zu verdrängen. Es liegt nahe, daran zu denken, daß sich hinter der erstrebten und verhinderten Anerkennung durch die Öffentlichkeit der in der Kindheit unerfüllte Wunsch nach Anerkennung durch die

---

Ablehnung.« »Hilfe kam auch von... Wilhelm Michels, der... Schmidts am 1. Juni in Kastel besuchte und nun regelmäßig Lebensmittelpakete schickt und in einigen Fällen kurzfristig mit Geld aushilft. Nachdem insbesondere Arno Schmidt anfänglich zögerte...« »Das Rettende aber, das ja bekanntlich in der Gefahr nachwachsen soll...« »...die Unterschätzten und Zukurzgekommenen, die Schmidt ins Rampenlicht stellt und die er gegen die Urteile der offiziellen Literaturgeschichtsschreibung zu rächen versucht.« »Nicht nur in Sachen Nachtprogramme...« »...Schmidt...kritisiert, daß Wollschläger...unterschätzen würde. Wollschläger...stellt klar, daß es sich...lediglich um den ›Versuch...‹ gehandelt habe, was aus dem Begleitbrief an die Zeitung auch hervorgehen würde...« »...was den großen Erfolg der Werke Karl Mays erklären würde, die auf bewußter Ebene, von der ästhetischen Konstruktion her gesehen, eher trivial und reizlos wären.« Am dreistesten ist die Formulierung: »Ähnlich wie Franz Kafka...«, auf Schmidt bezogen. Abgesehen davon halte ich die These des Autors für ungenügend.

315 »Wu Hi?«, S. 93ff.

Eltern verbergen könnte – aber von *diesen* Eltern? (»Meine Eltern waren mein Fluch! Aber meine Mutter am meisten!!«[316]) Ich deute hier nur kurz die naheliegende Vermutung an, daß es sich bei den Schmidtschen Längeren Gedankenspielen um eine Ausformung der narzißtischen Persönlichkeitsstörung handeln dürfte.[317] Der amerikanische Psychoanalytiker Heinz Kohut berichtet den Traum eines narzißtischen Patienten, der die Diskussion um die Regelung seiner beruflichen Nachfolge um den Vorschlag bereicherte: »Wie wär's mit Gott?«[318] Mehreren Kritikern ist die Merkwürdigkeit aufgefallen, daß Schmidt mit Inbrunst gegen einen Gott kämpft, von dessen Nichtexistenz er fest überzeugt zu sein behauptet. Schon dem Ich-Erzähler in »Leviathan« wird durch die Beigabe eines dümmlichen Pfarrers Gelegenheit gegeben, seinen Haß auf den nichtexistierenden Gott paradox und scheinlogisch auszutoben (und darüber auch noch in seinem Tagebuch zu berichten). Auf die Funktion der Gnosis für Schmidt habe ich bereits hingewiesen: das Anliegen des valentinianischen Systems berührt sich in mehreren Punkten mit den Problemen Arno Schmidts; ob er sich dessen bewußt war, daß sein Bild vom Künstler geradezu als entmythologisierte Version der Lehre vom λογος σπερματικος verstanden werden kann, mag offen bleiben. Daß die A.S.III allesamt etwas von einer Erlösergestalt haben, daß sie die Wahrheit besitzen, die die Welt aber nicht annehmen will, ist wohl nicht zu übersehen. Ist Schmidts wütender Atheismus nicht der Entwurf eines Gottes, wie er zu sein hätte (nämlich wie A.S.)?[319]

In dieselbe Richtung deutet eine auffällige (und vielen aufgefallene) Eigentümlichkeit des Poe-Übersetzers A.S.: merkwürdigerweise

---

316 a.a.O., S. 242

317 Wenn man dieser Vermutung nachgehen wollte, sollte man auch den offenbaren Verarmungskomplex Schmidts mitbedenken, seine Klage über die »Michel-Mark«, die nur halb soviel wert sei (deshalb läßt sich der Schlagertexter Düsterhenn in goldenen Franken auszahlen), seine damit korrelierende Warnung vor Sparsamkeit, seinen Sammlertick, seine geradezu zahlen-idiotische Rechenfertigkeit, die anagrammatischen Zerrbilder, die geodätischen und kosmologischen Leidenschaften, ja, und eigentlich alles...

318 Narzißmus, S. 185

319 Schließlich offenbart sich A.S.III als »A&O«, Alpha und Omega, das aufgelöste Rätsel der Geschichte. Aber schon seine Klassenkameraden nannten ihn »Allah«.

»übersetzt« er den Eigennamen »Usher« mit »Ascher«. Die subjektive Begründung dafür ist, daß er annimmt, Poe habe (bewußt oder unbewußt) diesen Namen als Anspielung auf den hebräischen Satz »jehje ASCHER jehje« gewählt, der nach Schmidt heißen soll: »Ich bin der ich bin«. Ich sehe davon ab, daß der Satz weder so lautet, wie Schmidt ihn zitiert, noch das bedeutet, was er nach Schmidt bedeuten soll,[320] und merke nur an, daß »ascher« die Relativpartikel ist, die man am besten übersetzt mit »von welchem gilt«; daß dieses Wörtchen also eigentlich keine Eigenbedeutung hat, also als Wort gar nichts mit der Selbstbezeichnung Gottes zu tun hat, folglich auch den Sinn, den es bei Poe haben soll, gar nicht tragen kann; daß es weiterhin auf der zweiten Silbe betont wird (das »a-« der ersten Silbe ist übrigens nicht einmal ein vollwertiger Vokal, sondern so eine Art Murmelvokal), also auch phonetisch keinen Anlaß für das von Schmidt gefundene Wortspiel bietet; daß also die von Schmidt Poe unterstellte kryptische Anspielung auf den alttestamentlichen Gott an den Haaren herbeigezogen ist und also wahrscheinlich eine Projektion des Analytikers darstellt, dessen trotziges »Atheist ? : – Allerdings !« doch viele Züge eines grandiosen Selbstbilds zeigt, wie es für narzißtische Charakterneurosen typisch ist. Schließlich sei daran erinnert, daß Wutausbrüche aus nichtigem Anlaß (also etwa anläßlich eines nichtexistierenden Gottes) konstitutiv zum Bild der narzißtischen Persönlichkeitsstörung gehören. Warum, das lese man bei Kohut nach. In dessen Theorie des Narzißmus gibt es eine entscheidende Urszene, die die Voraussetzung für eine Ich-syntone Entwicklung des Selbst darstellt, die bei Arno Schmidt mißlungen zu sein scheint.

Vielleicht hat sich nie jemand über den kleinen Arno gebeugt und ihm gesagt, daß er das schönste und beste Kind auf der Welt sei; (naja, er war es ja wohl auch wirklich nicht).

---

320 Die Anspielung auf den Gottesnamen liegt vielmehr in der Verbform »jihje«; aber die kommt bei Poe nicht vor.

LITERATUR

– Albrecht, Monika: »Wo bleibt vor solchem Traum die Wirklichkeit?« Bemerkungen zum Thema Sexualität bei Arno Schmidt. In: Schardt/Vollmer
– Andersch, Alfred: empört euch der himmel ist blau. Gedichte und Nachdichtungen 1946/1977. Zürich 1977
– Barczaitis, Rainer: »Kein simpel-biedrer Sprachferge«. Arno Schmidt als Übersetzer. Frankfurt 1985
– Blumenthal, Bert: Der Weg Arno Schmidts. Vom Prosaprotest zur Privatprosa. München 1980
– Bock, Hans-Michael (Hrsg.): Über Arno Schmidt (I). Rezensionen vom (sic!) »Leviathan« bis zur (sic!) »Julia«. Zürich 1984. Zitiert als: ÜAS I
– Bock, Hans-Michael und Thomas Schreiber (Hrsg.): Über Arno Schmidt II. Gesamtdarstellungen. Zürich 1987. Zitiert als: ÜAS II
– Desilets, André: Protest und Außenseitertum im Werk Arno Schmidts. Frankfurt/Main 1987
– Drews, Jörg und Hans-Michael Bock (Hrsg.): Der Solipsist in der Heide. Materialien zum Werk Arno Schmidts. München 1974
– Drews, Jörg: An Author and His »Congregation«. The Social and Psychological Background of Arno Schmidt's Readership: Some Empirical Problems. In: Stanford Literature Review. Spring 1986. Department of French and Italian (hä?), Stanford University
– Drews, Jörg: Es lebe Jean Paul (Marat & Richter) ! Thesen und Notizen zu »KAFF«. In: Text + Kritik 20/20a
– Drews, Jörg: Phänomenologie der Gehirntiere. Zu Arno Schmidts Funkfeatures. In: Text + Kritik 20/20a
– Eilert, Bernd: »Zausel«. Arno Schmidt zu ehren. In: Der Rabe XXX, Zürich 1991
– Eke, Norbert Otto: »wenn man die Augen hätte schließen und schlafen können...«. Zu Arno Schmidts Kurzroman BRAND'S HAIDE. In: Frühwerk II
– Eke, Norbert Otto: Risse: Pytheas, Philostratos et al. Zu den Protagonisten der frühen Erzählungen Arno Schmidts. In: Frühwerk I
– Flemming, Günther: Letternspuren. Arno Schmidt und Eberhard Schlotter – die Außenseite einer Freundschaft. Bargfelder Bote, Sonderlieferung. München 1983
– Frühwerk s. Schardt
– Gerstmann, Eberhard: Arno Schmidts Nachkriegsweltbild in »LEVIATHAN« und »DIE UMSIEDLER«. In: Frühwerk I

– Guntermann, Georg: »In unserer Bestjen der Welten…«. Zeit- und Religionskritik im Werk Arno Schmidts, in: Schardt/Vollmer
– Helmes, Günter: Von »Formindalls« und anderen »Hominiden«. Überlegungen zu Arno Schmidts DIE GELEHRTENREPUBLIK. In: Frühwerk II
– Henkel, Martin: Narziss und Goldstein. Abschließendes zur Bhagwan-Affäre. Basel/Frankfurt 1986
– Hinrichs, Boy: Vielfalt der Bedeutungsebenen, metaliterarisch transparent: Kaff auch Mare Crisium (sic!) und Kühe in Halbtrauer. In: Schardt/Vollmer
– Hora, Eginhard: Materialistische Halbtrauer. In: Text + Kritik 20/20a
– Huerkamp, Josef: Nr. 8. Materialien und Kommentar zu Arno Schmidts »Das steinerne Herz«. Bargfelder Bote. Sonderlieferung. München 1979
– Kock, Peter: Traktat auf Todesfahrt oder Wie ich Dich geliebt hätte. Zu »LEVIATHAN oder DIE BESTE DER WELTEN«. In: Frühwerk I
– Kohut, Heinz: Narzißmus. Eine Theorie der psychoanalytischen Behandlung narzißtischer Persönlichkeitsstörungen. Frankfurt 1973
– Kuhn, Dieter: Das Mißverständnis. Polemische Überlegungen zum politischen Standort Arno Schmidts. edition text + kritik. Sonderlieferung. Bargfelder Bote. München 1982
– Lowsky, Martin: Prometheus, Faunus, Christus oder Vom armen Heinrich Düring. Eine Einführung in Arno Schmidts FAUN-Erzählung. In: Frühwerk II
– Martynkewicz, Wolfgang: Arno Schmidt. rowohlts monographien 484. Reinbek 1992
– Olma, Walter: Arno Schmidts frühe Erzählung »ALEXANDER oder WAS IST WAHRHEIT«. TAGEBUCH EINER DESILLUSIONIERENDEN BILDUNGSREISE. In: Frühwerk I
– Olma, Walter: Naturerleben und »konsequente Erotik« in begrenzter Idylle. Arno Schmidts SEELANDSCHAFT MIT POCAHONTAS. In: Frühwerk II
– Polczyk, Peter: Über Erzählkonzept und Handlungsstruktur von Arno Schmidts »KOSMAS«. In: Frühwerk I
– Rall, Roland: Historischer Sinn. Nachforschungen zu Arno Schmidts Roman »Das steinerne Herz«. In: Text + Kritik 20/20a
– Reemtsma, Jan Philipp und Bernd Rauschenbach (Hrsg.): »Wu Hi?« Arno Schmidt in Görlitz Lauban Greiffenberg. Zürich 1986. Zitiert als: »Wu Hi?«
– Reemtsma, Jan Philipp und Georg Eyring (Hrsg.): In Sachen Arno Schmidt ./.. Prozesse 1 & 2. Zürich 1988

– Rudolph, Dieter Paul: Gedächtnisfotograf auf Bildungsreise. Zum Abhängigkeitsverhältnis Form : Inhalt in Arno Schmidts ProsaStudie DIE UMSIEDLER. In: Frühwerk I
– Schardt, Michael M. und Hartmut Vollmer (Hrsg.): Arno Schmidt. Leben Werk Wirkung. Reinbek 1990. Zitiert als: Schardt/Vollmer
– Schardt, Michael M.: Arno Schmidt – eine biographische Annäherung. In: Schardt/Vollmer
– Schardt, Michael Matthias (Hrsg.): Arno Schmidt. Das Frühwerk I. Erzählungen. Interpretationen von »Gadir« bis »Kosmas«. Aachen 1986 (zit. als: Frühwerk I)
– Schardt, Michael Matthias (Hrsg.): Arno Schmidt. Das Frühwerk II. Romane. Interpretationen von »Brand's Haide« bis »Gelehrtenrepublik«. Aachen 1988 (Zitiert als: Frühwerk II)
– Schardt, Michael Matthias: Überblick, in: Frühwerk I
– Schardt, Michael Matthias: Überblick. In: Frühwerk II
– Schmidt, Arno: Berechnungen. In: Rosen und Porree. Karlsruhe 1959
– Schmidt, Arno: Das essayistische Werk Bd. 1-4. Zur deutschen Literatur. Zürich 1988ff. Zitiert als: Das ess. Werk I usw.
– Schmidt, Arno: Romane und Erzählungen. Züricher Kassette. Zürich 1980
– Schmidt, Arno: Sitara und der Weg dorthin. Eine Studie über Wesen, Werk & Wirkung KARL MAY's. (sic!). Karlsruhe 1963
– Schmiedt, Helmut: Widerspruch und Kohärenz. Arno Schmidts Roman DAS STEINERNE HERZ. In: Frühwerk II
– Schwarze, Werner: Ägyptologie in »Caliban über Setebos«. Ein Deutungsversuch. edition Text und Kritik, Bargfelder Bote, Sonderlieferung 1980
– Senn, Fritz: Nichts gegen Joyce. Joyce versus Nothing. Aufsätze 1959-1983. Zürich 1983
– Steinwender, Ernst-Dieter: Arno Schmidts »ENTHYMESIS«, ein Phantasiestück in Hoffmanns Manier. In: Frühwerk I
– Stenglin, Jürgen von: Die Verteidigung der maßlosen Vernunft. Philosophie, Wissenschaft und Atheismus im Frühwerk Arno Schmidts. In: Frühwerk I
– Stundel, Dieter H.: Arno Schmidt *Zettels Traum.* Frankfurt/Bern 1982
– Text + Kritik. Zeitschrift für Literatur. Hrsg. von Heinz Ludwig Arnold. Heft 20/20a: Arno Schmidt. 3. Aufl. 1977
– Tucholsky, Kurt: Gesammelte Werke in 10 Bänden. Reinbek....
– Vollmer, Hartmut: Die Gefangenschaft des Frei-Denkers: Arno Schmidts »GADIR oder ERKENNE DICH SELBST« - Eine Werkanalyse. In: Frühwerk I
– Vollmer, Hartmut: Glückseligkeiten letzter Menschen: Arno Schmidts SCHWARZE SPIEGEL. In: Frühwerk II

– Werner, Olaf: Stolz und treu, wenn auch ungebildet. Zu den Frauengestalten im Frühwerk Arno Schmidts. In: Frühwerk I
– Wiener, Oswald: Wir möchten auch vom Arno-Schmidt-Jahr profitieren. München 1979
– Wolf, Thomas: »Einmal lebt' ich wie Götter«!!! Nachforschungen zu Arno Schmidts »Gelehrtenrepublik« (sic!). Frankfurt 1987

Die Deutsche Bibliothek - CIP-Einheitsaufnahme

Henkel, Martin:
BLUFF auch mare ignorantiae oder: des king ! s neue Kleider :
eine Studie zu Wesen, Werk und Wirkung Arno Schmidts/
Martin Henkel. - Hamburg : Kellner, 1992
ISBN 3-927623-27-X

1. - 3. Tausend, September 1992

Umschlaggestaltung: Kellner Verlag / A.Pratesi
Satzkonvertierung: KaroLine, Hamburg
Druck und Bindung: Clausen & Bosse, Leck
ISBN 3-927623-27-X

NEUERSCHEINUNGEN FRÜHJAHR 1992

Dory Previn
MIDNIGHT BABY
Aus dem Amerikanischen von Stefan Weidle
248 Seiten, geb. mit Schutzumschlag, DM 34,00
ISBN 3-927623-19-9

Howard Buten
BURT oder Als ich fünf war bin ich mich umgebracht
Aus dem Amerikanischen von Christiane Buchner
168 Seiten, geb. mit Schutzumschlag, DM 36,00
ISBN 3-927623-23-7

Helmut Salzinger
DER GÄRTNER IM DSCHUNGEL

168 Seiten, geb. mit Schutzumschlag, DM 34,00
ISBN 3-927623-24-5

Philip Roth
MEIN LEBEN ALS MANN
(Sonderausgabe)
400 Seiten, broschiert, DM 25,00
ISBN 3-927623-72-5

KELLNER

NEUERSCHEINUNGEN HERBST 1992

Gary Taylor

SHAKESPEARE - WIE ER EUCH GEFÄLLT

Die Geschichte einer Plünderung durch vier Jahrhunderte

Aus dem Englischen von Helga Schwalm

560 Seiten, geb. mit Schutzumschlag

ISBN 3-927623-25-3

Ralf Thenior

DAS GELÄCHTER DER STERNE

Ein Wochenendliebesroman

216 Seiten, geb. mit Schutzumschlag

ISBN 3-927623-26-1

Martin Henkel

BLUFF auch mare ignorantiae, oder:
Des king ! s neue Kleider

Eine Studie zu Wesen, Werk und Wirkung Arno Schmidts

112 Seiten, geb. mit Schutzumschlag

ISBN 3-927623-27-9

Thomas Plaichinger

MATROSEN VERSENKEN

Roman

160 Seiten, fest gebunden

ISBN 3-927623-70-9

KELLNER